Erfüllte Zeit

D1723058

Dolores Bauer (Hg.)

Erfüllte Zeit

Die Botschaft
des Lukas-Evangeliums

Lesejahr C

Verlag St. Gabriel

Umschlaggestaltung von Beate Dorfinger
unter Verwendung eines Fotos von Hubert Walder:
Evangelist Markus, Kreuzgang Brixen, um 1400

Diese Ausgabe erscheint mit dem Einverständnis
des ORF, Wien, nach der Sendereihe „Erfüllte Zeit"
im Programm Österreich 1 (Lesejahr C, 1994/95)

ISBN 3-85264-505-0
Satz: Typomedia, Neunkirchen
Druck: Missionsdruckerei St. Gabriel, Mödling
Printed in Austria

VORWORT

Die Sendereihe ERFÜLLTE ZEIT hat im dritten Jahr ihres Bestehens nichts von ihrer Leuchtkraft eingebüßt, nichts an Abnützung ist spürbar; Sehnsucht und Bedürfnis nach glaubwürdigen Interpreten des Evangeliums sind gerade in der letzten Zeit noch deutlicher spürbar geworden. Der Leser dieser kompletten Sammlung der Texte zum Lesejahr C wird wieder Personen begegnen, die ihm vielleicht schon aus dem ersten Band vertraut sind, dazu ist eine stattliche Zahl neuer Namen von Frauen und Männern, Klerikern wie Laien, gekommen, die für diese Sendereihe die Sonn- und Feiertagsevangelien auslegen. Einige davon wurden der Gestalterin Dolores Bauer sogar von Stammhörern vorgeschlagen, ein schöner Beweis für das überaus starke Hörerinteresse, dessen sich die Morgensendung nach wie vor erfreut. Aus diesem Grund sollen auch in diesem Vorwort einige Stimmen aus der „Hörgemeinde" zitiert werden; sie sind eine wichtige Motivation für die Gestalterin, in dieser Sendereihe jene Intensität spürbar werden zu lassen, die für viele Hörerinnen und Hörer zum regelmäßigen Einschaltimpuls wird.

„Ich gratuliere Ihnen aufrichtig zu Ihrem großen Erfolg, der für die Idee und Durchführung dieser Sendung spricht. Gelegentlich war auch mir schon zumute, mit anderen über die verschiedenen, in der Sendung angeschnittenen Themen zu reden."
(Univ.-Prof. F. D.)

„Diese Sendung ist eine wahre Erbauung für alle, die nach geistlicher Nahrung hungern und weitab von Zentren wohnen, wo Atemholen für die Seele möglich ist."
(S. K., Pfarrgemeinderätin)

„Da sitze ich mit Stenoblock vor dem Radio. Die Reinschrift der Texte dient dann der Festigung. Ich danke Ihnen, daß in Ihren Sendungen immer wieder zum Ausdruck gebracht wird, wie aktuell die Bibel ist. In Ihren Sendungen wird nicht theologisch hochgestochen, über die Köpfe hinweggeredet."
(H. E., Hausfrau)

„Meine Frau und ich haben noch keine dieser Sonntags-Morgensendungen versäumt, und der Titel der Sendung ist für uns Wirklichkeit geworden. Diese halbe Stunde bedeutet für uns ‚erfüllte Zeit'. Mit Spannung warten wir Sonntag für Sonntag auf Ihre Hinführung und Vorstellung des ‚Interpreten', bisher waren sie ganz und gar nach unserem Geschmack."
(A. und H. P.)

„Eine notwendige Ergänzung zu dem, was üblicherweise in unseren Kirchen zum Thema Evanglium zu hören ist."
(A. H.)

„Ich freue mich z. B. jeden Sonntagmorgen auf die ERFÜLLTE ZEIT, um meiner Predigt noch den letzten Schliff zu geben. Für mich und für viele andere sind Ihre Sendungen mehr als ein Stück Hoffnung."
(Pater L. T.)

„Ich freue mich immer wieder über Ihre ‚Entdeckerfreude' bei der Auswahl der Kommentatoren. Auch daß die Schrifttexte nicht immer in der Einheitsübersetzung vorgetragen werden, finde ich positiv, weil abweichende Übersetzungen zum Nachdenken anregen können."
(O. K., Kirchenmusiker)

Diese Zitate mögen stellvertretend für das quantitativ und qualitativ überdurchschnittliche Hörerecho stehen. Gleichzeitig auch als Dank an alle Hörer/innen und Leser/innen, die diese Sendereihe mit liebevollem Interesse begleiten.

Hubert Gaisbauer
Leiter der Abteilung Religion, ORF/Hörfunk

ERSTER ADVENTSONNTAG

Zum zweiten Mal treten wir gemeinsam in ein neues Kirchenjahr ein. Natürlich werden uns auch durch dieses Jahr wieder Texte aller vier Evangelisten begleiten. Der Jahresregent des Lesejahres C der katholischen Kirche aber wird Lukas sein.

Die altkirchliche Überlieferung nennt den Verfasser des dritten Evangeliums und der Apostelgeschichte „Lukas, den geliebten Arzt". Selbst Heidenchrist, will er die schon von Markus und Matthäus überlieferte Beschreibung von Jesu Leben und Wirken weniger für die Juden, sondern vor allem für gebildete Heiden und Heidenchristen neu aufbereiten. Er steht zu dem Geschehen in einer gewissen zeitlichen Distanz. Er ist von der unmittelbaren Naherwartung des Zeitenendes und der Wiederkunft Christi im Angesicht der Zerstörung Jerusalems im Jahre 70 abgerückt, bleibt aber bei der dreistufigen Gliederung des Markus, die er durch neu aufgetauchtes Erzählmaterial anreichert. Und noch etwas ist anders: Lukas erzählt, berichtet für eine ganz bestimmte Gruppe, die sich um einen Menschen herum gebildet hatte, um Theophilus, den er immer wieder mit „mein Bruder und Herr" anredet und dem er in einer sehr persönlichen, liebevollen Art und Weise alles mitteilen will, was ihm an Jesus und der sich direkt auf ihn beziehenden Gruppe von Frauen und Männern wichtig erscheint. Im Mittelpunkt dieser neuen Überlieferungen steht vor allem die soziale Komponente des Lehrens und Handelns Jesu. Er zeichnet ihn als Bruder der Verlorenen, der Marginalisierten, der Entrechteten, der Frauen, Zöllner und Sünder, als einen, der die Menschenliebe Gottes auf bis dahin ungekannte Weise durch sein Leben und Tun deutlich macht.

In einer immer unpersönlicher werdenden Gesellschaft, einer immer kälteren Zeit, haben wir also Worte und Bilder zu erwarten, die Hoffnung geben, Mut machen, uns erwärmen können, wenn wir hinhören und sie in unser Herz fallen lassen.

Manche von Ihnen werden sich vielleicht noch erinnern, daß ich im Lesejahr B mit den vier Adventpredigten von Bischof Erwin Kräutler unseren regionalen Kreis aufzubrechen und die Weltkirche hereinzuholen suchte. Diesmal möchte ich am Beginn des Kirchenjahres einen anderen Akzent setzen und durch Kommentare zu den alttestamentlichen Lesungen auf die enge Verbindung zwischen dem ersten und dem zweiten Testament, zwischen der Bibel Jesu und den Evangelien verweisen. „Nicht du trägst die Wurzel, sondern die Wurzel trägt dich", zitierte Wilhelm Bruners den Apostel Paulus. Diesem Gedanken möchte ich heute und an den anderen Adventsonntagen Nachdruck verleihen.

MAN WIRD JERUSALEM DEN NAMEN GEBEN: JAHWE IST UNSERE GERECHTIGKEIT.

Zwischen Verheißung und Erfüllung lebte das Volk Israel von Anfang an mit seinem Gott. Abraham wurde zuerst ein Land, dann ein Sohn und Nachkommenschaft wie Sterne am Himmel, wie Sand am Meer verheißen. Durch Gottes Gnade und den unerschütterlichen Glauben des Stammvaters wurden die Verheißungen erfüllt. Den Vertriebenen, zuerst in Ägypten und später an den Flüssen von Babel, wurde Befreiung und Heimkehr verheißen, und die Verheißung hat sich erfüllt, so daß sie immer wieder neu erkennen konnten, daß ihr Gott nicht fern, sondern ein „Immanuel", ein „Gott mit uns" ist.

In der heutigen Textstelle des Propheten Jeremia klingt eine neue Verheißung an, die Verheißung, daß Gott aus dem Haus David einen Retter senden wird.

Jer 33, 14–16

Seht, es werden Tage kommen – Spruch des Herrn –, da erfülle ich das Heilswort, das ich über das Haus Israel und über das Haus Juda gesprochen habe. In jenen Tagen und zu jener Zeit werde ich für David einen gerechten Sproß aufsprießen lassen. Er wird für Recht und Gerechtigkeit sorgen im Land. In jenen Tagen wird Juda gerettet werden, Jerusalem kann in Sicherheit wohnen. Man wird ihm den Namen geben: Jahwe ist unsere Gerechtigkeit.

Da Lukas ja, wie eingangs erwähnt, die Zerstörung Jerusalems, die Zerstörung des Tempels miterlebt hat, bevor er sich zwischen den Jahren 80 und 90 an die Niederschrift seiner Texte machte, nimmt natürlich alles, was Jesus über dieses Ereignis und die von ihm erwartete Endzeit prophezeit hatte, einen besonderen Platz ein. Und so lesen wir in der Rede über die Endzeit von einer Zeit, da kein Stein auf dem anderen bleiben wird, von bevorstehenden Kriegen, Erdbeben, Seuchen und

Hungersnöten, die die Menschen als Zeichen für das bevorstehende Ende erkennen sollten. Im heutigen Evangelium steigert sich Lukas noch bis zur Ankündigung kosmischer Katastrophen und der erlösenden Verheißung: „Dann wird man den Menschensohn mit großer Macht und Herrlichkeit auf den Wolken kommen sehen." Wachsam wollte er sie damit machen, damit sie die Zeichen der Zeit erkennen und sich nicht von den Sorgen des Alltags blind machen lassen.

Der Kommentator, nicht des Evangeliums, sondern der Lesung aus dem Buch Jeremia, P. Gottfried Vanoni aus dem Missionshaus St. Gabriel, machte sich nicht nur über den Text an sich Gedanken, sondern auch über die in der Kirche übliche Methode, die alttestamentlichen Texte jeweils vor allem auf das Evangelium abzustimmen. Was uns an sich als natürlich und sinnvoll erscheint, hat in diesem Licht betrachtet auch eine andere Seite.

KOMMENTAR

In der vorliegenden Leseordnung sind die Lesungen des Alten Testaments vor allem im Hinblick auf [...] das Tagesevangelium ausgewählt." So lese ich in der Einführung in die römisch-katholische Leseordnung für die Sonntage. Dieses Prinzip, Lesungen aus dem Alten Testament im Hinblick auf das Evangelium auszuwählen, hat einen großen Nachteil: Wichtige Texte der Bibel Jesu, des sogenannten Alten Testaments, kommen so nie zur Sprache. Dem läßt sich nur entgegensteuern, wenn man den Spieß umdreht und wieder lernt, die Bibel von vorn nach hinten zu lesen und nicht von hinten nach vorn.

Der Vorschlag, die Bibel von vorn nach hinten zu lesen, greift im Grunde nur auf, was in den ersten Jahrhunderten der Christenheit gang und gäbe war. Schließlich hat auch Jesus diese Leserichtung empfohlen, wenn er seinen Schülern auf dem Gang nach Emmaus alles „darlegte, ausgehend von Mose und allen Propheten, was in der gesamten Schrift über ihn geschrieben steht" (Lk 24,27). Diese Leserichtung hat den großen Vorteil, daß der christliche Blick nicht auf den Messias fixiert bleibt. Er wird frei für die reiche Geschichte Gottes mit seinem Volk Israel. Das Alte Testament ist ja nicht einfach Vorausverkündigung des Neuen, sozusagen ein Textbuch für den Messias. Es bewahrt genauso die vielen Erfahrungen Israels mit seinem Gott, die auch der christlichen Erinnerung guttun. Sie könnte die Geschichte Gottes mit den Menschen als

Lehrmeisterin verstehen. Im zweiten Timotheusbrief lese ich: „Die ganze von Gott eingegebene Schrift ist nützlich zur Belehrung, [...] zur Erziehung in der Gerechtigkeit" (2 Tim 3,16).

Damit wären wir beim wichtigsten Stichwort der heutigen Lesung: „Gerechtigkeit". Es ist ein mißverständliches Wort. Mir sind noch die Worte des Sheriffs aus einem beliebten Serienfilm im Ohr: „Ich habe das Recht, alles zu tun, wenn es um Recht und Ordnung geht." Wenn es bei Jeremia vom „gerechten Sproß" heißt: „Er wird für Recht und Gerechtigkeit sorgen im Land" (Jer 33,15), dann ist da etwas ganz anderes gemeint. Dieser Sproß hat nicht „das Recht, alles zu tun". Das Recht ist ihm nur anvertraut. Und es ist ein klar eingegrenztes Recht. Das wird deutlicher, sobald wir die Bibel Jesu auf das Thema „Gerechtigkeit" hin abhören. Grundsätzlich gilt: Vor Gott ist der Mensch nie selbst im Recht. So sagt Mose zu Israel: „Nicht, weil du im Recht bist und die richtige Gesinnung hast, kannst du das Land in Besitz nehmen, vielmehr weil der Herr die Zusage einlösen will, die er deinen Vätern Abraham, Isaak und Jakob mit einem Schwur bekräftigt hat" (Dtn 9,5). Gerechtigkeit bedeutet nicht: auf sein eigenes Recht pochen; vielmehr kann Rechtsverzicht angezeigt sein. So in der alttestamentlichen Sozialgesetzgebung: „Wenn du ein Darlehen gibst und der andere in Not ist, sollst du ihm sein Pfand bei Sonnenuntergang zurückgeben. Dann kann er in seinem Mantel schlafen, er wird dich segnen, und du wirst vor dem Herrn, deinem Gott, im Recht sein" (Dtn 24,10–13).

Die Psalmen Israels malen kein anderes Bild von Gerechtigkeit. Im Gebet für den König ist klargestellt, daß das Königsrecht ein abgeleitetes Recht ist und daß der König sich besonders für die Menschen am Rand einzusetzen hat: „Verleih dein Richteramt, o Gott, dem König, dem Königssohn gib dein gerechtes Walten! Er regiere dein Volk in Gerechtigkeit und deine Armen durch rechtes Urteil. [...] Er wird Recht verschaffen den Gebeugten im Volk, Hilfe bringen den Kindern der Armen" (Ps 72,1–4). Auch für den einzelnen Frommen gilt: Gerecht ist er nur, wenn er sich von Gott recht geben läßt. So heißt es in einem anderen Psalm: „Der Gerechte gedeiht wie die Palme, er wächst wie die Zedern des Libanon. [...] Sie tragen Frucht noch im Alter und bleiben voll Saft und Frische; sie verkünden: ‚Gerecht ist der Herr; mein Fels ist er, an ihm ist kein Unrecht'" (Ps 92,13–16).

In den Prophetenbüchern sieht das Bild nicht anders aus. Auch bei Jeremia kommt Gerechtigkeit von Gott selbst: „So spricht der Herr: Ich werde für David einen gerechten Sproß erwecken. Er wird als König herrschen und weise handeln, für Recht und Gerechtigkeit wird er sorgen im Land. In seinen Tagen wird Juda gerettet werden, Israel kann in Sicherheit wohnen. Man wird ihm den Namen geben: YHWH ist unsere Gerechtigkeit" (Jer 23,5–6).

Aber das ist noch nicht unsere Lesung. Unsere Lesung geht einen entscheidenden Schritt weiter. Das aus der babylonischen Gefangenschaft zurückgekehrte Israel hat unterdessen gelernt, daß Gott seine Gesellschaft nicht mehr auf einen einzelnen Menschen bauen will. Das Königtum hat bei der Bildung einer menschlichen Gesellschaft versagt. Darum interpretiert unsere Lesung das ältere Gotteswort bei Jeremia neu: Der „gerechte Sproß" ist nicht mehr der König; der „gerechte Sproß" ist nun Jerusalem. Nicht mehr dem König wird der Name gegeben „YHWH ist unsere Gerechtigkeit", sondern der Stadt Jerusalem.

Die heutige Lesung wurde auf das Evangelium hin ausgesucht. Ich weiß nicht, ob den Verantwortlichen für die neue Leseordnung dabei ein Lapsus passiert ist. Aber selbst dann, wenn sie nicht gemerkt haben, daß die Lesung aus Jeremia gar nicht auf eine messianische Einzelfigur zielt, sondern auf eine messianische Gesellschaft – selbst dann bleibt uns nichts anderes übrig, als die Botschaft aus Jeremia im Kontext der Bibel Jesu stehen zu lassen. Es bleibt uns nichts anderes übrig, als ernst zu nehmen, daß Israel lange vor Jesus von Nazaret gelernt hat: Der Wille Gottes zielt auf eine gerechte Gesellschaft – eine Gesellschaft, in der nicht hilflose einzelne wie der Sheriff aus dem Edelwestern „für Recht und Gerechtigkeit sorgen", sondern in der alle versuchen, vor Gott gerecht zu sein, wodurch gerade denen „geholfen wird, die keinen Helfer haben", wie der Psalm sagt (Ps 72,12).

Das Evangelium von der Bibel Jesu her verstehen heißt aber auch: Schluß machen mit der messianischen Engführung des Alten Testaments. Die Verheißung bei Jeremia ist noch nicht ganz erfüllt. Mit der Ankunft des Messias ist die Botschaft der Lesung noch nicht an ihr Ende gekommen. Freilich wäre es viel leichter, die alten Verheißungen für abgetan zu halten. Schwieriger ist es, an einen Gott zu glauben, der heute noch Wunder wirkt – an einen Gott, der auch heute seine Verheißung wahr machen will, daß er „einen gerechten Sproß aufsprießen läßt" – an einen Gott, der sein Projekt von einer erneuerten Stadt Jerusalem noch nicht aufgegeben hat, einer Stadt mit dem Namen: „Gott ist unsere Gerechtigkeit" (Jer 33,15–16).

Dennoch: Im Glauben an diese herausfordernde Botschaft stehen wir am Ende besser da – dann, wenn „man den Menschensohn mit großer Macht und Herrlichkeit auf einer Wolke kommen sieht" (Lk 21,27).

Gottfried Vanoni

Wir wissen nicht, wann dieses Ende sein wird. Das weiß auch, wie Jesus sagt, nicht einmal der Sohn, nur der Vater. Wir wissen auch nicht, wann unser eigenes Ende sein wird, also wäre es sinnvoll, seinen Rat zu beherzigen und wachsam zu sein, damit uns jener Tag, jene Stunde nicht plötzlich überrascht, so, wie man in eine Falle gerät, meint Lukas.

Zum heutigen Tag steht im Schott-Meßbuch zu lesen: „Wozu auf ihn warten, wenn die Verheißung erfüllt, wenn er schon gekommen ist? Wozu nach ihm Ausschau halten, wenn er schon zu sehen ist?"

Ist der Advent nicht ein unaufrichtiges Vormachen, ein alljährliches Kinderspiel? – Nein. Denn er ist in dir noch nicht wiedergeboren. Und du bist neu, bist anders als vor einem Jahr, du siehst die Dinge anders als vor einem Jahr. Du hörst anders, du denkst anders als vor einem Jahr. Er muß in dir auch diesmal neu geboren werden.

ZWEITER ADVENTSONNTAG

Am vergangenen Sonntag sind wir mit Jeremia in das siebente vorchristliche Jahrhundert und in eine turbulente Zeit geraten. Politische Kämpfe, Schlachten und Kriege, Verfolgung und Vertreibung prägen diese Epoche und haben sittlichen und religiösen Verfall zur Folge. Jeremia, aus einer Priesterfamilie stammend, fühlt sich schon früh zum Prophetenamt berufen und scheut sich nicht, alle Mißstände öffentlich anzuprangern. Im Jahr 605 hat er seinem Sekretär und Jünger Baruch eine erste Sammlung von Texten diktiert. Als dieser sie dann im Tempelhof vorgelesen hat, wurde die Buchrolle beschlagnahmt und von König Jojakim verbrannt. Darauf diktierte der Prophet die Texte ein zweites Mal und fügte noch viele ähnliche Worte hinzu. Baruch hat diese Lehrzeit offenkundig gut genützt und nicht nur niedergeschrieben, sondern auch mitgedacht. Als er später im Jahre 597 v. Chr. von den Soldaten Nebukadnezars mit Teilen der Bevölkerung Jerusalems nach Babylon verschleppt wird, beginnt er selbst zu künden, zu mahnen und auch zu schreiben. Das Buch Baruch wurde im babylonischen Exil verfaßt und später nach Jerusalem geschickt, wo es bei liturgischen Versammlungen vorgelesen wurde. Die theologische Bedeutung dieser alttestamentlichen Schrift besteht vor allem darin, daß sie Einblick gibt in das Leben des Volkes Israel in der Diaspora und zeigt, wie sehr die Menschen auch in der Verbannung mit ihrer Heimat verbunden waren und wie die Sehnsucht nach dieser Heimat das Licht der Hoffnung nie verlöschen ließ.

GOTT FÜHRT ISRAEL HEIM IN FREUDE, IM LICHT SEINER HERRLICH-KEIT. ERBARMEN UND GERECHTIGKEIT KOMMEN VON IHM.

Im ersten Kapitel des nur wenige Seiten umfassenden Buches Baruch, des Buches aus der Fremde, formuliert der Verfasser ein Gebet der Verbannten, das mit einem Schuldbekenntnis beginnt, dann über die Bitte um Vergebung zu Worten des Vertrauens und der Verheißung führt. Das zweite Kapitel ist einem Hymnus auf die Weisheit gewidmet, und im dritten Kapitel, aus dem unser Text zum zweiten Adventsonntag genommen ist, geht es um Jerusalems Klage und Jerusalems Hoffnung. Gegen Schluß des Hoffnungs-Teils heißt es: „Blick nach Osten, Jerusalem! Schau die Freude, die von Gott zu dir kommt. Siehe, deine Söhne, die du einst fortziehen ließest, kehren zurück, sie kommen, vom Aufgang der Sonne bis zum Untergang, gesammelt durch das Wort des Heiligen; sie freuen sich über die Herrlichkeit des Herrn."

Bar 5,1–9

Leg ab, Jerusalem, das Kleid deiner Trauer und deines Elends, und bekleide dich mit dem Schmuck der Herrlichkeit, die Gott dir für immer verleiht. Leg den Mantel der göttlichen Gerechtigkeit an; setz dir die Krone der Herrlichkeit des Ewigen aufs Haupt! Denn Gott will deinen Glanz dem ganzen Erdkreis unter dem Himmel zeigen. Gott gibt dir für immer den Namen: Friede der Gerechtigkeit und Herrlichkeit der Gottesfurcht.
Steh auf, Jerusalem, und steig auf die Höhe! Schau nach Osten, und sieh deine Kinder: Vom Untergang der Sonne bis zum Aufgang hat das Wort des Heiligen sie gesammelt. Sie freuen sich, daß Gott an sie gedacht hat. Denn zu Fuß zogen sie fort von dir, weggetrieben von Feinden; Gott aber bringt sie heim zu dir, ehrenvoll getragen wie in einer königlichen Sänfte. Denn Gott hat befohlen: Senken sollen sich alle hohen Berge und die ewigen Hügel, und heben sollen sich die Täler zu ebenem Land, so daß Israel unter der Herrlichkeit Gottes sicher dahinziehen kann. Wälder und duftende Bäume aller Art spenden Israel Schatten auf Gottes Geheiß. Denn Gott führt Israel heim in Freude, im Licht seiner Herrlichkeit; Erbarmen und Gerechtigkeit kommen von ihm.

Baruch sprach zu den Verbannten Israels und berichtete den Menschen in Jerusalem von ihrem Schicksal, von ihrer Not, aber auch von ihrer Hoffnung. Fast sechshundert Jahre später steht ein Mann am Jordan und spricht zu den Menschen, zu den Armen und Ausgegrenzten, zu den Verlorenen im eigenen, besetzten Land: Johannes predigt Umkehr, sagt aber auch Worte der Verheißung, die sehr ähnlich jenen bei Baruch oder auch Jesaja klingen: „Eine Stimme ruft in der Wüste: Bereitet dem Herrn den Weg! Ebnet ihm die Straße. Jede Schlucht soll aufgefüllt, jeder Berg und Hügel abgetragen werden. Was krumm ist, soll gerade werden, was uneben ist, soll zum ebenen Weg werden. Und alle Menschen werden das Heil sehen, das von Gott kommt."

P. Gottfried Vanoni ist ganz in seinem Element, wenn er die Schriften der Bibel Jesu auslegt, denn das ist das Rüstzeug, das er auch den Studenten an der Theologischen Hochschule von St. Gabriel auf ihren Weg zum Dienst an der Weltkirche mitzugeben versucht, weil es die Basis ist, auf der Jesus stand und auf der auch wir zu stehen haben, denn „nicht du trägst die Wurzel, sondern die Wurzel trägt dich".

KOMMENTAR

„Das erste ist nicht: Es muß bei mir alles stimmen. Das erste ist: Gott kommt mir zuvor." So lese ich in einem Predigtvorschlag zum heutigen Sonntag. Die Sätze gefallen mir gut. Sie passen wunderbar auf die Lesung aus dem Buch Baruch. Der Autor des Predigtvorschlags jedoch ist auf einem ganz anderen Weg zu seiner Einsicht gekommen, die er weitervermitteln möchte. Er scheint die Lesung gar nicht zu kennen. Vielmehr sagt er, Johannes der Täufer habe „sich selbst nichts geschenkt, weil er überzeugt war: Gott schenkt uns nichts"; dagegen habe Jesus „verkündet: Gott schenkt uns alles". Ein klassischer Gegensatz! Nur stimmt er hinten und vorn nicht. So kann nur reden, wer die Bibel Jesu nicht kennt – und deshalb auch Jesus nicht und auch den Vorläufer Jesu nicht. Jesus jedenfalls hat eine andere Meinung von seinem Cousin: „Unter allen von einer Frau Geborenen hat es keinen größeren gegeben als Johannes den Täufer" (Mt 11,11).

Je mehr ich versuche, die ganze Bibel ernst zu nehmen, desto mehr geht mir auf: Das Verhältnis der beiden Testamente ist besser verstanden, wenn man von einer „Zuordnung" spricht und nicht von einer „Gegenordnung". „Gegenordnungen" freilich gibt es auch. Doch die finden sich sowohl im Alten als auch im Neuen Testament.

Was der Predigtvorschlag Johannes dem Täufer zuordnet, das läßt sich tatsächlich im Alten Testament finden. Das Evangelium selbst verweist ja auf das „Buch der Reden des Propheten Jesaja" (Lk 3,4): „Eine Stimme ruft: ‚Bahnt für den Herrn einen Weg durch die Wüste! Baut in der Steppe eine ebene Straße für unseren Gott!'" (Jes 40,3). Das hört sich so an, als ob menschliche Leistung zuerst gefragt ist.

Was jedoch der Predigtvorschlag Jesus zuordnet, das läßt sich auch schon im Alten Testament finden, und zwar an vielen Stellen. Die Liturgie selbst leitet uns an, die Lesung aus dem Buch Baruch auf das Evangelium hin zu lesen: „Gott bringt sie heim zu dir, ehrenvoll getragen wie in einer königlichen Sänfte. Denn Gott hat befohlen: ‚Senken sollen sich alle hohen Berge und die ewigen Hügel, und heben sollen sich die Täler zu ebenem Land', so daß Israel unter der Herrlichkeit Gottes sicher dahinziehen kann" (Bar 5,6–7). Da ist ganz eindeutig davon die Rede, daß Gott sich den Weg ebnet. Der alttestamentliche Mensch weiß also ganz gut: „Das erste ist nicht: Es muß bei mir alles stimmen. Das erste ist: Gott kommt mir zuvor." Johannes der Täufer weiß das nur viel radikaler; er weiß: „Bei mir stimmt überhaupt nichts; es bleibt mir nichts anderes übrig, als mich dem Gericht Gottes zu unterwerfen." Umkehr heißt dann nicht zuerst: „Alle möglichen Anstrengungen unternehmen, um zum Heil zu kommen"; Umkehr heißt bei Johannes: „Sich dem Gericht Gottes unterwerfen".

Auch diese Betonung des Gerichts ist kein Grund, Johannes und Jesus gegeneinander auszuspielen. Johannes schließt die Barmherzigkeit Gottes ja nicht aus. Johannes teilt die Erfahrung, die schon König David gemacht hat: „Wir wollen lieber dem Herrn in die Hände fallen, denn seine Barmherzigkeit ist groß; den Menschen aber möchte ich nicht in die Hände fallen" (2 Sam 24,14). Schließlich müßte man alles Ernste aus der Botschaft Jesu wegfiltern, um Johannes als finstere Kulisse zu Jesus brauchen zu können. Jesus ist nicht weniger radikal als Johannes: „Als einige Leute zu Jesus kamen und ihm von den Galiläern berichteten, die Pilatus beim Opfern umbringen ließ, so daß sich ihr Blut mit dem ihrer Opfertiere vermischte, da sagte Jesus zu ihnen: ‚Meint ihr, daß nur diese Galiläer Sünder waren, weil das mit ihnen geschehen ist, alle anderen Galiläer aber nicht? Nein, im Gegenteil: Ihr alle werdet genauso umkommen, wenn ihr euch nicht bekehrt'" (Lk 13,1–3). Aber sowohl Jesus als auch Johannes lassen sich nicht als Bußprediger verstehen; sie sind vielmehr Heilsverkündiger. Lukas unterstreicht das für Johannes, wenn er ihn mehr aus dem Alten Testament zitieren läßt als die anderen Evangelisten. Die Predigt des Täufers läuft auf den Satz hinaus: „Alle Menschen werden das Heil sehen, das von Gott kommt" (Lk 3,6).

Je mehr ich mich auf das Programm einlasse, die Bibel von vorn nach hinten zu lesen, desto mehr Gegensätze zwischen den Testamenten, die mir während meiner religiösen Erziehung eingeflößt wurden, zerplatzen wie Seifenblasen. Nicht daß es keine Gegensätze gäbe! Aber Gegensätze gehören zur Wirklichkeit als Ganzes. Die heutige Lesung aus dem Buch Baruch kann das schön zeigen. Sie strotzt von Spannungen, die Menschen, die an Gott glauben, auszuhalten haben.

Ich greife die wichtigsten heraus: „Leg den Mantel der göttlichen Gerechtigkeit an; setz dir die Krone der Herrlichkeit des Ewigen aufs Haupt!" (Bar 5,2). Wer am letzten Sonntag zugehört hat, weiß: Gerechtigkeit ist ein Geschenk Gottes. So beginnen schon im Alten Testament die vermeintlichen Gegensätze „Gerechtigkeit und Gnade" zu verschmelzen. Durch den Propheten Jesaja sagt Gott: „Meine Gerechtigkeit bleibt für immer bestehen und von Generation zu Generation meine hilfreiche Gnade" (Jes 51,8). Die Spannung liegt eher auf einer anderen Ebene. Sie besteht zwischen dem Handeln Gottes, an das ich glaube, und meinem Handeln, das die Konsequenzen aus dem Handeln Gottes zieht. Baruch sagt es weniger gestelzt: „Leg den Mantel der göttlichen Gerechtigkeit an." Mit dieser Spannung zwischen Gabe und Aufgabe müssen wir leben.

Hören wir weiter auf Baruch: „Gott gibt dir für immer den Namen: ‚Friede der Gerechtigkeit' und ‚Herrlichkeit der Gottesfurcht'" (Bar 5,4). Friede ist nicht ohne Gerechtigkeit zu haben, heißt das, klassisch formuliert von einem Psalmdichter: „Gerechtigkeit und Friede küssen sich" (Ps 85,11). Gerechtigkeit und Friede sind wie unzertrennliche Zwillinge. Dasselbe gilt für Herrlichkeit und Gottesfurcht. Gottes Herrlichkeit und Licht strahlt dort auf, wo die Menschen seine Heiligkeit ernst nehmen und in Ehrfurcht vor dem Anderssein Gottes selber beginnen, anders zu sein, heilig zu sein – lichtvoll herrlich. Dann „sehen die Menschen das Heil, das von Gott kommt" (Lk 3,6).

„Advent" heißt „Ankunft" – Ankunft Gottes bei den Menschen. Was ist das für ein Gott, der durch die Propheten verkündet wurde, der in Jesus von Nazaret ganz nah zu den Menschen gekommen ist? Mir scheint das die Hauptfrage für den Advent zu sein. Ich verstehe den Advent als Zeit, die eigenen Gottesvorstellungen zu überdenken und sie durch das Kennenlernen der Bibel Jesu läutern zu lassen. Der Gott Jesu ist nur zu verstehen, wenn man Gegensätze stehen läßt und Spannungen aushält. Glauben wir an den Gott, von dem es am Ende der Lesung heißt: „Erbarmen und Gerechtigkeit kommen von ihm" (Bar 5,9)?

Gottfried Vanoni

„Blick nach Osten, Jerusalem! Schau die Freude, die von Gott zu dir kommt", lesen wir bei Baruch. „Bereitet dem Herrn den Weg. Ebnet ihm die Straßen, und alle Menschen werden sehen das Heil, das von Gott kommt" steht bei Lukas. Das Licht der Freude, des Heils leuchtet allen Menschen, die Augen haben, zu sehen, Herzen, zu fühlen. Eine gute Nachricht in dunkler Zeit.

FEST DER ERWÄHLUNG MARIENS
(8. DEZEMBER)

Von Jesus wird häufig als dem neuen Adam gesprochen. Er heilt, was jener verwundet hat, das Urvertrauen zwischen Gott und dem Menschen. Er schenkt das wieder, was jener verloren hat, macht das Paradies wieder möglich, aus dem jener vertrieben worden ist. Er ist das neue Versprechen des Schöpfers, daß alles gut, ja sehr gut ist, denn auch er wird versucht, wie Adam versucht worden ist. Wo jener gesündigt hat, bleibt er dem Willen Gottes treu und widersteht.

Maria wird uns von der Kirche als neue Eva präsentiert. Gott schenkt ihr die Unschuld wieder, die jene für uns verloren hat, als sie vor den Einflüsterungen Satans schwach geworden ist. Sie ist die Mutige, die den Willen Gottes absolut setzt, wenn sie ihr Ja sagt: „Ich bin die Magd des Herrn, mir geschehe, wie du gesagt hast." Dem Image der Frau hat solche Polarisierung schwer geschadet, während die Männer unter dem Stigma Adams zumindest von seiten der Kirche kaum zu leiden hatten und haben. Alle Frauen sind Eva, schwach, verführbar und verführend und in den patriarchalischen Gesellschaften entsprechend diskriminiert. Nur sie, nur Maria ist die Reine, erwählt vor aller Zeit, gesegnet vom Augenblick ihrer Empfängnis. Das haben im Verlauf der Geschichte viele Frauen als Ungerechtigkeit empfunden, und die Dogmatisierung der „unbefleckten Empfängnis Mariens" hat nicht wenige Frauen verärgert, weil sie wußten, daß ihre Diskriminierung durch die Männerkirche damit nur noch tiefer werden würde. Vielleicht liegt darin auch die Ursache, warum dieses Hochfest der ohne Erbsünde empfangenen Jungfrau und Gottesmutter Maria bis heute eines der unverstandensten Feste des Kirchenjahres geblieben ist. Das aber ist Kirchengeschichte und nicht Gottesgeschichte.

Er hat uns als Mann und Frau geschaffen, er liebt seine Söhne u n d Töchter mit der gleichen Liebe, schenkt jedem und jeder seine Nähe, wenn er oder sie bereit ist, sie sich schenken zu lassen. Er war mit seinem Volk an allen Enden der Erde unterwegs, und wir würden auch heute sein Wesen und Wirken, seine liebende Lebendigkeit spüren, wenn wir nicht den Götzen soviel Raum gäben und unsere Herzen verhärteten.

Und auch die Engel sind nicht ausgestorben, meine ich, sie würden auch uns Botschaften der Freude bringen, wenn wir Ohren hätten, zu hören.

DER ENGEL TRAT BEI IHR EIN UND SAGTE: SEI GEGRÜSST, DU BEGNADETE, DER HERR IST MIT DIR.

Lk 1,26–38

In jener Zeit wurde der Engel Gabriel von Gott in eine Stadt in Galiläa namens Nazaret zu einer Jungfrau gesandt. Sie war mit einem Mann namens Josef verlobt, der aus dem Haus David stammte. Der Name der Jungfrau war Maria. Der Engel trat bei ihr ein und sagte: Sei gegrüßt, du Begnadete, der Herr ist mit dir. Sie erschrak über die Anrede und überlegte, was dieser Gruß zu bedeuten habe. Da sagte der Engel zu ihr: Fürchte dich nicht, Maria; denn du hast bei Gott Gnade gefunden. Du wirst ein Kind empfangen, einen Sohn wirst du gebären: dem sollst du den Namen Jesus geben. Er wird groß sein und Sohn des Höchsten genannt werden. Gott, der Herr, wird ihm den Thron seines Vaters David geben. Er wird über das Haus Jakob in Ewigkeit herrschen, und seine Herrschaft wird kein Ende haben. Maria sagte zu dem Engel: Wie soll das geschehen, da ich keinen Mann erkenne? Der Engel antwortete ihr: Der Heilige Geist wird über dich kommen, und die Kraft des Höchsten wird dich überschatten. Deshalb wird auch das Kind heilig und Sohn Gottes genannt werden.

Wie oft ist diese Szene gezeichnet und gemalt worden, wie viele Dichter haben sich an ihr versucht, wie vielen frommen Musikern wurde sie zum Klang, und in den Kirchen und Klöstern der Welt, aber auch in vielen Häusern und Wohnungen zählt dies zu den täglich wiederholten Texten der Evangelien. Und es gibt wohl auch keinen Text, der mehr als dieser Innigkeit und Intimität verspüren ließe und schon von daher immer wieder in Gefahr ist, zur Süßlichkeit, zum Kitsch zu verkommen. Schade, weil hier nichts, aber auch gar nichts Süßliches ist, sondern die klare und knappe Wiedergabe eines durchaus sachlichen Dialogs. Ankündigung und Verheißung eines großen Einschnittes in das junge Leben dieses Mädchens. Nüchterne und entschlossene Gegenfrage: „Wie soll das geschehen?" Und die Beschreibung des Geschehens, das da ansteht. Aber sind es nicht oft die einfach gesagten, geschriebenen Dinge, die echte Poesie atmen?

Gar nicht poetisch geht Eva Schmetterer an den heutigen Evangelientext heran. Eva Schmetterer ist Dogmatische Theologin und Mitglied des Säkularinstitutes „Werk der Frohbotschaft Batschuns" in Vorarlberg. Sie lebt halb in Wien, halb in Linz, wo sie eine wichtige Aufgabe im Sozialreferat der Diözese übernommen hat, eine Aufgabe, die ihr Gesicht zum Strahlen, ihre Augen zum Leuchten bringt, weil sie dort ihre Stärken und ihr soziales Engagement voll einbringen kann. Ihr Kommentar zum heutigen Fest läßt die Handschrift der Dogmatikerin deutlich erkennen

KOMMENTAR

Die Lehre, daß die seligste Jungfrau Maria im ersten Augenblick ihrer Empfängnis durch ein einzigartiges Gnadengeschenk und Vorrecht des allmächtigen Gottes, im Hinblick auf die Verdienste Jesu Christi, des Erlösers des Menschengeschlechtes, von jedem Fehl der Erbsünde rein bewahrt blieb, ist von Gott geoffenbart und standhaft zu glauben." So lautet der Kernsatz der Definition des Dogmas von der sogenannten „unbefleckten Empfängnis Mariens" aus dem Jahr 1854, welches das Fest, das wir heute feiern, begründet. Kaum eine definitive kirchliche Lehrentscheidung ist als Dogma so bekannt wie die beiden Mariendogmen aus den Jahren 1854 und 1950, wo es dann um die leibliche Aufnahme Mariens in den Himmel ging. Dabei stellen diese beiden Dogmen in ihrer Entstehungsgeschichte ein Novum gegenüber der bis dahin gültigen Tradition der Kirche dar – sind so gesehen also gerade nicht der Normalfall von Dogma.

Dogmen wurden in der Kirche bis dahin nämlich dann definiert, wenn die Gefahr bestand, daß durch eine Irrlehre das Geheimnis Gottes und seiner Heilsgeschichte mit den Menschen verdunkelt wird. Dogmen waren dann Reaktionen auf diese Verdunkelungen, und sie waren und sind aus diesem Horizont heraus zu verstehen: als Abwehr eines verfälschenden Sprechens von Gott und seiner Schöpfung. Zwar kann niemand Gott endgültig aussprechen – Gott ist nicht faßbar; aber es können Grenzen angegeben werden, wie von Gott n i c h t gesprochen werden darf.

Bei der Definition des Dogmas von der sogenannten „unbefleckten Empfängnis Mariens" aber lag keine Irrlehre vor, so daß sich das Dogma gegen ein falsches Sprechen von Maria im Heilsmysterium Gottes wenden müßte. Damit bleibt das Verständnis dieses Dogmas in einer eigentümlichen Schwebe. Da ich nicht sagen kann, wogegen es sich richtet, kann ich auch nicht sagen, was es letztlich positiv zum Ausdruck bringen will.

Ein weiteres Element tritt hier das erste Mal ganz neu auf: Bischöfe und Theologen baten damals den Papst um eine Dogmatisierung. Das bedeutete, daß die Dogmatisierung – nicht wie sonst – durch ein allgemeines Konzil oder eine entsprechende Kirchenversammlung erfolgte, sondern in einer direkt erbetenen persönlichen Verantwortung des Papstes.

Drittens konnte die Begründung dieses Dogmas nicht mit Überzeugungskraft auf Aussagen der Heiligen Schrift zurückgeführt werden. Man berief sich vielmehr auf den Glauben der Gesamtkirche – eigenartig, daß dies gerade dort geschah, wo man meinte, auf ein Konzil verzichten zu können.

Das Fest, das wir heute feiern, läßt sich also nicht auf die Heilige Schrift zurückführen, und so gibt das heutige Evangelium auch immer Anlaß zu Mißverständnissen. Wir hören hier nämlich nicht über die Empfängnis Mariens durch ihre Mutter, sondern die Frohe Botschaft, daß Gott sich entschlossen hat, Maria seinen Messias empfangen zu lassen. Wir hören die Frohe Botschaft, daß Gott sich entschlossen hat, durch seinen Sohn die Erlösung aller Menschen zu erwirken, indem er ihn Mensch werden läßt. Es ist die Frohe Botschaft, daß der Sohn Gottes bereit ist, das Leben eines Menschen bis zum Tod zu leben – ja bis zum Tod am Kreuz.

Aber auch in diesem Entschluß des Heilswillens Gottes überspringt er nicht die Freiheit der Menschen. Eine Frau wird gefragt, ob sie in den Heilsplan Gottes einstimmen will. Und so wird ein Engel, ein Bote Gottes, zu einer jungen Frau namens Maria gesandt, die mit einem Mann namens Josef verlobt war. Zwölf oder dreizehn Jahre wird dieses Mädchen wohl gewesen sein. Aber trotz ihrer Jugend wird ein vertrauter Umgang und eine Offenheit dieser jungen Frau für Gott und sein Wirken bezeugt. Der Evangelist Lukas streicht dies heraus, indem er unmittelbar vor dem Text, den wir heute als Evangelium hören, eine ähnliche Begebenheit schildert: die Verheißung der Geburt Johannes des Täufers. Auch hier wird ein Bote Gottes zu einem Menschen, einem Mann, ja einem Priester gesandt. Gerade als dieser Priester namens Zacharias zur festgelegten Zeit ein Opfer darbringt, erscheint der Engel auf der rechten Seite des Altars: plötzlich, unmittelbar, unerwartet.

Bei Maria hingegen erscheint der Engel nicht plötzlich, sondern er t r i t t   e i n – die Tür der Erwartung steht weit offen.

Als Zacharias, der Priester, den Engel sah, erschrak er, und es befiel ihn Furcht. Maria hingegen wird vom Engel begrüßt: „Sei gegrüßt, du Begnadete, der Herr ist mit dir." Erst über diese Anrede erschrickt Maria. Was soll dieser Gruß bedeuten? Was soll geschehen? Welche Verpflichtung wird ihr auferlegt? Ist heute der Tag, den das Volk Israel seit Jahrhunderten herbeigesehnt hat? Der Tag, an dem Gott das Schicksal aller wenden wird?

Ein Kind soll sie empfangen, ein Kind, das heilig genannt werden wird. Und das, obwohl sie keinen Mann erkennt? Aber für Gott ist nichts unmöglich.

Ein Kind soll sie empfangen, und seiner Herrschaft wird kein Ende sein. Nein, es ist keine private Entscheidung, zu der sie aufgerufen ist. Und Generationen über Generationen werden mit ihrer Entscheidung konfrontiert sein.

Man wird Theorien aufstellen und Gegentheorien. Man wird alle seine Vorlieben und Vorurteile an ihr aufhängen. Die einen werden sie sogar gewissermaßen als die vierte Person der Heiligsten Dreifaltigkeit ansprechen, während die anderen schon jedes Reden von ihr als sentimentalen Aberglauben verurteilen werden. Sie wird als Frau gefeiert werden, die endlich ohne Mann ein Kind empfing und so den Aufbruch in eine männerlose Gesellschaft erhoffen läßt, und sie wird als Frau hingestellt werden, die „wie die Jungfrau zum Kind" kam, die ausgebeutet wurde und noch dazu dumm genug war, ihre Ausbeutung als Wirken Gottes zu interpretieren.

Eines aber müssen alle zugeben: verkaufen läßt sich Maria gut. Sie wird unter den Glassturz gestellt, und wenn man sie schüttelt, schneit es auf sie herab. Rosa und himmelblau kommt sie uns entgegen, manchmal sogar abwechselnd, je nach Luftfeuchtigkeit. Ein Verlag wird nach ihr benannt, und stets aktuell ist sie unterwegs und spielt Gewinne ein.

Anstatt diesem Kaufen und Verkaufen steigernde Impulse zu geben, erklärt die Kirche, daß Maria von Anbeginn an von jedem Fehl der Erbsünde bewahrt blieb, und macht den heutigen Tag zum Feiertag. Marktlogisch eine empfindliche Störung des vorweihnachtlichen Geschäftes – aber ist vielleicht gerade das die theo-logische Botschaft des heutigen Tages?

Eva Schmetterer

DRITTER ADVENTSONNTAG

„Freut euch im Herrn zu jeder Zeit! Noch einmal sage ich: Freut euch! Denn der Herr ist nahe." So lautet der Eröffnungsvers der katholischen Meßliturgie am heutigen dritten Adventsonntag, dem Sonntag Gaudete. In der allgemeinen vorweihnachtlichen Hektik wäre ein Innehalten in Freude, in Hochstimmung, ja in Jubel und Jauchzen, nicht schlecht für Seele und Leib, ein Kontrapunkt zu dem Grau in Grau, in das wir in Zeiten wie diesen nur allzuleicht versinken. Freut sich aber der Mensch in Gott, so freut sich Gott, denn seine Freude ist der Mensch im Schalom, der Mensch, der das Leben in Fülle hat.

WENN GOTT SICH FREUT.

Und wie das ist, wenn Gott sich freut, darüber macht sich heute der Benediktiner Pater Georg Braulik anhand der Lesung aus dem alttestamentlichen Prophetenbuch Zefanja Gedanken. Lassen Sie sich mittragen von der Freude des beliebten Predigers am Wort, am Spiel der Gedanken über die Freude Gottes, über die Freude des Menschen, dem dieser prophetische Jubel zugrunde liegt.

Zef 3,14–17

Juble, Tochter Zion, sei lustig, Israel, freu dich, froblocke von ganzem Herzen, Tochter Jerusalem!
Jahwe hat, was gegen dich Rechtens wäre, abgetan; deinen Ankläger hat er beiseite geschoben.
Als König Israels ist Jahwe in deiner Mitte: kein Unheil wirst du mehr sehen müssen.
An jenem Tag wird man zu Jerusalem sagen: Fürchte dich nicht!
Zu Zion: Laß deine Hände nicht sinken!
Jahwe, dein Gott, ist in deiner Mitte, als Kämpfer, der Rettung bringt.
Er ist entzückt über dich vor Freude: bald verstummt er in seiner Liebe, bald jauchzt er vor Lust an dir.

(Übertragung: Georg Braulik)

Es ist etwas Sonderbares an der „Kirche der Armen". Alle, die sie in der Dritten Welt erlebt haben, sagen, daß es dort mehr Freude gibt als bei uns. Sie haben wahrlich nicht viel in den meisten Basisgemeinden Lateinamerikas und in den kleinen christlichen Gemeinschaften Afrikas. Aber mit dem wenigen, das sie haben, können sie Feste feiern, können tanzen und miteinander glücklich sein, wie wir es kaum jemals fertigbringen.

Wir haben sofort eine freudlose Erklärung dafür: „Das sind eben noch naive Kulturen, das Leben ist noch nicht so kompliziert und verwickelt wie bei uns. Bei uns kann man gar nicht mehr so harmlos beieinander sein, weil alles differenzierter ist." Natürlich sind wir, wenn wir so denken, zugleich davon überzeugt, daß wir doch die höhere Kultur besitzen. Und eigentlich möchten wir gar nicht mit denen tauschen, die sich noch so ungehindert freuen können, obwohl es ihnen bei weitem nicht so gut geht wie uns.

Ich will nicht behaupten, daß diese Erklärung nicht etwas Richtiges an sich hat. Trotzdem: Wissen wir denn, ob wir, wenn uns der Glaube wieder voll zuteil würde, nicht auch in unserer differenzierteren Kultur und Zivilisation wieder ganz neu lernen könnten, uns zu freuen? Und tun wir recht daran, nicht darüber nachzudenken, ob diese Freude der Armen nicht vielleicht doch auch etwas mit dem Evangelium zu tun hat? Wenn „Evangelium" doch „Freudenbotschaft" heißt?

Die Propheten Israels bis hin zu Johannes dem Täufer stehen kaum in Verdacht, eine Freude zu propagieren, die letztlich nichts anderes ist als der verzweifelte Versuch, die harte Wirklichkeit unseres Lebens lautstark zu überspielen. Trotzdem sind ihre Schriften voll von Ansagen der endzeitlichen Freude. Die „Endzeit" ist jetzt. Seit Jesus von Nazaret ist „Endzeit". So hat die Liturgie unserer Kirche für heute, den sogenannten Sonntag Gaudete, das heißt „freuet euch", einen dieser Prophetentexte ausgewählt, der von der Freude spricht, die dann aufbricht, wenn der Herr kommt. Von der Freude Jerusalems, der Stadt, in der das Gottesvolk versinnbildet ist, das heißt, die alt- und neutestamentliche Kirche. Der Text vom Ende des Zefanjabuches, den wir gehört haben, paßt ganz besonders gut in diesen Zusammenhang. Denn der Prophet Zefanja ist der erste, der ankündigt, daß Gott sein endzeitliches Heil gerade als Heil für Arme schaffen werde. Er spricht deshalb, wenn er am Ende seines Buches alles in Freude ausklingen läßt, gerade von der Freude in der Kirche der Armen.

Ja, er kann sich gar nicht genug tun mit der Rede von der Freude. Es gibt keinen anderen alttestamentlichen Text, der so trunken von Freudenrufen ist und in dem in wenigen Versen so viele verschiedene Ausdrücke für die Freude zusammen vorkommen. Unsere Lesung ist geradezu ein Summarium der endzeitlichen Freude.

Sie hat aber noch etwas ganz Besonderes an sich. Auch wenn an vielen Stellen der Propheten von der Freude Israels am Ende der Zeit gesprochen wird, gibt es nur drei Stellen wie unsere. Denn hier bei Zefanja ist die Rede nicht nur von der Freude Zions, sondern auch von der Freude Gottes. Die beiden anderen Texte finden sich am Ende des Jesajabuches. In ihnen stehen genau dieselben hebräischen Wörter für Freude wie in unserem Text, die ich mit „Entzücktsein" und mit „Jauchzen" übersetzt habe.

Am jubelndsten sind die Verse aus dem 65. Kapitel des Jesajabuches:

Entzückt euch und jauchzet fort und fort über das, was ich (euer Gott) erschaffe.
Denn ich erschaffe Jerusalem neu als ein Jauchzen, sein Volk als ein Entzücken.
Ich selber jauchze über Jerusalem, ich bin entzückt über mein Volk.
Niemals mehr hört man dort eine Stimme des Weinens, eine Stimme des Wehklagens.

Am Anfang hat Gott die Welt geschaffen. Aber was er eigentlich schaffen will, kommt erst jetzt am Ende der Geschichte hervor: eine Stadt, das heißt, eine Gesellschaft, will er sich erschaffen, ein Volk will er darin haben, das sein Volk ist. Und das wird lautes und gegenseitiges Jauchzen und Entzücken bringen, hin und her springend zwischen Gott und dieser Krone seiner Schöpfung. Seine Beziehung zu seinem neuen Volk wird man nur mit e i n e m vergleichen können: mit der Liebe zwischen zwei neuvermählten jungen Menschen. Das sagt ausdrücklich der andere Text im 62. Kapitel des Jesajabuches:

Wie der Jüngling sich mit der Jungfrau vermählt, so vermählt sich mit dir (Jerusalem) dein Erbauer.
Wie den Bräutigam seine Braut entzückt, so ist entzückt über dich dein Gott.

Diese beiden Jesaja-Texte klingen im Hintergrund mit, wenn wir unsere Lesung aus dem Zefanjabuch hören, den dritten der alttestamentlichen Texte vom Entzücken Gottes über das Neue, das er in der Endzeit in die Welt bringt. Er erinnert zunächst an ein Thronbesteigungslied. Solch ein Freudenlied sang man, wenn ein neuer König den Thron bestieg und damit Hoffnungen auf eine neue Zeit aufkeimten. Menschliche Herrscher bleiben allerdings immer hinter den Erwartungen zurück, die in sie gesetzt werden, können einen solchen Jubel also letztlich nie ganz einholen. Anders Gott. Wenn sein Reich anbricht – und genau das feiern wir ja in der Liturgie des Advents –, dann darf die Freude maßlos sein.

Unsere Lesung beginnt deshalb mit der Aufforderung an Jerusalem, sich zu freuen:

> *Juble, Tochter Zion; sei lustig, Israel; freu dich, frohlocke von ganzem Herzen, Tochter Jerusalem!*

Warum soll Zion jubeln? Es folgt ein erstes Bild seines Gottes: Er ist der Richter. Er hätte einschreiten können, denn sein Volk ist angeklagt. Aber er ist nicht bloß gerecht, er ist souverän, er ist vor allem gütig:

> *Jahwe hat, was gegen dich Rechtens wäre, abgetan; deinen Ankläger hat er beiseite geschoben.*

Mit anderen Worten: Gott hat sein Volk mit sich versöhnt. Vielleicht ist uns Gottes Vergebung längst zur Selbstverständlichkeit und zur billigen Gnade geworden, als daß wir die Freude darüber noch nachfühlen könnten. Aber wer erfahren hat, wie sehr Schuld belastet, wie wenig man mit ihr selbst fertig wird und wie sehr sie menschliche Beziehungen vergiftet, der wird aufatmen, wenn ihm von d e m Vergebung zugesprochen wird, der allein Schuld vergeben und gerechte Verurteilung beiseite schieben kann.

So ergibt sich das zweite Bild von Israels Gott: Er tritt seine erwartete Königsherrschaft an. Es ist jene Gottesherrschaft, von der Jesus dann sagen wird: Die Gottesherrschaft ist nahe gekommen; und wo man sie zuläßt: sie ist mitten unter euch. Bei Zefanja heißt das:

> *Als König Israels ist Jahwe in deiner Mitte: kein Unheil wirst du mehr sehen müssen.*

Dies ist in unserer, so sehr ins Dunkel und in verbitterte Bosheit gesunkenen Welt keineswegs selbstverständlich. Doch es ist Wirklichkeit, weil Israels Gott der König Israels aus unermeßlicher Kraft und Stärke heraus ist. Unser Text faßt seinen Trost deshalb in die Gestalt eines Kriegsorakels. Dieser Gott ist stark wie ein Kriegsheld, der jeden Gegner bezwingen kann:

> *An jenem Tag wird man zu Jerusalem sagen: Fürchte dich nicht!*
> *Zu Zion: Laß deine Hände nicht sinken!*
> *Jahwe, dein Gott, ist in deiner Mitte: als Kämpfer ist er da, der Rettung bringt.*

Und doch ist dieses Bild auch wieder ganz falsch. Denn selbst wenn die Kriege noch toben, letztlich sind sie vorbei. Das wahre Bild für die Beziehung zwischen Israel und seinem Gott kann nur e i n e s sein: das Bild von zwei zärtlich ineinander Verliebten.

> *Er ist entzückt über dich vor Freude: bald verstummt er in seiner Liebe, bald jauchzt er vor Lust an dir.*

Das ist das letzte Wort über Gott und sein Volk. Es ist das Volk der Armen Gottes. Es ist ein Volk mit soviel alltäglicher Gottvergessenheit, soviel institutioneller Verhärtung, soviel Veräußerlichung und falscher Angleichung, ein Volk, das selbst so sehr in Sünde gefallen war, daß sein Gott sein eigenes Werk nur tun konnte, indem er das, was Rechtens wäre, einfach nicht tat und die Ankläger beiseite schob. Das alles w e i ß dieses Volk. Wenn es liebenswürdig ist, dann nur, weil sein Schöpfer es neu schafft durch seine Liebe. Und jetzt e r f ä h r t es, daß Gott es so schön findet wie eine Braut. Daß er in sein Volk verliebt ist, wie man nur verliebt sein kann. Daß er vor Liebe verstummt, und daß er dann wieder vor Lust an seiner Geliebten laut jauchzt. Wie sollte da die Freude nicht auch die Braut erfassen?

Bernhard von Clairvaux hat über den Jubel dieser Braut und ihres göttlichen Bräutigams geschrieben:

> *Ein solches Lied kann nur der Geist der Liebe lehren.*
> *Es läßt sich nur in der Erfahrung lernen.*
> *Wer es erfahren hat, erkennt es wieder,*

und wer noch nicht, soll glühen in der Sehnsucht –
nicht: mehr von ihm zu wissen,
sondern: an der Erfahrung teilzuhaben.
Dies Lied klingt nicht im Ohr,
es jubelt auf im Herzen.
Es tönt nicht von den Lippen,
sondern erregt in tiefer Freude.
Nicht Stimmen schwingen da in eins,
sondern die Strebungen der Herzen.

Sonntag Gaudete, „freuet euch". Sonntag einer Freude, die Leid nicht verdrängt, Weinen nicht übertönt, sondern von der Wurzel her verändert. Diese Freude entsteht dort, wo man seine eigene Mitte im Jerusalem Gottes, seinem Volk, gefunden hat. Sie entsteht in einer Kirche der Armen oder von arm und demütig Gewordenen, weil man dort erfahren kann: Du bist trotz allem wichtig für Gott. Er freut sich über dich. Er läßt dich seine Zuneigung spüren. Denn in seinem Reich wird das Unrecht durch Vergebung beiseite geschoben. Die Sprache der Gewalt findet nicht länger Gehör. Mauern menschlicher Feindschaft werden niedergerissen, Oasen des Friedens erblühen und Quellen der Güte brechen auf.

Können wir einen solchen Advent Gottes, die Ankunft seines Reiches in unserer Mitte glauben? Versuchen wir doch wenigstens, es zu glauben! Weigern wir uns nicht, uns von unserem Gott in diese Hochzeit hineinziehen zu lassen, zu der er uns ruft. Johannes der Täufer hat sich getäuscht. Er glaubte, der Messias käme im Feuersturm des Gerichts. Der, den er ankündete, ist gekommen. Aber er kam als der Gott des Erbarmens. Er kam als Bräutigam und suchte sich sein Volk als seine entzückende Braut.

Georg Braulik

VIERTER ADVENTSONNTAG

Nur noch wenige Tag trennen uns von der Feier jener stillen, heiligen Nacht, die vor etwa zweitausend Jahren über dem kleinen Städtchen Betlehem in Judäa hereingebrochen ist. Aber noch liegen sieben Tagesmärsche vor den beiden Leuten aus dem Norden, aus Galiläa. Schwer trägt das junge Ding, fast noch ein Kind, an der Frucht ihres Leibes. Sie fühlt es, lange kann es nicht mehr dauern, bis ihre Stunde kommt. Jeder Schritt ist schwerer als der vorausgegangene, und der harte, steinige Weg wird immer härter und abweisender unter ihren Füßen, wenn sie geht, unter den Hufen des kleinen Esels, wenn er sie trägt.

Vielleicht wäre es gut, sich heute und in den nächsten Tagen manchmal einzufühlen in das Mädchen Mirjam auf diesem weiten, harten Weg von Nazaret nach Betlehem, einem Weg in eine sehr ungewisse Zukunft. Vielleicht würde uns das ein wenig einbremsen in unserer Hektik, unserem Hinterherlaufen hinter den Dingen, den drängenden Terminen. Wenn der Leib schwer geworden ist, müssen Bewegungen langsamer, die Schritte gemessener werden, schon aus Rücksicht auf das kleine Leben da drinnen. Und in diesem Ruhiger- und Langsamer-Werden könnte auch der Kern unseres Lebens mehr Raum gewinnen, damit die Freude dann größer sein kann an dem, der alles neu machen wird, wenn die Zeit gekommen ist, daß der Friede wieder geboren werden soll.

DIE FRIEDENSINITIATIVE GOTTES.

Wie an den drei vergangenen Sonntagen bleiben wir auch heute in der Welt des Alten Testaments, der Bibel Jesu, um wieder neu zu begreifen, wo unsere Wurzeln sind, weil sie die Wurzeln Jesu sind. Die heutige Bibelstelle führt uns ins achte vorchristliche Jahrhundert. Die Könige aus dem Haus David haben versagt und ihr Volk in die Katastrophe geführt. Da ruft Gott einen Propheten aus dem Volk, einen Bauernsohn aus Moreschet-Gat, südwestlich von Jerusalem, in seinen Dienst. Es ist Micha, und er zeiht die Oberschicht von Jerusalem und Juda des Rechtsbruches und klagt sie der Besitzgier an. Die beklagten Zustände forderten das Gericht Gottes heraus, schreit er ihnen ins Gesicht, und selbst der Tempel werde nicht verschont bleiben. Aber Micha kündigt auch Rettung an, Rettung, die nicht mit einem neuen Herrscher, einem König, kommen wird, sondern durch einen Hirten, der in der Kraft Gottes den Frieden bringen wird.

Mi 5,1–4

So spricht der Herr: Du, Betlehem-Efrata, so klein unter den Gauen Judas,
aus dir wird mir einer hervorgehen, der über Israel herrschen soll.
Sein Ursprung liegt in ferner Vorzeit, in längst vergangenen Tagen.
Darum gibt der Herr sie preis, bis die Gebärende einen Sohn geboren hat.
Dann wird der Rest seiner Brüder heimkehren zu den Söhnen Israels.
Er wird auftreten und ihr Hirt sein in der Kraft des Herrn, im hohen Namen Jahwes, seines Gottes.
Sie werden in Sicherheit leben, denn nun reicht seine Macht bis an die Grenzen der Erde.
Und er wird der Friede sein.

Hat P. Georg Braulik aus dem Schottenstift in Wien am vergangenen Sonntag in der Freude Gotts geschwelgt, so wird er heute in seiner Homilie das analysieren, was wir als den Frieden Gottes, den großen Schalom verstehen dürfen.

KOMMENTAR

Die Gewalt hat sich tief in unsere menschlichen Gesellschaften hineingefressen. Wie tief, das zeigen uns mit erschreckender Deutlichkeit die schwelenden oder auch neu aufflammenden Kriege auf den verschiedenen Kontinenten unserer Erde. Praktisch sind alle Staaten davon überzeugt, daß, wenn andere Mittel versagen, Recht oder was sie dafür halten, mit Gewalt durchgesetzt werden muß. Das verlangt den Aufbau militärischer Potentiale. Wenn aber der Frieden nur durch Kriegsdrohung gesichert werden kann, ist das Dilemma, in das wir hineinschlittern, klar. Wir können uns darüber nicht mit dem Hinweis hinwegtrösten, der gerade entfesselte Krieg sei ein gerechter. Die Ursachen sitzen tiefer. Unsere Gesellschaftskonstruktionen sind von ihrer Wurzel her gewaltbestimmt.

Zwar sind die Dimensionen, die eine in immer neuen Vulkanausbrüchen sich entladende Gewalttätigkeit annehmen kann, erst in unserem Jahrhundert weltweit geworden. Aber was ihre grundlegende Struktur angeht, ist alles uralt.

Auch die Propheten Israels kennen sie schon. Wenn sie ihre Hoffnungsbilder des Friedens entwerfen, sprechen sie deshalb von einer aus der Wurzel heraus anderen Gesellschaft – in biblischer Terminologie: von einem anderen „Volk". Dieses Volk gehört in die Freudenbotschaft vom Advent, dem Evangelium von der Ankunft des Messias und dem Kommen der „Königsherrschaft Gottes", die er ausruft. Es kommt aus einer langen, von Gott geführten Geschichte und steht von ihrem Anfang an in einem gesellschaftlichen Kontrast. Die neuzeitliche Religionsauffassung hat das zu verharmlosen versucht. Wenn heute unsere Kirche diese messianische Alternative nicht mehr so recht sieht, dann vermutlich deshalb, weil so manches in ihr selbst machtabgestützt ist und sie sich vielleicht schon zu weit auf gewaltgeprägte Formen unserer Gesellschaft eingelassen hat.

Die Bibel jedenfalls denkt von diesem gesellschaftlichen Kontrast her. Er besteht nicht nur zwischen Israel und den Völkern, sondern kann auch das Volk Gottes selbst spalten. Die Kluft kann mitten durch die alt- oder neutestamentliche Kirche gehen. Mit diesem Kontrast setzt unsere Lesung aus dem Michabuch ein. Er erscheint als Kontrast zwischen zwei Städten Judas, die zwei Gesellschaften symbolisieren, zwischen Jerusalem und Betlehem. Viele Jahrhunderte zuvor hatte sich Gott mitten aus einer gewalttätigen Gesellschaft, dem Pharaonenstaat Ägypten, ein Volk herausgeholt und mit ihm etwas Neues begonnen. Auch David, den Gott von der Herde wegrief, damit er über dieses Volk König würde, ist schon lange vor dem Michabuch zum Typos geworden für den, auf den die Hoffnung geht. Eine Hoffnung, die immer wieder aus selbstverursachten Zusammenbrüchen neu aufwachsen, von den Propheten neu gepflanzt werden muß. Unser Prophetentext verbindet sie nicht mehr mit der glänzenden Königstadt Davids. Jerusalem hatte sich den anderen Städten der Welt angedient, war dabei reich und mächtig geworden und im Hochmut pervertiert. Wenn Gott sein Reich errichten will, fängt er wieder beim Unscheinbaren und beim Ursprung an, in der Geburtsstadt Davids, in Betlehem.

Für welche Gesellschaft steht dieser Ort? Hieronymus schreibt über Betlehem im vierten Jahrhundert nach Christus: Keine „breiten Säulenhallen", keine „golden getäfelten Decken", keine „mit Marmor verkleideten

Häuser". Also selbst damals noch ein armes Provinznest. Aber aus dem Betlehem der Sippe Efrat, „so klein unter den Gauen Judas", wird einer hervorgehen und herrschen. Seine Herkunft liegt in „ferner Vorzeit". Sie steht offenbar in der Kontinuität der Geschichte Gottes mit seinem Volk, setzt dort an, wo Gott sich David, den Kleinsten der Söhne Isais, erwählte, den niemand für würdig erachtet hatte und den man erst vom Schafehüten zur Königsalbung holen mußte. Die Leiden der gegenwärtigen Zeit und die Zerstreuung des Volkes widersprechen zwar einer solchen Hoffnung auf einen Neubeginn als Volk, als Gesellschaft Gottes. Sind sie auch heftig, sie sind doch nur wie Wehen und dauern nur, „bis die Gebärende einen Sohn geboren hat".

Der dann kommende Davidide wird nicht mehr König genannt, denn der Titel steht für den Staat und seine Gewaltherrschaft. Er tritt auf als Hirt und weidet. Er wird sein Volk schützen, daß es nichts fürchten muß. Er wird es versorgen, daß es keinen Mangel hat. Er wird es leiten, daß es einen zielsicheren Weg vor sich hat. Das ist Herrschaft, die nicht vergewaltigt, Fürsorge, die nicht entmündigt, Leben für die anderen. Es sind keine leeren Versprechungen. Der künftige Davidide kann das, denn „er wird auftreten und Hirt sein in der Kraft des Herrn, im hohen Namen Jahwes, seines Gottes". Wer also nach ihm fragt, wird auf das Wirken Gottes verwiesen und auf seine weltverändernde Kraft. Gerade deshalb gilt auch: „Er wird groß sein bis an die Grenzen der Erde".

Hier wird nochmals ein Kontrast inszeniert, jetzt aber nicht mehr zwischen Stadtrivalinnen, sondern zwischen dem kleinen Betlehem, und dem, der aus ihm hervorgeht und groß ist bis an die Grenzen der Erde. Seine Größe und die Ausdehnung seiner Herrschaft läßt „in Sicherheit leben". Denn „er ist der Friede". Das heißt: Er ist nicht nur der Inbegriff der neuen Gesellschaft, sondern auch der Garant ihres Zwecks, nämlich des Friedens, wörtlich: des „Schalom", das heißt, der Fülle des Heils und aller Güter. Letztlich ist die gesellschaftliche Alternative, für die Betlehem und der aus ihr hervorgehende Messias stehen, eine „Zivilisation der Liebe".

Im Weihnachtsevangelium werden die Engel von Betlehem verkünden: „In der Stadt Davids ist euch der Retter geboren, der Messias, der Herr." Nicht nur gegen die Gesellschaften der Welt, auch gegen das, was in der von Gott heraufgeführten neuen Gesellschaft, seiner Kirche, immer wieder an Anpassung an die Strukturen der Macht hochgekommen ist, läßt Gott im Messias Jesus sein Werk ans Ziel kommen, alles aufnehmend und in Erfüllung führend, was er bisher gewirkt hatte, und doch noch einmal ganz neu und menschlich, wie niemand es erwartet hatte.

Und dann wird der Engelchor von der „Ehre Gottes in der Höhe" und vom „Frieden auf Erden" singen. Er ist das Ziel jener alten Geschichte Gottes mit seinem Volk, die in der Weihnachtsnacht ihrem Höhepunkt zueilt. Dieser wahre Friede, der allein zur Ehre Gottes gereicht, ist allen Menschen zugedacht. Aber er beginnt am Rande der geltenden Welt, unter den Armen von Betlehem. Er beginnt mit den „Menschen seiner Gnade": also denen, die schon aus dieser Geschichte der Gnade Gottes kommen und durch die Gott seine Geschichte der Gnade weiterführen will, in der Gestalt der Kirche. Wenn in der Kirche der Armen der Friede vom Messias Jesus her zustande kommt, dann haben von ihm her auch die Gesellschaften „bis an die Grenzen der Erde" eine Hoffnung auf Frieden.

Uns ist es zugemutet, unsere Identität als dieses Volk Gottes, als Kirche anzunehmen, als Leib dieses Messias. Auch wir leben aus dem Kontrast, den Gott mit Christus arrangiert hat. Denn angesichts der Armen und Gefangenen reden wir von Gerechtigkeit und Befreiung. Angesichts des Hasses und der Brutalität sprechen wir von Liebe und Gewaltlosigkeit. Angesichts unserer alltäglichen, ach so engen Lebensgeschichte reden wir davon, daß Gott uns ins Einzigartige und in die Weite seines Reiches führt. Und angesichts der Enttäuschungen mit uns selbst und anderen reden wir noch immer vom Trotzdem unserer Hoffnung. Wenn wir glaubten, was uns von Gott durch die Propheten zugesagt worden ist, könnte der Hirte von Betlehem seinen Advent halten und auch u n s e r Friede sein.

Georg Braulik

WEIHNACHTSTAG (25. DEZEMBER)

Friede und Freude Ihnen allen an diesem hohen Festtag.

EIN KIND IST UNS GEBOREN, EIN SOHN IST UNS GESCHENKT.

Das ist die zentrale Botschaft des heutigen Tages, eigentlich jedes Tages, denn es wäre wohl für einen Menschen, der auf Jesu Tod und Auferstehung getauft ist, wirklich zuwenig, würde er sich nur einmal im Jahr an die unendliche Menschenliebe Gottes erinnern. Im Glauben der Christen und der anderen auf orientalischem Boden gewachsenen monotheistischen Religionen ist Gott ja nicht nur irgendein letztes Lebensprinzip, das zum Unterschied zu allem Geschaffenen jenes ist, das aus sich selbst Leben und Begründung schöpft. Gott ist es, der nicht nur Ursprung allen Lebens ist, sondern sich seiner Geschöpfe annimmt, an ihrer Geschichte Anteil hat, besonders am Schicksal der Menschen, der sie liebt und behüten möchte, der an ihnen leidet, wenn sie sich gegen ihn oder gegen sich selbst entscheiden, ein Gott mit uns, der, wie Wilhelm Bruners in einem seiner Gedichte schreibt, „ins Fleisch gefahren ist", um den äußersten, radikalsten Versuch der Rettung zu wagen.

Er ist aber auch ein Gott, der gerade an seinen Lieblingsgeschöpfen immer wieder scheitert, und das wird nirgendwo deutlicher als gerade in jenem Land, das er den Söhnen und Töchtern Israels als Heimat gegeben hat. Es ist noch nicht lange her, da war ich wieder einmal dort in diesem unheiligen Heiligen Land, habe meinen Rücken gebeugt, um in die Geburtsgrotte hinunterzusteigen, bin die „Street of the star", die „Straße des Sterns" hinaufgegangen, habe in Beit Sahour, der kleinen Stadt auf den Hirtenfeldern, an einer Diskussion zwischen Israelis und Palästinensern teilgenommen. Dort in Betlehem ist außer einer verzweifelten und unstillbaren Sehnsucht nichts von dem Frieden zu spüren, den Engelchöre vor etwa zweitausend Jahren verkündet haben, wie die Evangelien es uns erzählen. Mißtrauen, Angst, Haß, ja auch Haß, haben immer noch die Oberhand, und das schmerzt dort, gerade dort, mehr als anderswo.

Hunderte Jahre vor jener Nacht in Betlehem kündete der Prophet Jesaja von einem hellen Licht, das die Völker erwarten dürfen, von einer großen Freude, die der Welt geschenkt werden wird, von einem Kind, das zu einem Fürsten des Friedens heranwachsen und dessen Herrschaft groß sein wird. Und dann wurde unter wundersamen Begleiterscheinungen ein Kind geboren, dem fremde Könige huldigten und das zu einem Menschen heranwuchs, der in allem ein Mensch war und doch ganz anders als alle anderen Menschen, der die Liebe lebte, die Barmherzigkeit selbst war und den verlorenen Schafen seines Volkes den Frieden verkündete, seinen Frieden schenkte. Was aber ist inzwischen mit diesem Frieden geschehen? Bis heute und jeden Tag wird er mit Füßen getreten. Alle beten sie um Frieden, die Juden, die Muslime und die wenigen Christen in diesem Land, aber sie haben noch immer nicht die Kraft und den Freimut, ihn auch zu tun, wie jener, von dem Jesaja kündet:

Jes 9, 1–6

Das Volk, das im Dunkel lebt, sieht ein helles Licht:
über denen, die im Land der Finsternis wohnen, strahlt ein Licht auf.
Du erregst lauten Jubel und schenkst große Freude.
Man freut sich in deiner Nähe, wie man sich freut bei der Ernte, wie man jubelt, wenn Beute verteilt wird.
Denn wie am Tag von Midian zerbrichst du das drückende Joch, das Tragholz auf unserer Schulter und den Stock des Treibers.
Jeder Stiefel, der dröhnend daherstampft, jeder Mantel, der mit Blut befleckt ist, wird verbrannt, wird ein Fraß des Feuers.
Denn uns ist ein Kind geboren, ein Sohn ist uns geschenkt.
Die Herrschaft liegt auf seiner Schulter; man nennt ihn: Wunderbarer Ratgeber, Starker Gott, Vater in Ewigkeit, Fürst des Friedens.
Seine Herrschaft ist groß, und der Friede hat kein Ende.
Auf dem Thron Davids herrscht er über sein Reich; er festigt und stützt es durch Recht und Gerechtigkeit, jetzt und für alle Zeiten.
Der leidenschaftliche Eifer des Herrn der Heere wird das vollbringen.

Die Weihnachtsfreude, von der hoffentlich noch etwas von gestern abend übrig ist und die auch diesen Wintertag erhellt, vom samtenen Licht der Kerzen, kann nur dann voll und rund werden, wenn wir die anderen nicht aussperren, sie nicht draußen im Dunkel stehen lassen. Lassen wir sie eintreten in unser Herz, die Kinder im Nahen Osten, die nur Gewalt kennengelernt haben, die Tränen der Mütter, die Verzweiflung, den Zorn der Männer über den steinigen Weg zum Frieden. In Amman habe ich einen Menschen getroffen, der sich auf diese dunklen Bilder einläßt. Der ehemalige Generalsekretär von Missio Austria, der Steyler Missionar aus St. Gabriel, P. Jakob Mitterhöfer, lebte ein halbes Jahr im Libanon und erfuhr sie, die dunklen Stunden der Geschichte, auch in einer Zeit, in der man glaubt, vom Frieden wenigstens wieder träumen zu dürfen.

KOMMENTAR

In einer dunklen Stunde der Geschichte träumt der Prophet Jesaja von seinem Gott. Er träumt davon, daß die Verschleppung seines Volkes ein Ende haben wird, daß der Schlagstock der Antreiber zerbrochen und samt den blutigen Sandalen und Kleidern verbrannt wird. Er träumt vom Ende der finsteren Nacht und einem großen Licht, das die Nacht heller machen wird als den Tag. Dann werden Freude und Jubel herrschen, wie es zur Erntezeit war.

Gott schafft nicht nur Freiheit, sondern eine neue Weltordnung. Ein König wird zur Welt kommen, der ganz anders sein wird als die bekannten orientalischen Despoten. Er, Gott selbst, wird zur Welt kommen, um sie neu zu machen.

Die Kirche sieht in der Geburt Christi, die wir heute feiern, diese prophetische Vision erfüllt. Deshalb lesen wir heute voller Freude diese prophetische Schau: „Ein Kind ist uns geboren, ein Sohn ist uns geschenkt."

Das Bild vom Kind als König will sagen, daß Gott kein Despot ist, sondern ein Freund der Menschen und Freudengeber. Die Bezeichnungen, die Jesaja für Gott findet, bringen dies zum Ausdruck: Wunderbar, Rat, Kraft, Held, Ewiger Vater, Friedensfürst. Und Jesaja fügt hinzu: „Der Friede wird immer währen, jedes Urteil wird gerecht sein, und Gerechtigkeit wird herrschen."

Diese Vision stammt, wie schon gesagt, aus einer ganz finsteren Stunde der Geschichte. Inzwischen haben wir viele Male die Geburt Gottes gefeiert. Wir fragen: Hat sich an der Form, wie mit Gewalt in unserer Welt umgegangen wird, etwas geändert?

Ich habe im Libanon mit Menschen über diesen Text gesprochen. Viele meinen, in der Kirche mag ein solcher Text seinen Platz haben. Das reale Leben ist freilich anders. Fast zwanzig Jahre Bürgerkrieg und Anarchie legen eine Ähnlichkeit mit der Situation des Jesaja nahe. Freilich, auf das große Licht und die unbändige Freude und vor allem auf das Ende der Unfreiheit warten sie noch. Es klingt schockierend, wenn eine Mutter sagt, sie werde stolz sein, wenn sich ihre beiden Kinder ins Ausland absetzen werden.

In einem sicheren und wohlhabenden Land wie dem unseren ist die Feier der Geburt dieses Kindes, das in der Futterkrippe eines Stalles in Betlehem lag, unbeschwert von solch existenziellen Nöten.

Wir lesen in der Bibel, daß Jesus in der Erfüllung der Vision des Jesaja die Gegenwart dieses Reiches Gottes ausgerufen und zum Eintritt eingeladen hat. Im Prolog des Johannesevangeliums, den wir heute ebenfalls lesen, wird ein weiter Bogen vom Stall in Betlehem bis zu Gott gespannt: Dieser Neugeborene, so heißt es, ist der Schöpfer und Herr der Welt.

Tit 3,4–7

Als die Güte und Menschenliebe Gottes, unseres Retters, erschien, hat er uns gerettet – nicht weil wir Werke vollbracht hätten, die uns gerecht machen können, sondern aufgrund seines Erbarmens – durch das Bad der Wiedergeburt und der Erneuerung im Heiligen Geist. Ihn hat er in reichem Maß über uns ausgegossen durch Jesus Christus, unseren Retter, damit wir durch seine Gnade gerecht gemacht werden und das ewige Leben erben, das wir erhoffen.

Der Brief an Titus führt von den himmlischen Höhen wieder zu den irdischen Sorgen der Menschen. Der Titusbrief verbindet den Traum von Gott mit unserer realen Welt. Er fordert seine Zeitgenossen und auch uns heute auf, so zu leben und zu handeln, als lebten wir ganz in dieser Welt und gleichzeitig schon im Reich Gottes. So und nur so kann diese neue Welt- und Gesellschaftsordnung, die Gott haben möchte, Wirklichkeit werden. Der Appell ergeht deshalb nicht an die Großen dieser Welt, sondern an die Kleinen und Unbedeutenden.

Es sieht so aus, als erwarte die Bibel von den Mächtigen der Welt keine grundlegenden Veränderungen, es sei denn, sie schließen sich der Schar derer an, die guten Willens sind. Im Libanon, wie auch sonst in der Welt, waren es die Kleinen, die täglich weitergearbeitet und für das Leben gesorgt haben, während die Mächtigen zerstörten und töteten.

Nun die Forderung des Titusbriefes: „Unser Leben muß frei sein von Gewalt, frei von Begierden, die dem Nächsten schaden, vielmehr soll unser Tun und Denken dem Wohl der Mitmenschen gelten." Der Grund ist das Ereignis der Menschwerdung Gottes: „Die Herrlichkeit und Menschenfreundlichkeit Gottes sind unter uns sichtbar geworden. Seine Nähe und Gnade sind ausgegossen."

Weihnachten ist eine Offenbarung über G o t t : Er ist in unsere Welt eingetreten, er liebt uns, er möchte eine neue Welt, die seiner Liebe entspricht.

Weihnachten ist aber auch eine Offenbarung über u n s s e l b s t : Wir stehen mit den Beinen auf der Erde und sind schon Hausgenossen Gottes.

Weihnachten ist nicht ein sentimentales Fest, sondern fordert unsere Bekehrung und unseren totalen Einsatz. Nur Menschen, die die radikale Liebe Gottes, die wir zu Weihnachten feiern, ernst nehmen, können die Menschenfreundlichkeit Gottes sichtbar machen.

Jakob Mitterhöfer

Im Schott-Meßbuch lesen wir: „Jedes der Worte Gottes trägt die Gesichtszüge seines Sohnes – auch wenn wir sie nicht gesehen haben. Jedes der Worte Gottes hat den Klang seiner Stimme, auch wenn wir sie nicht gehört haben. Menschen seiner Zeit und seiner Gesellschaft haben ihn nicht verstanden oder nicht verstehen wollen. Die Mächtigen haben ihn umgebracht und sie würden es vermutlich auch heute wieder tun. Warum von Gott tausend neue Worte erwarten? Wenn er zu schweigen scheint, so könnte das doch heißen, daß er schon gesprochen, sich im Sohn schon ausgesprochen hat. Wir sollten lernen, dieses Wort zu hören."

STEPHANITAG (26. DEZEMBER)

Weiter im Weihnachtsfestkreis. Stephanitag. Das Fest des heiligen Stephanus, des ersten christlichen Märtyrers, der vor den Toren Jerusalems gesteinigt worden ist. Wo genau das gewesen ist, wissen die Forscher bis heute nicht mit Sicherheit zu sagen. Es gibt zwar eine Stephanuskirche außerhalb des sogenannten Damaskustores, also in unmittelbarer Nähe der Altstadt Jerusalems. Vor einigen Jahren wurden aber Fundamente einer früheren Kirche an anderer Stelle entdeckt, und zwar in der Nähe des Mandelbaumtores, jener ehemaligen Grenzstation der zwischen Jordanien und Israel geteilten Heiligen Stadt. Dabei wurden auch Gebeine gefunden, von denen einige Forscher annehmen, daß ein Teil von Stephanus stammen könnte. Diese Gebeine haben inzwischen zweimal den Besitzer gewechselt, sind aber immerhin in Jerusalem geblieben, nun in den Händen des russischen Patriarchen. Dort werden sie wohl bleiben, bis geklärt ist, was mit den Funden geschehen soll und ob Stephanus nun auch an der neuen Stelle eine Kirche bekommen wird oder nicht. Die Erinnerung an den feurigen jungen Mann, der sich vorbildlich für die Armen einsetzte, aber auch durch Wort und Tat den „neuen Weg", wie das damals hieß, den Weg des gekreuzigten und auferstandenen Nazareners verkündete, ist immer noch wach, vor allem unter den Christen in Jerusalem.

ICH SEHE DEN HIMMEL OFFEN.

Apg 6,8–10; 7,54–60

In jenen Tagen tat Stephanus, voll Gnade und Kraft, Wunder und große Zeichen unter dem Volk. Doch einige von der sogenannten Synagoge der Libertiner und Zyrenäer und Alexandriner und Leute aus Zilizien und der Provinz Asien erhoben sich, um mit Stephanus zu streiten; aber sie konnten der Weisheit und dem Geist, mit dem er sprach, nicht widerstehen.
Als sie seine Rede hörten, waren sie aufs äußerste über ihn empört und knirschten mit den Zähnen. Er aber, erfüllt vom Heiligen Geist, blickte zum Himmel empor, sah die Herrlichkeit Gottes und

Jesus zur Rechten Gottes stehen, und rief: Ich sehe den Himmel offen und den Menschensohn zur Rechten Gottes stehen. Da erhoben sie ein lautes Geschrei, hielten sich die Ohren zu, stürmten gemeinsam auf ihn los, trieben ihn zur Stadt hinaus und steinigten ihn. Die Zeugen legten ihre Kleider zu Füßen eines jungen Mannes nieder, der Saulus hieß. So steinigten sie Stephanus; er aber betete und rief: Herr Jesus, nimm meinen Geist auf! Dann sank er in die Knie und schrie laut: Herr, rechne ihnen diese Sünde nicht an! Nach diesen Worten starb er.

Vielleicht erinnern Sie sich an den Stephanitag des Lesejahrs B, zu dem ich Kardinal König eingeladen hatte, an Hand des Altarbildes im Wiener Stephansdom zu erzählen, was für ihn der Diakon aus Jerusalem bedeutet. Er sagte damals unter anderem: „Und so erinnert mich dieser Tag und das Bild im Dom daran, daß es auch heute darauf ankommt, Zeugnis abzulegen, daß es aber nicht angeht, mit Steinen zu argumentieren, denn überall dort, wo die Argumente nicht mehr ausreichen, greifen Menschen, die nicht guten Willens sind, immer zu anderen Waffen, zu Gewaltmaßnahmen, um schwache Argumente zu unterstreichen oder, besser noch, fehlende zu ersetzen. Aber, wie die Geschichte lehrt, kann man mit Gewalt niemanden überzeugen, sondern Gewalt wird immer nur Gegengewalt auslösen und damit die Gewaltspirale weiterdrehen."

Wo würden diese Sätze mehr stimmen denn in Jerusalem, an der Westbank und in Gaza. Staatliche Gewalt von oben gebiert Tag für Tag neue Gewalt von unten. Das prägende Bild der Intifada, des Aufstandes der Palästinenser, waren die steinewerfenden Jugendlichen und die verschlossenen Gesichter bis an die Zähne bewaffneter junger israelischer Soldaten. Jetzt verhandelt man, unterschreibt Verträge, redet vom Frieden, aber immer noch ist die Gewalt von beiden Seiten nicht zur Ruhe gekommen. Ein Mann, der seit Jahren mitten in diesem Geschehen lebt, der Zeuge der Intifada war und jetzt eine zage Friedenshoffnung hegt, bringt uns heute das Bild des gesteinigten Stephanus nahe: der Rektor des Österreichischen Hospizes in der Via Dolorosa, Wolfgang Schwarz.

KOMMENTAR

Stephanus! So stellen sich viele einen richtigen Heiligen vor. Sein Name fällt, als die Apostel und die Jünger in Jerusalem nach Männern suchen, die die tägliche Versorgung der Witwen übernehmen können. Ihnen war die Sache über den Kopf gewachsen. Sie haben es nicht mehr geschafft, neben dem Predigtdienst auch noch den Sozialdienst ordentlich zu erfüllen.

Sieben ausgesuchte Männer sollen diesen Sozialdienst versehen. Die Anforderungen an sie sind hoch: Sie sollen in gutem Ruf stehen und Geist und Weisheit haben. Auch Stephanus scheint diesen Ansprüchen entsprochen zu haben. Aber über ihn als einzigen von diesen sieben ausgewählten Männern weiß die Apostelgeschichte noch mehr Charakterisierendes und Lobenswertes zu sagen: Er ist ein Mann, der glaubt und der vom Heiligen Geist erfüllt ist. Kein Wunder, daß wir einige Verse später über Stephanus weiterlesen können, daß er „voll Gnade und Kraft" Wunder wirkt und große Zeichen vor den Menschen vollbringt. Genaueres erwähnt die Apostelgeschichte jedoch darüber nicht. Jedenfalls gehen die Begabungen des Stephanus über den Dienst der Essenverteilung an die Witwen hinaus. Und seine Zeichen und Wunder, die er wirkt, werden auch zum Stein des Anstoßes in Jerusalem. Leute aus verschiedenen Synagogen Jerusalems beginnen Streit mit ihm. Und wieder wird Stephanus in höchsten Tönen beschrieben: Er spricht mit Weisheit und Geist. Seinen Argumenten können die Streitsuchenden nichts entgegensetzen. So stiften sie Männer an, die gehört haben wollen, daß Stephanus Mose – das heißt das von ihm verkündete Gesetz – und Gott gelästert hätte. Schließlich bringt man ihn vor die höchste jüdische Autorität, vor den Hohen Rat. Dort berichten wieder falsche Zeugen, daß Stephanus behauptet habe, Jesus würde Jerusalem beziehungsweise den Tempel zerstören und die jüdischen Gesetzesbräuche abändern. Und wieder folgt eine Bilderbuchbeschreibung von Stephanus: Der Text der Apostelgeschichte vermerkt, wer auf Stephanus hinsah, dem erschien sein Gesicht wie das Gesicht eines Engels.

Das Heiligenbild des Stephanus ist aber noch immer nicht perfekt!

Stephanus reagiert auf all das, was ihm bisher vorgeworfen wurde, vor dem Hohen Rat mit einer großangelegten Rede, in der er sich als profunder Kenner seiner jüdischen Tradition ausweist. Er zitiert brillant aus den fünf Büchern Mose, den wesentlichen Geschichts- und Gesetzesbüchern des Judentums. Erst am Ende der langen Rede fällt Stephanus aus der heiligmäßigen Rolle und attackiert die Zuhörer als Halsstarrige, die sich dem Wirken des Heiligen Geistes widersetzen, und so wie früher Propheten umgebracht wurden, haben sie den Gerechten – gemeint ist Jesus, ohne daß Stephanus diesen Namen in den Mund nimmt

– ermordet. Diese Behauptung quittieren die Zuhörer noch mit Empörung und Zähneknirschen. Aber als Stephanus hinzusetzt: „Ich sehe den Himmel offen und den Menschensohn zur Rechten Gottes stehen", da ist das Maß voll. Da können sie sich nur noch die Ohren zuhalten, laut protestierend schreien, Stephanus zur Stadt hinaustreiben und ihn steinigen.

Gottheiten im offenen Himmel, das können nur Gestirne sein, die man als Götter verehrt. Und auf die Verehrung von Gestirngottheiten steht nach jüdischem Gesetz die Steinigung. Und darüber hinaus kennen sie die Geschichte vom offenen Himmel und dem Menschensohn zur Rechten Gottes schon von einem anderen: von Jesus. Auch für ihn – so erzählt uns das Lukasevangelium – wurde diese Behauptung zum endgültigen Anlaß, ihn an Pilatus auszuliefern. Und selbst noch während Stephanus gesteinigt wird, bleibt er seinem Vorbild treu: Wie Jesus am Kreuz betet er „Herr, nimm meinen Geist auf!" und „Herr, rechne ihnen diese Sünde nicht an!" So stirbt nur ein Heiliger, wie ihn sich viele vorstellen und wünschen!

Daneben, als Stephanus gesteinigt wird, steht aber noch einer, der auch einmal als Heiliger verehrt werden wird: Hier heißt er noch Saulus, später wird er Paulus genannt werden.

Saulus, die Randfigur dieser Lynchjustiz. Noch! Noch steht er daneben, dieser junge Mann, bei dem die Steineschmeißer ihre Obergewänder deponieren. Saulus, der Aufpasser auf die Kleider, die die Steinewerfer am gezielten Steineschießen auf Stephanus behindern könnten. Er macht nicht mit! Er macht sich die Hände weder an den Steinen noch am Blut des Stephanus schmutzig!

Im Anschluß an die Schilderung der Steinigung des Stephanus und an sein heiligmäßiges Sterben vermerkt der Apostelgeschichtstext kurz: „Saulus aber war mit dem Mord einverstanden."

Saulus ohne Mitleid. Er kann beim Töten zuschauen.

Dieser Mord an Stephanus dürfte aber auch seine Hemmschwelle gelöst haben. Wenige Verse später wird darüber berichtet, daß Saulus die Kirche zu vernichten versuchte. „Er drang in die Häuser ein, schleppte Männer und Frauen fort und lieferte sie ins Gefängnis ein." Ein Kapitel weiter können wir über Saulus lesen, daß er mit Drohung und Mord gegen die Jünger des Herrn wütet. Und er gibt sich nicht nur mit einer Verfolgung in und um Jerusalem zufrieden. Auch in Damaskus vermutet er „Anhänger des neuen Weges", wie die Anhänger Jesu damals noch genannt wurden; Christen nannte man sie erst später. Um diese Anhänger des neuen Weges auch in Damaskus verfolgen zu können und sie nach Jerusalem zu bringen, erbittet dieser Saulus vom Hohenpriester in Jerusalem Briefe, die ihn zur Verfolgung in den Synagogen von Damaskus ermächtigen sollten. Und erst vor Damaskus ist Saulus zu stoppen: Durch ein Licht aus demselben Himmel, den Stephanus offen gesehen hat, und durch eine Stimme, die ihn fragt: „Saul, Saul, warum verfolgst du mich?"

Saulus ist nur durch die Macht des Himmels zu bremsen. Nun aber wird er in Damaskus selbst zum Gejagten. Seine jüdischen Glaubensbrüder sind hinter ihm her. Er ist ein Verräter, ein Abtrünniger. Er kann glücklich entkommen. Aber er ist auch einer, der mit der Gewalt des gesprochenen wie des geschriebenen Wortes Menschen für die Botschaft von Jesus, dem Gekreuzigten und Auferstandenen, zu gewinnen sucht. Und er ist dabei anständig genug, in seinen Briefen zuzugeben: Ich bin einer, der verfolgt hat. Interessant ist, daß er nie den Fall Stephanus dabei erwähnt! Hatte er ihn vergessen, verdrängt? War er für ihn nur einer unter vielen? Oder erwähnt er ihn nicht, weil er sich dort die Finger nicht schmutzig gemacht hat? Bewundernswert für mich ist aber auch, daß letztlich die Überlebenden seiner Verfolgungsjagden keine Rache an ihm genommen haben, sondern ihn sogar als Apostel akzeptierten!

Stephanus, ein Heiliger, wie ihn sich viele vorstellen. Saulus, ein Heiliger völlig anderer Art.

Mord, feige Übermacht gegen einen Wehrlosen, fanatische Verfolgung, Drohung, Denunzierung und Vernaderung, Lüge, Nicht-bereit-sein zuzuhören, mangelnde Selbstkritik, Scheinheiligkeit unter dem Vorwand der Reinerhaltung des Glaubens und der Religion sind nicht zu akzeptieren. Auch heute nicht!

Aber: Wir können an Stephanus und an Saulus, diesen unterschiedlichen Charakteren, lernen: Heilige sind nicht aus ein und demselben Holz geschnitzt! Auch heute nicht!

Mögen sie in unseren Kirchen gedeihen können. Denn nur so bleiben die Kirchen lebendig!

Wolfgang Schwarz

Was die Zukunftsaussichten seiner Jünger und Jüngerinnen anging, hielt Jesus nicht hinter dem Berg. Er sprach zwar davon, daß sein Joch sanft und seine Last leicht sei, daß es aber kein Spaziergang sei, in seine Nachfolge einzutreten: „Sie werden euch vor die Gerichte bringen", sagte er seinen Freunden, „ihr werdet um meinetwillen vor Statthalter und Könige geführt, ihr werdet um meines Namens willen von allen gehaßt werden." So war es auch, und so ist es noch. Stephanus war nur der erste, dem sein Zeugnis ein Märtyrerschicksal einbrachte, nicht der letzte. Aber Jesus versprach seinen Freunden etwas: „Macht euch keine Sorgen, wie und was ihr reden sollt. Nicht ihr werdet reden, sondern der Geist des Vaters wird durch euch reden. Wer bis zum Ende standhaft bleibt, der wird gerettet." Auch diesen Beweis erbrachte Stephanus als erster von sehr vielen, aus denen in ihrem letzten Augenblick das Wort Gottes hervorbrach.

NEUJAHRSTAG

Der Segen und der Friede Gottes sei mit uns allen an diesem ersten Tag des neuen Jahres, der diesmal auf einen Sonntag fällt. Wird uns dies geschenkt, heute und an jedem Tag, dann fehlt uns nichts mehr, denn darin ist alles beschlossen, was wir als Menschen brauchen.

Die Silvesternacht ist vorbei, die Glocken sind verklungen, der Donauwalzer und all die anderen Melodien verrauscht mit den Stunden. Die Gläser sind geleert, die traurigen wie die fröhlichen Nachtgedanken, die Freuden wie die Sorgen, die Festlichkeiten wie die Einsamkeiten zugedeckt von den Stunden des Schlafes. Jetzt erwachen wir für das Neue, das noch Unbekannte, das noch im Schoß der Zukunft schlummernde Leben, für das wir um seinen Frieden bitten, um seinen Segen, um die uns zugesprochene Fülle.

Jahresanfang, Weihnachtsoktav, Hochfest der Gottesmutter Maria, Weltfriedenstag und Sonntag – ein bißchen viel für einen einzigen Tag, aber er braucht auch viel, dieser Tag, der ein neuer Anfang sein soll, nicht nur im Kalender. Im Namen Gottes, im Licht seines leuchtenden Angesichts machen wir uns auf den Weg, und wir schauen auf den Sohn, so wie auch er uns im Blick hat, das Kind mit dem Herzen Gottes und den Augen einer Mutter, dessen Segen wir erwarten, weil wir seines Segens bedürfen, um leben zu können, um das Leben in Fülle zu haben.

Num 5,22–27

Der Herr sprach zu Mose: Sag zu Aaron und seinen Söhnen: So sollt ihr die Israeliten segnen; sprecht zu ihnen:
Der Herr segne dich und behüte dich.
Der Herr lasse sein Angesicht über dich leuchten und sei dir gnädig.
Der Herr wende sein Angesicht dir zu und schenke dir Heil.
So sollen sie meinen Namen auf die Israeliten legen, und ich werde sie segnen.

Das ist der alte Segensspruch, der Priestersegen, wie er genannt wird, aus dem Buch Numeri, dem vierten der fünf Bücher Mose. In diesem Buch sind alle Vorschriften für das wandernde Gottesvolk aufgezeichnet, aufgezählt. Aber nicht nur dort, sondern durch alle Zeiten, in allen Kulturen sind Segenssprüche, Segensgebete gesprochen und auch aufgezeichnet worden. Ein solches Segensgebet aus dem vierten Jahrhundert nach Christus hat mir vor einiger Zeit eine Hörerin zugeschickt, und ich möchte es an diesem heutigen Festtag an Sie weiterreichen:

Der Herr sei vor dir,
um dir den rechten Weg zu weisen.

Der Herr sei neben dir,
um dich in die Arme zu schließen,
um dich zu schützen.

Der Herr sei hinter dir,
um dich zu bewahren
vor der Heimtücke böser Menschen.

Der Herr sei unter dir,
um dich aufzufangen, wenn du fällst,
um dich aus der Schlinge zu ziehen.

Der Herr sei in dir,
um dich zu trösten,
wenn du traurig bist.

Der Herr sei um dich herum,
um dich zu verteidigen,
wenn andere über dich herfallen.

Der Herr sei über dir,
um dich zu segnen.
So segne dich der gütige Gott.

GOTT SANDTE SEINEN SOHN, GEBOREN VON EINER FRAU, DAMIT ER DIE FREIKAUFE, DIE UNTER DEM GESETZ STEHEN.

Gal 4,4–7

Brüder! Als die Zeit erfüllt war, sandte Gott seinen Sohn, geboren von einer Frau und dem Gesetz unterstellt, damit er die freikaufe, die unter dem Gesetz stehen, und damit wir die Sohnschaft erlangen. Weil ihr aber Söhne seid, sandte Gott den Geist seines Sohnes in unser Herz, den Geist, der ruft: Abba, Vater. Daher bist du nicht mehr Sklave, sondern Sohn; bist du aber Sohn, dann auch Erbe, Erbe durch Gott.

Das ist die Zweite Lesung der heutigen katholischen Festtagsliturgie. Paulus, so kann man der Apostelgeschichte entnehmen, ist auf seiner Missionsreise zweimal in das galatische Land, einer von Kelten besiedelten Region im Zentrum Kleinasiens, gekommen, wo sich um das Jahr 50 nach Christi Geburt erste christliche Gemeinden gebildet hatten. Auch in diesem Gebiet stieß er auf die Einflüsse von Irrlehrern, die eine Mischung aus jüdischen, christlichen und heidnischen Lehren verbreiteten und bei einem Teil der Galater auf durchaus offene Ohren stießen. In seinem Brief, den er irgendwann zwischen 53 und 55 von Ephesus aus an die Galater-Gemeinden schrieb, heißt es am Anfang: „Ich bin erstaunt, daß ihr euch so schnell von dem abwendet, der euch durch die Gnade Christi berufen hat, und daß ihr euch einem anderen Evangelium zuwendet. Doch es gibt kein anderes Evangelium, es gibt nur einige Leute, die euch verwirren und das Evangelium Christi verfälschen wollen." Und dann bringt Paulus sich selbst und seine Berufungsgeschichte als Beispiel ein, indem er offen zugibt, „wie maßlos ich die Kirche Gottes verfolgte und zu vernichten suchte". Mit scharfen Worten ermahnt er die Untreuen und beschwört sie, zur Lehre Christi zurückzukehren, denn nur sie sei es, die befreie, aus Sklaven Söhne und aus Söhnen Erben mache. Da der Brief erhalten geblieben ist, kann man schließen, daß Mahnung und Verheißung bei den Galatern Erfolg beschieden war.

P. Franz Helm, nach sechs Jahren aus Brasilien heimgekehrter Steyler Missionar und seit April 1994 Generalsekretär der Missio Austria, hat sich an Hand dieser Lesung Neujahrsgedanken gemacht.

Wir feiern Weltfriedenstag – und unsere Welt ist voller Kriege und entzweit in wohlhabende und arme Länder, in „Entwickelte" und „Unterentwickelte", in Weiße und Farbige, in Österreicher und Ausländer.

Wir feiern das „Hochfest der Gottesmutter Maria" – und so viele Mütter in Afrika, Lateinamerika und vielen Ländern Asiens werden Mütter von Kindern, die von vornherein durch Hunger und Krankheit zum Tod verurteilt sind. Statt das Problem der ungerechten Verteilung von Einkommen, Bildung, Gesundheitsfürsorge und Ressourcen zu analysieren und so Überlebenswege für diese Kinder und ihre Eltern zu suchen, zeigt die Weltöffentlichkeit mit dem moralischen Zeigefinger auf die dummen Zeitgenossinnen, die so viele Kinder kriegen, oder auf den Papst, als trüge er die Hauptschuld am Elend der Welt.

Wir sind in der EU und steuern auf eine Gesellschaft zu, in der zwei Drittel im Wohlstand und der Rest in Armut lebt. Zugleich sind zwei Drittel der Welt oder vier Milliarden Menschen zu bitterer Armut oder existenzbedrohendem Elend verurteilt. „Die Reichen werden immer reicher auf Kosten der Armen, die immer ärmer werden."

Millionen Menschen sind Flüchtlinge: vor Kriegen, Klimakatastrophen, Intoleranz, rassistischen Säuberungen, Elend und korrupten Regierungen.

So ein Miesmacher, werden Sie jetzt vielleicht von mir denken. „Der soll etwas Schönes, Tröstliches und Hoffnungsfrohes zum neuen Jahr sagen und uns nicht die großen Weltprobleme, die nicht zu ändern sind, um die Ohren hauen …" Miesmacher will ich nicht sein. Aber – allzuleicht passiert es uns, daß wir schön reden und dabei die Welt vergessen, in der wir leben, mit all ihrer Häßlichkeit, ihrer himmelschreienden Not. Um sie zu wenden, hat Gott unser Fleisch angenommen.

Gott schickt seinen Sohn in eine Zeit, die mit all dem erfüllt war und ist, was ich eben aufgezählt habe. Jesus war dem Gesetz dieser Welt unterstellt. Er spürte am eigenen Leib, was es heißt, arm, heimatlos, verfolgt und diskriminiert zu sein. Aber – er war nicht einfach nur Opfer der Gesetze dieser Welt. Er handelte. Statt sich abzuschotten, ging er den Armen, Heimatlosen, Verfolgten, Gescheiterten und Diskriminierten nach, um ihnen nahe zu sein. Er wollte ihr Schicksal mittragen. Aus freiem Willen unterwarf er sich dem Gesetz der Welt und wurde Opfer mit den Opfern der Geschichte. Dabei entstand im Gehen der Weg. Er, der von der Frau geborene Sohn Gottes, wurde ein Löser, einer, der loskauft von der Schuldsklaverei. Wie?

Jesus erfand keine neuen Gesetze. Er wußte, daß alle Gesetze nur die Kehrseite der menschlichen Schwäche und Unfähigkeit sind. Wo Leben bedroht ist, muß es durch Gesetze geschützt werden. Aber das Gesetz für sich hat keine Kraft, lebendig zu machen. Im Gegenteil: allzu leicht wird es zur Last.

Wenn den Gesetzen dieser Welt schöne Ideale entgegengestellt werden, macht uns das zum doppelten Opfer. Nicht nur, daß wir der Propaganda für Wettbewerb, Konsumwut und Egozentrik ausgesetzt sind, wird uns auch ständig das Idealbild eines treuen, selbstlos liebenden und teilenden Menschen entgegengehalten. Zwischen diesen beiden Mühlsteinen werden wir erdrückt.

Bernhard Häring, der große Moraltheologe und Mitgestalter des Zweiten vatikanischen Konzils, hatte vor dem Konzil ein dreibändiges Werk mit dem Titel „Das Gesetz Christi" geschrieben. Nach dem Konzil veröffentlichte er wieder drei Bände. Offen für die Probleme der Menschen, hatte er seine Moraltheologie völlig umgeschrieben. Der Titel des Werkes: „Frei in Christus."

Es gibt kein „Gesetz Christi". Vom Sklavendienst sind wir losgekauft. Jesu Einladung heißt: Frei sein wie er. Vertrauen in das neue Leben wie er. Wissen, daß Gott vergibt und neu beginnen läßt. Daß er die Wende schenkt. Daß er das letzte Wort hat, und nicht die Zwänge dieser Welt. Und einfach beginnen, den ersten Schritt machen. Einfach einmal anpacken. Im Anpacken geschieht Erlösung. Wer ihm – Jesus – nachgeht und mit anpackt, der entdeckt einen Weg, dem gehen die Augen auf für die mögliche Veränderung, der wird zum Mitschöpfer neuen Lebens. Erben durch Gott sind wir – Erben seiner Welt und seiner Verheißungen. Aus dieser Gewißheit wächst ein neuer Geist und die Kraft zum Hoffen und zum Kämpfen.

Ivonne Gebara, eine Ordensschwester und Theologin aus Recife im Nordosten Brasiliens, sagte einmal: „Wir sind so daran gewöhnt, Jesus auf dem Thron in der Herrlichkeit sitzen zu sehen. Wir knien vor ihm und flehen ihn an um Erlösung. Wollte er das aber? Ich meine, er wollte es s o nicht. Wer ist Jesus? So wie er der menschgewordene Sohn Gottes ist, ist er genauso die fleischgewordene Bündelung aller menschlichen Befreiungsbewegungen. Seit aus dem Schoß Gottes die Schöpfung entstand und seit aus dem Schoß Evas der erste Mensch geboren wurde, bricht die Kraft des Lebens immer wieder auf gegen jeden Tod. Im Laufe der Geschichte haben immer wieder Menschen für das Leben und die menschliche Würde gekämpft. In Jesus hat sich all das verdichtet. Gott will, daß wir wie Jesus an den Sieg des Lebens glauben und mit allen Kräften dafür kämpfen. So wie Jesus Erlöser ist, sollen wir alle Erlöser sein."

Mich hat das damals total verunsichert. Als Priester sitze ich ja auch immer vorne auf dem Thron, über dem Volk. Und alles wartet nur auf mein Wort und mein Gebet. Wie sollen da die Menschen selber zu Miterlösern werden? Stehe ich dem nicht im Weg, fragte ich mich. Und ich war versucht, um Laisierung anzusuchen und einfacher Ordensbruder zu werden. Ich tat es nicht – aber mir ist klar, daß es im Reich Gottes auf das Bruder-Sein ankommt, und nicht auf das Vater-Sein. Es gibt nur einen Vater – und wir alle sind seine Töchter und Söhne, und jeder ist Erbe und Mitgestalter der Welt, die Gott will. Jedem traut er es zu. Jedem an seinem Platz. Überall will er Mensch werden, will er durch uns Erlöser sein.

Das ist mein Neujahrswunsch: Daß wir an die Zusage Gottes glauben, daß er alles neu macht. Daß wir da mitmachen. Daß wir frei sind von den Zwängen und Gesetzen dieser Welt. Frei in Christus.

Franz Helm

Um frei zu werden in Christus, dazu bedarf es eines starken Glaubens, einer großen Hoffnung und der Kraft der Liebe, und das ist aus eigener Anstrengung nicht erreichbar, dazu bedarf es der Gnade Gottes über unserem Weg. Daß dieser Weg glücken möge, dafür möchte ich Ihnen und uns allen einen alten Reisesegen aus Irland mitgeben hinein in dieses neue Jahr:

Möge dein Weg
dir freundlich entgegenkommen
und dir den Rücken stärken,
Sonnenschein deinem Gesicht
viel Glanz und Wärme geben.
Der Regen möge die Ernte tränken,
und bis wir uns wiedersehen,
möge Gott dich schützend halten
in seiner behütenden Hand.

EPIPHANIE – HOCHFEST DER ERSCHEINUNG DES HERRN (6. JANUAR)

Epiphanie, Hochfest der Erscheinung des Herrn im Licht der Wahrheit und Herrlichkeit. Verheißung von alters her, seit den Urzeiten, in denen die Geschichte Gottes mit den Menschen ihren Anfang genommen hat. Immer wieder hat er sich ihnen zugesagt, in allen Kulturen, allen Zeiten. Immer wieder sind sie von ihm abgefallen und haben sich den jeweiligen Götzen ihrer Zeit zugewandt, und immer wieder hat er ihnen zwar gezürnt, ihnen oft mit dem Schlimmsten gedroht, aber letztlich hat er ihnen doch immer wieder verziehen, er, der die Maßlosigkeit der Liebe als Gesetz festgeschrieben hat. Die Texte der Verheißung sind denn auch in allen Heiligen Büchern der Welt und so auch in der Bibel Jesu die schönsten. Man sollte sie wieder und wieder lesen, gerade in Zeiten wie den unseren, die doch tief verwirrt und verhangen erscheinen und Angst machen. Aber können wir nicht gerade in einem Text wie der heutigen Lesung aus dem Buch des Propheten Jesaja auch für uns Verheißung spüren, die Versicherung, daß es nicht so bleiben muß, daß der Weg in den Abgrund nicht unausweichlich weitergehen muß – können wir das noch?

Jes 60, 1–6

Auf, werde licht, Jerusalem, denn es kommt dein Licht, und die Herrlichkeit des Herrn geht leuchtend auf über dir.
Denn siehe, Finsternis bedeckt die Erde und Dunkel die Völker, doch über dir geht leuchtend der Herr auf, seine Herrlichkeit erscheint über dir.
Völker wandern zu deinem Licht und Könige zu deinem strahlenden Glanz.
Blick auf und schau umher: Sie alle versammeln sich und kommen zu dir.
Deine Söhne kommen von fern, deine Töchter trägt man auf den Armen herbei.
Du wirst es sehen, und du wirst strahlen, dein Herz bebt vor Freude und öffnet sich weit.

Denn der Reichtum des Meeres strömt dir zu, die Schätze der Völker kommen zu dir.

Zahllose Kamele bedecken dein Land, Dromedare aus Midian und Efa.

Sie alle kommen von Saba, bringen Weihrauch und Gold und verkünden die ruhmreichen Taten des Herrn.

WIR HABEN DEN STERN AUFGEHEN SEHEN.

Mt 2, 1–12

Als Jesus zur Zeit des Königs Herodes in Betlehem in Judäa geboren worden war, kamen Sterndeuter aus dem Osten nach Jerusalem und fragten: Wo ist der neugeborene König der Juden? Wir haben seinen Stern aufgehen sehen und sind gekommen, um ihm zu huldigen. Als König Herodes das hörte, erschrak er und mit ihm ganz Jerusalem. Er ließ alle Hohenpriester und Schriftgelehrten des Volkes zusammenkommen und erkundigte sich bei ihnen, wo der Messias geboren werden solle. Sie antworteten ihm: In Betlehem in Judäa; denn, so steht es bei dem Propheten:

Du, Betlehem im Gebiet von Juda, bist keineswegs die unbedeutendste unter den führenden Städten von Juda; denn aus dir wird ein Fürst hervorgehen, der Hirt meines Volkes Israel.

Danach rief Herodes die Sterndeuter heimlich zu sich und ließ sich von ihnen genau sagen, wann der Stern erschienen war. Dann schickte er sie nach Betlehem und sagte: Geht und forscht sorgfältig nach, wo das Kind ist; und wenn ihr es gefunden habt, berichtet mir, damit auch ich hingehe und ihm huldige. Nach diesen Worten des Königs machten sie sich auf den Weg. Und der Stern, den sie hatten aufgehen sehen, zog vor ihnen her bis zu dem Ort, wo das Kind war; dort blieb er stehen. Als sie den Stern sahen, wurden sie von sehr großer Freude erfüllt. Sie gingen in das Haus und sahen das Kind und Maria, seine Mutter; da fielen sie nieder und huldigten ihm. Dann holten sie ihre Schätze hervor und brachten ihm Gold, Weihrauch und Myrrhe als Gaben dar. Weil ihnen aber im Traum geboten wurde, nicht zu Herodes zurückzukehren, zogen sie auf einem anderen Weg heim in ihr Land.

Wie die Könige, die Magier, die Sterndeuter dieser Geschichte kommt auch unser heutiger Kommentar von sehr fern her, aus Altamira in Brasilien. Hier, in der Prälatur Xingu im Amazonasgebiet, wirkt unser Landsmann Erwin Kräutler. Es wird zunehmend schwieriger, seiner habhaft zu werden, denn seine Arbeitskraft und sein Einsatz werden immer stärker gefordert. „Nichts ist leichter geworden und vieles viel schlimmer" ist der lapidare Satz, mit dem er seine Situation auf den Punkt bringt.

KOMMENTAR

In diesen Tagen sind die Sternsinger der Katholischen Jungschar Österreichs wieder unterwegs. Als Könige verkleidet ziehen Kinder und Jugendliche in unseren Dörfern und Städten von Haus zu Haus, singen ihre Lieder und verkünden die Frohe Botschaft, daß Gott Mensch geworden und herabgestiegen ist in unsere zerrissene Welt. Die „Sternsinger" wollen die Geschichte darstellen, die wir soeben im Evangelium gehört haben. Das christliche Brauchtum hat die Sterndeuter, die aus dem Morgenland nach Jerusalem kamen, mit so manchen Legenden umrankt und hat ihnen die Namen Caspar, Melchior und Balthasar verliehen. Im Laufe der Jahrhunderte wurden die drei Sterndeuter zu Vertretern der zur Zeit Jesu in seiner Heimat bekannten Kontinente. Die Grundaussage blieb dieselbe: „Wir haben seinen Stern aufgehen sehen und sind gekommen, um ihm zu huldigen."

Für wen stehen heute wohl die „Sterndeuter" aus dem Morgenland? Für den Evangelisten Matthäus, der die Geschichte erzählt, und seine judenchristliche Gemeinde sind es die Heiden, die vom Licht des Geistes Gottes geführt zum Glauben an Jesus Christus finden.

Wir lesen und hören den Bericht gerne als Ereignis vor zweitausend Jahren, in Palästina. Aber die Geschichte hat sich immer wiederholt, bis zum heutigen Tag. Menschen machen sich seit Jahrhunderten auf und folgen dem Stern, fragen, suchen, forschen nach, und plötzlich bleibt der Stern stehen und „sie sehen das Kind und Maria, seine Mutter".

Der Erdteil, auf dem ich seit beinahe dreißig Jahren lebe, war zur Zeit Jesu in Palästina unbekannt. Dennoch lebten auf dem heute als „Amerika" bezeichneten Kontinent längst Völker und Menschen, die auch nach dem Bilde und Gleichnis Gottes geschaffen sind, und mehr noch: Unser guter Gott war und ist auch gegenwärtig in den Herzen und Kulturen dieser Völker!

Die Europäer bezwangen die Meere und drangen immer weiter vor. Ab dem Jahre 1492 stellten sie fest, daß zwischen dem Abendland und dem Reich der Mitte nicht nur ein großes Meer, sondern Festland lag. Die Europäer „entdeckten" einen neuen Kontinent, der genauso alt ist wie Europa und auf dem seit unvordenklichen Zeiten Völker mit ganz anderen Traditionen und Kulturen lebten. Kolumbus nannte sie allesamt Indios, obwohl es sich um verschiedene Völker handelte, mit jeweils eigenen kulturellen Ausdrucksformen. Die Ureinwohner des amerikanischen Kontinents „entdeckten" ihrerseits, daß es andere Völker und Rassen auf dieser Erde gibt. Die „christlichen" Eroberer liebten diese Menschen jedoch nicht. Sie bekriegten und unterjochten die Völker. Sie betrachteten sie als „Feinde Christi und des Evangeliums". Ihren Krieg gegen diese Völker sahen sie als „heiligen Krieg" an, „im Namen des allmächtigen Gottes der Güte" (Aussage des Hernán Cortéz, der 1519 in Mexiko eindrang und bei der Eroberung von Tenochtilan an die 40.000 Azteken niedermetzelte). Die Ureinwohner konnten ihren Stern plötzlich nicht mehr sehen, denn die Europäer wollten sogar das Gold der Sterne.

Es dauerte fünfhundert Jahre, bis ein neuer Wind zu wehen begann. Den indigenen Völkern wird offiziell, leider immer noch mit Abstrichen, zugestanden, in ihrer Kultur zu leben, ihre Sprache zu sprechen, ihre Gemeinschaftsstrukturen zu verwirklichen, ihren Glauben an Gott auf ihre Weise zum Ausdruck zu bringen. Der Stern von Betlehem beginnt wieder zu funkeln, weit entfernt von Europa, außerhalb des abendländischen Kulturkreises, trotz des Kapitals stolzer, eingebildeter, selbstgefälliger Großmächte, die alle nicht so groß sind, daß sie nicht erst vor der eigenen Türe korrupte Machenschaften und mafiose Skandale wegkehren müßten, um die nötige Moral zu erwerben, der sogenannten „Dritten Welt" oder den „unterentwickelten Ländern" Lektionen zu erteilen. Weit weg auch von einer Kirche, die sich von der abendländischen Kultur immer noch nicht abgenabelt hat, um tatsächlich weltweit katholisch zu werden und zuzulassen, daß das Evangelium in allen Kulturen gelebt und ausgedrückt werden kann.

Vor einigen Wochen traf ich mit der Friedensnobelpreisträgerin von 1992, der Indianerfrau Rigoberta Menchu Tum aus Guatemala zusammen. Wir feierten gemeinsam die Eucharistie, und Rigoberta sprach eine Fürbitte, die zu einer Predigt wurde. Diese Frau, gezeichnet von Leid und Schmerz, deren Eltern und Geschwister brutal ermordet wurden, gibt nicht auf und setzt sich für ihr Volk ein, opfert sich für Guatemala und die indigenen Völker Lateinamerikas. In ihrer traditionellen Tracht sprach sie von ihrem Leben, und ihre Worte überzeugen, weil sie aus dem Abgrund persönlicher Not und immer wieder erfahrener Ausgrenzung aufgrund des kulturellen Andersseins hervorbrechen. Sie appellierte an die Kirche, endlich die Kulturen und Traditionen ihres Volkes anzuerkennen und zu schätzen.

Die christliche Botschaft ist eine Botschaft der Liebe, der Gerechtigkeit des Friedens, des Lebens in Fülle für alle Menschen. Diese Botschaft zerschlägt keine Kulturen, im Gegenteil, sie drückt sich in jeder Kultur immer neu aus, wertet keine Religion ab, sondern baut auf dem religiösen Empfinden und dem in den Herzen der Menschen aller Kulturen verwurzelten Gottesglauben auf.

Heute sind die Nachkommen der Ureinwohner des amerikanischen Kontinents unterwegs und folgen dem Stern, und der Stern bleibt wieder über dem Haus stehen, in dem die „Güte und Menschenliebe Gottes" (Tit 3, 4) konkrete menschliche Züge in einem Kind angenommen hat.

Die Indios bringen nicht die traditionellen Geschenke. Das Gold wurde ihnen längst geraubt, der Weihrauch hat sich verflüchtigt, die Myrrhe ist ausgegangen beim Begräbnis von Millionen Menschen, die durch Jahrhunderte Opfer grausamer Menschenrechtsverletzungen wurden.

Und dennoch bringen sie Geschenke. Es sind Geschenke für unseren Gott, der zugleich Vater und Mutter ist und alle Völker und Menschen liebt, und gleichzeitig Geschenke für die Kirche im alten Europa.

Statt Gold bringt Lateinamerika das Geschenk liebender Solidarität in den zwischenmenschlichen und gesellschaftlichen Beziehungen, wie wir sie in den Tausenden von Basisgemeinden erfahren. Menschen helfen Menschen, setzen sich für die Gemeinschaft ein, haben einen beneidenswerten Mut, Ungerechtigkeit und Diskriminierung anzuprangern, und suchen nach gemeinsamen Wegen, um Leben und Überleben zu ermöglichen. „Niemand ist so arm, daß er nicht etwas von seiner Armut abgeben kann" ist ein Ausspruch, der längst zum Sprichwort geworden ist.

Statt Weihrauch steigt heute aus diesen Gemeinden ein Gebetssturm zum Himmel. Stundenlange Gottesdienste, Prozessionen mit Tausenden, ja Hunderttausenden Menschen, prallvolle Kirchen während der Eucharistiefeier sind Zeichen einer Spiritualität, die nicht nur von der Redewendung „Not lehrt beten" abgeleitet werden kann, sondern Ausdruck einer kindlichen Liebe zu Gott ist.

Statt Myrrhe bringt Lateinamerika seine Märtyrer als Geschenk. Frauen und Männer haben in den letzten Jahren und Jahrzehnten das Opfer ihres eigenen Lebens gebracht und so die „Liebe bis zum Äußersten" (vgl.

Joh 13,1) bewiesen. Trotz Todesdrohungen und Schikanen aller Art sind sie standhaft geblieben und nicht geflüchtet, haben auf ihren Posten ausgeharrt bis zum Ende. Ihr vergossenes Blut war das letzte Zeugnis ihrer unendlichen Liebe zu Gott und seinem Volke.

Die Indios, Afroamerikaner und Mestizen Lateinamerikas hoffen heute, daß nicht wieder ein Herodes sie mißversteht und mit neuen Zwängen verpflichtet, den eingeschlagenen Weg zu verlassen.

Dom Erwin Kräutler
Bischof vom Xingu

Der Hintergrund dieser Epiphaniebotschaft von Bischof Erwin Kräutler ist ident mit jenem des philippinischen Bischofs Julio X. Labayen, der am Dreikönigstag 1995 am Schluß seiner Betrachtung sagte: „Wann immer du auf andere Kulturen zugehst, zieh deine Schuhe aus, denn du betrittst heiligen Boden. Und vergiß nie, Gott ist immer schon vor dir dagewesen."

TAUFE DES HERRN

Mit dem Fest der Taufe des Herrn schließt der Weihnachtsfestkreis, und der Alltag des neuen Jahres wird wieder von uns Besitz ergreifen, die Probleme am Arbeitsplatz, die Schulprobleme der Kinder werden uns wieder in ihren Bann ziehen, und auch die Nöte unserer und anderer Gesellschaften werden wieder deutlicher und klarer sein, wenn die letzte Kerze gelöscht, der goldene Weichzeichner verblaßt ist. Wenn aber die Heilige Zeit eine wirklich heilige Zeit gewesen ist, wenn die Verheißungen des Alten und des Neuen Testaments nicht nur unsere Ohren, sondern auch unser Herz berührt und angerührt haben, könnte es sein, daß wir dem Alten als neue, verwandelte Menschen gegenübertreten und anders damit umgehen lernen. Es könnte sein, daß Dunkles sich für uns aufgehellt hat, daß Undeutliches, Verwaschenes klarere Konturen bekommen hat und so den Umgang erleichtert, daß die wirklichen, die tiefen Probleme sich deutlicher aussprechen und andere als unwichtig oder zumindest leichtgewichtiger erscheinen, an Bedeutung verlieren. Alle Wertigkeiten werden klarer, die Hierarchie der Werte wird deutlicher, wenn Gott in unserem Leben aufleuchtet, wenn der Himmel unserer Seele sich öffnet und wir seine Stimme hören, die uns sagt: Du bist meine geliebte Tochter, bist mein geliebter Sohn.

Vor zwei Tagen erst haben wir Epiphanie gefeiert, und auch die Taufe Jesu ist nichts anderes als ein Fest der Erscheinung des Herrn: das Aufleuchten des sich offenbarenden Gottes. Der Vater nennt Jesus seinen geliebten Sohn, der sich in die Reihe der Sünder stellt, einer von ihnen sein will, sich nicht besser dünkt als sie. Der Geist Gottes ruht auf ihm, der Geist seines Abba, dem er nun folgen wird, in die Wüste und hinaus ins Leben, in seine Berufung, in seinen Triumph und in sein Leiden und Sterben.

ALS JESUS AUS DEM WASSER STIEG, SAH ER, DASS DER HIMMEL SICH ÖFFNETE UND DER GEIST WIE EINE TAUBE AUF IHN HERABKAM.

Am Jordan geschieht Neubeginn, ein Weg öffnet sich, die Menschenliebe Gottes ist Person geworden. Was vorher gewesen ist und was nachher sein würde, diesen Rahmen steckt die katholische Liturgie der heutigen Sonntagsmesse in den Lesungen ab. Da ist das Buch des Propheten

Jesaja in Variationen, entweder das erste der sogenannten Gottesknechtslieder mit der Verheißung dessen, der kommen wird, um den Völkern das Recht zu bringen, oder zur Wahl die Verheißung, daß Gott sein Volk aus der babylonischen Knechtschaft heimführen wird. Das andere Ende des Bogens ist der spät, aber doch erleuchtete Petrus, der den Zusammenhang zwischen Gottes Tun an den Menschen durch Johannes den Täufer und durch Jesus erkennt und erstmals öffentlich bekennt. Das Evangelium des heurigen Jahresregenten Lukas aber steht im Zentrum, dort, wo sich der Himmel öffnet über dem Jordan.

Lk 3,15–16, 21–22

In jener Zeit war das Volk voll Erwartung, und alle überlegten im stillen, ob Johannes nicht vielleicht selbst der Messias sei. Doch Johannes gab ihnen allen zur Antwort: Ich taufe euch nur mit Wasser. Es kommt aber einer, der stärker ist als ich, und ich bin es nicht wert, ihm die Schuhe aufzuschnüren. Er wird euch mit dem Heiligen Geist und mit Feuer taufen.
Zusammen mit dem ganzen Volk ließ auch Jesus sich taufen. Und während er betete, öffnete sich der Himmel, und der Heilige Geist kam sichtbar in Gestalt einer Taube auf ihn herab, und eine Stimme aus dem Himmel sprach: Du bist mein geliebter Sohn, an dir habe ich Gefallen gefunden.

Der Kommentator des heutigen Evangelientextes ist eine eigenwillige und darum nicht leicht einzuordnende Persönlichkeit. Rupert Federsel stammt aus Steyr, aus einfachsten Verhältnissen. Er war ein frommes, aufgewecktes Kind, lernte Tischlerei und wurde auch Meister, bevor er als Spätberufener ins Seminar Hollabrunn aufgenommen wurde. Vom damaligen Weih- und heutigen Erzbischof Wagner zum Priester geweiht, ging er nach kirchenpolitisch höchst aktiven Kaplansjahren zunächst einmal für einige Jahre in den Süden der Welt, nach Zimbabwe, wo er die Katholische Jugend aufbaute. Nach seiner Rückkehr wurde er Pfarrer. Vor einigen Jahren erkannte er allerdings, daß ihm der administrative und organisatorische Teil eines Lebens als Pfarrer längst über den Kopf gewachsen war und seine Gesundheit ernsthaft angegriffen hatte. Daraufhin ließ er es sein. Heute lebt er, wie er selbst lächelnd sagt, als „freischaffender Priester" und Familientherapeut in Steyr und scheidet noch immer die Geister. „Den Rupert mag man sehr oder man mag ihn gar nicht", definiert das ein alter Freund. Nicht dreimal am Tag, aber manchmal, sagt er, predige er gerne und tauche ganz ein in das Geheimnis der Eucharistie. „Das darf nur nicht zur Fließbandarbeit verkommen", weiß er aus Erfahrung.

KOMMENTAR

Was da am Jordan geschah, zeigt Parallelen zur Sintflut und letztlich zu Tod und Auferstehung Jesu. Es ist die tief menschliche Erfahrung vom Eintauchen in diese Welt und vom Wiedergeborenwerden aus Wasser und Heiligem Geist.

Erst muß der alte Mensch zugrunde gehen, um im selben Augenblick geläutert, gereinigt und getauft neu geboren zu werden.

Wasser, das ist Leben.

Die Menschen in den trockenen Gebieten dieser Erde, sie wissen das noch viel intensiver als wir, die wir keinen Mangel daran haben. Als ich vor einigen Jahren im südlichen Afrika war, da haben wir in einer Osternacht hundertzwanzig Afrikaner getauft. Sie kamen aus der Dürre ihrer Buschdörfer zur lebendigen Quelle in die Kirche. Im Gotteshaus gab es ein großes Becken frischen Wassers, wo sie untergetaucht wurden, Erwachsene und Kinder, Männer und Frauen, mit Haut und Haar und in ihren bunten afrikanischen Gewändern. Triefend, frisch und neu stiegen sie aus diesem Jordan, um anschließend singend und tanzend in weißen Kleidern und mit brennenden Kerzen in ihren Händen und mit ebenso brennenden Herzen gemeinsam durch das heller werdende Gotteshaus zum Altar zu ziehen. Diese Symbolik wurde verstanden, weil mit dem ganzen Körper erlebt. Der Mensch wurde offen. Der Geist der Gemeinde hat sie aufgenommen. Der Himmel hat sich geöffnet, und ganz Neues wurde möglich.

Was muß nicht alles vorher geschehen, bis sich der Himmel öffnet in dir? Wie viele Barrieren deiner Alltäglichkeit müssen überwunden werden, wieviel Schuld muß gesühnt werden, wieviel Unrecht muß vergeben werden, wie viele Verletzungen müssen heilen, wie viele Feindseligkeiten müssen durchliebt werden, wieviel Angst vor dir selber muß abgebaut werden, wieviel Vertrauen muß erst leben dürfen, wieviel Liebe muß dir erst die Augen öffnen, bis du den Himmel offen sehen kannst.

Erst mußt du den Mut haben und die Gnade, in die Tiefen und Untiefen deines Lebens hinabzutauchen und sehenden Auges deine Wirklichkeit wahrzunehmen. Erst mußt du bereit sein, dort unten zu sterben, bevor der neue, der hörende Mensch auftauchen und leben kann. Du mußt dich führen lassen bis an die Grenzen und wieder zurück. Nur gereinigt kannst du die Stimme Gottes vernehmen: nicht über dir, nicht neben dir und auch nicht über den Wolken, sondern in dir. Nur deinem reinen Selbst kann Gott begegnen. Nur in deinem reinen Herzen kann er sein.

Jesus tauft uns mit Heiligem Geist, das ist die unbedingte Zusage der Liebe Gottes für uns Menschen.

Was immer du gedacht, gesagt, getan hast, die Zusage hält.

Johannes taufte mit Wasser und er rief zur Buße und zur Umkehr auf.

Hatte Jesus denn diese Taufe nötig? Er, der Menschensohn?

Am Jordan zeigt Jesus den Menschen seine uneingeschränkte Solidarität. Alles, was den Menschen heilig ist, das ist auch „dem Sohn" heilig: ihre Rituale, ihre Taufe, ihre Umkehr von den Wegen der Angst hin zu den Plätzen des Vertrauens.

Und so war es ihm nicht zu dumm, und so war er sich nicht zu gut, mit den sogenannten Sündern in den Jordan ihres Lebens hinabzusteigen, um sie dann geläutert und gereinigt in den offenen Himmel mitzunehmen.

Die alten Riten haben ihre Gültigkeit, wenn du tief in sie hinein- und durch sie hindurchtauchst. So überwindet der Mensch die abgegriffene Oberfläche alltäglicher Gewohnheiten. Das Leben beginnt wieder zu fließen, und heilig ist der Alltag dem, der an das Heilige glaubt. In der Tiefe der Welt, in der Mitte der Elemente wohnt ihre ewige Sakramentalität. Da, wo der Mensch seine Grenzen erfährt, im Zentrum der Dinge, in der Tiefe seines Lebens, da, wo der Mensch am Boden ist, da beginnt der Zugang zu seinem inneren Himmel.

Wie viele tägliche Tode mußt du sterben, Mensch, wieviel Strandgut der Geschichte muß erst weggeräumt werden, wie viele innere Mauern müssen erst zerbröckeln, auf daß sich öffnen kann, was dir bisher verschlossen war: der Himmel in dir, so daß du endgültig vernehmen und glauben kannst, was Gottes Stimme in dir sagt: daß du ein vielgeliebter Sohn bist, eine vielgeliebte Tochter.

Auch wenn du es fürs erste gar nicht so recht glauben kannst – das hat man dir ja noch niemals gesagt. Nun hörst du es und möchtest doch, es wäre wahr.

Erhebe dein Haupt und glaube die Botschaft: Gott hat an dir Gefallen gefunden. Geliebt und gewollt und gefunden, und mit dem Blick in den offenen Himmel, so bleibst du dieser Erde treu. Der Mensch besteht aus Himmel und Erde.

Und das alles hast du nicht gemacht, denn das Eigentliche zwischen Himmel und Erde geschieht dann, wenn du alles aus deinen Händen losgelassen hast. Wunder kann nur der erleben, der sich seinem Gott mit Haut und Haaren anvertraut.

Dein Heil ist nicht machbar, und die Befreiung geschieht für den Glaubenden, wenn er ehrlich sagen kann: „Nicht mein, sondern Dein Wille geschehe." Niemand tauft sich selbst, niemand erlöst sich selbst und niemand kann sich selbst zur Freiheit befreien. So führt dich Gottes Weisheit jenen Weg, der erst im Gehen entsteht.

Jesus wurde in den Jordan eingetaucht. Spring nicht selber in die Fluten deines Lebens, schon gar nicht kopfüber.

Da öffnete sich der Himmel wie ganz von selber. Wer ihn aufreißen möchte, der würde ihn zerstören.

Da kam der Geist ganz ungerufen auf ihn herab. Herunterzerren läßt er sich nicht – auch nicht herunterbeten. Das Eigentliche entzieht sich dem Wollen des Menschen.

Und es geschah eine Stimme von oben, weil der Himmel es so wollte, und nicht der Mensch.

Und die Stimme Gottes sagt in dir nicht, was du hast oder besitzt, sondern was du bist: ein vielgeliebter Mensch.

Du hörst die Botschaft, und dein Glaube gibt ihr Leben.

Rupert Federsel

So hat es wohl auch Jesus selbst gemeint, der ja nicht sosehr vom oder über den Glauben redete, wohl wissend, daß man Glauben nicht lehren, nicht einimpfen, nicht oktroyieren kann. Er lebte den Glauben an seinen Abba und seinen Glauben an das Gute, an die ungehobenen Schätze im Menschen. Er wurde zu einem, der die Ansteckungschance des Glaubens zu nützen verstand, der die Herzen entzündete und sie zum Brennen brachte in der Kraft des Geistes. Und das begann sicherlich dort am Jordan, als der Vater sich erstmals vor allen Menschen zu ihm als seinem vielgeliebten Sohn bekannte und ihm damit wohl die Unsicherheit an seinem Anders-Sein aus dem Herzen nahm.

ZWEITER SONNTAG IM JAHRESKREIS

Mit dem heutigen Sonntag beginnt nach der weihnachtlichen Festzeit wieder die Normalität des Kirchenjahres, und ich empfinde es als ein Geschenk der katholischen Liturgie, daß das Tor in den Alltag mit Texten der Hoffnung, der Verheißung, der Zeichen und Wunder geschmückt ist. In der Ersten Lesung kommt der Prophet Jesaja zu Wort, der dem Volk in der babylonischen Gefangenschaft die von Gott geplante Rettung, die Verheißung eines neuen Jerusalem und eines neuen, gerechten Königs verkündet. In prächtigen Bildern beschreibt der Prophet den Glanz und die Schönheit der verherrlichten Stadt Gottes:

„Um Zions willen kann ich nicht schweigen, um Jerusalems willen nicht still sein." Mit diesen Worten beginnt das 62. Kapitel des Buches Jesaja und so geht es weiter: „Dann sehen die Völker deine Gerechtigkeit und alle Könige deine strahlende Pracht. Man ruft dich mit einem neuen Namen, den der Mund des Herrn für dich bestimmt. Du wirst zu einer prächtigen Krone in der Hand des Herrn, zu einem königlichen Diadem in der Rechten deines Gottes ... Wie der junge Mann sich mit der Jungfrau vermählt, so vermählt sich mit dir dein Erbauer. Wie der Bräutigam sich freut über die Braut, so freut sich dein Gott über dich."

Nach den Leiden der Gefangenschaft, der Entfremdung und Ausgegrenztheit kann das Volk wieder hoffen, hoffen auf Vergebung, auf neue Zuwendung, auf Wärme, Behaustheit und Heimat, weil Gott nicht mehr zürnen kann, wieder lieben muß. Und weil Gott liebt, befreit und rettet er nicht nur, sondern er schenkt den Menschen seine Gnadengaben, von denen Jahrhunderte später der Apostel Paulus an die Gemeinden in Korinth schreibt. Er beschreibt, wie der Geist Gottes, einem Füllhorn gleich, seine Gaben über die Menschen ausgießt, damit jeder und jede die ihm oder ihr geschenkte Gabe erkenne und so zur Entfaltung bringe, damit sie den anderen, damit sie der Gemeinschaft nütze.

Von Weisheit ist hier die Rede, von Erkenntnis Gottes und Glaubenskraft, von der Gabe zu heilen, von prophetischer Rede und der Fähigkeit zur Unterscheidung der Geister.

Oft sind wir geneigt zu meinen, daß dies Gaben einer anderen Zeit, einer anderen Kultur, einer längst verlorenen Vergangenheit seien. Was sollen uns diese Gaben, diese Charismen in einer Epoche der Geschichte, da alles machbar, aus Menschenkraft machbar geworden zu sein scheint. Die Geschehnisse um uns lassen uns allerdings immer deutlicher die Grenzen dieses menschlichen Machbarkeitswahnes erkennen, oder sind nicht all die Hungertoten, die immer neuen Seuchenopfer, die Erschossenen, Zerschlagenen, Hingemordeten in den Straßen der Kriegsgreuel Zeichen für unser Versagen, für das Ende der Machbarkeit? Vielleicht sollten wir uns mit neuen Augen betrachten, mit offeneren Ohren unserem eigenen Wesen nachspüren und in uns wieder seine für uns gedachten Gaben zu entdecken suchen. Vielleicht ist da Weisheit, vielleicht ist da Erkenntnis oder Heilkraft oder prophetische Rede?

Genauer schauen, aufmerksamer hören, das Getöse um uns wegschieben, die allzu grellen, allzu bunten Bilder der Verlockung und Zerstreuung auslöschen, damit wir in seiner Gnade wieder zu Schauenden und Horchenden werden können. Er wartet nur, uns zu befreien, uns zu beschenken, denn:

WIRKLICH AN DIE WUNDER JESU GLAUBEN, BEDEUTET, SELBST WUNDER ZU TUN.

Das Evangelium nach Johannes beschreibt das erste Zeichen, das Jesus am Anfang seines öffentlichen Wirken getan hat, und im Schott-Meßbuch heißt es dazu: „Wie das Kommen der Sterndeuter und die Taufe Jesu im Jordan ist auch das Wunder bei der Hochzeit von Kana ein Epiphaniegeschehen: ein Aufleuchten göttlicher Macht und Herrlichkeit in der Person des Jesus von Nazaret.“

Joh 2,1–11

In jener Zeit fand in Kana in Galiläa eine Hochzeit statt, und die Mutter Jesu war dabei. Auch Jesus und seine Jünger waren zur Hochzeit eingeladen. Als der Wein ausging, sagte die Mutter Jesu zu ihm: Sie haben keinen Wein mehr. Jesus erwiderte ihr: Was willst du von mir, Frau? Meine Stunde ist noch nicht gekommen. Seine Mutter sagte zu den Dienern: Was er euch sagt, das tut! Es standen dort sechs steinerne Wasserkrüge, wie es der Reinigungsvorschrift der Juden entsprach; jeder faßte ungefähr hundert Liter. Jesus sagte zu den Dienern: Füllt die Krüge mit Wasser! Und sie füllten sie bis zum Rand. Er sagte zu ihnen: Schöpft jetzt, und bringt es dem, der für das Festmahl verantwortlich ist. Sie brachten

es ihm. Er kostete das Wasser, das zu Wein geworden war. Er wuß-
te nicht, woher der Wein kam; die Diener aber, die das Wasser ge-
schöpft hatten, wußten es. Da ließ er den Bräutigam rufen und
sagte zu ihm: Jeder setzt zuerst den guten Wein vor und erst, wenn
die Gäste zuviel getrunken haben, den weniger guten. Du jedoch
hast den guten Wein bis jetzt zurückgehalten. So tat Jesus sein er-
stes Zeichen, in Kana in Galiläa, und offenbarte seine Herrlichkeit,
und seine Jünger glaubten an ihn.

Der Hausvater damals in Kana hätte vor seinen Gästen, den zahlreichen
Angehörigen seiner und der anderen Familie ohne Zweifel sein Gesicht
verloren, wäre bekanntgeworden, daß er zu wenig Wein eingelagert hatte für das große Fest. Maria, die wie die anderen geladen war, wohl weil
auch sie irgendwie zur Familie gehörte, hätte das an sich egal sein können. Aber ihr war es eben nicht egal, zusehen zu müssen, wie sich einer
ihrer Verwandten vor allen blamieren würde, und sie hatte Vertrauen zu
ihrem Sohn, von dem sie wußte, er würde helfen, wenn er nur irgend
könnte. Und so griff sie ein. Sie war eben nun einmal nicht von der Art
jener, die zuschauen, die Schultern zucken und sich dann abwenden. Sie
war anders, sie schaute hin, sie dachte nach, sie suchte nach einer Lösung und wußte um die Kraft der Liebe, die ihren Sohn umtrieb. Diese
Geschichte von Maria und ihrem Sohn, eine der wenigen, in denen Mutter und Sohn sozusagen gleichberechtigt und gleichgewichtig auftreten,
schien mir nach einer weiblichen Sicht zu verlangen, und so bat ich Hildegard Lorenz, die Bibelkundige von der Gemeinschaft der Frohbotschaft in Batschuns, um einen Kommentar.

KOMMENTAR

Es beginnt mit einer Hochzeit. Man trifft sich, man feiert und trinkt, ist
ausgelassen und fröhlich. Der von zu Hause fortgezogene Sohn, Jesus, wird wohl mit seinen Freunden kommen. Maria, die Mutter, hofft es
und ist angespannt. Sie ist aufgeregt. „Was wird aus ihm geworden sein?
Mein Sohn!"

Und dann die Szene: Die Mutter ist aufmerksam – wie Mütter es so oft
sind –, sie spürt, was notwendig ist. Die wenigen Worte zu ihrem Sohn
werden zurückgestoßen: „Frau, was willst du von mir?"

Gespräche zwischen Eltern und heranwachsenden Kindern sind oft genug Quelle der Ermutigung und Stärkung, aber zugleich auch der Mißverständnisse und Abweisungen. Beide Teile haben zu lernen. Nur lernend können sie loslassen und selbständig werden, ohne sich zu verlieren.

Marias Art zu lernen ist uns vom Geschehen der Heiligen Nacht her bekannt: Sie hielt alle diese Worte verwahrt und fügte sie in ihrem Herzen zusammen. Auch Jesus lernt von seiner Mutter – und beginnt, die Situation dieses Hochzeitsfestes zu verstehen: Sie feiern zwar noch, aber der Wein, die Freude fehlt; sie bemerken es noch nicht; sie feiern ein Fest, das bereits kein Fest mehr ist. Die Krüge sind leer. Dem Leben fehlt die Fülle.

Er läßt die Krüge füllen und gibt dem menschlichen Mühen eine neue, ganz unerwartete Qualität. Im Bild gesprochen klingt es so: Aus Wasser wird Wein. Sein erstes Wunder – im Johannesevangelium stets Zeichen genannt – ist leise und unauffällig, damit auch das Wunder Gottes nicht das Fest der Menschen störe.

Die Bibel des Alten Testamentes verwendet das Bild vom Wein der Freude an vielen Stellen und in konkret erfahrbaren Zusammenhängen. Freude am Fest, an der Geselligkeit mit Freunden und Freundinnen, Symbol des spritzigen Lebens, Zeichen der Begeisterung, Ausdruck für Beziehungen – all das ist in den Weinbildern der Kulturgeschichte und der Bibel enthalten. Vor einem solchen Hintergrund wird aber auch deutlich, was mit dem Fehlen des Weins gesagt werden soll: Traurigkeit statt Freude, Vereinsamung statt Gemeinschaft, Langeweile statt sprudelndes Leben, Resignation an Stelle von Begeisterung, Leere statt Fülle.

Und es werden sechs Krüge gefüllt, die für die rituelle Reinigung bereitstehen. Ob nicht immer schon die Gefahr bestand, daß religiösen Riten – und nicht nur ihnen – ganz unbemerkt das Leben in Fülle, das sie anzeigen sollten, verlorengehen kann? Viele merken es nie. Der äußere Glanz blendet die Augen zu sehr.

Heute um mich blickend, sehe ich noch andere leere Krüge, die darauf warten, gefüllt zu werden, damit Verwandlung in Wein, Verwandlung in Lebensfülle geschehen kann. Ganz leise.

In einem Krug, er steht recht weit vorne, sind Regeln und Vorschriften, die weder gerecht noch barmherzig sind. Sie warten darauf, von Machtgelüsten befreit zu werden. Sie benötigen Liebe zu den Menschen, deren Leben man zu regeln sich anmaßt.

Und noch ein anderer Krug: Er ist gefüllt mit blinden Augen und tauben Ohren. Sie möchten sehen und hören. Jesus hatte – seine Mutter war ihm dabei eine Lehrmeisterin – Augen für die Not, Augen für die Überlebenskämpfe von Frauen, für die Opfer des religiösen und politischen Systems, für die verdorrten, handlungsunfähigen Arme mancher Männer – sogar in der Synagoge, sprich Kirche. Er hatte Augen für die Würde der kleinen Leute, für die am Rande. Er sah Leben, wo andere nur mehr Totes wahrnehmen konnten. Er möchte es – zusammen mit uns – auch heute sehen. Er kann unsere Tendenz zur Privatisierung und Individualisierung in sehenden Mut verwandeln, auf unsere Schwestern und Brüder zuzugehen und bei ihren Sorgen zu sein.

Weiter hinten steht ganz bescheiden und unauffällig noch ein anderer Krug. Er möchte gefüllt werden mit Schweigen und Geduld. Sie könnten in Wesentliches, in Tiefe gewandelt werden.

Ich erinnere mich an den Tag, als ich begriff, daß Jesus wirklich glaubte, wir alle könnten an der Kraft Gottes, die in ihm war, Anteil haben. So wie er Wunder tat, so nahm er an, daß wir alle Wunder tun können: Hungrige speisen, Nackte bekleiden, die Toten ins Leben rufen, leere Krüge füllen. Wirklich an die Wunder Jesu glauben, bedeutet, selbst Wunder zu tun.

Wie kann es geschehen?

Ich sehe dort Wege zu vollen Krügen, wo sich Menschen mit neuen Augen solidarisch zusammentun und sich vom Meer der Leiden, von den leeren Krügen der vielen nicht entmutigen lassen. Es ist möglich, mit einem kleinen Schöpflöffel die Krüge zu füllen, wenn wir auf den einzelnen Tropfen achten. Unsere Arme haben eine geringe Reichweite, aber es kommt darauf an, was in der Reichweite unserer Arme an Solidarität gelebt wird. Der Mut und die Kühnheit, die wir für mehr Gerechtigkeit, für mehr Barmherzigkeit und Menschlichkeit, für das Leben in Fülle brauchen, wächst aus der Erinnerung an die vollen Krüge von Kana.

Hildegard Lorenz

DRITTER SONNTAG IM JAHRESKREIS

Wenn wir davon ausgehen, daß sich die Geschichte von der Hochzeit in Kana und der wunderbaren Verwandlung von Wasser in Wein in doch eher privatem, familiärem Rahmen abgespielt hat, so tritt Jesus nach dem Text des heutigen Evangeliums des gebildeten Arztes Lukas aus der Privatheit hinaus in die Öffentlichkeit der Synagoge seiner Heimatstadt Nazaret. Es ist noch nicht allzulange her, seit er nach seinem Fasten, nach den Versuchungen durch Satan, aus der Abgeschiedenheit der Wüste, „erfüllt von der Kraft des Geistes", wie der Evangelist schreibt, nach Galiläa zurückgekehrt ist. Da und dort hat er schon in Synagogen gelehrt und gepredigt, und sein Wort war von den Menschen angenommen worden. Ja er wurde, schreibt Lukas, von allen gepriesen. In seiner Heimatstadt, das schien er geahnt zu haben, würde das anders sein, schwieriger, vielleicht sogar unmöglich. Aber es war wichtig für ihn, sich seinen Nachbarn, sich denen zu stellen, die ihn heranwachsen sahen, die ihn schon früher scheel angeschaut hatten, weil er anders war als seine gleichaltrigen Freunde und Verwandten. Nazaret, sein erster Prüfstein, die Probe aufs Exempel.

P. Raymund Schwager, der Jesuit aus Innsbruck, schreibt dazu in seinem Buch *„Dem Netz des Jägers entronnen"*: „Er merkte gleich, daß die gespannte Aufmerksamkeit, die seine Gegenwart im Dorf und in der Synagoge weckte, nicht bloß durch seine Rückkehr bedingt war. Der Ruf war ihm vorausgeeilt, und man mußte bereits von seiner Predigt und den Heilungen in Kafarnaum gehört haben. Vor und in der Synagoge redeten alle leise über ihn. Neugier und Erwartung hatten die Menschen erfaßt. Erst jetzt spürte er in vollem Maße, wie verändert er ins Dorf zurückgekehrt war. Früher konnte er unverständigen Menschen immer fragend ausweichen, doch nun mußte er alle, die ihn zu kennen glaubten und die in ihrer dumpfen, aber doch vertrauten Welt gefangen waren, mit einer Botschaft konfrontieren, die sie von ihm nicht erwarteten. Würde das Wort des Vaters die kleine Welt, in der jeder auf jeden schielte und in der einige Wohlhabende bestimmten, was zu gelten hatte, aufbrechen können?"

ER HAT MICH GESANDT, DEN ARMEN DIE HEILSBOTSCHAFT ZU BRINGEN.

Bevor der Evangelist Lukas im vierten Kapitel die Ereignisse in der Synagoge von Nazaret schildert und beschreibt, wie harsch die Ablehnung war, die er dort erfahren mußte, leuchtet er die Vorgeschichte Jesu mit knappen Streiflichtern aus. Wir hören von der Verheißung zuerst der Geburt des Johannes und dann jener Jesu, vom Besuch Marias bei Elisabet mit dem herrlichen Magnifikat. Er schreibt von der Geburt des Täufers, von der Geburt Jesu in all den bekannten, wundervoll gemalten Bildern, über das Zeugnis des Simeon und der Hanna, dem die katholische Kirche täglich in der Komplet, dem Abendgebet, gedenkt. Und ganz am Anfang gibt Lukas auch eine Art Begründung für seine Arbeit:

Lk 1,1–4; 4,14–21

Schon viele haben es unternommen, einen Bericht über all das abzufassen, was sich unter uns ereignet und erfüllt hat. Dabei hielten sie sich an die Überlieferung derer, die von Anfang an Augenzeugen und Diener des Wortes waren. Nun habe auch ich mich entschlossen, allem von Grund auf sorgfältig nachzugehen, um es für dich, hochverehrter Theophilus, der Reihe nach aufzuschreiben. So kannst du dich von der Zuverlässigkeit der Lehre überzeugen, in der du unterwiesen wurdest.

In jener Zeit kehrte Jesus, erfüllt von der Kraft des Geistes, nach Galiläa zurück. Und die Kunde von ihm verbreitete sich in der ganzen Gegend. Er lehrte in den Synagogen und wurde von allen gepriesen. So kam er auch nach Nazaret, wo er aufgewachsen war, und ging, wie gewohnt, am Sabbat in die Synagoge. Als er aufstand, um aus der Schrift vorzulesen, reichte man ihm das Buch des Propheten Jesaja. Er schlug das Buch auf und fand die Stelle, wo es heißt:

Der Geist des Herrn ruht auf mir; denn der Herr hat mich gesalbt.

Er hat mich gesandt, damit ich den Armen eine gute Nachricht bringe; damit ich den Gefangenen die Entlassung verkünde und den Blinden das Augenlicht;

damit ich die Zerschlagenen in Freiheit setze und ein Gnadenjahr des Herrn ausrufe.

Dann schloß er das Buch, gab es dem Synagogendiener und setzte sich. Die Augen aller in der Synagoge waren auf ihn gerichtet. Da begann er, ihnen darzulegen: Heute hat sich das Schriftwort, das ihr eben gehört habt, erfüllt.

Das heutige Evangelium steht programmatisch für die gesamte Wirksamkeit Jesu. Der Jesaja-Text, den Jesus in der Synagoge von Nazaret vorliest, ist Ausdruck einer Erwartung, die selbst durch ein jahrhundertelanges Exil nicht ausgerottet werden konnte:
Einem geknechteten und unterdrückten Volk wird eine hoffnungerweckende Botschaft übermittelt. Es wird jemand kommen, der die so ersehnte Befreiung aus der Verbannung bringt: die Vertriebenen dürfen heimkehren; alle Ungerechtigkeiten der letzten Generationen sollen in einem Gnadenjahr wieder ausgeglichen werden ... Die Sklaven sollen befreit werden!

Jesus tritt erstmals als der vom Geist gesalbte Messias auf. Er, den das Volk so sehr ersehnt, steht mitten unter ihnen. Die Zeit ist erfüllt.

Doch Jesus, dessen universale Liebe niemanden ausgrenzt, läßt sich für keinerlei nationale und machtpolitische Interessen mißbrauchen.

Blinde, Lahme, Gefangene stehen für alle hoffnungslosen und verlassenen Menschen, die sich nicht aus ihrer Lage befreien können. Jesus nimmt sich aber nicht nur der Kranken, Leidenden und Ausgegrenzten an. Seine Option für die Armen geht viel weiter und umfaßt alle Menschen, deren Beziehung zu Gott und zum Nächsten gestört ist.

Die endgültige und umfassende Befreiung wird dem Menschen in der Vergebung der Sünden geschenkt. Die Sendung der Jünger besteht im Lukasevangelium darin, „allen Völkern, angefangen mit Jerusalem" die Sündenvergebung und die Geistsendung zu verkünden.

Diese universale Heilsbotschaft Jesu, die niemand ausschließt, ist heute wie damals gleichermaßen faszinierend und gefährlich, ja geradezu subversiv: sie unterminiert den Status quo, will – wie es das Magnifikat besingt – die etablierten Herr-Knecht-Strukturen überwinden und proklamiert immer neu und unbeirrbar die ganzheitliche Heilung des Menschen – seine Aussöhnung mit dem Nächsten, mit Gott und mit sich selbst.

Wir wissen, daß die Botschaft Jesu auf erheblichen Widerstand stieß. Er, der gewaltlose Befreier, der Schuldlose, wird zum Sündenbock, zum geschmähten und verspotteten Messias, der vom Volk verworfen wird. Doch Gott hat die Sache Jesu zur Seinen gemacht und ihn der Macht des Todes entrissen.

Auch ich persönlich mußte die paradoxe Erfahrung machen, daß die Welt einerseits nach der befreienden Botschaft Jesu schreit, sich jedoch andererseits oft massiv gegen deren Verwirklichung wehrt. Ein Beispiel:

Die Emmausgemeinschaften schufen in den letzten Jahrzehnten weltweit Arbeits- und Wohnmöglichkeiten für Obdachlose, Haftentlassene sowie Alkohol- und Drogenabhängige. Als ich vor fünfzehn Jahren im Raum St. Pölten ein Emmausprojekt starten wollte, scheiterte ich zunächst zweimal am Widerstand der Bevölkerung. Erst im dritten Anlauf glückte unser Experiment.

Einer der achthundert Hilfesuchenden, die wir bisher bei Emmaus St. Pölten aufnehmen durften, war Toni. Er war insgesamt sechsundzwanzig Jahre inhaftiert. Er wohnte und arbeitete etwa zwei Jahre bei uns. Toni ist heute bereits das neunte Jahr straffrei, er arbeitet regelmäßig, ist verheiratet und Vater von zwei Kindern. Während einer Eucharistiefeier in der Emmausgemeinschaft meinte er einmal rückschauend: „Nach der langen Isolationshaft war es für mich wichtig, daß ich in eurer Gemeinschaft und in einer Familienrunde der Pfarre ohne jedes Vorurteil aufgenommen wurde. Wenn mich schon die Menschen so gut aufnehmen, wie gern muß mich erst Gott haben."

Ein zweites Beispiel: Hubert war mehrere Jahre alkoholabhängig, schließlich wurde er obdachlos und straffällig. Nach Verbüßung der Haftstrafe kam er völlig zerstört und lebensmüde zu uns nach Emmaus. Er hatte sich zu einer Entwöhnungskur entschlossen, fand neue Freunde – und langsam, deutlich spürbar, begannen seine seelischen Wunden zu heilen. Vor kurzem schrieb er uns in einem Brief: „... ich war ganz tief unten, doch in eurer Gemeinschaft bin ich wieder Mensch geworden."

Diese Wunder sind möglich, wenn wir uns am Verhalten Jesu und nicht an den Ausgliederungsmechanismen einer kranken und verlogenen Zweidrittelgesellschaft orientieren.

Johannes Paul II. fordert immer wieder dazu auf, daß es nicht nur die persönliche Schuld, sondern auch die „strukturelle Sünde" zu überwinden gilt. Martin Luther King, Oscar Romero, Schwester Emanuelle und Mutter Teresa sind überzeugende Beispiele dafür, daß die Kraft der Wahrheit, der Gerechtigkeit und der Liebe letztlich stärker ist als alle weltumspannenden Gewaltsysteme.

Abbé Pierre, der Gründer der Emmausgemeinschaften, meinte vor kurzem: „Der Egoismus der Reichen ist heute wieder so unausstehlich wie am Vorabend der Französischen Revolution." Er fordert deshalb ein radikales Umdenken und eine neue Gesinnung des Teilens.

Aus diesem Grund teilt jede der dreihundert Emmausgemeinschaften mit Projekten in benachteiligten Ländern, vor allem durch Selbstbesteuerung und durch Solidaritätsaktionen.

Mehr denn je müssen die Christen heute die Avantgarde bilden im Kampf gegen Armut, Ausbeutung und Versklavung des Menschen. Bischof Helder Camara aus Brasilien bringt es auf den Punkt: „Aufgabe der Christen ist es, die Armen von der Armut und die Reichen von ihrem Egoismus zu befreien."

Seit mehr als zwanzig Jahren lebe ich unter den Aussätzigen unserer Tage. Doch in der Begegnung mit den Ausgegrenzten durfte und darf ich täglich neu die Erfahrung machen, daß die Auferstehung der Totgesagten möglich ist:

Die Bergpredigt Jesu ist keine Utopie, sondern lebensrettende, befreiende und heilende Botschaft – für Hungernde und Satte, für Versklavte und jene, die sie versklaven.

Ich bin zutiefst davon überzeugt: die zerrissene Menschheitsfamilie kann sehr wohl Frieden und Versöhnung finden, wenn sich Arme und Wohlhabende, Notleidende und deren BegleiterInnen auf das Risiko des Teilens und eine verbindliche Weg-Gemeinschaft einlassen.

Karl Rottenschlager

Die Worte Karl Rottenschlagers, des Gründers und Leiters der Emmausgemeinschaft St. Pölten, zeigen einmal mehr, wie die Botschaft des jungen Rabbi aus Nazaret auch heute verstanden und in tätige Liebe umgesetzt werden kann. Er, der soviel äußere und innere Not sieht und teilt, hat die nötige Sensibilität entwickelt, den befreienden Aspekt der guten Nachricht zu erspüren, den Klang der Hoffnung zu hören. Damals in Nazaret war es anders, wie Raymund Schwager das Ende der Szene in der Synagoge ahnungsvoll beschreibt: „Jesus hörte das Zischeln der Menge. Er schloß seine Augen, und sogleich tauchte das Bild vor ihm auf, wie alle sich erhoben, ihre Verwünschungen auf ihn legten und ihn aus dem Dorf hinausdrängten, um ihn über einen Felshang hinunterzustürzen. Mit seinem ganzen Leib nahm er in der Synagoge einen Willen zum Töten wahr, der ihn tief verwundete. Wortlos erhob er sich, schaute alle ohne Furcht und Zittern an und ging langsam an ihnen vorbei hinaus, während keiner sich zu rühren wagte."

VIERTER SONNTAG IM JAHRESKREIS

Im Evangelium des heutigen Tages schreibt Lukas die vor einer Woche begonnene Geschichte vom ersten Auftreten Jesu in der Synagoge seiner Heimatstadt Nazaret weiter. Sein Scheitern wird darin noch deutlicher und detaillierter gezeichnet, bis hin zu der Stelle, in der beschrieben wird, daß die aufgebrachten Leute ihn vor die Stadt hinaustreiben und ihn den Abhang des Berges, auf dem die Stadt gebaut ist, hinunterstürzen wollen. Es wird aber auch erzählt, daß er sich ihnen nicht durch Flucht entzieht, sondern erhobenen Hauptes durch die Menge schreitet und einfach weggeht.

Ich dachte mir, es sei vielleicht nicht sinnvoll, dieselbe Geschichte noch einmal kommentieren zu lassen, und griff daher zum Hohelied der Liebe, das der Apostel Paulus uns in seinem ersten Brief an die Gemeinden von Korinth hinterlassen hat, zu einem der berühmtesten und bekanntesten Texte also, den das Neue Testament aufzuweisen hat.

DAS GRÖSSTE ABER IST DIE LIEBE.

1 Kor 12,31b–13,13

Und noch einen – einen Weg höher als alle, zeige ich euch.
Wenn ich mit Zungen der Menschen und der Engel rede, die Liebe aber nicht habe – dröhnender Gong bin ich oder lärmende Zimbel.
Und wenn ich Prophetenrede habe und weiß die Geheimnisse alle und alle Erkenntnis, und wenn ich allen Glauben habe – zum Bergeversetzen –, die Liebe aber nicht habe – so bin ich nichts.
Und wenn ich all mein Hab und Gut verharmlose und meinen Leib zum Verbrennen ausliefere, die Liebe aber nicht habe – so nützt es mir nichts.
Die Liebe ist langmütig. Gütig waltet die Liebe, nicht ehrneidig. Die Liebe eifert nicht; sie macht sich nicht wichtig. Sie benimmt sich nicht mißfällig, sie sucht nicht das Ihre. Sie läßt sich nicht aufreizen; sie rechnet das Übel nicht vor.
Sie freut sich nicht über das Unrecht; doch sie freut sich mit an der Wahrheit.

Alles hält sie aus. Alles glaubt sie; alles hofft sie; alles durchharrt sie.

Die Liebe geht nie zugrunde. Prophetenreden aber – sie werden abgetan. Oder verzückte Zungen – sie hören auf. Oder Erkenntnis – sie wird abgetan.

Denn: Nur zu einem Teil erkennen wir; nur zu einem Teil reden wir prophetisch.

Wenn aber das Vollkommene kommt, wird das Teilstück abgetan.

Als ich unmündig war, redete ich wie ein Unmündiger, hatte den Sinn wie ein Unmündiger, berechnete ich wie ein Unmündiger. Als ich Mann geworden, habe ich das Unmündig-Sein abgetan.

Noch blicken wir ja nur durch einen Spiegel – in Rätselgestalt –, dann aber von Angesicht zu Angesicht. Noch erkenne ich nur zum Teil, dann aber werde ich voll erkennen, wie ich selbst voll erkannt ward.

Jetzt also bleiben Glaube, Hoffnung, Liebe – diese drei: Ihrer Größtes aber ist die Liebe.

(Übertragung: Fridolin Stier)

Der Kommentar zu diesem herrlichen Text des Apostels Paulus von P. Anton Rotzetter ist deftig ausgefallen, wie es so die Art des streitbaren Schweizer Kapuziners ist.

KOMMENTAR

Diese Scheiß-Liebe!" – vor Jahren hat mir das ein aufgebrachter Mann ins Gesicht geschleudert. Er hatte offenbar genug von dem Zuckerwasser, das einem gerade fromme Leute immer wieder zumuten wollen. Ich habe es immer noch im Ohr, dieses böse Wort von der Scheiß-Liebe, auch heute wieder, wo ich Ihnen etwas über das sogenannte Hohelied der Liebe erzählen soll.

Aber Zuckerwasser ist dieses Stück Weltliteratur aus der Bibel gewiß nicht, besonders wenn wir den Kontext beachten, in dem es steht. Im Grunde handelt es sich hier um die schärfste und gewaltigste Kirchenkritik, die ich je gehört habe. Paulus fordert hier Wertmaßstäbe zurück, die der Kirche von Korinth abhanden gekommen waren und die von entsetzlichen Spannungen, Streitereien, Parteiungen, Konflikten geprägt war. Man könnte meinen, Korinth wäre eine Pfarre oder ein Bistum irgendwo in Österreich oder sonstwo in der Welt, oder gar die große weltumspannende Römische Kirche.

Kirchenkritik? – Das mag wie eine Behauptung klingen! Aber lassen Sie mich die Stichworte des Paulus aufgreifen und sie an heutigen Positionen in der Kirche verdeutlichen.

1. Sprachengabe und Engelszungen!

Gemeint sind jene, die man heute mehr als andere „Charismatiker" nennt: Menschen, die an den obersten Rändern des Menschlichen angesiedelt sind; Ekstatiker, die ganz und gar in Gott aufgehen, die beten und singen können; Entrissene und Entzückte, die stundenlang tanzen und jauchzen, die in lang andauernden Gottesdiensten selbst- und weltvergessen Gott anheimgegeben sind; Männer und Frauen, welche nicht genug haben an den menschlichen Möglichkeiten des Sagens und Sprechens, die dann – statt zu verstummen – die Laute verkosten und die Ausdrucksmöglichkeiten nach oben und unten unendlich ausdehnen; die nur noch Lallen sind und mit der Zunge schnallen; so sehr, daß normale Menschen verwundert, staunend oder auch schockiert daneben stehen; Korinth war und die heutigen Kirchen sind voll von solchen „Charismatikern", „Geisterfüllten", „Mystikern". Paulus selbst zählt sich zu ihnen. Aber er schleudert ihnen gleichzeitig seine Kritik entgegen: Nichts ist das, wenn es sich absolut setzt; eine kaputte Glocke, kreischendes Blech, ohrenbetäubender Lärm, wenn es sich nicht in das übergreifende Geheimnis der Liebe einbettet. Es gibt noch mehr, Anderes, Größeres, Höheres, Umfassenderes als Sprachengabe und Engelszungen!

2. Prophetie – Wissen – Erkenntnis – Glaubenskraft.

Gemeint sind Frauen und Männer, welche voll im Leben stehen, mit beiden Füßen in der Wirklichkeit, wie man so schön sagt. Sie können die Wirklichkeit analysieren, deuten und erforschen, bis in die letzten Sinnecken hinein ausleuchten und zur Sprache bringen, durchdringen und verändern. Ihr Glaube führt sie nicht aus der Welt hinaus, sondern in sie hinein: diese Männer und Frauen sind durch Gott tüchtig geworden, innerlich ermächtigt; ihre Theologie ist nicht fundamentalistisch, sondern befreiend. Sie vertreten und praktizieren eine „Politische Theologie", könnte man von heute aus sagen. Paulus selbst zählt sich zu ihnen. Aber er schleudert ihnen gleichzeitig seine Kritik entgegen: Nichts ist das, wenn es sich absolut setzt. Es gibt noch mehr, Anderes, Größeres, Höheres, Umfassenderes: das übergreifende Geheimnis der Liebe, in das wir uns einbetten sollen, der alle und alles umfassende Bund, in den wir hineinwachsen müssen. Wo dies nicht geschieht, läuft man ins Leere!

(Schon jetzt können wir uns eine Zwischenbemerkung zumuten: Die Mystiker sind lieblos, wenn sie sich nicht öffnen für die politisch und realistisch ausgerichteten Christen, um mit ihnen zusammen an der Zukunft der Kirche, der Welt zu arbeiten. Und die Realisten sind lieblos, wenn sie sich nicht vernetzen mit den sogenannten „Charismatikern", um gemeinsam eine Welt zu errichten, die von der Liebe geprägt ist.)

3. Selbsthingabe – Selbstaufgabe – absolute Armut – Solidarität – Martyrium.
Gemeint sind Menschen, die scheinbar oder wirklich immer das Wohl der anderen im Auge haben; Mütter, die völlig aufgehen für ihre Kinder; Väter, welche kaputtgehen, weil sie sich abrackern müssen für die Familie; die Maximilian Kolbes, welche ihren Tod anbieten, damit ein anderer mit dem Leben davonkommt; die vielen tausend Menschen, welche die sogenannte „Option für die Armen" getroffen haben, die alles aufgeben: Sicherheit, Rückhalt, Geborgenheit, Besitz, um mit den Armen und unter den gleichen Bedingungen wie sie zu leben; die „Befreiungstheologen", welche sich durch ihre gefährlichen Positionen Attentaten, Mordanschlägen aussetzen; ja sogar auch die polnischen Theologen, welche das Martyrium als die Mitte des christlichen Glaubens erklären. Es ist – zugegeben! – schwierig, sich vorzustellen, daß ein solches Tatchristentum sich ohne Liebe vollziehen kann. Und doch will Paulus auch diese schreckliche Möglichkeit ausloten, wohl deshalb, weil auch er sich dazu zählt, zieht er es doch vor, selbst in alle Ewigkeit verlorenzugehen, wenn nur alle anderen gerettet werden. Aber ist es denn wirklich Liebe, welche hinter solchen Taten steht? Oder ist es nicht vielmehr Geltungs- und Profilierungssucht, das aufgeblasene Ich, Überheblichkeit und Stolz? Sind das nicht die raffiniertesten Motive, die es gibt, Motive, die sich sogar hinter den edelsten Taten verstecken können? Paulus stellt fest: All die großen Taten sind Schall und Rauch, nichts, absolut nichts, wenn sie nicht in wirklich selbstloser Liebe getan sind. Und darum ruft Paulus auch ihnen zu: Setzt eure Taten nicht absolut, relativiert alles auf die Liebe hin, bettet euch in das übergeordnete Ganze, laßt euch vernetzen im Bund der Liebe! Sonst seid auch ihr nichts als Verwesung, Sand, der verweht, nichts!

Das ist alles andere als Scheiß-Liebe! – Scheiß-Liebe ist Schein-Liebe! Die Liebe, die Paulus meint, ist etwas ganz anderes! Ja, etwas völlig anderes als das, was wir gewöhnlich darunter verstehen. Das zeigt sich schon an der für uns nicht mehr feststellbaren Tatsache, daß Paulus ein Wort wählt, das den Menschen von damals sozusagen unbekannt war. Wie wollen wir also verstehen, was er meint, wenn wir das Wort gebrauchen, das heute in aller Munde ist?

Für uns ist Liebe oft gleichbedeutend mit sexuellen Akten. Nun ist es natürlich auch meine Hoffnung, daß Sexualität eine der schönsten Ausdrucksformen, eine vorzügliche Sprache der Liebe ist. Aber sexuelle Verbundenheit ist nicht identisch mit dem, was Paulus meint.

Für uns ist Liebe oft der besondere Blick, den zwei Wesen füreinander haben, die erotisch bedingte Anziehung, die Nähe schafft. Nun ist natürlich auch das ein Ort, an dem Liebe, wie sie Paulus versteht, erfahren wird. Aber Erotik und Liebe ist nicht dasselbe!

Für uns ist Liebe oft die freundschaftliche Beziehung, welche ihre Wurzel vor allem im Geistigen hat. Und auch darin zeigt sich möglicherweise und hoffentlich das, was Paulus mit Liebe meint. Aber nochmals: Freundschaft und Liebe ist nicht notwendig dasselbe.

In diesen drei Fällen kann sich echte und wahre Liebe zeigen, aber nicht notwendigerweise, es ist sogar möglich, daß die Liebe aus der Geschlechtlichkeit, aus der Erotik, aus der Freundschaft auszieht.

Paulus führt darum ein anderes Wort ein, das Wort „Agape", das damals fast völlig unbekannt war. Wenn man genau hinschaut, dann ist Agape/Liebe nichts anderes als Gott selbst, seine Zuneigung zu uns Menschen; Agape ist eigentlich nichts anderes als die Art und Weise, wie sich Gott zur ganzen Schöpfung verhält. Agape zeigt sich in der Biographie Jesu, in seiner Menschwerdung, in seinen Worten und Taten, in seiner Hingabe am Kreuz, in seinem Sichweggeben in die Herzen der Menschen hinein. Agape ist Gott selbst, der in den Herzen der Menschen anwesend ist, als bewegende Kraft, als Dynamik des Geistes, als Energie der Seele, als tragendes Motiv für das Handeln. Agape ist jenes Verhalten Gottes, das einen Franz von Assisi so sehr faszinierte, daß er – ähnlich wie Paulus – zum Dichter wird und lautmalerisch ausruft: Eius qui nos multum amavit, multum est amor amandus. Die Liebe dessen, der uns so sehr geliebt hat, müssen wir so sehr wiederlieben.

Nun: das mag ein wenig lebensfern klingen. Aber beachten wir, wie Paulus, nachdem er seine massive Kirchenkritik angebracht hat, die Liebe als das eigentliche Subjekt des Handelns beschreibt. Sie ist es, die da ist und wirkt, die mitten im Alltag einer anderen Logik folgt, nicht der Macht, sondern der Demut: sie bläht sich nicht auf, sondern nimmt sich zurück. Die Liebe ist es, die trägt, glaubt, hofft, sich freut, allem standhält, sogar auf eine Weise, wie sie unser Vermögen bei weitem übersteigt. Aber Gott selbst ist es, der sich in uns so verhält, genau so wie er sich auch schon und erst recht in Jesus Christus zu den Menschen, die ihm begegnet sind, verhalten hat. Er verhält sich auch in uns genau so, wenn wir ihm Wohnung und Haus geworden sind.

Nochmals: das ist keine Scheiß-Liebe, sondern eine revolutionäre Kraft, Gott selbst, der alles in Frage stellt und auf den hin alles in Bewegung geraten muß: die ganze Kirche, die Mystiker, die Politiker und die Märtyrer, die Charismatiker, die Theologen und die Radikalen. Ja, die Kirche wird erst dann Kirche, wenn sie sich darstellt als „Liebesbund", als Verbindung aller mit allen, jedes einzelnen mit jedem, als Raum der Liebe, wo niemand am Rande steht, keiner verachtet ist und jedes Geschöpf voll und ganz zur Geltung kommt.

Wo man sich dieser Dynamik überläßt, beteiligt man sich an einem faszinierenden Projekt, am Reich Gottes – und das ist mehr als Lallen im Gottesdienst, mehr als die ganze Befreiungstheologie und sogar mehr noch als das Martyrium. Wo Gottes Liebesdynamik gegenwärtig ist, da entsteht der Himmel. Denn mehr und anderes als die Liebe gibt es nicht!

Anton Rotzetter

FÜNFTER SONNTAG IM JAHRESKREIS

Wenn jemand etwas von der Mystik der Zahlen hält, so müßte dies wohl ein guter Tag für ihn sein: Die Fünf gilt als eine der heiligen Zahlen. Heute ist der fünfte Sonntag im Jahreskreis, und im Zentrum der Liturgie der katholischen Kirche steht der Anfang des fünften Kapitels des Evangeliums nach Lukas. Im Vorwort zu seinem, dem dritten Evangelium hat Lukas, der gute Arzt, seinem hochverehrten Bruder Theophilus versprochen, allem, was bis dahin aufgezeichnet worden war, von Grund auf sorgfältig nachzugehen und es der Reihe nach aufzuschreiben. Bei seinen Recherchen stieß er dann wohl auf die eine oder andere neue Geschichte aus der Erzähltradition um den Rabbi von Nazaret. Und so finden wir das, was wir im heutigen Evangelium hören, die Geschichte vom überraschend reichen Fischfang, auch nur bei Lukas.

Es ist keine der so klaren und eindeutigen Berufungsgeschichten wie bei den anderen Evangelisten, wo es heißt: Komm und folge mir nach, sondern es ist eine, wenn man so sagen kann, „Ansteckungsgeschichte", eine Geschichte, die davon erzählt, wie Glauben überspringen, Vertrauen geboren werden kann, weil nur der, der da glaubt und seinen Glauben bezeugt, andere zum Glauben bringen kann, das Tor des Geheimnisses aufstößt, durch das das Unmögliche möglich wird.

MEISTER, WIR HABEN DIE GANZE NACHT GEARBEITET UND NICHTS GEFANGEN, DOCH WENN DU ES SAGST, WERDE ICH DIE NETZE AUSWERFEN.

In seinem Buch „*Was zählt, ist der Mensch*" schreibt Bischof Jacques Gaillot zu diesen Berufungs-, zu diesen Ansteckungsgeschichten am See Gennesaret: „Jesus beruft jeden einzeln, keine Gruppen oder Gemeinschaften. Er ruft jeden bei seinem Namen, meint ihn in seiner unverwechselbaren Eigenart und trifft ihn in seiner Lebenssituation. So ist es auch mit Andreas, Simon, Philippus und Nathanael, die ganz in ihrem Alltag stehen. Jesus ruft sie mit ihrer Vergangenheit, mit ihren Schwächen, ihrer Begrenztheit und ihren Plänen. Er ruft sie so, wie sie sind. Die Jünger sind keine Übermenschen. Gerade das aber bringt sie uns nahe und weckt unsere Sympathie für sie." Deshalb, so bin ich sicher, ist die Geschichte, die Lukas erzählt, nicht eine Geschichte, die nur

Simon und seine Fischerkollegen etwas angeht, sondern auch mich, jeden und jede von uns.

Lk 5, 1–11

Es geschah aber: Während die Leute zu ihm drängten, um das Wort Gottes zu hören, und er am See Gennesaret stand, sah er zwei Boote am See abgestellt. Die Fischer waren aus ihnen ausgestiegen und wuschen die Netze. Und er stieg in eines der Boote, das dem Simon gehörte, und bat ihn, ein wenig weg vom Land hinauszufahren. Er setzte sich und lehrte vom Boot aus die Scharen. Als er aber aufgehört hatte zu reden, sprach er zu Simon: Fahr hinaus ins Tiefe, und laßt eure Netze zum Fang hinunter. Simon aber hob an und sprach: Meister! Die ganze Nacht haben wir uns abgemüht und nichts bekommen. Aber auf dein Wort will ich die Netze hinunterlassen.
Das taten sie und schlossen eine große Menge Fische ein; fast rissen ihre Netze. Und sie winkten den Teilhabern im anderen Boot, zu kommen und mit ihnen anzufassen. Und die kamen und füllten beide Boote, so daß sie tief einsanken. Als Simon Petrus das sah, fiel er zu Jesu Knien nieder und sagte: Geh weg von mir, ich bin ein sündiger Mensch, Herr! Denn Schauder hatte ihn gepackt und alle mit ihm ob dem Fischfang, den sie zusammenbekommen – desgleichen aber auch Jakobus und Johannes, des Zebedäus Söhne, die Simons Teilhaber waren. Da sprach Jesus zu Simon: Ängste dich nicht! Von jetzt an wirst du Menschen fangen. Und nachdem sie die Boote an Land gebracht hatten, ließen sie alles fahren und folgten ihm.

(Übertragung: Fridolin Stier)

Er hat nicht aufgehört, Menschen beim Namen zu rufen. Das geht heute in der Regel nicht mehr so dramatisch vor sich wie damals an den Ufern des Galiläischen Meeres, aber es geschieht noch immer. Es mag vor etwa fünfundzwanzig Jahren gewesen sein, als er einen kleinen Buben in einer Kirchenbank in Engelmannsbrunn oder Kirchberg am Wagram so angerührt hat, daß dieser Bauernsohn niemals mehr den Traum losgelassen hat, Priester zu werden. Das Glück, durch Kindheit und Jugend hindurch immer wieder anregende, ermunternde, bestärkende und behütende

Priestergestalten begegnet zu haben, hat Franz Bierbaumer wohl auch sein Ziel erreichen lassen.

KOMMENTAR

Ein Satz aus dem Evangelium hat mich auf Anhieb angesprochen. Es ist das Wort des Petrus: „Meister, wir haben die ganze Nacht gearbeitet und nichts gefangen. Doch wenn du es sagst, werde ich die Netze auswerfen."

Aus diesem Satz spricht einerseits Resignation, die Erfahrung der Erfolglosigkeit, die Erfahrung der Vergeblichkeit, die „Erfahrung des Umsonst", andererseits Hoffnung – es vielleicht doch noch einmal zu probieren, und zwar auf das Wort Jesu hin.

„Meister, wir haben die ganze Nacht gearbeitet und nichts gefangen."

Kennen Sie nicht auch diese Situation? Da mühen Sie sich für etwas oder jemand ab, da setzen Sie sich für ein bestimmtes Anliegen brennend ein, aber der Erfolg ist gleich Null. Das Ergebnis ist eine tiefe Enttäuschung. Am Ende steht eine resignative Stimmung.

Zur Dokumentation ein paar Beispiele aus dem Alltag …

Ein Schüler klagt: Ich kann mich in der Schule anstrengen, wie ich will. Ich bring' einfach nichts zusammen. Was andere „mit dem kleinen Finger packen", muß ich mir mühsam erarbeiten. Diese ständigen Mißerfolge machen mich schon ganz „Pfeif drauf"!

Da sucht ein Mann einen Job: Jetzt habe ich schon unzählige Bewerbungen geschrieben. Und eine Absage nach der anderen. Ich glaub', ich geb's auf!

Ein junges Mädchen klagt: Mit meinen Eltern kann ich einfach nicht reden. Sie verstehen mich nicht. Sie haben ihre festgefahrenen Meinungen und gehen davon nicht ab. Wenn sie mir wenigstens zuhören würden. Aber was soll's, es hat ja sowieso keinen Zweck, mit ihnen zu reden.

Ein Ehepaar stellt fest: Wir haben uns im Laufe der Jahre auseinandergelebt. Wir haben uns nichts mehr zu sagen. Die wenigen, zaghaften Versuche, doch noch einmal ins Gespräch zu kommen, gingen meistens daneben. Die „Gschicht" mit uns ist mehr oder weniger „gelaufen".

Da hätte jemand befördert werden sollen … Er klagt, weil einer seiner Kollegen vorgezogen wurde, nur weil er es versteht – so der Betroffene – anderen „hinten hineinzukriechen". Und dabei tu' ich die ganze Arbeit, sagt er sich … Und das schon seit Jahren! Am liebsten würde ich „den ganzen Krempel hinschmeißen"!

Auch mir ist diese Erfahrung, die Simon Petrus in jener Nacht am See Gennesaret gemacht hat, keineswegs fremd. Als Priester erlebe ich immer lichter werdende Kirchenbänke, eine immer weiter um sich greifende Gleichgültigkeit Gott und der Kirche gegenüber, und angesichts der Mühsal der Pastoral die große Versuchung zur Resignation. Des öfteren habe ich mir schon leise gedacht: „Tut, was ihr wollt! Habt mich doch gern!" Aber im gleichen Atemzug habe ich mir gesagt: Das ist auch nicht die Lösung des Problems.

Beim Lesen und Betrachten des heutigen Evangeliums ist mir eine altbekannte Redewendung in den Sinn gekommen, die „den Nagel auf den Kopf trifft": „Wenn du glaubst, es geht nicht mehr, kommt von irgendwo ein Lichtlein her."

Im Evangelium kommt Jesus „ins Spiel". Er steht zunächst am Ufer des Sees, umgeben von einer großen Menschenmenge, die ihn hören wollte, steigt aber dann in das Boot des Simon Petrus, also genau in jenes Boot, auf dem sie in der Nacht zuvor erfolglos unterwegs waren. Nachdem er von dort aus zu den Menschen gesprochen hat, sagt er zu Simon Petrus, der, wie wir annehmen dürfen, eine ziemlich frustrierte Miene hat: „Fahr hinaus ins Tiefe, und laßt eure Netze zum Fang hinunter!" Ich hätte mich durch diese Aufforderung wahrscheinlich „gefrotzelt" gefühlt. Doch Simon Petrus, der sichtlich von der Predigt Jesu beeindruckt war und zu ihm Vertrauen gewonnen hat, antwortet: „Aber auf dein Wort will ich die Netze hinunterlassen." Und etwas völlig Unerwartetes – wir würden sagen: ein Wunder – ist geschehen. Auf das Wort Jesu hin machen sie den großen Fischfang. Der Ertrag ist so groß, daß die Netze zu zerreißen drohen.

Erlauben Sie mir bitte die Frage: Möchten Sie es nicht auch mit Christus probieren? Aus meiner Erfahrung kann ich sagen: Wer sich – so wie Simon Petrus – auf Jesus Christus einläßt und ihm zutraut, daß er Unmögliches möglich machen kann, der wird auch „seine Wunder erleben", jetzt im positiven Sinn. Es muß ja nicht gleich „der große Fischfang" sein, also irgendein sensationelles Erlebnis. Es können im Alltag, der Arena des Lebens, kleine, unerwartete „Wunder" passieren: positive Überraschungen, unvorhergesehene Lichtblicke, gelungene Begegnungen.

Tatsache ist: Wer sich auf Jesus Christus einläßt, kann und darf mit unvorstellbaren Überraschungen rechnen!

Durch die Macht seines Wortes können sich Lebensstil und Lebenseinstellung ändern. So einer gibt allmählich das „Fürchten" auf, er bekommt

Mut zum Wagnis und läßt sich durch Mißerfolge, Enttäuschungen und Niederlagen nicht gleich „aus dem Konzept bringen". Sein Leben bekommt durch Jesus Christus eine neue Richtung. Er entdeckt neue Seiten und Aspekte seines Lebens. Ja er tastet sich mit der Zeit zum Leben in seiner ganzen Fülle vor.

Probieren Sie es mit Jesus Christus! Es lohnt sich! Glauben Sie mir: Sie werden mehr vom Leben haben! Denn wer glaubt, sieht und weiß mehr als einer, der nicht glaubt. Wann immer Sie in jene Situation kommen wie Simon Petrus und seine Fischerkollegen in jener Nacht am See Gennesaret, wo der Erfolg gleich Null war, wenn Sie das Gefühl haben, daß alle Mühe umsonst, jede Anstrengung vergeblich war, oder wenn Sie sich sagen: „Es hat ja ohnehin keinen Sinn mehr! Am liebsten würde ich alles hinschmeißen und auf und davon gehen!" … dann machen Sie es wie Simon Petrus: Werfen Sie ja nicht gleich die Flinte ins Korn! Geben Sie nicht vorzeitig auf! Lassen Sie sich nicht von einer resignativen Stimmung erfassen und zerfressen! Und reden Sie sich nur ja nicht ein: „Es hat sowieso keinen Zweck mehr … Ich bin ein Pechvogel. Da kann man halt nichts machen!"

Lassen Sie Jesus in das Boot Ihres Lebens steigen, und versuchen Sie es noch einmal – auf sein Wort hin!

Die Gedanken, die ich Ihnen zum heutigen Sonntagsevangelium vorgelegt habe, sind nicht theoretisch auf dem Schreibtisch entstanden, sondern Produkt meiner bescheidenen Erfahrungen. Ich habe es im Lauf meines Lebens auch immer wieder mit Jesus probiert. Ich versuche täglich, mich auf ihn einzulassen und mich von ihm, so gut es mir gelingt, leiten zu lassen.

Im Lauf der Jahre habe ich auf dem Hintergrund dieses Evangeliums folgende Erfahrungen gemacht, beziehungsweise diese Erkenntnisse gewonnen:

1. Es ist im Leben so, daß nicht immer alles gelingt. Man erfährt oft bittere Situationen der Erfolglosigkeit, daß etwas umsonst, vergeblich war. Es ist geradezu eine Vorliebe von Gott, daß er uns gerade in diesen Situationen abholt.

2. Ein Mißerfolg ist keine Katastrophe. Unser Evangelium macht deutlich: Gott kann die schlimmsten Mißerfolge in Erfolge verwandeln!

Vielleicht klingt es komisch: Aber es gibt so etwas wie den gesegneten Mißerfolg. Minus wird Plus, Untergang wird Aufgang, Ende wird Anfang, wenn man sich dem Herrn fraglos über-läßt, sich los-läßt und verläßt auf den einzig Verläßlichen!

3. Es gehört zu den wichtigsten Entdeckungen im Leben, daß man sich eingesteht: Ich kann nicht alles, was ich will. Ich habe meine „Grenzen", „stehe immer wieder an" und bedarf deshalb immer wieder der Hilfe „von oben".

4. Alles im Leben hat seinen Preis. Am meisten lernen wir aus Mißerfolgen, Enttäuschungen, Niederlagen und Dummheiten. Ohne „Lehrgeld" wird keiner weise.

5. Ein Wort zum Trost: Wir brauchen nur das Mögliche zu tun. Das Unmögliche tut Gott.

Franz Bierbaumer

Nach vier Kaplansjahren in Perchtoldsdorf arbeitet Franz Bierbaumer nun in der Pfarre Maria Loretto in Jedlesee und ist, er betont dies mit jungenhafter Freude, Feuerwehrseelsorger für Wien. Er möchte sie alle entzünden, die Menschen in seiner Gemeinde und die Burschen und Männer der Florianijünger, entzünden mit der Kraft des Glaubens. Das Vertrauen darauf, daß das auch heute noch möglich ist, trotz so vielem Negativen, finde ich in einem „Brief aus Taizé" bestätigt, in dem es abschließend heißt: „Wo wir auch sind, der Auferstandene sucht uns unablässig und findet stets zu uns. Aber hören wir ihn auch bei uns anklopfen, wenn er sagt: Komm und folge mir nach? So arm wir auch sind: Löschen wir den Geist, löschen wir das Feuer nicht aus. In ihnen entzündet sich das Staunen über seine Liebe. Und das schlichte Vertrauen des Glaubens springt wie ein Feuer von einem auf den anderen über." – Ich lese es, ich sage es, und in mir sagt es Amen – so möge es sein.

SECHSTER SONNTAG IM JAHRESKREIS

„Das Wirken Jesu in Galiläa" ist der Titel jenes Abschnittes im Evangelium nach Lukas, der vom vierten bis zum neunten Kapitel reicht. Wir haben schon von der Ablehnung gehört, die dem jungen Rabbi in seiner Heimatstadt Nazaret entgegenbrandete, aber auch von dem überreichen Fischfang an den Ufern des Sees Gennesaret, der fast die Netze zum Zerreißen brachte. Im fünften Kapitel werden dann eine Reihe von Heilungsgeschichten und Dämonenaustreibungen beschrieben. Es gibt aber auch schon Berichte über Zusammenstöße mit den Pharisäern, weil er mit Zöllnern Mahl hält, weil er und seine Jünger nicht ebenso streng fasten wie Johannes, weil er seine Schüler nicht daran hindert, am Sabbat Ähren abzureißen und zu essen, als sie hungrig sind, weil auch er selbst angeblich gegen die Sabbatruhe verstößt, indem er einen Mann heilt, dessen Hand verdorrt war. Und vor der heutigen Evangelienstelle lesen wir von der Wahl der Zwölf. Offenkundig um sicherzugehen, daß er die richtigen Zwölf aus der rasch angewachsenen Schar auswählt, nimmt er den Weg in die Einsamkeit, in die Stille. Dazu heißt es: „Und er verbrachte die ganze Nacht im Gebet zu Gott. Als es Tag wurde, rief er seine Jünger zu sich und wählte aus ihnen zwölf aus; sie nannte er auch Apostel."
In dieser langen Nacht des Gebets wurde ihm vom Vater aber mehr geschenkt als nur zwölf Namen, sondern ein ganzes Programm. Die auch heute noch als Kernstück jesuanischer Ethik anerkannte Bergpredigt, wie sie bei Matthäus heißt, oder Feldrede, wie die lukanische Version genannt wird, war die Frucht des Gesprächs mit seinem Abba.
Nach der Wahl, er war nun seiner Sache und seiner Sendung ganz sicher, sammelt er die Zwölf und die anderen Schülerinnen und Schüler um sich und macht sich auf den Weg zu den Menschen, zu seinem armen und unterdrückten Volk.

Lk 6,17–26

Als er mit ihnen hinabgestiegen war, blieb er auf einem ebenen Platz stehen – auch viele Leute von seinen Jüngern, und eine große

Menge des Volks aus ganz Judäa, aus Jerusalem und dem Küstengau von Tyrus und Sidon. Sie waren gekommen, um ihn zu hören und von ihren Gebrechen geheilt zu werden. Auch die von unreinen Geistern Gequälten wollten sich heil machen lassen. Und viele Leute suchten ihn festzuhalten; denn eine Kraft ging von ihm aus, und er heilte alle.

Und er hob seine Augen zu seinen Jüngern und sagte: Selig, ihr Armen, denn euer ist das Königtum Gottes. Selig, die ihr jetzt hungert, denn ihr werdet satt gemacht werden. Selig, die ihr jetzt weint, denn ihr werdet lachen.

Selig seid ihr, wenn die Menschen euch hassen, und wenn sie euch ächten und fluchen und euren Namen als bösen verwerfen um des Menschensohnes willen.

Freut euch an jenem Tag und hüpft. Denn da! Groß ist euer Lohn im Himmel. Denn gerade so machten es ihre Väter den Propheten. Jedoch: Weh euch, ihr Reichen, denn weg habt ihr eure Ermutigung. Weh euch, die ihr jetzt vollgestopft seid, denn ihr werdet hungern. Weh euch, die ihr jetzt lacht, denn ihr werdet trauern und klagen. Weh, wenn alle Menschen euch schöntun, denn gerade so machten es ihre Väter den Trugpropheten.

(Übertragung: Fridolin Stier)

Die Feldrede, in der Lukas die zentralen Lehrsätze Jesu aufzeichnete, ist wesentlich kürzer gefaßt als die Bergpredigt des Matthäus, aber trotzdem reichhaltig genug, um uns an diesem und den beiden folgenden Sonntagen zu begleiten. Dieser in der katholischen Liturgie vorgezeichnete Dreierschritt eines zusammenhängenden Textes brachte mich auf die Idee, sie einem einzigen Menschen anzuvertrauen, weil mir das am ehesten zu gewährleisten schien, daß die innere Spannung dieser Lehrensammlung auch zum Tragen kommt. Meine Wahl fiel dabei auf den Dekan der Katholisch-Theologischen Fakultät der Universität Salzburg, den Dogmatiker Gottfried Bachl.

AUSGESETZT AUF DEN BERGEN DES HERZENS.

So lautet der Titel, den Gottfried Bachl dem Kommentar zum heutigen Evangelientext gegeben hat.

KOMMENTAR

Die berühmteste Rede, die von Jesus bekanntgeworden ist, heißt die
Bergpredigt. Bei Matthäus steht (5,1), er sei auf den Berg hinaufge-
stiegen, um dort sein Wort an die Jünger zu richten. Bei Lukas kommt er,
wie eben zu hören war, vom Berg herab, und in der Ebene redet er zu
den versammelten Leuten. Es ist zweimal der Berg, zu dem das Wort
Jesu in Beziehung gesetzt wird, einmal oben, einmal unten. Der Mensch,
von dem der Impuls ausging, aus dem später das kirchliche Christentum
entstanden ist, spricht Bergworte, und ich sehe darin keine Beiläufigkeit,
wie es die Form seiner Bartfrisur gewesen sein mag. In dieser Symbolik
wird an Jesus etwas sichtbar gemacht, das mit der Form der Religion zu
tun hat, für die er steht.

Mir ist das klargeworden, als ich mitten hinein in die Lukaslektüre ein
Gedicht von Rainer Maria Rilke hervorsuchte und wieder las:

Ausgesetzt auf den Bergen des Herzens. Siehe wie klein dort,
siehe: die letzte Ortschaft der Worte, und höher,
aber wie klein auch, noch ein letztes
Gehöft von Gefühl. Erkennst du's?

Im buchstäblichen Sinn beschreiben diese Verse gewiß die ins Äußerste,
auch Einsame gesteigerten Empfindungen des Dichters. Es wird ihnen
aber keine Verdrehung angetan, wenn ich nun versuche, mit diesen Sätzen zugänglich zu machen, wie Jesus von sich aus die Religion in Bewegung bringt. Denn ich entfremde das Gedicht nicht auf ein völlig anderes
Sinngefüge hin, sondern nenne einen Bereich, in dem es vielleicht noch
angemessener spricht: die religiöse Sphäre, von der wir mit Recht sagen,
daß sie das Äußerste des Menschlichen ist.

Hätte sich Jesus Rat geholt bei den Sicherheitsbedürftigen und bei denen, die für das Gefühl von Geborgenheit alles andere opfern, hätte er
aus der Religion einen Bunker machen müssen. So wird sie doch oft genug gedacht, gewünscht und, wenn es irgendwie geht, auch praktiziert,
als unterirdische Festung mit der dicksten Panzerung nach außen, gegen
Berührungen, gegen Strahlungen aus anderen Wahrheitszonen, gegen
die Stürme des Fragens und Zweifelns, gegen den bloßen Anblick anderer Möglichkeiten, aber mit Schießscharten in viele Richtungen.

Jesus plaziert die Religion oben in der ausgesetzten Lage des Berges.
Man sieht weit und breit kein Haus, das er gebaut hätte, keine der kom-

fortablen Unterkünfte, die es später auf dem abendländischen Boden geben wird. Alles ist Bewegung, und schnelle Bewegung. Das ist kein blumiges Wort, sondern abzulesen an dem, was er sagt, und an der Art, wie er es sagt.

Bei Lukas spricht er in der Ebene die gebirgigen Sätze, in denen er die Leichtigkeit und Leere der Armut gegen den Reichtum Gottes stellt, den Hunger gegen die Erfüllung, das Weinen gegen das Lachen, Haß, Beschimpfung und Verleumdung gegen die Freude, die er mit dem Himmel verbindet. Ein Seil ist gespannt, nicht ein breiter Teppichboden gelegt. Jesus sucht die letzte Ortschaft der Worte auf, seine Sprache drängt weg aus der Wohnlichkeit der Kompromisse, aus der Anpassungsluft im durchschnittlichen Milieu. Er spannt das Leben hinaus an den Horizont. Der brav gemachte Heiland, der in manchen christlichen Stimmungen an seine Stelle tritt, glättet, begütigt, lullt auch ein wenig ein und beschenkt die Seelen, die sich an ihn hängen, mit jener sanften Langeweile, die leicht mit dem festen Glauben oder dem guten Gewissen verwechselt wird.

Jesus sagt sein Wort im Stil der Sorglosigkeit. Er gehört nicht zu den wohlgeschützten, heute sagt man pragmatisierten Denkern, die vom Schreibtisch aus anderen die Abenteuer auf dem Hochseil beschreiben. Der Mann aus Nazaret ist innen und außen ein Gratwanderer, er arbeitet ohne das Netz der religiösen Institution, die Familie stützt ihn nicht, die Zahl seiner Feinde wächst mit der scharfen Entschiedenheit seines Wortes, das auch vor heiligen Einrichtungen wie dem Tempel nicht haltmacht, dem Wundertäter bietet das eigene Charisma keine Immunität gegen das Schicksal. Jesus hat keine Schlägertruppe um sich, die ihn heraushaut oder durchsetzt, aber er reißt auch nicht seine Freunde mit in den Untergang, er nimmt seinen Tod allein. Ausgesetzt ist er in sich selber dem Echo der Gefühle, die an ihn heranfließen, dem seelischen Widerhall der Erwartungen, des Zweifels, des Hasses, der Feindschaft. Seine Angst bricht aus ihm heraus, als er den gewaltsamen Tod kommen sieht. Der letzte Lebenslaut ist ein nackter Schrei, und der Tod, der ihm angetan wird, eine herabwürdigende Aktion, die alles durchzustreichen droht.

Ist Jesus der Messias des hohen, schnellen Ganges, auf den das Wort des Jesaja paßt: Wie willkommen sind auf den Bergen die Schritte des Freudenboten? (52,7). Wer auf seine Geschichte in der Christenheit blickt, ist versucht, den Befund in groben Worten auszudrücken: Die Leute sind auf die Dauer mehr am Gesäß Jesu interessiert als an seinen

leichten Füßen, mehr an seiner gemütlichen Stabilität, die sie ihm an-
dichten, als an seiner abenteuerlichen Schnelligkeit.

Was bedeutet das? Eine bewegende, anstrengende Form von Trost, einen tanzenden, brennenden Kern von Religion: Gott die aufregende,
herausreißende, andringende Kraft, die unendliche Beunruhigung, Gott,
der ausgebrochen ist aus dem Schlafzustand, aus seinem Käfig, aus seiner Aufbewahrung hinter dem Tabernakelschloß, aus dem Gottessafe,
aus den Gottesbewahranstalten der Gotteshandbücher, Gottesbewälti-
gungen und Gottesbändigungen. Die freie Bergluft bei Jesus: Gott allein
ist gut, der Geist weht, wo er will, die Gotteshäuser und -orte sind nebensächlich für das Herz, das in Geist und Wahrheit geöffnet ist, Gott
läßt sich nicht leiten, es gibt keine Mechanik seiner Vergegenwärtigung,
aber der aufrichtigen Bitte um sein Dasein widersteht er nicht.

Was in kein Menschenherz gedrungen ist, was kein Auge gesehen und
kein Ohr gehört hat, was allen Netzen der Vernunft entgleitet, und höher
auch noch als ein letztes Gehöft von Gefühl.

Erkennst du's?

Gottfried Bachl

SIEBENTER SONNTAG IM JAHRESKREIS

Heute, an diesem siebenten Sonntag im Jahreskreis, geht es um die für uns Menschen offenkundig kaum bewältigbare Forderung Jesu, auch unsere Feinde zu lieben, um die Zumutung, bedingungslos zu borgen, zu geben, zu schenken, ohne auch nur das geringste zu erwarten. Es geht um die Maßlosigkeit der Liebe.

Schauen wir für einen Augenblick in die Zeit vor Jesus, in die Bibel Jesu. Ich zitiere aus dem Buch zur Bergpredigt des jüdischen Theologen Pinchas Lapide, der dazu schreibt: „Bei den Rabbinen heißt es: alle Gebote sind zu erfüllen, wenn sich die entsprechende Gelegenheit bietet. Nicht so der Friede, denn ihn sollt ihr aufsuchen und ihm nachjagen. – Dieses Jagen nach dem Frieden, wie es der Psalmist gebietet, heißt auch ein Stück Frieden machen, wie Jesus es hier zum Ausdruck bringt. Denn um eine redliche Mühe geht es, die die Mauern des Mißtrauens abbauen und Brücken schlagen soll, von einem Zureden, einem feinfühligen Zueinander-bringen, vom Aufspüren kreativer Kompromißchancen ist hier die Rede, die Gott selbst uns im rabbinischen Spruchgut vorlebt, um uns zu einer Imitatio Dei zu verlocken. Daher antworten die Talmudväter schon zu Jesu Lebzeiten auf die Frage, ob der Friede auf Erden überhaupt möglich sei, mit einer Theopolitik der kleinen Schritte: Konfliktschrumpfung, Entschärfung von Konfrontationen, Rechtsverzicht, Übererfüllung des Liebesgebotes, Nachgiebigkeit und all die 1001 Wege geduldiger Ameisenarbeit, um des Friedens willen. Gemeint ist ein menschliches Mitwirken am Heilsplan, dessen Ziel nicht nur Konfliktlosigkeit, sondern der große Friede, die volle Zufriedenheit der Welt unter Gott bleibt."

Bis heute ist, wie wir nur zu schmerzlich wissen, dies alles leider Utopie, also ortlos geblieben. Egal ob wir über unsere Grenzen nach Süden schauen oder in den Kaukasus und auf all die anderen Orte, wo Krieg tobt, wo Menschen Menschen morden, und ein Blick in den Nahen Osten zeigt uns erst recht, wie schwierig es ist, diese 1001 Entfeindungsschritte zu tun.

Unendlich viel guter Wille und unermüdliche Aktivität wird seit zwanzig und mehr Jahren von den Friedenstätern im Konflikt zwischen Israelis und Palästinensern investiert. Es gibt auch schon Verträge, fortgesetzte

Verhandlungen, und dennoch werden all diese Bemühungen durch die Extremisten beider Seiten täglich neu in Frage gestellt. Aber ich glaube, daß unser bisheriges Scheitern uns nicht dazu verführen darf, die Hoffnung aufzugeben, daß eines Tages das Unmögliche möglich sein und die Utopie vom Frieden einen Ort in dieser Welt bekommen wird.

Und so lesen wir die schwierige Lehre des Nazareners bei Lukas.

Lk 6,27–38

Aber euch, die ihr da zuhört, sage ich: Liebt eure Feinde! Tut wohl euren Hassern. Sprecht die Preisung über die, die euch verfluchen. Betet für die euch Kränkenden. Wer dich auf die Wange schlägt, dem halte auch die andere hin. Und wer dir das Obergewand wegnimmt, ihm verwehr auch den Leibrock nicht. Jedem, der von dir fordert, gib. Und von dem, der das Deine wegnimmt, erbitte es nicht zurück. Und: Wie ihr wollt, daß die Menschen euch tun – tut ihnen Gleiches. Und: Wenn ihr die euch Liebenden liebt – welche Gnade habt ihr dafür? Denn auch die Sünder lieben die sie Liebenden. Und wenn ihr Gutes euren Guttätern tut – welche Gnade habt ihr dafür? Auch die Sünder tun dasselbe. Und wenn ihr denen borgt, von denen ihr zu empfangen hofft – welche Gnade habt ihr dafür? Auch Sünder borgen Sündern, um dasselbe zurückzuempfangen. Vielmehr: Liebt eure Feinde, und tut Gutes! Und borgt, wo ihr nichts zurückerhofft. Und euer Lohn wird groß. Und ihr werdet Söhne des Höchsten sein; denn er ist gütig gegen die Undankbaren und Bösen. Werdet barmherzig, wie euer Vater barmherzig ist. Richtet nicht, dann werdet ihr nicht gerichtet. Und verurteilt nicht, dann werdet ihr nicht verurteilt. Laßt frei, dann werdet ihr freigelassen. Gebt, dann wird euch gegeben werden: Ein gutes, gestopftes, gerütteltes, überquellendes Maß wird man euch in den Schoß geben. Denn: Mit welchem Maß ihr meßt, wird euch zurückgemessen.

(Übertragung: Fridolin Stier)

Der Titel, den Gottfried Bachl, der Dogmatiker aus Salzburg, seinem heutigen Kommentar gegeben hat, lautet:

DAS FRAGWÜRDIGE EXPERIMENT.

Es sind existentielle Fragen, die hier aufgeworfen werden, Fragen, die in vielen Schichten ohne Antwort bleiben müssen, weil sie das menschliche Vermögen übersteigen.

KOMMENTAR

Was man so in einer einzigen Sonntagsmesse an Sollensätzen auf den Hals gepackt bekommt, in einer kurzen Dreiviertelstunde, das geht auf keine Christenhaut. Man schiebt es gern auf den Pfarrer, der auch bei der Weihnachtsmette den Segen nicht geben kann, ohne ein Paket mit Aufträgen für die kommende Woche und das kommende Jahr und das Leben überhaupt daran zu binden. Aber Jesus scheint heute nicht viel besser zu sein mit seinem Evangelium aus dem Lukas. Ich habe mich, als ich es las, sogleich darangemacht, die Sätze zu zählen und zu sortieren. Das Ergebnis der kleinen Statistik lautet: In dem Text, der eben zu hören war, stehen siebzehn Befehle, dazu kommen drei in theoretische Fragen gekleidete Anweisungen, insgesamt also zwanzig Sätze, die ein Sollen ausdrücken, acht Sätze enthalten ein Versprechen, und ein Satz verweist auf das Beispiel Gottes.

Das ist die äußerliche Seite. Noch bedrängender ist der Inhalt. Ohne irgendein milderndes Wenn und Aber mutet uns Jesus zwei Dinge zu: Erstens sollen die Feinde geliebt werden, die das auch wirklich sind, als hassende, verfluchende und mißhandelnde Menschen. Jesus spricht nicht von bloßen Meinungsgegnern. Zweitens nimmt Jesus der Liebe alle Voraussetzungen weg. Er macht sie auf einem Bein stehen. Für gewöhnlich rechnen wir wenigstens mit einem Funken Liebenswürde bei den Menschen, denen wir uns irgendwie liebend zuwenden, und erwarten, daß auch irgend etwas zurückkommt, eine vergütende Antwort sich einstellt und der Stromkreis der Gefühle halbwegs geschlossen wird. Jesus räumt das alles weg mit der Bemerkung: Das ist das normale Rechnen mit Liebesleistung und Liebesgegenleistung, damit bist du noch längst nicht im wirklichen Vorgang Liebe. Der fängt erst dort an, wo sie ganz voraussetzungslos geworden ist, wo sie wirklich lebt und handelt am Nullwert der Liebenswürde und der Antwort.

Wären die Ohren nicht längst immun gegen den Ton des Evangeliums, es müßte einem beim Anhören solcher Forderungen kalt über den Rücken laufen. Ich verstehe nicht, wie Friedrich Nietzsche in seiner „*Genealogie der Moral*" Jesus vorwerfen konnte, er sei der schlimmste Verführer gewesen, nämlich zum Ressentiment, jener Selbstvergiftung des Menschen durch die verlogenen Gegengefühle: die schwächliche Sucht für das Schwache, die demütige Bindung an das Verlorene und Böse, die listige Unterwerfung gegenüber allem Starken, das außerdem schlecht gemacht wird. Die ohnmächtige Liebe, die auf dieser Wurzel blüht, ist nach Nietzsche nichts als die Tarnkappe der heimlichen Lust an Sieg, Haß, Beute und Übermacht. Das Programm Jesu bei Lukas verblüfft doch eher durch seine maßlose Zumutung von Überlegenheit. Der Mensch dieses religiösen Weges sollte es fertigbringen, aus dem Verhältnis von Liebe und Gegenliebe auszusteigen, um die Liebe allein zu versuchen. Das ist ein Vorschlag, der alles durchbricht, was an menschlichen Verhaltensweisen bekannt ist. Merkt niemand die Gebärde der gelassenen Hoheit in den Worten dieses Juden, die aristokratische Haltung? Er kann dafür nur ein einziges Orientierungsbeispiel nennen, und es ist nicht im Zusammenhang der Menschenwelt zu finden: er nennt Gott. So lieben wie Gott, der nichts voraussetzen muß, in dessen Zuneigung das Geliebte hervorgebracht wird, schöpferisch lieben also, nicht reaktiv. Redet Jesus nicht eher zu stark, geradezu überspannt, weltfremd, idealistisch und daher menschenfeindlich? Zu sagen: Meßt euch allein an Gott, bedeutet die Entrückung des Maßstabes in den äußersten Himmel. Daß man an dieser Forderung nicht überschnappt, oder verzweifelt oder gleichgültig wird, oder es für einen Witz hält, dafür hat Jesus die Garantie nicht mitgeliefert.

Ich weiß jetzt keinen anderen Weg, um ans Ende dieser Betrachtung zu kommen, als eine Reihe von Fragen zu nennen, die an Jesus zu richten sind, provoziert von seinem Konzept der voraussetzungslosen Liebe. Ich tue das aus der Überzeugung, daß die Erlösung, die er gebracht hat, nicht nur das wohlgeschnürte Bündel Antworten enthält, das wir aus den Katechismen kennen. Er löst die Seele, ihr bewußtes, halbbewußtes und oft ganz verdecktes Umgehen mit sich und der Welt aus der Gefangenschaft in den überlieferten, selbstverständlichen Urteilen. Jesus, das ist der Riß im Horizont, die Entführung ins Unbegehbare, der Herzog des Glaubens, der Spurenleger, der uns hilft, die unabschließbare Bewegung zu entdecken, in der wir begriffen sind, gegen die Meinung, in einem Zustand zu sein, der genau beschrieben und erprobt ist. Wie den Menschen, mit denen er zu seinen irdischen Lebzeiten umgegangen ist, gibt uns die Andacht zu Jesus auch Fragen an Jesus ein. Sind wir dafür konstruiert, göttlich zu lieben? Verführst du, Jesus, deine Christenleute nicht dazu, Liebe zu brabbeln und unter der schleimigen Glasur ihres Liebesgetues unverändert die eiserne Logik der Feindschaften zu befolgen?

Daß sich eine Frau, ein Mann hineinwirft in die Walze, sich aufwendet, ohne zu rechnen, verschwenderisch, ja, das wird dann und wann sein, aber willst du es wagen, das als allgemeine Norm aufzupflanzen?

Hast du das selbst getan oder davon einmal nur eben reden wollen? Das Versprechen am Kreuz: Heute wirst du mit mir im Paradies sein! (Lk 23,43) gilt nur dem Räuber auf der rechten Seite, dem ein gutes Wort für dich eingefallen ist, nicht dem linken, der dich beschimpft hat.

Wäre der folgende Vorschlag, deine anstrengende Rede zu verstehen, brauchbar? Du hättest gesagt: nur wer sich nicht bestimmen läßt von dem Gegensatz zu seinem Feind, nur wer mit diesem in Gott hineinspringt, kann bei der Wahrheit bleiben und ihn als Feind lieben, kann auch in dessen Gegensein etwas Gutes vermuten, das Böse tragen oder irgendwie besiegen, und frei sein, stark genug, um auf alle seine Feinde zurückzublicken. Suche die Spuren des Guten, das noch nicht getan ist? Ist das schon erprobt oder gedacht als Versuch, mit dem bösen Gegensatz auf neue Weise zurechtzukommen? Du, Jesus, hättest einen Versuchsballon steigen lassen, aber damit eben deinen Realismus verbunden, das Experiment der Jesusprägung zu erproben, in der Vermutung, es könnte sich in der alltäglichen Wirklichkeit etwas ändern, wenn man es in diese Richtung abenteuerlich genug versuchte? Könnte die Geschichte der Christenheit nicht auch dein Experimentierfeld sein?

Es sieht ganz danach aus.

Gottfried Bachl

ACHTER SONNTAG IM JAHRESKREIS

Noch einmal das Kernstück jesuanischer Ethik, in der verknappten Fassung nach Lukas „Feldrede" genannt. Auf diesen Text wird an sich wesentlich seltener Bezug genommen als auf die sogenannte „Bergpredigt" nach Matthäus, die als Weisheitslehre von allen großen Religionen der Welt anerkannt und geschätzt wird. So ist ja auch der bekannte Satz von Mahatma Ghandi überliefert, der einmal gesagt hat: „Die Botschaft Jesu, wie ich sie verstehe, ist in der Bergpredigt enthalten. Es ist diese Predigt, die mich Jesus liebgewinnen ließ." Aber Ghandi blieb nicht bei dieser Feststellung, sondern fuhr fort: „Diese Kernbotschaft hat im Abendland mancherlei Verzerrung erlitten. Vieles, was als Christentum gilt, ist geradezu eine Verneinung der Bergpredigt."

Da hat der große Inder wahrlich nicht unrecht, wie wir aus Geschichte und Gegenwart wissen. Und so hat denn auch die großartige Lehrensammlung des jungen Rabbi aus Nazaret ein typisches Schicksal erlitten. Sehr schnell wurden seine Forderungen und Postulate, aber auch die Seligpreisungen aus dem Raum der ersten, schnell wachsenden Gemeinden weggenommen und in den Bereich der Asketen und Heiligen in den Höhlen und hinter den Klostermauern verfrachtet. Das kann, so meinte man schon früh, dem normalen Gläubigen nicht zugemutet werden, das kann nur für die besonders Berufenen und Auserwählten Geltung haben.

Damit aber wurde dieser hohe Anspruch, auch an die politische Gestaltungskraft, schon allzufrüh aufgegeben, und die Staatsmänner und Politiker aller Zeiten und auch unserer Zeit können behaupten, daß man mit der Bergpredigt keine Politik machen könne. Erst in jüngster Zeit gibt es einige wenige Mutige und Aufmüpfige, die dem Megatrend zum Trotz behaupten, daß man in bedrohten Zeiten wie der unseren überhaupt nur noch m i t der Bergpredigt Politik machen darf. Es wäre interessant, wenigstens einmal diesen Versuch zu wagen, nachdem alle anderen Maximen doch eher in den Abgrund führen.

Aber kehren wir zu dem Stifter zurück, egal, ob wir uns den jungen Mann nun auf dem Berg oder in der Ebene, umringt von einer großen, atemlos lauschenden Menschenmenge, vorstellen.

Er sprach zu ihnen auch ein Gleichnis: Kann wohl ein Blinder einen Blinden führen? Werden nicht beide ins Loch fallen? Der Jünger ist nicht über dem Lehrer. Voll ins Rechte gebracht, wird er jedoch wie sein Lehrer sein. Was blickst du auf den Splitter im Auge deines Bruders, den Sparren aber im eigenen Auge beachtest du nicht. Wie kannst du zu deinem Bruder sagen: Bruder, laß, ich will den Splitter, der in deinem Auge ist, herausziehen – während du auf den Sparren in deinem Auge nicht blickst? Blender: Zieh erst den Sparren aus deinem Auge. Dann magst du hinblicken, um den Splitter im Auge deines Bruders herauszuziehen.
Ja, es gibt keinen guten Baum, der faule Frucht bringt; und abermals: keinen faulen Baum, der gute Frucht bringt. Ja, jeder Baum wird an seiner Frucht erkannt. Man sammelt ja von Dornen keine Feigen, und vom Dornbusch pflückt man keine Traube. Der gute Mensch holt aus dem guten Schatz des Herzens das Gute hervor, und der Böse holt aus dem bösen das Böse hervor.

(Übertragung: Fridolin Stier)

Gottfried Bachl, der aus dem Mühlviertel stammende Dogmatiker, Lehrer und Publizist, stellt seinen heutigen Überlegungen als Titel voran:

DIE FRAGE NACH DEN GUTEN FRÜCHTEN.

KOMMENTAR

Es schadet nicht, wenn die Religionen kritisch befragt werden, was ihre Früchte sind, was schließlich aus ihrem Betrieb Gutes und Wahres herauskommt. Auf allen Ebenen treten sie mit dem größten denkbaren Anspruch auf: im Erkennen, denn sie nennen Gott, im Wollen, denn sie richten alles Streben auf das höchste Gut, im Fühlen, denn sie versprechen das unerhörte Glück, im Leben überhaupt, denn sie behaupten, es werde im unmittelbaren Kontakt mit Gott ewig und gut. Jeden Baum, sagt Jesus, erkennt man an seinen Früchten, also auch den Baum der Religionen, den Baum des Christentums. Man merkt, was er wert ist, wenn man den Apfel im Mund hat, wenn er seinen Geschmack hergeben muß. Die Kraft des Erkennens wird auch an diese allerheiligsten Gegenstände gewendet. Soviel jedenfalls ist den Worten Jesu beim ersten spontanen Zuhören zu entnehmen. Wie kaum ein religiöser Prophet sonst hat er den Organismus der Religion, die Absichten, die Vorstellungen, die Gebäude, die Vorgänge und die priesterlichen Funktionäre mit scharfem Blick gesehen und mit scharfem Wort besprochen, in einer Grundsätzlichkeit, die weit über den Augenblick seiner Situation damals im jüdischen Volk hinausreicht.

Bei Paulus ist nun ein Satz zu lesen, der geradewegs in die Gegenrichtung zu deuten scheint. „Der geisterfüllte Mensch urteilt über alles, ihn aber vermag niemand zu beurteilen." (1 Kor 2,15) Wer so spricht, macht sich zur unbelangbaren Ausnahme, an die niemand herankann, die selbst aber alles ihrer kritischen Prüfung unterwirft. Wenn ich den Satz mit langsamer Aufmerksamkeit vor mich hinsage, überfällt mich seine Unheimlichkeit, seine verlockende Gefährlichkeit nistet sich in mir ein. Mit solchem Anspruch läßt sich machtvoll leben und unbesorgt reden und handeln. Wie viele haben sich denn auch im Lauf der Religionsgeschichte von dieser einladenden Devise fangen und anstecken lassen. Mit ihr züchtet sich leicht das rundum geschlossene und ungeheuer aufgeladene Individuum heran, das Elias Canetti den Gottprotz genannt hat. Alles, was in dessen Seele vorkommt, was sich heiß anfühlt, hält er für Gott, er ist mit Gotteshausrat, mit Gottessubstanzen ausgestopft, seine Haut ist prall gefüllt, so daß er sich selbst nur mehr wie eine Geschoßgranate bewegen kann. Er hat gar keinen Raum mehr in sich, man sieht es an seinem steifen Genick.

Wäre Jesus diesem Grundsatz gefolgt, wie hätte jemals das Wort aus seinem Mund kommen können: „Was halten die Leute vom Menschensohn?" (Mt 16,13) Oder: „Warum nennst du mich gut? Niemand ist gut außer Gott dem Einen." (Mk 10,18) Sollte ein wacher Mensch wie Paulus darum nicht gewußt haben, er, der nach dem Zeugnis seiner Briefe sehr häufig damit beschäftigt ist, sich vor seinen Gemeinden zu rechtfertigen und die Gemeinden in Korinth und Rom vor der geistlichen Habsucht zu bewahren, vor der Arroganz der Frommen, die alles an sich reißt und in sich verschließt? Ich denke, daß der Apostel mit dem zitierten Satz von einer Eigenart aller Erfahrung, auch der religiösen spricht. Sie bleibt in einer gewissen Unzugänglichkeit immer je meine Erfahrung. Wie das Liedermachen geht, was sich dabei im Gehör, in der Seele, auf der Haut des Leibes abspielt, wie sich dieses Hervorbringen anfühlt, das weiß im Augenblick der Liedermacher Schubert und niemand sonst. Wie lächerlich, wenn jemand dahersteigt, um dreinzuackern und es besser zu wissen. Es gibt einen fast heiligen Vorbehalt um dieses je Eigene, in dem die

Sinnbilder des Lebens geboren werden. Aber die Lieder, die in der einsamen Findung aufsteigen und aufs erste aussehen wie das ausschließliche Eigentum des Komponisten, ertönen, sie sind in der Partitur niedergeschrieben, sie können gespielt, analysiert, erklärt und auf ihren künstlerischen Wert hin geprüft werden. Die Biographen werden sich erlauben, die Musik mit dem Leben zusammenzuhalten, um herauszubekommen, was für ein Mensch in dieser Kunstarbeit verborgen ist. So wird auch der geisterfüllteste Mensch prüfbar bleiben, nicht in dem, was ihm in der intimen Berührung seiner individuellen Seelentiefe der Geist Gottes tun mag, aber wohl: was daraus wird an ihm, durch ihn, wie er mit dem Pneuma wirtschaftet, was für ein Mensch aus dieser Berührung hervorgeht, welche Handlungen, welche Worte entstehen, welches Gesicht heranreift.

Es gibt viele Enttäuschungen am Menschenprodukt des Christentums, und ein großer Enttäuschter war Friedrich Nietzsche, der sein wild aggressives Gefühl den Gläubigen ohne Rücksicht auf Schmerzen ins Gesicht geworfen hat. Der großes Menschentum sehen wollte, aus großem Versprechen hervorgegangen, die überzeugende Einlösung des Evangeliums, sah „lauter unsinnig wichtige Seelen, mit entsetzlicher Angst um sich selbst gedreht ...", klein, schiefäugig, aufsässig, trostsüchtig, kränkungsanfällig, rechthaberisch, rachedurstig, dumpf, gewalttätig, Süßholz raspelnd, selbstbesorgt, jede Verschwendung vermeidend, noch die Gnade berechnend. Wir Christen müssen uns auch solche Befunde gefallen und zu Herzen gehen lassen. Aber wir sind nicht gezwungen, uns in der Verzweiflung des Philosophen einzusperren. Mitten in der scheinbaren Aufgebrauchtheit des Christentums können wir tun, was er selbst als Weg in die Zukunft angibt: „Warten und sich vorbereiten; das Aufspringen neuer Quellen abwarten; in der Einsamkeit sich auf fremde Gesichte und Stimmen vorbereiten; vom Jahrmarktsstaube und -lärm dieser Zeit seine Seele immer reinwaschen ..." Dieser geduldige Blick ins Neue kann sich immer noch auf das Christliche selbst richten. Die Unentdecktheit Jesu, seine Unausgeschöpftheit verdient unsere aktive Vermutung. Die nicht begangenen möglichen Wege mit ihm werden sichtbar, wenn er befreien wird aus dem Besitztum, wenn der über die Grenze gehende, selber aufgesprengte Mensch Gottes neu in unser Bewußtsein bricht, wenn der bewegte Beweger das Hindernis wegräumt und den Käfig zerstört, in dem sich das kirchliche Gemüt so gern verschanzt: das caesarische Vereinsdenken.

Gottfried Bachl

97

ERSTER FASTENSONNTAG

Das Aschenkreuz auf unseren Stirnen erinnert uns an unsere Vergänglichkeit, verweist auf die Bedeutung des Hier und Jetzt, des voll zu lebenden und zu verantwortenden Augenblicks, eben weil wir nicht wissen, wann uns die Stunde schlägt, wann wir herausgerufen werden aus der Geschichte. Asche aufs Haupt zu streuen ist ein uralter Bußritus, den nicht nur die Israeliten, sondern ebenso die Ägypter, Araber und Griechen über die Jahrtausende hochgehalten haben. Die Botschaft Jesu Christi aber reicht über Klage und Buße hinaus und sagt Erlösung zu, so daß wir wissen dürfen, daß mit dem Memento des Aschermittwochs der Weg auf Ostern, auf Erlösung und Auferstehung zu bereits begonnen hat.

Der Weg liegt vor uns, die Frage ist nur, ob und wie wir ihn zu gehen bereit sind, ob wir das Wagnis auf uns nehmen, ihn mitten durch uns selbst hindurch zu gehen, denn sich auf das Eigentliche besinnen, heißt immer zuerst, einzutreten in die eigene Tiefe, die eigene Mitte. Manches mag dort sehr verwirrend und dunkel sein, oft unbekannt und fremd, Angst verbreitend. Das ist vor allem dort der Fall, wo wir Gefühls- und Schuldgerümpel einfach in irgendeine Ecke geschoben haben, wo es dann halt so vor sich hinmodert und nicht selten zu stinken beginnt. Da muß Luft dazu und Licht, da braucht es viel Geduld und zuweilen auch einen scharfen Besen, um das Ärgernis zu bereinigen. Kein angenehmer Prozeß, denn man kommt kaum umhin, sich die Hände schmutzig zu machen, und manchmal auch mehr als die Hände. Wenn aber der Weg uns anzieht, wenn er uns mit Sehnsucht erfüllt, wenn wir wirklich brennen, ihn zu gehen, dann lohnt die Mühe schon, und es gibt ja einen, der selbst durch all das hindurchgegangen ist, der seine eigene Seele all den Versuchungen ausgesetzt hat, und das ist Er, der auf all diesen Fahrten durch die eigenen Abgründe an unserer Seite sein, uns nicht allein lassen wird.

ES IST GESCHRIEBEN, NICHT VON BROT ALLEIN LEBT DER MENSCH.

*Jesus aber, voll heiligen Geistes, kehrte vom Jordan zurück und
wurde – durch den Geist in die Ödnis gebracht – für vierzig Tage
vom Teufel versucht. Und er aß nichts in jenen Tagen. Und als sie
vollendet waren, wurde er hungrig. Sprach der Teufel zu ihm:
Wenn du Gottes Sohn bist, so sprich zu diesem Stein, daß er Brot
werde. Aber Jesus antwortete ihm: Es ist geschrieben: Nicht von
Brot allein lebt der Mensch. Und er brachte ihn hinauf, zeigte ihm
alle Königtümer der bewohnten Welt in einem Augenblick. Und der
Teufel sprach zu ihm: Dir gebe ich all diese Vollmacht und ihre
Herrlichkeit, denn mir ist sie übergeben. Und wem ich will, gebe
ich sie. Wenn du dich nun vor mir tief verneigst, gehört dir alles.
Da hob Jesus an und sprach zu ihm: Es ist geschrieben:
Tief verneigen sollst du dich vor dem Herrn, deinem Gott, und ihm
allein den Dienst tun.*
*Er brachte ihn nach Jerusalem, stellte ihn auf die Zinne des Heilig-
tums und sprach zu ihm: Wenn du Gottes Sohn bist, so stürze dich
da hinab! Denn es ist geschrieben:
Seinen Engeln gibt er Weisung deinethalben, dich zu behüten.
Und: Auf Händen tragen sie dich, damit du mit deinem Fuß nicht
stößt an einen Stein.*
*Da hob Jesus an und sprach zu ihm: Es ist gesagt: Versuche nicht
den Herrn, deinen Gott! Und als alle Versuchung vollendet war,
wich der Teufel von ihm – bis zur Zeit.*

(Übertragung: Fridolin Stier)

Seit dem Jahre 1202 ist in Bozen der Deutsche Orden, eine Gemeinschaft
von Brüdern und Schwestern, ansässig. Seit dem 14. Jahrhundert bevöl-
kern Angehörige dieses Ordens den sogenannten Turmbereich der Landkommende Weggenstein. Heute leben und arbeiten dort noch zwei Or-
densleute, Sr. Reinhilde Platter und P. Ewald Volgger, die dem alten
Gemäuer einen neuen Inhalt gegeben haben, indem sie den Turm zu einem spirituellen Zentrum umgestaltet und ausgebaut haben. „Wir begleiten Umkehrprozesse", erklärt P. Ewald, der gleichzeitig oder nebenher –
wie man will – auch noch Professor für Liturgiewissenschaft an der
Theologischen Fakultät in Brixen ist. Um Umkehr geht es am Beginn der
österlichen Bußzeit – warum also nicht auf entsprechend geschulte Begleiter zurückgreifen. Heute und am nächsten Sonntag kommen die

kommentierenden Stimmen also aus Bozen. Sr. Reinhilde Platter, die sich nach zwanzig intensiven Jahren Jugendarbeit in den Bozener Turm zurückgezogen hat, um Menschen auf dem Weg nach Innen zu begleiten, macht den Anfang.

KOMMENTAR

Wenn Jesu Wort trifft: „Nicht von Brot allein lebt der Mensch", kann ich nicht so bleiben, wie ich bin. Wenn dieses Wort im Menschen zündet, eröffnet es eine neue Zukunft, weist es über die eigenen Grenzen hinaus. Das Wort will mich weiterführen in die Bewegung der Umkehr hinein. Es wird zum Anstoß, mit neuem Geist das Leben aufs neue zu beginnen.

Jesus kann mit unserer Schwäche mitfühlen, denn er wurde in allem wie wir in Versuchung geführt. Zugleich aber zeigt er uns den Weg aus dem Schwachsein heraus, wenn er in der Wüste die Urversuchungen des Menschen besteht.

Jesus zieht das Wort Gottes dem Brot vor, das Vertrauen den Wundern, den Dienst und die Anbetung Gottes jeglicher irdischen Macht.

Auch wir erleben Wüste. Wüste meint auch eine Wirklichkeit in mir selbst. Es ist ein Bild für das, was mir geschieht, wenn ich als Mensch unterwegs bin zu einem menschlicheren Leben – zu einem Leben auf Gott hin.

Wüste kann heißen: Keinen Platz haben an der Sonne des Lebens – ausgestoßen, verraten, verlassen – ohne Geborgenheit sein – krank sein – geworfen in das Dunkel der Glaubensnacht – zerrissen von Zweifeln, Angst und Orientierungslosigkeit – zermürbt und getreten von der scheinbaren Sinnleere des Lebens.

Wüste kann aber auch ein Ort des Lichtes, der Erkenntnis und der Gotteserfahrung sein.

Vom Wort Jesu aus der Wüste werden immer noch Menschen ergriffen. „Nicht von Brot allein lebt der Mensch." Aus meinem jahrelangen Zusammenleben mit jungen Menschen und in den begleitenden Gesprächen von heute habe ich vielfältigste Wege der Umkehr und der Versöhnung kennengelernt und miterlebt. Staunen überkommt mich, wie Gott auf phantasiereichste Weise Menschen aus der Wüste auf den Weg führt. Mitunter sind es alltägliche, vordergründige, auch banale Begebenheiten, die Menschen unruhig machen und aufbrechen lassen; häufiger aber ist es eine schwere Krankheit, eine tiefgehende menschliche Begegnung oder ein Schicksalsschlag, die zu einem persönlichen Aufbruch drängen. Die Hohlheit des eigenen Lebens wird bewußt. Eine innere Kraft und Sehnsucht nach mehr als Brot drängen, aus Routine und erstarrtem Leben auszubrechen. In den vielen Stimmen des Alltags vernimmt der Mensch plötzlich eine andere Stimme, die ihn anruft.

In solchem Angerufensein suchen Menschen den Ort, an dem ich wohne, den Turm in der Kommende Weggenstein in Bozen. Sei es, in Meditation und Kontemplation, in Stille und innerem Schweigen neue Tiefe zu finden und Gott zu begegnen, so wie Elisabeth Catez sagte: „Ich habe den Himmel auf Erden gefunden, denn der Himmel ist Gott und Gott ist in mir", oder geistliche Begleitung zu suchen auf dem Weg der Umkehr und der Neuorientierung ihres Lebens. Umkehr- und Heilungsgeschichten fangen oft ganz einfach beim Leibbefinden an. Atmung, Bewegung, Ernährung, Tagesrhythmus, Versöhnung mit dem eigenen Leib. Darin versuche ich die Möglichkeit zu geben, den Glauben in seiner therapeutischen Dimension zu erfahren. Denn: „Nicht von Brot allein lebt der Mensch."

Eine wichtige Erfahrung auf dem Weg der Umkehr ist die des Angenommenseins. Die Erfahrung des bedingungslosen Angenommenseins von Gott geht meist über einen Menschen. Als Hörender und Verstehender kann ich für den anderen zur Brücke auf Gott hin werden. In der Begegnung muß der Mensch erfahren dürfen, daß er ein von Gott Angenommener ist, trotz seiner Schuld. Jesus sucht das Verlorene, heilt den Kranken und richtet den Gebeugten auf. Wenn ich einem Suchenden sage, wie sehr er von Jesus geliebt ist, wie er selbst ein Gedanke Gottes ist, dessen Pläne sich in ihm erfüllen sollten, dann sind oft Tränen der Reue und des Verstehens die Antwort. So manchem wird neu bewußt werden können, daß das Leben in Gott mit der Taufe begonnen hat und daß die Zärtlichkeit Gottes ihn nie mehr aus den Händen läßt. So mag Augustinus recht behalten: „Unsere Aufgabe in diesem Leben ist nichts anderes, als das Auge zu heilen, mit dem Gott zu sehen ist."

Ein weiterer Schritt ist: Sein Leben zu ordnen. Manchmal ist das Innere und das Äußere des Menschen ein einziges Chaos. Ordnung ins eigene Leben, in die Beziehungen bringen, schafft Klarheit und gibt neue Lebensziele frei. Mit der Erfahrung der Ordnung im täglichen Lebensraum wächst die Sehnsucht des Menschen, er selbst zu sein, ganz zu sein und im tiefsten Wesensgrund heil zu werden. Ich liebe es, mit den aufbrechenden Menschen den Psalm 139 zu beten: „Du kennst mich, Herr, mit

Haut und Haar, wo ich auch bin, du bist bei mir ..." Es ist noch nie vorgekommen, daß jemand diesen Psalm nicht mit nach Hause nehmen wollte. Für viele wird er zum täglichen Gebet und zur tragenden Mitte.

Es kommt immer wieder darauf an, die Lebensgeschichte in Zusammenhang zu bringen mit dem Wort Gottes. Formen, Gesten, Sprechweisen zu erfinden, wie das Wort Gottes Wurzeln schlagen, im Herzen der Menschen Fleisch werden kann.

Vor nicht langer Zeit kam ein junger Mann zur Tür herein mit den Worten: „Ich habe meine Seele verloren oder weggeworfen, ich weiß es nicht. Aber suchen und finden möcht' ich sie." Ein langes, erschütterndes Gespräch entwickelte sich. Hilflos und betroffen saß ich dem Mann gegenüber, der, obwohl sehr jung an Jahren, in allen Gassen des Lebens seine Seele weggeworfen hatte. Suchend schaute er mich an. Nach langem Schweigen wiederholte er öfter: „Ich will umkehren – und doch nicht umkehren."

Die Lebensgeschichte empfand ich der Parabel vom verlorenen Sohn sehr ähnlich. So fragte ich: „Kennen Sie die Geschichte vom barmherzigen Vater?" Darauf kam es prompt zurück: „Ich kenne keinen barmherzigen Vater. Mein Vater ist ein Versager. Ich hasse ihn." Er ließ mich aber dann doch die Parabel vom barmherzigen Vater erzählen. Die Augen auf mich gerichtet, sie wurden immer größer. Das bleiche Gesicht nahm weichere Züge an. Ich spürte, wie er sich immer mehr mit dem verlorenen Sohn identifizierte. Zum Schluß steckte ich ihm seinen Ring neu an, um ihm zeichenhaft zu sagen, wie Gott es mit ihm mache. Am Ende unseres gemeinsamen Schweigens stand in ihm der Entschluß fest: „Ich will umkehren ..."

Das Wort Jesu ist bis heute nicht verstummt: „Nicht von Brot allein lebt der Mensch, sondern von allem Wort, das aus dem Mund Gottes kommt" (Mt 4,4).

Reinhilde Platter

Zum Abschluß ein unveröffentlichtes Gedicht von Wilhelm Bruners, Leiter der Bibelpastoralen Arbeitsstelle des Katholischen Bibelwerks Österreich in Jerusalem.

Wenn er mich anruft, dann will ich ihn erhören.
Ich bin bei ihm in der Not, befreie ihn und bringe ihn zu Ehren.
Ich sättige ihn mit langem Leben und lasse ihn schauen mein Heil.
Manchmal triffst du einen, Auge in Auge, der dich nicht

liegen läßt. Wenn er ruft, kannst du nicht anders,
du stehst auf.
Auch wenn du liegen bleiben willst, müde und tot,
seine Stimme geht dir unter die Haut,
läßt dich tanzen, hebt dich in die Luft.
Auch wenn du fliehen willst, voll Angst und Furcht,
seine Nähe gibt dir Vertrauen.
Lauf – wenn du ihn triffst,
du läufst ihm direkt in die Arme.

ZWEITER FASTENSONNTAG

So wie die Bäume und Sträucher sich den Winter über in der Kälte innerlich gereinigt haben, damit jetzt die nährenden Säfte wieder steigen und das Braun und Grau grün überhauchen können, so stünde es auch uns Menschen gut an, unsere inneren Stauungen und Verstopfungen aufzulösen, damit die Kraft des Lebens im Geist uns neu durchfluten kann und die letzten Schlacken des Egoismus, des Neids und der Zwietracht, des Mißtrauens und der verzwickten Ängste ausgespült werden können. Erst wenn wir innerlich wieder zum Lebensraum geworden sind, werden wir Augen haben, die schauen, und Ohren, die horchen können. Wenn wir aber schauen können, dann – so erfahren wir heute – werden wir IHN in den Menschen, ja in uns selbst verklärt und leuchtend sehen können. Wenn wir aber Ohren haben, um zu hören, dann werden wir sie vernehmen, die Stimme, um die es geht.

EINE STIMME GESCHAH AUS DER WOLKE: ... AUF IHN HÖRT.

Wir wissen, daß das keine Donnerstimme ist, daß sie nicht aus riesigen Lautsprechern an unser Trommelfell brandet. Seine Stimme ist leise, ein Säuseln im Wind, wie der Prophet uns berichtet. In unserer Zeit des Lärms, des Getöses, des Gebrülls, der überschwappenden Rhythmen, des dauernden Behämmertwerdens, haben die leisen Stimmen wenig Chance. Doch wenn wir sie verpassen, haben wir möglicherweise das Leben verpaßt. Es gilt also, das Instrument zu schärfen, zu einer neuen Sensibilität des Hörens zu finden. Die beiden im Turm des Deutschen Ordens in Bozen versuchen das schon seit Jahren, weil es notwendig ist, die leisen Töne der Seele zu hören, um Heilung bringen zu können. Sprach Sr. Reinhilde Platter am vergangenen Sonntag vom Brot des Wortes Gottes, so denkt P. Ewald Volgger, der Liturgiewissenschaftler und Seelsorger, über das Hören nach, das Hören auf die Stimme Gottes in uns.

KOMMENTAR

Faszinierend ist die Erfahrung von Menschen, die wissen: Gott hat sie angesprochen, er hat sie in Bann genommen.

Bei Blaise Pascal etwa, er starb im Jahre 1662, fand man in seinem Rock ein Schriftstück eingenäht, darauf zu lesen war:

„Das Jahr der Gnade 1654, Montag, 23. November, von ungefähr zehn und ein halb Uhr am Abend bis ungefähr eine halbe Stunde nach Mitternacht, Feuer. ‚Gott Abrahams, Gott Isaaks, Gott Jakobs‘ nicht der Gott der Philosophen und Gelehrten. Gewißheit. Gewißheit. Empfindung. Freude. Friede. Gott Jesu Christi. Deum meum et deum vestrum. ‚Dein Gott soll mein Gott sein.‘ Vergessen der Welt und aller Dinge, ausgenommen Gott. Er wird nur auf Wegen gefunden, die im Evangelium sind … ich habe dich erkannt. Freude, Freude, Freude, Tränen der Freude … Jesus Christus. Ich habe mich von ihm getrennt; ich bin vor ihm geflohen, ich habe ihn verleugnet, gekreuzigt. Möge ich nie mehr von ihm getrennt sein.“

Es muß eine überwältigende Erfahrung gewesen sein, die Pascal für so wichtig hielt, daß er sie in seinen Rock nähen ließ. Er wollte sie stets bei sich tragen. Nimmer hat sie ihn losgelassen. Er hat das Wesen Gottes erfahren. Einmal diese Erfahrung gemacht zu haben, läßt nicht wieder los.

Markante Erfahrungen im Leben der Menschen nehmen in Bann, sie heben sich ab vom Alltag; geben Kraft für das Vorausliegende, erfüllen mitunter Jahre der Sehnsucht.

Erfüllung solcher Sehnsucht: das war die Erfahrung der Jünger, von der wir hören im Evangelium.

Lk 9,28b–36

Es geschah aber ungefähr acht Tage nach diesen Worten: Er nahm Petrus und Johannes und Jakobus mit und stieg auf den Berg, um zu beten. Und es geschah, während er betete, ward das Aussehen seines Gesichts anders, und sein Gewand blitzend weiß. Und da! Zwei Männer sprachen mit ihm: Es waren Mose und Elija, die – sichtbar geworden in Herrlichkeit – seinen Ausgang ansagten, den er in Jerusalem zu vollenden habe. Petrus aber und die mit ihm, waren schwer benommen vom Schlaf. Hellwach geworden sahen sie seine Herrlichkeit und die zwei Männer, die bei ihm standen. Und da geschah es: Als sie sich von ihm trennen wollten, sprach Petrus zu Jesus: Meister, gut ist es, daß wir hier sind! So laßt uns drei Zelte machen: eins dir, eins Mose und eins Elija. Er wußte ja nicht, was er sagte. Aber während er das sagte, kam eine Wolke und überschattete sie. Furcht ergriff sie, während sie in die Wolke eingingen. Und eine Stimme geschah aus der Wolke, die sagt: Das ist mein Sohn, der Auserwählte. Auf ihn hört! Und als die Stimme kam, fand sich Jesus allein, und sie schwiegen. Keinem berichteten sie in jenen Tagen von dem, was sie gesehen.

(Übertragung: Fridolin Stier)

In der Kapelle unseres Hauses in Bozen findet sich im Wandzyklus das Bild der Verklärung Christi. Viele Menschen, die in den Turm kommen und über die schmale Wendeltreppe in die Turmkapelle emporsteigen, tragen die Bitte im Herzen nach Erfüllung ihrer Sehnsucht. Sie suchen einen Ort der Begegnung, einen Ort der Ruhe, der Besinnung, des Gesprächs. Einen Ort, wo sie das sein können, was sie sind: Menschen mit ihren Schwächen, mit ihren Gebrechlichkeiten, oder auch Menschen mit unheimlich starken Erfahrungen im geistlich-religiösen Bereich.

In welcher Lebenssituation die Menschen auch immer stehen, oft drängt sie der Wunsch, im Licht der eigenen Welterfahrung Gott zu begegnen, sein Wesen zu begreifen. Dahinter wiederum steht oft die beklemmende Frage: Wie kann ich Gott und mich selber verstehen? Wie kann ich das verstehen, was um mich herum geschieht? Wie kann ich angesichts meiner Schuld zu neuer Lebensfreude finden?

Wenn Gott sich dem Menschen zuwendet, wenn er auf das offene Herz des Menschen trifft, so wie wir es von den drei Jüngern oder auch von Pascal gehört haben, dann tut sich ein Raum der Erfahrung Gottes auf, der die Situation des Menschen mit Licht erfüllt. Es wird dann ganz licht. Klarheit stellt sich ein auf einem Weg voller Dunkelheit. Plötzlich, in einem hellen Moment, erfahren Menschen das Wesen Gottes. Sie spüren das Angenommensein, das Hineingenommensein in die liebenden Arme, in die bergende Nähe Gottes.

Ich will das verdeutlichen an einem Beispiel: Ein Mann, um die Dreißig, kommt zu mir, tränenüberströmt; verstört und enttäuscht, weil seine Lebensbeziehung zerbrochen ist. In der Folge hat er sich der Enttäuschung hingegeben, die Orte der Selbstverwerfung nicht gescheut. Orientierungslos geworden, gelähmt von der eigenen Verzweiflung, hat er nun einen Ort des Gesprächs gefunden.

Nach langem Hinhören auf seine Situation, selbst betroffen von der Dichte der Erfahrungen, spüre ich den Restschein des Vertrauens und des Lichtes in ihm. Ein langer Glaubensweg schien vergebens gewesen zu sein, so mein Gesprächspartner. Ich suche nach dem rechten Wort in dieser Situation der Verzweiflung und der Hoffnungslosigkeit.

Da kommt mir der Gedanke: Laß die Kraft der Beziehung wirken; erzähle vom Gelähmten. Ich hebe an und bitte ihn, mir zuzuhören. Ich erzähle von dem Gelähmten, der von Jesus hörte. Ich beschreibe die Sehnsucht, von seiner Lahmheit geheilt zu werden; ich versuchte in plastischer Sprache zu beschreiben, wie sich die Lahmheit auf die Psyche des Menschen auswirkt, wie niedergeschlagen und gelähmt wir uns fühlen, wenn wir im Innersten verletzt und enttäuscht werden. Jesus kannte und kennt diese Erfahrung der Menschen; er kannte auch die Lahmheit und die Sünde jenes Mannes, der sich auf einer Tragbahre zu ihm bringen ließ ...

Und wie ich erzähle, merke ich, wie er ruhiger und ruhiger wird. Sein Gesicht verändert sich merklich, es entspannt sich und wird licht. Im Schweigen verbringen wir eine geraume Zeit der Stille.

Was war geschehen? Jesus hat sich erfahrbar gemacht. Im Hinhören auf die Sehnsucht und die Erfahrung des Gelähmten spürte der Hörende, daß seine eigene Lahmheit schwand; in ihm wuchs der Restschein des Vertrauens, und Christus, der Lichte, füllte ihn wieder neu mit seinem Licht. Die vielen guten Erfahrungen in seinem Leben waren plötzlich wieder machtvoll da; er spürte den Mut, den er aus dem Vergangenen schöpfen konnte.

Aus dieser Begegnung hat sich eine länger andauernde Begleitung ergeben. Fast bei jedem folgenden Gespräch wollte er sich an diese Erfahrung erinnern und es immer wieder neu mit Freude sagen: Christus hat sich ihm gezeigt mit seiner lichtvollen Kraft. Die Kraft des Lichtes ist immer in uns da; es schlummert, aber es ist da, um entfacht zu werden.

Solche Erfahrungen mögen Sternstunden sein für Menschen, die sich auf den Weg der Gottesbegegnung machen. Diese Erfahrung mag es wohl auch gewesen sein, die die drei Jünger machen durften: Petrus, Johannes und Jakobus, nachdem sie lange genug mit Jesus unterwegs gewesen waren. Eine solche Zeit und ein solcher Ort werden zum Zelt; zum Ort der Gegenwart Gottes. Christusbegegnung ist ein Ort der Geborgenheit. Das Wesen Jesu schauen bedeutet, ihn ganz als Lichtwesen zu erfahren. Darin begreifen wir hinter dem Menschen Jesus seine wahre Identität. Die Verklärung geschieht für den Menschen; es ist eine Offenbarung Jesu im Herzen des Menschen, ein Sich-offenbaren der Beziehung. Er macht sich erfahrbar; zugleich geschieht die Verklärung in den Menschen. Es ist letztlich eine Verklärung des Menschen, der ganz ergriffen ist von der Kraft und Ausstrahlung des Herrn. Daher kennen wir von solchen Erfahrungen die genaue Zeit, den genauen Ort, den Hergang bis ins letzte Detail. Wer in einer solchen tiefen Form ergriffen wird vom Mysterium Gottes, der kann ein Leben lang nicht mehr loslassen. Der näht es ein in seinen Rock, der ihn bekleidet; der spricht davon, wo immer es ihm möglich ist.

Im Bericht, den Lukas für uns verfaßt hat, sind eine Reihe von symbolischen Hinweisen wertvoll. Jesus zieht sich auf einen Berg zurück. Die Begegnung mit dem Göttlichen wird vorbereitet, es ist ein besonderer Ort. Die Veränderung, die die Jünger an Jesus erfahren, betrifft nicht sein Wesen; er bleibt der gleiche; er verändert das Aussehen seines Gesichtes: es ändert sich aber das Verhältnis; es wird durch diese Erfahrung neu bestimmt. Wenn Menschen sich füreinander verändern, wenn sie das Aussehen auf den anderen hin ändern, dann ändert sich das Verhältnis und ihre Beziehung. Dieses Neuwerden bringt das aufblitzende Kleid zum Ausdruck.

Wie im Traum möchten wir solche Erfahrungen festhalten und Zelte der Beständigkeit bauen. Solch kleine Glücksmomente geben eine Vorahnung, sind eine Vorwegnahme der andauernden Beziehung mit dem Herrn, wenn wir nur mehr Licht schauen werden.

Nach der Darstellung des Lukas ist die Verklärung Jesu der Wendepunkt vom Wirken Jesu hin zu Leiden, Tod und Auferstehung.

Intensive Augenblicke verändern unser Leben. Begegnungen verändern unser Leben. Auch die österliche Bußzeit, in der wir stehen, kann eine Wendezeit sein. Wir lassen uns ein auf die Begegnung mit ihm in seinem Licht; wir nehmen Ostern ins Auge. Vielleicht ist es Grund, wieder einmal auszuziehen aus dem alten Haus meiner Gewohnheiten und Laxheiten, auszuziehen aus dem Trott der Beziehungen und Einzug zu halten in Beziehungen mit neuer Qualität; in die Gottesbegegnung neuen Charakters.

Das Geschehen aus der Wolke ist eine Stimme, die sagt: „Das ist mein Sohn, auf ihn hört!" Gott offenbart sich in die Herzen der Menschen hinein. Das Geheimnis der Verklärung ist nicht ein Wunder, sondern das Ende eines Wunders: Gott gestaltet unser Leben durch die Kraft des fleischgewordenen Wortes. Wenn uns dieses Geheimnis aufblitzt, dann geht es uns wie dem französischen Schriftsteller Paul Claudel, der berichtet:

„Es war der 25. Dezember, nachmittags, bei der Vesper. Ich stand in der Kathedrale von Notre Dame, nahe am zweiten Pfeiler, am Choreingang, rechts, auf der Seite der Sakristei: Im Nu wurde mein Herz ergriffen, ich glaubte. Ich glaubte mit einer so mächtigen Zustimmung, mein ganzes Sein wurde so gewaltsam emporgerissen, ich glaubte mit einer so starken Überzeugung, daß keinerlei Platz für den leisesten Zweifel offen blieb … Es ist wahr! Gott existiert, er ist da. Er liebt mich, er ruft mich!"

Ewald Volgger

Zum Geleit wieder ein Gedicht von Wilhelm Bruners:

Am Morgen oder am See, manchmal mitten im Reden,
warte ich auf deine Stimme, die nahe, die ferne,
ich warte und höre dein Schweigen,
hinter dem du jetzt lebst,
sich lichtend wie eine Rose, Blatt für Blatt.

DRITTER FASTENSONNTAG

Am heutigen dritten Fastensonntag kommt die Fülle, der Reichtum der Bibel wieder einmal voll zum Tragen. Die Erste Lesung führt uns mitten hinein in die Tora, in das Gesetz, wie die Juden die fünf Bücher Mose in ihrer Gesamtheit bezeichnen. Im zweiten der fünf Bücher Mose, im Buch Exodus, geht es um das Schicksal der Hebräer, der Nachkommen Abrahams, Jakobs und Isaaks, die in der Zeit der Knechtschaft in Ägypten von einem kleinen Haufen zu einem großen Volk herangewachsen waren. Ein großes Volk ja, aber eben eines, das unterdrückt, ausgegrenzt und ausgebeutet war und zu Frondiensten und Sklavenarbeit herangezogen wurde, um die Größe des Pharao noch größer und leuchtender zu machen.

Da erbarmt sich Gott in einem Augenblick der Geschichte seines Volkes und beschließt, es aus der Knechtschaft, aus dem Sklavenhaus, wie es heißt, herauszuführen. „Der Herr sprach: Ich habe das Elend meines Volkes in Ägypten gesehen, und ihre laute Klage über ihre Antreiber habe ich gehört. Ich kenne ihr Leid. Ich bin herabgestiegen, um sie der Hand der Ägypter zu entreißen und aus jenem Land hinaufzuführen in ein schönes, weites Land, in ein Land, in dem Milch und Honig fließen." So steht es wörtlich in der heutigen Lesung aus dem dritten Kapitel des Buches Exodus. Aber wie immer, wenn Gott in die Geschichte eingreifen will, bedient er sich eines Menschen. Diesmal ist seine Wahl auf Moses gefallen, der von der Königstochter aus dem Nil gerettet und am Hof des Pharao an Sohnes Statt erzogen worden ist. Er hatte jede Chance auf Macht und Einfluß im Staat, hat aber doch auf die Stimme des Blutes gehört und sie verstanden und ist zu seinem Volk und in dessen schweres Schicksal zurückgekehrt.

Als er die Schafe seines Schwiegervaters am Gottesberg Horeb weidet, erscheint ihm Gott in einem brennenden Dornbusch, aus dem er die wunderbaren Worte hört: „Leg deine Schuhe ab, denn der Ort, wo du stehst, ist heiliger Boden." Der junge Mann ist von Angst erfüllt und verhüllt sein Gesicht, weil er weiß, daß kein Sterblicher Gott schauen darf. Da gibt sich Gott zu erkennen, als der „Ich-bin-da", als Jahwe.

Für sein Volk also hat der Unnennbare, der Unaussprechliche in alle Zukunft hinein einen Namen, „Ich-bin-da"-Jahwe. Und er sendet Moses zurück zu seinem Volk, mit dem Auftrag, den Menschen zu verkünden, daß er sie aus der Knechtschaft befreien und in ein weites, schönes Land führen werde.

Gott greift in die Geschichte ein, er bezieht parteiisch Stellung für die Unterdrückten, handelt also politisch, stürzt die Mächtigen vom Thron und erhebt die Niedrigen, speist die Hungrigen und läßt die Reichen leer ausgehen. Er erfährt aber in der langen Zeit des Marsches durch die Wüste, daß dieses sein geliebtes Volk halsstarrig ist und schon bald an seiner Liebe und Fürsorge zu zweifeln beginnt, ja in immer größeren Gruppen von ihm abfällt und sich neue Götzen macht. Die Geschichte des Auszugs ist also auch die Geschichte eines Liebenden, der bitter enttäuscht wird. Und wir wissen aus der Schrift, daß nur wenige von denen, die auszogen, auch angekommen sind.

In der Zweiten Lesung, im Ersten Korintherbrief, lesen wir: „Ihr sollt wissen, Brüder, daß unsere Väter alle unter der Wolke waren und alle durch das Meer zogen. Alle aßen die gleiche gottgeschenkte Speise und alle tranken den gleichen gottgeschenkten Trank. Gott aber hatte an den meisten von ihnen keinen Gefallen, denn er ließ sie in der Wüste umkommen." Paulus deutet dies als Zeichen, als Warnung. Und er schließt: „Wer also zu stehen meint, der gebe acht, daß er nicht fällt."

So schließt sich ein großer historischer Bogen, den die beiden Lesungen des dritten Fastensonntags markieren. Wenn wir aber nicht nur die Endpunkte zur Kenntnis nehmen, sondern die Geschichte nachlesen, die dazwischen liegt, so erkennen wir eines ganz deutlich: das göttliche Maß an Geduld, das immer wieder neue Akte der Liebe und des Verzeihens schenkt, das immer neu vertraut und zutraut und anstiftet zur Umkehr. Das ist die Zeit der Gnade, die es auch in unserem Leben zu nützen gilt und die wir nicht verspielen sollten aus Trotz oder aus Sorglosigkeit.

Jesus findet in der Zeit seines öffentlichen Wirkens immer neue Bilder, die er nutzt, um auf die Notwendigkeit der Umkehr hinzuweisen.

ZUR SELBEN ZEIT KAMEN EINIGE VORBEI, DIE IHM VON DEN GALILÄERN BERICHTETEN, DEREN BLUT PILATUS MIT IHREN SCHLACHTOPFERN VERMISCHT HATTE.

Zur selben Zeit kamen einige vorbei, die ihm von den Galiläern berichteten, deren Blut Pilatus mit ihren Schlachtopfern vermischt hatte. Und er hob an und sprach zu ihnen: Meint ihr, unter all den Galiläern seien nur diese Galiläer Sünder gewesen, weil sie dies erlitten haben? Mitnichten – ich sage euch vielmehr: Wenn ihr euch nicht bekehrt, geht ihr alle ebenso zugrunde. Oder jene achtzehn, auf die der Turm von Schiloach stürzte und sie tötete: Meint ihr, nur die seien gegenüber allen anderen Menschen, die Jerusalem bewohnen, schuldig gewesen? Mitnichten – ich sage euch vielmehr: Wenn ihr euch nicht bekehrt, geht ihr alle ebenso zugrunde.

Er sagte ihnen dieses Gleichnis: Es hatte einer einen Feigenbaum, der in seinem Weinberg gepflanzt war. Und er kam, suchte Frucht an ihm und fand keine. Er sagte zum Weingärtner: Da! Drei Jahre sind es, daß ich komme, Frucht an diesem Feigenbaum suche und keine finde. Hau ihn heraus! Wozu schwächt er auch noch die Erde? Der aber hob an und sagt ihm: Herr, laß ihn noch dieses Jahr, bis ich um ihn herumgegraben und Mist zugelegt habe. Vielleicht daß er in Zukunft doch Frucht bringt? Wenn aber nicht – dann solltest du ihn heraushauen.

(Übertragung: Fridolin Stier)

Der Jesus, der da zu den Leuten spricht, die ihm die bitteren Nachrichten von neuen Greueltaten des Pilatus bringen, ist nicht dieser „Zuckerwasser-Jesus", wie das P. Anton Rotzetter gern formuliert, wenn er sich gegen die Verniedlichung des jungen Rabbi aus Nazaret wendet. In den Kapiteln, die Lukas über die Zeit Jesu in Galiläa schreibt, gibt es ihn überhaupt nicht, diesen „Zuckerwasser-Jesus", da ist der Ton oft scharf und schneidend, die Wortwahl nicht gerade zimperlich. Er wählt drastische Bilder, um den Leuten, die ihn nicht und nicht verstehen wollen, endlich die Augen zu öffnen, ihnen einzuhämmern, daß es ernst ist und daß es ihm ernst ist.

Wenige Zeilen vor dem heutigen Evangelientext spricht er vom Feuer, das er auf die Erde werfen will, und von dem er möchte, daß es brennt. Er spricht von Zwietracht und Spaltung, die er in die Herzen der Menschen säen will, um die Spreu vom Weizen zu sondern. Nichts ist da zu spüren vom Einheitsbrei, der so gern beschworen wird, sondern es geht um Parteinahme für das Leben, um Entscheidung für Gott und gegen die Götzen, um ein totales Sich-Einlassen, um die Ganz-Hingabe. Und so zeichnet er auch schlimme Zukunftsvisionen für die, die nicht bereit sind zur Umkehr. Die Geschichten, die Jesus erzählt, sind – und das sollten wir Christen uns wieder einmal deutlich ins Gewissen schreiben lassen – keine frommen Gute-Nacht-Geschichten, sondern fordern zur Radikalität der Entscheidung heraus. So interpretiert auch die Theologin Eva Schmetterer das heutige Evangelium.

KOMMENTAR

Only bad news are good news – nur schlechte Nachrichten sind gute Nachrichten, nur sie lassen sich gut verkaufen. Die Sensationslust wird befriedigt, und wenn es sogar um Tod, ja um Mord geht, ist einem die Aufmerksamkeit der Zuhörer und Zuhörerinnen gewiß.

Leo Tolstoj hat in seiner Erzählung „Der Tod des Iwan Iljitsch" die Reaktionen solcher Zuhörer und Zuhörerinnen auf die Nachricht eines Todesfalles minutiös entlarvt. „Im großen Gebäude des Gerichtshofes hatten sich nach Unterbrechung der Sitzung im Prozeß Melwinskij die Beisitzer und der Staatsanwalt im Zimmer von Iwan Jegorowitsch Schebeck versammelt." Und in diese Prozeßpause platzt die Nachricht vom Tode des Gerichtsbeamten Iwan Iljitsch. „Als die Herren ... vom Tode des Iwan Iljitsch hörten, war der erste Gedanke eines jeden der im Zimmer Versammelten, was für eine Bedeutung dieser Tod wohl für die Versetzung oder Beförderung der Gerichtsbeamten selbst oder ihrer Bekannten haben könnte. (...) Außer ... [diesen] Erwägungen, zu denen dieser Todesfall einen jeden veranlaßte, ... rief die bloße Tatsache des Hinscheidens eines nahen Bekannten bei allen, die davon erfuhren, wie immer ein Gefühl der Freude hervor: gestorben ist er, nicht ich. – ‚Was soll man dazu sagen! Er ist tot, und ich lebe!' dachte und fühlte jeder."

Aber es bleibt nicht bei dieser Freude allein, es wird auch nachgedacht, warum es wohl die anderen erwischt hat und nicht mich. Wahrscheinlich war es nicht nur blindes Schicksal, sondern es hat seine Gründe, daß es so ist. Waren die nicht am Ende selbst schuld? Womöglich waren sie sogar Sünder – und mich hat der Tod nicht ereilt, weil ich eben keine Sünderin bin, zumindest nicht eine so große.

Jesus sagte zu ihnen: Jene achtzehn Menschen, die beim Einsturz des Turms von Schiloach erschlagen wurden – meint ihr, daß nur sie Schuld

113

auf sich geladen hatten, alle anderen Einwohner Jerusalems aber nicht? Nein, im Gegenteil: Ihr alle werdet genauso umkommen.

Mit extremer Schroffheit weist Jesus diese Gedankengänge zurück. Diese Milchmädchenrechnung von Sünde auf der einen Seite und Unglück und Tod auf der anderen Seite sind nicht die Gedanken Gottes: Gott ist kein kleinbürgerlicher Buchhalter! Eine ähnlich klare Zurückweisung finden wir im Johannesevangelium im 9. Kapitel: „Unterwegs sah Jesus einen Mann, der seit seiner Geburt blind war. Da fragten ihn seine Jünger: Rabbi, wer hat gesündigt? Er selbst? Oder haben seine Eltern gesündigt, so daß er blind wurde? Jesus antwortete: Weder er noch seine Eltern haben gesündigt." – Auch der Zusammenhang zwischen Schuld und Krankheit ist nicht einfach so gegeben. Nicht alle, die krank sind, haben eben nicht positiv genug gedacht, wie diese Kurzschlüsse heute in der Psychoszene vorgebracht werden; und auch: Aids ist keine Gottesstrafe.

Gilt also dieser Zusammenhang schon bei sogenannten „natürlichen" Ereignissen nicht, so verschärft sich seine Unhaltbarkeit im Kontext des heutigen Evangeliums noch viel mehr. Denn hier geht es um willentlich ausgeübte Gewalttaten: die römische Besatzungsmacht hat Galiläer bei der Opferung niedergestreckt. Da Opferungen im Priestervorhof vor sich gingen, scheuten sich die heidnischen Soldaten also nicht, für diese Ermordung gleichzeitig den Tempel zu schänden.

Dieses Ereignis wirft ein bezeichnendes Licht auf die Amtsführung des Pontius Pilatus. Er war 26 n. Chr. zum Prokurator von Judäa ernannt worden und machte sich durch seine rigorose und brutale Amtsführung verhaßt. Bald nach seinem Amtsantritt ließ er römische Truppen mit ihren Feldzeichen in Jerusalem einmarschieren. Diese Feldzeichen aber trugen das Bild des römischen Kaisers – ein Skandal für alle Juden: Menschenbilder in der heiligen Stadt Jerusalem vorgesetzt zu bekommen, wo doch die bildliche Darstellung von Menschen verboten war. Und zur Finanzierung der Wasserleitung bediente sich Pilatus der Gelder aus dem Tempelschatz. Der dadurch ausgelöste Aufruhr kostete vielen Juden das Leben. Hatte sich am Ende der Einsturz des Turmes an der Schiloachquelle im Zuge des Baus dieser Wasserleitung ereignet?

Zu dieser Zeit kamen einige Leute zu Jesus und berichteten ihm von den Galiläern, die Pilatus beim Opfern umbringen ließ, so daß sich ihr Blut mit dem ihrer Opfertiere vermischte. Da sagte er zu ihnen: Meint ihr, daß nur diese Galiläer Sünder waren, weil das mit ihnen geschehen ist, alle anderen Galiläer aber nicht? Nein, im Gegenteil: Ihr alle werdet genauso umkommen, wenn ihr euch nicht bekehrt.

Bei Ermordeten nochmals nachzufragen, ob nicht vielleicht sie selbst schuld waren an der Ermordung – das ist widerlich und pervers, die Wirklichkeit verdrehend, aber es ist die alte Taktik der Kollaborateure, der Zuseher, der Beschwichtiger und der Zudecker. Aus Opfern werden Täter gemacht. Und diese Taktik hat sich bis heute nicht geändert: noch drei Tage nach dem mörderischen Attentat auf vier Roma im burgenländischen Oberwart hält Innenminister Löschnak es für möglich, daß es sich um Selbstverschulden handle.

Wenn eine Gesellschaft angesichts der Gewalt nur zusieht, ein bißchen darüber schwätzt und sich dann abwendet, darf sie sich nicht beklagen, wenn sie eines Tages als Ganze von dieser Gewalt beherrscht wird. Und so schleudert Jesus allen diesen Zudeckern, Beschwichtigern und Zusehern den Umkehrruf entgegen: Ihr alle werdet genauso umkommen, wenn ihr euch nicht bekehrt.

Hier geht es nicht um individualistische Bekehrung in trauter Zweisamkeit zwischen Gott und mir. Hier geht es um Bekehrung angesichts gesellschaftlicher und struktureller Gewalt, angesichts einer Besatzungsmacht, die die Bevölkerung unterdrückt und auspreßt. Es geht um eine Bekehrung, die aufsteht, einsteht, entgegensteht – und dann kann diese Bekehrung vielleicht auch wirklich Früchte für alle bringen.

Möge mich und uns alle dieser Umkehrruf Jesu noch rechtzeitig erreichen, so daß unser Feigenbaum doch noch Frucht bringt und nicht umgehauen wird.

Eva Schmetterer

Wir dürfen damit rechnen, daß Gott Geduld mit uns hat, große, nahezu unendliche, jedes menschliche Maß übersteigende Geduld. Immer wieder ist er bereit, den Boden um uns und in uns aufzugraben und mit seinem Wort, mit seiner Liebe zu düngen. Wir dürfen wissen, daß seine Barmherzigkeit immer größer ist als unsere Schuld, aber wir sollen auch wissen, daß das Maß, mit dem wir messen, auch jenes sein wird, mit dem wir gemessen werden. Und wenn wir den Boden unserer Herzen immer weiter verhärten, dann könnte es sein, daß der Dünger eines Tages nicht mehr wirkt, weil der Tod uns längst lebensleer gefressen hat, und dann könnte es in der Tat für alles zu spät sein, was wir noch tun können.

VIERTER FASTENSONNTAG

Sonntag Laetare. Der Eröffnungsvers ruft uns zu: „Freue dich, Stadt Jerusalem! Seid fröhlich zusammen mit ihr, alle, die ihr traurig wart. Freut euch und trinkt euch satt an der Quelle göttlicher Tröstung." Freude mitten in der österlichen Bußzeit? Am vergangenen Sonntag hörten wir in der Ersten Lesung aus dem Buch Exodus von der Stimme aus dem brennenden Dornbusch, daß Gott sich seines Volkes angenommen hat und Moses erwählte, dieses Volk aus der Knechtschaft herauszuführen, hinaus in ein schönes, weites Land, ein Land, in dem Milch und Honig fließen. Zwischen diesem Bericht und dem heutigen aus dem Buch Josua liegt eine lange Zeit, die in biblischer Sprache mit dem Begriff der vierzig Jahre angedeutet wird. Vierzig Jahre zog das Volk durch die Wüste. Heute wird uns erzählt: „Als die Israeliten in Gilgal ihr Lager hatten, feierten sie am Abend des vierzehnten Tages jenes Monats in den Steppen von Jericho das Pascha. Am Tag nach dem Pascha, genau an diesem Tag, aßen sie ungesäuerte Brote und geröstetes Getreide aus den Erträgen des Landes. Vom folgenden Tag an, nachdem sie von den Erträgen des Landes gegessen hatten, blieb das Manna aus; von da an hatten die Israeliten kein Manna mehr, denn sie aßen in jenem Jahr von der Ernte des Landes Kanaan." Das heißt nichts anderes, die lange Wanderschaft war zu Ende. Sie waren angekommen. Nur wenige der Alten, die ausgezogen waren. Eine neue Generation war angekommen, eine, die nur noch aus Erzählungen von der Not der Sklavenarbeit wußte, die aber von dem Manna gegessen hatte, das als göttliche Speise jeden Morgen für sie vom Himmel herabgekommen war. „Das Alte ist vergangen, Neues ist geworden", schreibt Paulus in seinem zweiten Brief an die Gemeinde von Korinth und trifft damit die Situation der Hebräer im Lager von Gilgal. Er reicht aber weiter hinaus, wenn er schreibt: „Aber das alles kommt von Gott, der uns durch Christus mit sich versöhnt und uns den Dienst der Versöhnung aufgetragen hat." Und Versöhnung ist das wesentliche Thema des heutigen Fastensonntags, der die Parabel vom verlorenen Sohn in den Mittelpunkt stellt.

EIN MANN HATTE ZWEI SÖHNE, UND ZUM VATER SPRACH DER JÜNGERE VON IHNEN: VATER! GIB MIR DEN MIR ZUKOMMENDEN TEIL DES VERMÖGENS.

Lk 15,1–2, 11–32

Er aber sprach: Ein Mann hatte zwei Söhne. Und zum Vater sprach der jüngere von ihnen: Vater! Gib mir den mir zukommenden Teil des Vermögens. Und er machte ihnen auseinander, was er zum Leben hatte. Wenige Tage danach, als er alles beisammen hatte, reiste der jüngere Sohn in ein fernes Land. Und dort verschleuderte er sein Vermögen in heillosem Lebenswandel. Nachdem er aber alles vergeudet hatte, kam eine schwere Hungersnot über jenes Land, und er begann zu darben. Und er ging und hängte sich an einen der Mitbürger jenes Landes. Und der schickte ihn auf seine Felder zum Schweinehüten. Und er gierte danach, sich den Bauch mit den Schoten zu stopfen, welche die Schweine fraßen – aber keiner gab sie ihm. Zu sich selbst gekommen sprach er: Wie viele Taglöhner meines Vaters haben Brot in Hülle und Fülle – ich aber gehe hier vor Hunger zugrunde. Aufstehen will ich, zu meinem Vater gehen und ihm sagen: Vater! Ich habe gesündigt gegen den Himmel und vor dir. Ich bin nicht mehr wert, dein Sohn zu heißen. Stell mich einem deiner Taglöhner gleich. Und er stand auf und ging zu seinem Vater. Als er noch weit entfernt war, sah ihn sein Vater. Und es ward ihm weh ums Herz. Und er lief und fiel ihm um den Hals und liebkoste ihn. Der Sohn sprach zu ihm: Vater! Ich habe gesündigt gegen den Himmel und vor dir. Ich bin nicht mehr wert, dein Sohn zu heißen. Der Vater aber sprach zu seinen Knechten: Schnell! Holt einen Talar heraus, den vornehmsten; den zieht ihm an. Steckt ihm einen Ring an die Hand und Schuhe an die Füße. Und bringt das Mastkalb; schlachtet es. Dann wollen wir essen und fröhlich sein. Denn dieser mein Sohn war tot und ist wieder aufgelebt; er war verloren und ist wieder gefunden. Und so begannen sie fröhlich zu sein.
Sein älterer Sohn aber war überfeld. Und als er kam, dem Haus sich nahte, hörte er Musik und Reigenlieder. Und er rief einen von den Burschen herbei und erkundigte sich, was das bedeute. Der sprach zu ihm: Dein Bruder ist da! Und dein Vater hat das Mast-

kalb geschlachtet, weil er ihn gesund zurückbekommen hat. Und er wurde zornig und wollte nicht hineinkommen. Sein Vater aber kam heraus und ermutigte ihn. Er antwortete dem Vater und sprach: Da! So viele Jahre mache ich dir den Knecht, und niemals habe ich eine Weisung von dir übertreten. Und du hast mir nie auch nur ein Böcklein geschenkt, damit ich mit meinen Freunden hätte fröhlich sein können. Als aber der da kam – dein Sohn, der, was du zum Leben hattest, mit Huren aufgefressen hat – hast du ihm das Mastkalb geschlachtet. Er aber sprach zu ihm: Kind, du bist allezeit bei mir, und all das Meine ist dein. Doch es gilt fröhlich zu sein und sich zu freuen, weil dieser, dein Bruder, tot war und wieder aufgelebt ist, verloren war und gefunden ist.

(Übertragung: Fridolin Stier)

Dieses Gleichnis zählt wohl zu den schönsten und deshalb auch bekanntesten Texten des Neuen Testaments. Es ist sozusagen Allgemeingut und wird auch von jenen zitiert, die sonst mit Religion und Kirche nicht viel zu tun haben und haben wollen. Und trotzdem, gerade dieser vierte Fastensonntag mit diesem so eingängigen Text blieb eine ganze Weile als leerer Fleck auf meinem Sendungsplan für „Erfüllte Zeit". Nachdem mich aber auf diesem Plan leere Flecken stören, weil das alles ja nicht so von heute auf morgen geht, begann dieser mich zu irritieren. Dann tauchte in meinem Kopf das Bild von P. Clemens Wehrle auf, dem Dominikaner mit den sanften, ruhigen Augen. Ich rief an, machte den Vorschlag und bekam ein „Ja, diesen Text besonders gern" zu hören. Ich nahm keinen Anstoß an diesem „besonders gern", ließ es einfach stehen, froh, den weißen Fleck gefüllt zu haben. Das „besonders gern" teilte sich erst bei unserer Begegnung im Konvent in der Postgasse in Wien mit, denn es stellte sich heraus, daß das Clemens Wehrles ganz zentrale Bibelstelle ist. Das Bild Rembrandts, von dem er gegen Ende seines Kommentars spricht, hängt – natürlich nicht im Original, sondern in einem Druck – tatsächlich in seinem Zimmer. Das Bild des verzeihenden Vaters ist für ihn in den Mittelpunkt seines Lebens, Denkens und Fühlens gerückt.

Ja, so ein Glück muß man haben, mit leeren Flecken.

Gleichnisse sind Einladungen, Anrufe, die uns in Bewegung setzen wollen. Bringt der Text aus dem Lukasevangelium bei Ihnen etwas, bringt es Sie in Bewegung? Können Sie sich darin wiedererkennen? Im verlorenen jüngeren Sohn, im verlorenen älteren Sohn, im liebenden Vater, als Mann, als Frau?

Mir fällt es leicht, mich im jüngeren der beiden Söhne wiederzufinden. Ich kenne die Verlorenheit, das Weggehen von Zuhause. Damit ist nicht ein zu einem bestimmten Zeitpunkt, an einem bestimmten Ort sich vollziehendes Ereignis gemeint. Weggehen, Verlorenheit, in die Irre gehen meinen mehr: nämlich etwas, das sich über einen langen Zeitraum erstreckt; etwas, an dem viele mitwirken; etwas, an dem auch ich selbst mitwirkte. Ich meine damit meine Verfremdung; ich meine damit, daß ich auf fremde, falsche Stimmen gehört habe; ich meine damit, daß ich mir Ziele gesetzt habe und Werten nachgejagt bin, die mich von meiner Mitte entfernt haben.

Das Zuhause ist das Zuhause Gottes in mir, seine leise Stimme, sein vorbehaltlos mir geschenktes Ja:

„Es ist gut um dich, so wie du bist." – „Du bist mein geliebter, angenommener Sohn – meine geliebte angenommene Tochter." – „Ich habe dich in meine Hand geschrieben – mein bist du." – „Du bist wert und teuer in meinen Augen."

Mächten der Leistung, des Erfolges, der Konkurrenz, der Selbstbestätigung habe ich mich verschrieben: Eltern, Lehrer, Freunde, öffentliche Medien haben sie mir suggeriert. Sie haben mich ergriffen, und ich habe mich an sie verkauft, bis ich eines Tages entdeckte, wie weit ich mich von mir entfernt hatte, wie verloren, wie arm, wie ausgesetzt, wie innerlich zerrissen und zerschunden ich war – und ich sagte: So kann ich nicht mehr weiterleben, so will ich nicht mehr weiterleben. Dem Diktat der Leistung und der Konkurrenz verschreibe ich mich nicht länger. Ich will umkehren, zurück in das Haus meines Vaters. Doch der Weg nach Hause ist lange. Es dauert lange, bis ich es lerne, mich beschenken zu lassen, bis ich erkenne, daß ich immer schon der Beschenkte bin.

Und der ältere der beiden, der Daheimgebliebene, auch in ihm finde ich mich wieder. Er steht im Schatten – doch ist er nicht ebenso verloren wie der erste?

Das Gleichnis endet mit der Bitte an ihn, in die Einladung zum Fest der Rückkehr einzuschwingen. Es bleibt offen, wie er darauf reagiert.

Das Verlorensein des älteren Sohnes ist viel schwerer zu fassen als das des jüngeren, der sein Vermögen durchbrachte mit Dirnen und Saufkumpanen. Der zweite war ja stets zu Hause. Er machte lauter Dinge, die richtig waren. Er war gehorsam, pflichtbewußt, gesetzestreu, fleißig; er ging jeden Sonntag in die Kirche. Die Leute respektierten, bewunderten, lobten ihn, hielten ihn für einen Heiligen. Nach außen hin war er makellos, einwandfrei. Doch die Rückkehr seines Bruders, die liebende Geste des Vaters brachten eine dunkle, brodelnde Macht in ihm zum Ausbruch. Was drängte da nicht alles nach außen, kam nicht alles ans Licht! Wieviel an Eifersucht, Wut, Neid und Rachegefühlen. Wieviel an unverdautem, übelnehmerischem, herzlosem, egoistischem Empfinden! Wieviel an Jammern, Nörgeln, Selbstbemitleidung, Selbstablehnung, Selbstzerstörung stecken in ihm, gleich einer dunklen Macht, die ihn nach unten zieht! Er fühlt sich als der unverstandene, abgelehnte, verachtete Sohn, fern vom Vater, fern vom Bruder, fern von sich selbst, fern vom Leben! Kennen Sie das auch, als Sohn, als Tochter, als Frau, als Mann?

Ist es nicht erschütternd, daß ein Leben an der Seite des Vaters in diese Verlorenheit führen kann, wo der Vater nicht mehr der Vater, der Bruder nicht mehr der Bruder ist, sondern „der da"?

Ist es nicht erschütternd, daß jedem, jeder von uns das widerfahren kann, daß der Vater zum Aufseher, zum Polizisten, zum Richter, zum Leistungsforderer degradiert wird – und ich in Pflicht und Leistung erstarre, in Selbstmitleid und Selbstablehnung, und ich so der Umkehr bedarf, mehr noch als mein jüngerer Bruder, der Hallodri in mir. Spüren Sie wie ich, was Umkehr heißt: vom Tod zum Leben, vom Dunkel zum Licht, vom Haß zur Liebe, vom Chaos in lebenswertes Leben kommen dürfen?

Und der Vater?

Ich entdecke, daß ich ihm noch am fernsten bin; spüre aber auch, daß die Bestimmung, die Einladung des Lebens dahin geht, zu werden wie er. So Vater sein zu dürfen, macht einsam. Eine schaudervolle Leere liegt darin, eine Größe zugleich: geben zu können, ohne noch etwas zu erwarten; lieben zu können, ohne auf die Antwort zu schauen. Doch diese Art Väter und Mütter brauchen die Menschen, brauchen wir. Alle tragen wir die Spuren der Ablehnung, die Spuren des Verlassenseins, des Verletztseins, die Spuren des Verirrtseins an uns.

Alle suchen wir Hände, die segnen, nichts als segnen, bejahen, Leben spenden.

So ist es auch mit uns Menschen von Gott gedacht, die er uns erschaffen hat, als seine Bilder und Gleichnisse, als Bilder und Gleichnisse göttlicher Vaterschaft, göttlicher Mutterschaft.

Der große Niederländer Rembrandt hat dieses Gleichnis am Ende seines Lebens gemalt. Dieses Kunstwerk gehört zu meinen Lieblingsbildern. Sein Landsmann J.H. Nouwen hat es jüngst in einem Buch gedeutet. Bild und Deutung betreffen mich immer neu, wenn ich sie auf mich zukommen lasse. In ihnen finde ich mich zutiefst wieder. Aus dieser immer neuen Begegnung in Betroffenheit sind diese Worte gesprochen. Vielleicht helfen sie auch Ihnen, sich selbst und der Antwort auf die Fragen „Wo stehe ich?" und „Wer steht unverbrüchlich zu mir?" näherzukommen.

Clemens Wehrle

FÜNFTER FASTENSONNTAG

Nur eine Woche noch, und wir stehen wieder an den Toren Jerusalems und sehen Jesus auf dem Füllen einer Eselin über die ausgebreiteten Kleider und Zweige reiten, begleitet vom Hosanna einer jubelnden Menschenmenge.

Aber bevor das Schicksal des Menschensohnes ins Zentrum rückt, werden wir noch einmal mit der Sündhaftigkeit des Menschen konfrontiert, wird uns mit der Evangelienperikope von der Ehebrecherin unsere eigene Schuldverstrickung in Erinnerung gerufen, gleichzeitig aber auch unser Empfinden für Recht und Gerechtigkeit angefragt.

Schon am vergangenen Sonntag stand dieses Empfinden auf dem Prüfstand. Der Vater, die beiden Söhne – der eine ein Hallodri, wie P. Wehrle sagte, der das ganze Geld durchgebracht, und der andere, der dem Vater treu gedient hat. Die ausgebreiteten Arme, das kostbare Gewand, der Ring, das Festmahl gelten nicht dem braven, gehorsamen Sohn, sondern dem, der verloren war. Seien wir ehrlich, stört uns das nicht irgendwie, widerspricht das nicht unserem Gerechtigkeitsgefühl, würden wir da nicht ganz anders handeln, den Guten belohnen und den Bösen bestrafen, ihn zumindest ein wenig dunsten lassen, wie das so heißt? – Aber im verzeihenden Vater begegnen wir eben nicht einem von uns, sondern der Gerechtigkeit Gottes, dessen Liebe und Barmherzigkeit immer größer ist als jegliche Schuld. Auch im Evangelium des heutigen Sonntags geht es um diese ganz andere Gerechtigkeit, zu der Jesus fähig gewesen ist, zum Unterschied von den sogenannten Gesetzestreuen, die Strafe wollen und nicht Verzeihen.

JESUS SAGTE ZUR EHEBRECHERIN: „AUCH ICH VERURTEILE DICH NICHT. GEH UND SÜNDIGE VON JETZT AN NICHT MEHR."

Wir sind schon merkwürdige Wesen. Obwohl Jesus uns das alles nicht nur gesagt, sondern vorgelebt hat, was Gott von uns erwartet, sehen wir auch nach zweitausend Jahren immer noch den Splitter im Auge des anderen klarer als den Balken im eigenen Auge, finden wir für unsere eigenen Vergehen immer neue Entschuldigung, während wir die Schuld der anderen ganz deutlich im Blick haben und mit oft auch gedankenloser Verurteilung schnell zur Hand sind. Paulus gibt uns in der Zweiten Lesung, in seinem Brief an die Philipper, einen klaren Hinweis, wie er Gerechtigkeit in der Nachfolge Christi sieht. Unter anderem schreibt er: „Nicht meine eigene Gerechtigkeit suche ich, die aus dem Gesetz hervorgeht, sondern jene, die durch den Glauben an Christus kommt, die Gerechtigkeit, die Gott aufgrund des Glaubens schenkt."

Joh 8,1–11

Jesus aber ging auf den Ölberg. Doch im Morgengrauen stellt sich Jesus abermals im Heiligtum ein. Und alles Volk lief zu ihm hin. Und er setzte sich und lehrte sie. Und die Schriftgelehrten und die Pharisäer führen eine beim Ehebruch ertappte Frau herbei und stellen sie in die Mitte. Und sie sagen zu ihm: Lehrer, diese Frau ist auf frischer Tat als Ehebrecherin ertappt worden. Im Gesetz nun hat Mose uns Weisung gegeben, solche zu steinigen. Und du – was sagst du? Das aber sagten sie, um ihn zu versuchen, auf daß sie gegen ihn zu klagen hätten. Jesus aber beugte sich nieder und schrieb mit dem Finger auf die Erde. Doch als die dabei blieben zu fragen, beugte er sich hoch und sprach zu ihnen: Der von euch, der ohne Sünde ist, werfe als erster einen Stein auf sie. Und abermals beugte er sich nieder und schrieb auf die Erde. Als sie das jedoch gehört hatten, gingen sie hinaus, einer nach dem andern – von den Ältesten angefangen. Und er blieb – er allein und die Frau, die in der Mitte stand. Da beugte Jesus sich hoch und sprach zu ihr: Frau, wo sind sie? Hat keiner dich verurteilt? Sie aber sprach: Keiner, Herr! Da sprach Jesus: Auch ich verurteile dich nicht: Geh! Von jetzt an sündige nimmermehr.

(Übertragung: Fridolin Stier)

Wie als Einzelwesen und als Gesellschaft, so haben wir auch als Kirche unsere Probleme im Umgang mit Recht und Gerechtigkeit. Darauf kommt heute Kurt Koch in seinem Evangelienkommentar zu reden. Kurt Koch wurde 1950 in Luzern geboren und 1982 zum Priester geweiht. Seit 1989 lehrt er als Professor für Dogmatik und Liturgiewissenschaft an der Theologischen Fakultät der Hochschule seiner Heimatstadt, der er seit Herbst 1995 auch als Rektor vorsteht. Am 21. August 1995 vom Domkapitel zum Bischof von Basel gewählt, am 6. Dezember 1995 vom Papst bestätigt. Bischofsweihe am 6. Januar 1996 in Rom durch Papst Johannes Paul II., Amtsantritt am 23. Februar 1996.

Die Erzählung von der Begegnung Jesu mit der Ehebrecherin gehört ohne jeden Zweifel zu den schönsten Texten des Johannesevangeliums, und sie legt beredtes Zeugnis von der grenzenlosen Menschenfreundlichkeit Jesu ab. Sie reiht sich freilich auch in jene Texte ein, die die katholische Kirche seit jeher und bis auf den heutigen Tag arg irritiert haben. Erlauben Sie mir deshalb, mit einem kurzen Blick in die Textgeschichte zu beginnen. Ich erinnere daran freilich nicht, um von der heutigen kirchlichen Situation abzulenken, sondern um die unverbrauchte Aktualität dieser Perikope profilieren zu können: Die Textgeschichte zeigt, daß die Erzählung von Jesus und der Ehebrecherin nicht zum ursprünglichen Bestand des Johannesevangeliums gehört haben dürfte. Ursprünglich war sie wahrscheinlich in verschiedenen, voneinander abweichenden Formen im Umlauf, sie wurde aber zunächst nicht in ein kanonisches Evangelium aufgenommen. Der Grund dafür dürfte schnell einleuchten: Die souveräne Barmherzigkeit, die Jesus gegenüber der Ehebrecherin an den Tag legt, war mit der strengen Disziplin der Kirche gegenüber der Sünde des Ehebruches einfach nicht zu vereinbaren.

Heute jedoch gehört unsere Perikope zum selbstverständlichen Bestand des Johannesevangeliums. Trotzdem stellt sich die Frage, ob sie sich mit der heutigen kirchlichen Disziplin im Umgang beispielsweise mit geschiedenen und wiederverheirateten Menschen vereinbaren läßt. Ja man darf die Frage nicht unterdrücken, ob die heutige Kirche diese Erzählung im Gottesdienst überhaupt verlesen lassen würde, wenn sie nicht im Evangelium stünde und wenn sie in der Perikopenordnung nicht vorgesehen wäre. Die Diskrepanz zwischen dem Evangelium und dem Kirchenrecht ist jedenfalls groß, und sie würde sofort ans Tageslicht treten, würde man nur versuchen, das heutige Evangelium so umzuschreiben und, wie es in der modernen Kunsttheorie treffend heißt, zu verfremden, daß es dem Kirchenrecht der katholischen Kirche entsprechen würde.

Ich will Sie und mich mit diesem Verfremdungsversuch verschonen. Das Ergebnis wäre auf jeden Fall von vornherein klar: Es wäre dann kein Evangelium, keine gute Nachricht mehr, sondern ein Dysangelium, eine schlechte, verängstigte und Angst machende Nachricht. Von diesem Ergebnis her muß dann freilich die Fragerichtung umgekehrt werden: Ich führte Sie als HörerInnen auf eine völlig falsche Fährte, wenn ich danach frage, ob das heutige Evangelium mit dem Kirchenrecht der katholischen

Kirche überhaupt zu vereinbaren ist. Es drängt sich vielmehr die umgekehrte Frage auf, ob sich das Kirchenrecht vor dem heutigen Evangelium überhaupt verantworten läßt.

Die Kirche wäre deshalb gut beraten, wenn sie sich das heutige Evangelium als Spiegel vor Augen hielte, wenn sie in ihn blicken und ihr eigenes Handeln überprüfen würde. An erster Stelle drängt sich dabei die Rückfrage auf, in welchen Personen, die in der Erzählung eine maßgebliche Rolle spielen, sie sich wiederentdecken müßte: in den Pharisäern und Schriftgelehrten, in der Ehebrecherin oder in Jesus? Es lohnt sich, dieses Experiment einmal durchzuspielen:

Zunächst fällt unsere Aufmerksamkeit auf die Pharisäer und Schriftgelehrten. Sie wissen das mosaische Gesetz auf ihrer Seite, und dieses befiehlt, eine auf frischer Tat beim Ehebruch ertappte Frau der gerechten Bestrafung durch Steinigung zuzuführen. In der Anerkennung des mosaischen Gesetzes stimmt ihnen Jesus sogar zu. Denn er leugnet weder das Recht des Gesetzes noch verschweigt oder verniedlicht er die Schuld der Frau. Beides steht für ihn außer Zweifel. Doch im Unterschied zu den Pharisäern und Schriftgelehrten ist für Jesus damit das letzte Wort noch lange nicht gesprochen. Denn er bricht den Stab nicht über der Frau, wohl aber spricht er den Pharisäern und Schriftgelehrten das Recht ab, sich zu Richtern über einen gefallenen Menschen aufzuwerfen.

Jesus gelingt es, den Pharisäern und Schriftgelehrten ihre fragwürdige Sicherheit zu nehmen. Deshalb gehen sie davon und machen sich aus dem Staub, so daß, wie der heilige Augustinus treffend beobachtet hat, nur zwei übrigbleiben: „die Erbarmenswerte und die Barmherzigkeit". Auf der einen Seite ist die Frau überwältigt von soviel Verständnis und Menschenfreundlichkeit. Denn dies hätte sie nicht erwarten dürfen. Wer Jesus aber andererseits wirklich kennt, kann darüber nicht erstaunt sein.

Von daher stellt sich der heutigen Kirche die alles entscheidende Frage, mit welchen Personen im heutigen Evangelium sie sich identifizieren kann. Wenn sie ehrlich zu sich selbst ist, wird sie sich zunächst in der Ehebrecherin wiederfinden. Denn auch die Kirche wird schuldig und ist und bleibt stets der Vergebung bedürftig. Dies gilt zumal, wenn man sich die Verschärfung des Verbotes des Ehebruches in der Bergpredigt Jesu vor Augen führt: „Ihr habt gehört, daß gesagt worden ist: Du sollst nicht die Ehe brechen. Ich aber sage euch: Wer eine Frau auch nur lüstern ansieht, hat in seinem Herzen schon Ehebruch mit ihr begangen" (Mt 5,27). Nimmt man sich diese Radikalisierung wirklich zu Herzen, stellt sich die besorgte Frage, wer dann überhaupt noch zur Kommunion gehen kann und ob das von einigen Bischöfen den wiederverheirateten Geschiedenen empfohlene eucharistische Fasten nicht beinahe auf die ganze Kirche ausgedehnt werden müßte.

Die Kirche steht freilich auch immer wieder in der Versuchung, sich nicht mit der Ehebrecherin zu identifizieren, sondern sich wie die Phärisäer zu verhalten: sie verurteilt und nimmt Steine in ihre Hände. Wann aber identifiziert sich die Kirche mit Jesus und läßt sich die innere Freiheit schenken, zu handeln und zu reden wie er? Dies ist nur dort möglich, wo die Kirche in der Nachfolge Jesu dreierlei zusammenklingen läßt: erstens die deutliche Verurteilung des Tatbestandes des Ehebruches als Sünde, zweitens die grenzenlose Barmherzigkeit gegenüber dem konkreten Sünder und drittens das ebenso grenzenlose Vertrauen in den konkreten Sünder, daß er künftig die Sünde meiden wird.

Diese drei Elemente machen den stimmigen Zusammenklang des Umgangs Jesu mit Schuld und mit schuldig gewordenen Menschen aus. Nicht zuletzt um die Wiedergewinnung dieses Dreiklangs im kirchlichen Leben geht es in den heutigen Auseinandersetzungen, beispielsweise in der Frage des Kommunionempfangs von wiederverheirateten geschiedenen Menschen. Diese brennende Frage ließe sich dann nämlich glaubwürdig beantworten, wenn die Kirche entschieden am Evangelium Maß nehmen würde.

Darf man es deshalb nicht als Zeichen der Vorsehung Gottes verstehen, daß die Erzählung von Jesus und der Ehebrecherin schließlich doch ins Johannesevangelium aufgenommen und von der Kirche als Wort Gottes angenommen wurde? Und darf man es nicht auch und erst recht als Zeichen der Vorsehung Gottes würdigen, daß heute viele ChristInnen nicht mehr bereit sind, das Evangelium dem Kirchenrecht anzupassen, sondern sich mutig dafür einsetzen, daß das Kirchenrecht sich am Evangelium ausrichten und sich von ihm richten lassen muß. Auf jeden Fall ist und bleibt das heutige Evangelium ein ganz unbequemer Pfahl im Fleisch der Kirche von heute.

Kurt Koch
Bischof von Basel

Die Spannung zwischen der Botschaft Jesu und dem Gesetz der Kirche hat es immer gegeben und wird es wohl auch geben, solange wir als Volk Gottes dem Ruf zur Umkehr der Herzen nicht wirklich gefolgt sind, solange wir die Herrschaft Gottes nicht ganz und gar anerkannt haben. Dazu Kurt Koch in seinem Buch *„Das Credo der Christen"*: „Diese Herrschaft Gottes und deshalb Jesu Christi unterscheidet sich aber um eine ganze Welt von der auf unserer Erde ausgeübten Herrschaft. Den entscheidenden Unterschied hat dabei der evangelische Pastor Martin Niemöller mit seinem äußerst herrschaftskritischen Wort treffend auf den Begriff gebracht: ‚Die Herren unserer Welt kommen und gehen' – und man darf selbstverständlich hinzufügen: Die Herren unserer Kirchen kommen und gehen – aber unser Herr kommt."

PALMSONNTAG

Wir stehen am Beginn der Heiligen Woche, der für Christen in aller Welt heiligsten Tage des Kirchenjahres. Die für uns durch Jesu Leiden und Sterben, durch seine Auferweckung am dritten Tag geheiligte Zeit steht aber nicht für sich, nicht irgendwo allein im Raum der Geschichte, sondern fest auf dem Boden jüdischer und damit Jesu Tradition. Er geht in diese dunklen Stunden im festen Wissen um die dunklen Epochen in der Geschichte seines Volkes, allen voran jener, als seine hebräischen Vorfahren in Ägypten unter der Knute der Sklaventreiber stöhnten. Er trägt nicht nur sein Leid durch diese Stunde, sondern die Leiden seines Volkes, die Leiden aller Menschen aller Zeiten. Aber wie das Leiden, so trägt er auch das Wissen in sich, daß der Vater ihn herausholen wird aus der Tiefe der Todesnacht, wie er es damals dem Mose zugesagt hat: „Ich habe den Schrei meines Volkes gehört, ich kenne sein Leid und werde es der Hand der Ägypter entreißen und hinaufführen in ein schönes, weites Land, in ein Land, in dem Milch und Honig fließen."

Schon einige Male hatte er seinen Vertrauten unter dem Siegel der Verschwiegenheit etwas von dem angedeutet, was auf ihn zukommt. Sie haben es nicht oder kaum verstanden, reagierten mit Worten des Nicht-Begreifens und meinten, sie würden das schon verhindern, daß ihrem Meister etwas Böses widerführe. Dann kam der Tag, an dem er zwei von ihnen nach Jerusalem vorausschickte und ihnen auftrug, alles vorzubereiten für das Paschamahl, das Mahl der ungesäuerten Brote, mit dem die Juden jedes Jahr des Exodus, des Auszugs aus Ägypten, gedenken. Er, der sonst mit Details wenig anzufangen wußte, weil sie ihm nicht wichtig waren, vergaß an diesem Tag nichts. An alles dachte er. Er hatte noch einen wichtigen gemeinsamen Schritt mit seinen Freunden zu tun, der für uns in jenem kurzen Satz am Ende des Einsetzungsberichtes gipfelt, wenn es heißt:

TUT DIES ZU MEINEM GEDÄCHTNIS.

Aber bis zu diesem Satz, diesem innersten Kern des Geheimnisses unseres Glaubens, ist es noch eine kleine Weile. Zuerst ist da der Esel, den Jesus als Reittier benützt, da sind die Zweige und die Kleider, die die Menschen auf die Straße legen, da ist die jubelnde Menge, die zu dem

Fest aus dem ganzen Land zusammenströmt und ihm zuruft: „Hosanna, dem Sohne Davids! Gepriesen, der kommt im Namen des Herrn, der König Israels. Hosanna in der Höhe." Worte, die wir auch heute noch singen, zum Sanctus unserer Liturgie. Auch P. Anton Rotzetter, der Schweizer Kapuziner, zitiert diese Worte in einem Text zum heutigen Festtag: „Heilig, heilig, heilig ist der Herr der Heere. Von seiner Herrlichkeit ist die ganze Erde voll. Doch nicht nur. Voll ist die Erde auch von Haß und Gewalt, von Leiden und Tod – und das Hosanna wird verdrängt vom ‚Kreuzige ihn!'" Hallt es ihm schon im Ohr, wenn er durch die Menge reitet? Sieht er schon die Fratze der Gewalt in den lachenden, strahlenden Gesichtern der einfachen Bauern und Hirten um sich? Schon die nächsten Stunden, die kommenden Tage bestätigen seine Vorahnung. Der Kreis wird immer enger um ihn. Und so wie der Evangelist Lukas die Passion erzählt, wird das schon am Anfang, beim Mahl, sehr deutlich, wenn er zu seinen Freunden sagt:

Lk 22,14–23

Und als die Stunde gekommen war, ließ er sich nieder und die Sendboten mit ihm. Und er sprach zu ihnen: Verlangt, ja verlangt hat es mich, dies Pascha mit euch zu essen, bevor ich leide. Denn ich sage euch: Nimmermehr werde ich es essen, bis es sich erfüllt im Königtum Gottes. Und er ließ sich einen Becher reichen, sprach den Dank und sagte: Nehmt das und teilt unter euch. Denn ich sage euch: Nimmermehr werde ich trinken von nun an vom Gewächs des Weinstocks, bis das Königtum Gottes kommt. Und er nahm Brot, sprach den Dank, brach und gab es ihnen und sagte: Das ist mein Leib, der für euch hingegeben wird. Das tut zu meinem Gedächtnis. Und ebenso nahm er den Becher nach dem Mahl und sagte: Dieser Becher ist der neue Bund in meinem Blut, das für euch vergossen wird. Aber da! Die Hand dessen, der mich ausliefert, ist mit mir auf dem Tisch. Denn: Der Menschensohn geht dahin, wie es festgesetzt ist. Doch wehe jenem Menschen, durch den er ausgeliefert wird! Da begannen sie, untereinander zu streiten, wer wohl von ihnen der sei, der dies zu tun vorhabe.

(Übertragung: Fridolin Stier)

Der Steyler Missionar P. Jakob Mitterhöfer, der sich für den heutigen Palmsonntag Gedanken gemacht hat, bleibt nicht beim Einzug in Jerusalem stehen, weshalb ich auch nicht das Evangelium, sondern den Anfang der Passion nach Lukas ausgewählt habe. Er umfaßt das Ganze, das, wozu es in dieser Reihe sonst keine Gelegenheit gäbe, denn am kommenden Sonntag sehen wir ja bereits den vom Grab weggewälzten Stein. Vielleicht geben Ihnen diese vorgezogenen Passionsgedanken ein wenig Stoff zur Einstimmung in die Karwoche.

KOMMENTAR

Heute wird in unseren Kirchen die Leidensgeschichte aus dem Lukasevangelium verlesen. Wir haben eben die Einleitung daraus gehört. Wie das ganze Lukasevangelium ist die Leidensgeschichte ein literarisch und theologisch ausgefeiltes Werk mit vielen Nuancen und Facetten.

Das Todesleiden Jesu entlarvt schonungslos das Spiel der Mächtigen und ihrer Interessen. Sie treten der Reihe nach auf, sowohl die geistlichen wie auch die weltlichen Machthaber: allen voran die geistliche Macht, die Hohenpriester und Ältesten, die schon bei der Gefangennahme anwesend sind, dann Pilatus als Vertreter der römischen Weltmacht, und schließlich König Herodes, in dessen Machtbereich Jesus gewirkt hat. Die jüdischen Anführer argumentieren einmal religiös, dann wieder politisch, wie sie es gerade brauchen. Pilatus agiert als Politiker, er versucht, gerecht zu sein, beugt sich dann aber doch den sogenannten Sachzwängen. Herodes ist ein unberechenbarer Despot, der seine Langweile und Neugierde befriedigen möchte, er sieht in Jesus eher einen Zauberkünstler als den Messias.

Lukas merkt kritisch an, daß sich Habgier und Geltungssucht nicht auf die Großen beschränken, sondern die ganze Gesellschaft prägen. Und hier kommt das Volk daran, das sich wie eine Windfahne nach dem Stärkeren richtet. Die engsten Anhänger Jesu bilden keine Ausnahme, auch sie beteiligen sich an diesem Spiel der Macht. Es konnte ihnen nicht verborgen bleiben, daß dieses Mahl ein Abschiedsmahl war, da Jesus offen über seinen Tod sprach. Einer sitzt ungerührt dabei und hat Jesus bereits gegen ein Entgelt ausgeliefert: Petrus gebärdet sich als Wortführer, beteuert Treue bis in den Tod, doch er kapituliert feige vor der Macht. Alle jedoch streiten sogar in diesem Moment darüber, wer von ihnen als der Größte zu gelten habe. Auf Jesu Gefühle nehmen sie keine Rücksicht. Jesus beendet den Streit und erklärt, daß die Könige ihre Völker unterjochen. Bei seinen Jüngern aber soll es nicht so sein. Wie tief das Leiden den Menschen Jesus erschüttert, bringt Lukas nur einmal zur Sprache. Auf dem Ölberg überkommt Jesus dermaßen die Angst, daß sein Schweiß wie Blutstropfen zur Erde fällt. Ein Engel muß vom Himmel erscheinen und ihm Kraft geben. Ansonsten suchen wir vergebens nach Einzelheiten der Martern und der Hinrichtung. Karg heißt es, er wurde verspottet, ausgepeitscht, abgeführt und gekreuzigt. Lukas verfolgt eine Absicht, wenn er das Verhalten der verschiedenen Menschen ausführlich schildert, der Jünger, des Hohen Rates, der Mitgekreuzigten, der Soldaten, des stummen Volkes, der weinenden Frauen, des Simon von Zyrene, des Hauptmanns. Alle sind beteiligt, ein jeder kann sehen, wo er steht, jeder einzelne muß sich Rechenschaft geben.

Die Verhöre nehmen einen breiten Raum ein. Sie sind sogar Höhepunkt des ganzen Evangeliums. Die Absicht des Lukas ist klar: Vor der jüdischen Öffentlichkeit bekennt sich Jesus als Sohn Gottes und vor der römischen Öffentlichkeit als König. Das heißt, er offenbart sich vor aller Welt als Messias und Sohn Gottes.

Eine spätere Tradition hat sich ausführlich um Details der Leiden gekümmert. Prediger haben die Torturen bis in Einzelheiten ausgemalt. Passionsspiele in unseren Breiten, Auspeitschungen und Kreuzigungen in südlichen Ländern vergegenwärtigen die Leiden Jesu mitunter auf makabre Weise. Freilich, solch detaillierte Neugierde birgt die Gefahr, daß sie von der Botschaft, die Lukas verkünden will, ablenkt.

Bedenklich finde ich eine theologische Deutung, die Jahrhunderte hindurch an Hochschulen gelehrt wurde und das Denken von Generationen bis heute beeinflußt: Die Sünde hat den unendlichen Gott beleidigt. Eine unendliche Beleidigung erfordert eine unendliche Genugtuung. Diese kann nur der Sohn Gottes selbst leisten. Hier drängen sich mir Fragen auf: Gott muß auf Genugtuung bestehen? Gott beschließt diesen grausamen Tod? Selbst die Mutter Jesu bejaht diesen Foltertod? Die Menschen sind nur ausführende Werkzeuge des Planes Gottes? Wird Gottes Gerechtigkeit nicht zur Rache? Wundert es, wenn wir einen so strengen Gott fürchten? Liegt nicht in einer solchen Deutung die Wurzel für religiösen Fanatismus und die mangelnde Barmherzigkeit in der Kirche?

Neuerdings sind esoterische Zirkel bestrebt, ins Gegenteil zu verfallen. Sie nehmen dem Leiden Jesu die Härte. Es geschah nicht wirklich! Aber das ist kein Fortschritt, kein neuer, positiver Ansatz, sondern verweist eher auf den Zerfall der Einheit, in den die Menschheit und die ganze Welt geraten ist. Jesus wird zum Symbol einer angestrebten billigen Synthese.

Schauen wir noch einmal zu Lukas. Er stellt der Leidensgeschichte eine Deutung voran, die von Jesus selbst stammt. Die Kirche lebt daraus seit ihren Anfängen: Sein Leib und sein Blut sind Zeichen des neuen Bundes für alle Menschen. Das Reich Gottes, das Jesus verkündet hat, bleibt auf diese Weise in uns lebendig. Folgerichtig will Lukas mit der Leidensgeschichte zum Glauben führen: Der mitgekreuzigte Verbrecher bekehrt sich, der heidnische Hauptmann preist Gott und wird zum ersten Zeugen, und alle Menschen, die zu diesem Schauspiel herbeigeströmt waren, schlagen sich an die Brust, ebenso seine Bekannten und auch die Frauen, die ihm gefolgt sind.

Das Kreuz bleibt, was es ist: Zeichen des Heils und eine von Gott verabscheute Folter. „Tut dies zu meinem Gedächtnis" trägt Jesus seinen Anhängern auf. Damit will er, daß eine jede Eucharistiefeier an das Heil und seinen Foltertod erinnert. Eine christliche Gemeinde feiert nur dann wirklich Eucharistie, wenn sie aus der Erinnerung an den Foltertod Jesu alles einsetzt, um dem Reich Gottes zum Durchbruch zu verhelfen.

Das gilt von jedem Kreuzzeichen. Wo immer ein Kreuz errichtet oder getragen wird, darf es kein Schmuckstück sein.

Lukas sagt uns auch, wie wir uns verhalten sollen: Wie Simon von Zyrene. Die Bischöfe von Lateinamerika sagen zu Recht, daß Christus heute noch in den vielen Verelendeten ihres Kontinents und der ganzen Welt sein Kreuz trägt. Wir Christen sind ihr Simon von Zyrene, sollten es wenigstens sein.

Jakob Mitterhöfer

Kommen Sie noch eine Weile mit an den Ort des Geschehens von damals, nach Jerusalem. „Ölberg", ein Text von Wilhelm Bruners:

Über den Berg kommen

Dich treibt das Auge
gegen die Steine
gegen die Kuppeln

hörst du den
Schlaf der Toten
unter deinen Schritten

den Ruf des Muezzin
das Geschrei der Händler
lästig wie eh und je
und dich verfluchend

weil du das Grab der
Lasker-Schüler suchst
ohne Blick für
Abziehbilder
gelb und verblaßt

Hier ist jedes Hosanna
verwehrt, weil die
Toten ihren Frieden
wollen endlich
nach soviel Krieg
und Haß

auf dem Hotel ruht
die Schechina nicht
vielleicht
daneben
auf den zerbrochenen
Steinen mit den
eingemeißelten Namen
die du stotternd liest

später
wenn die Orte

heiliger Erinnerungen
verschlossen und
die Stadt zurückgezogen
in erlöschende Fenster

dann sprich die Preisungen
über sie, damit der
Todesengel vorübergeht
wenigstens diese Nacht
und die Gebete
emporträgt

geflüstert von einsamen
Betern gegen die Mauer
oder im Tal der Kelter

einer von ihnen
hinterließ eine Spur
eingetrocknet im Fels
nicht weit von der
Dichterin

er versprach
wiederzukommen
bald
doch bis heute
löste er sein Versprechen
nicht ein

es sei denn
du suchst ihn
bei den
Schmerzgezeichneten

die sich
niederlassen

in den
Staubwohnungen

OSTERSONNTAG

„Christus ist erstanden, er ist in Wahrheit auferstanden" – einmal im Jahr sagen Freunde, ja sogar Fremde dies zueinander. Wer einmal in einer lebendigen Gemeinde miterleben durfte, wie diese Nachricht von Mund zu Mund geht, der weiß, daß dabei die Lippen nicht verschlossen bleiben, sondern eine Freude aussagen und ausstrahlen, die über das ganze Gesicht geht, ja einen Menschen ganz erfüllen kann. Manchmal frage ich mich, warum wir so sparsam damit umgehen, warum wir einander nicht öfter diese erlösende Wahrheit sagen. Ich meine, das würde so manchen Alltag heller, so manches Problem leichter erträglich machen. So wie Golgota allgegenwärtig und überall ist, so ist es auch der Ostermorgen. Wir müßten es nur begreifen, müßten es nur annehmen, das Dunkle, aber auch das Helle, die Gnade, die Erlösung, denn, so sagt es uns Bischof Reinhold Stecher an diesem Tag:

OSTERN – DIE WENDE, DIE ALLES ÄNDERT.

Ps 118,1–2, 16–17, 22–23

Danket dem Herrn, denn er ist gütig, denn seine Huld währt ewig.
So soll Israel sagen: Denn seine Huld währt ewig.
Die Rechte des Herrn ist erhoben, die Rechte des Herrn wirkt mit Macht.
Ich werde nicht sterben, sondern leben, um die Taten des Herrn zu verkünden.
Der Stein, den die Bauleute verwarfen, er ist zum Eckstein geworden.
Das hat der Herr vollbracht, vor unseren Augen geschah dieses Wunder.

Lk 24,1–12

Am ersten Wochentag aber, noch tief im Morgengrauen, kamen sie zur Gruft und brachten die Duftkräuter, die sie bereitet hatten. Sie fanden den Stein vom Grab umgewälzt, gingen hinein, aber den

Leib des Herrn Jesus fanden sie nicht. Und es geschah: Während sie darob verstört waren – da! Zwei Männer in blitzendem Kleid traten zu ihnen. In Furcht gerieten sie und neigten das Gesicht zur Erde. Die aber sprachen sie an: Was sucht ihr den Lebenden bei den Toten? Er ist nicht hier – auferweckt ward er. Erinnert euch, wie er, noch in Galiläa, zu euch redete und sagte: Der Menschensohn muß in die Hände sündiger Menschen ausgeliefert und gekreuzigt werden und am dritten Tage auferstehen. Und sie erinnerten sich seiner Worte. Und zurückgekehrt vom Grab meldeten sie das alles den Elf samt allen übrigen. Es waren das aus Magdala Maria, und Johanna, und Maria, die Mutter des Jakobus. Auch die übrigen mit ihnen sagten das zu den Sendboten. Und doch erschienen diese Worte in ihren Augen als bloßes Geschwätz, und sie konnten ihnen nicht glauben. Petrus aber stand auf, lief zum Grab, und dort bückt er sich hinein und erblickt nur die Leinentücher. Und er ging weg, staunend bei sich über das Geschehene.

(Übertragung: Fridolin Stier)

Nur wenige Schritte hinter dem Goldenen Dachl in Innsbruck weitet sich die schmale Gasse und gibt den Blick auf einen großen, stillen Platz frei, der von einer besonders schönen architektonischen Geschlossenheit ist. Um einen großen alten Baum in der Mitte spielen Kinder mit ausdrücklicher Erlaubnis des Bischofs, der mir später sagt: „Die Kinder können immer da unten spielen, das ist für mich kein Lärm." Ich gehe an der Fassade des Doms vorbei, der ehemaligen Pfarrkirche, und steuere auf ein schmales, braunrotes Haus zu. Früher einmal ist das die Schule gewesen. Drei Klingelknöpfe neben der Eingangstür. Neben dem obersten steht: Dr. Stecher. Ich läute. Ein junger Mann schaut aus einem Fenster im ersten Stock: „Ich glaube, er ist noch bei der Vesper, ich hole ihn gleich." Er öffnet mir wenig später die Tür, und ich steige die enge Treppe bis ins oberste Stockwerk. Nach wenigen Augenblicken kommt Bischof Stecher, leichtfüßig wie immer, ein herzliches Lächeln um die Lippen, offen und unkompliziert. „Wo soll ich mich hinsetzen?" fragt er. Zur Wahl stehen eine bequeme Sitzecke und ein normaler Eßtisch. Ich entscheide mich für den Tisch, denn noch ist Arbeit angesagt. Die handschriftlichen Zettel mit ein paar Notizen werden noch zurechtgerückt, und dann ein Moment der Sammlung, um Ostern hereinzuholen in diesen noch schneekalten Märztag.

Wahrscheinlich können wir uns heute kaum mehr vorstellen, welche Wende die Auferstehung Jesu im Bewußtsein der damals Betroffenen gebracht hat, und zwar deswegen nicht, weil wir uns eigentlich nicht vorstellen können, was in der damaligen Gesellschaft und in der damaligen Welt, auch des Judentums, das Kreuz bedeutet hat. Es war nicht so, daß einer, der gekreuzigt wurde, einfach physisch vernichtet war, aber dann doch vielleicht irgendwie als Märtyrer – wenn er für eine gute Sache gestorben war – weiterwirken hätte können. Nach der damaligen Mentalität war das Kreuz so etwas wie eine letzte Bestätigung des totalen Scheiterns. Und ein Messias, der gekreuzigt wurde, war's bestimmt nicht. Die Schande des Kreuzes war derart, daß man sagen müßte, er war sogar in der jüdischen Gemeinschaft als Gekreuzigter ausgegrenzt, und die damaligen Behörden haben oft erst nach Jahren erlaubt, daß ein Gekreuzigter etwa in der Grabstätte der Familie bestattet werden durfte. So sehr empfand man das als Schande.

Ich muß das einmal vorausschicken, weil wir das Kreuz ganz anders zu sehen gewohnt sind. Für uns ist es ein heiliges Zeichen. Wir bezeichnen uns damit. Wir spenden in diesem Kreuz den Segen. Wir haben dieses Kreuz als Bild in unseren Zimmern, unseren Stuben, in unseren Gebetbüchern. Wir haben es in den Kirchen, auf den Türmen, auf den Bergen und auf den Feldern. Das Kreuz ist natürlich und zu Recht umgestaltet worden zu einem positiven Zeichen. Das war es ursprünglich nicht. Damals war es das Zeichen, daß jemand nicht nur physisch, sondern auch moralisch erledigt ist. Und ein sogenannter Messias, der gekreuzigt wurde, war ganz bestimmt nicht der Messias.

Das war die ganze Traurigkeit, die ganze Tristesse des Kreises um Jesus herum, als der Karfreitagabend da war. Es war für sie alles aus, und wenn wir dann bei Lukas lesen, was die Emmausjünger sagen, gibt das genau diese Stimmung wieder. Für sie war es einfach aus, und so war das sicher auch für die anderen, und deswegen waren sie so am Boden zerstört.

Nun kam diese ungeheuerliche Botschaft des Ostermorgens, die zunächst geradezu abgewehrt, dann zögernd angenommen worden und schließlich in der unmittelbaren Begegnung mit dem Auferstandenen nicht mehr abzuweisen war. Und damit war die Wende da, die alles änderte.

Auf einmal war ihnen klar: Er ist es doch. Er ist doch der Messias, er ist doch der Retter, er ist doch der Erlöser, trotz des Kreuzes. Und für die Verkündigung der jungen Kirche war dies der entscheidende Punkt, den Menschen sagen zu können: Er ist es trotzdem. Obwohl er ein Gekreuzigter ist, ist er der Retter, der Erlöser und der Herr. Das war die große Wende damals.

Nun, heute haben wir andere Situationen. Und doch möchte ich den Satz „Ostern ist die Wende, die alles ändert" für heute genauso festhalten. Man könnte vielleicht so sagen, daß sich heute dieser Satz „Ostern ist die Wende, die alles ändert" ausdehnt auf unsere ganze Existenz, auf unser ganzes Dasein, auf unser Sein in der Welt und unser Sein in die Zukunft hinein. Auf alles dehnt sich das aus. Ostern ist die Wende, die alles ändert.

Wenn wir auf unser Leben schauen, ich jedenfalls mache das hie und da, und dann erinnere ich mich manchmal an Augenblicke in der Schule, die ich immer etwas gefürchtet habe, weil ich kein besonders begabter Mathematiker war. Wenn da auf der Tafel eine riesige Gleichung gestanden ist, mit vielen Unbekannten, mit Wurzeln und Potenzen, und ich mir das angeschaut habe, hat mich das oft mit Unbehagen erfüllt. Dabei war mir aber klar: das Wichtigste ist das Vorzeichen, das vor einer großen Klammer steht. Ob dieses Vorzeichen Plus oder Minus ist. Ich möchte fast glauben, daß wir vor unserem Leben hie und da auch so stehen wie vor einer Gleichung mit vielen Unbekannten, Potenzen, Übertreibungen von Werten, die das nicht wert sind, was wir ihnen unterstellen, mit Wurzeln, die wir selbst kaum durchschauen. Aber eines ist sicher: So wenig die Details unseres Lebens für uns oft durchschaubar sind und ein Rätsel bleiben, das Entscheidende ist das Vorzeichen.

Unsere Zeit ist geneigt, das Vorzeichen vor unserer ganzen Existenz sehr oft als ein Minus zu sehen. Ich brauche das eigentlich gar nicht näher auszuführen, wie oft dieses Minus heute gezeichnet wird, als Sinnlosigkeit, als Entborgenheit, Heimatverlust, Resignation, Verdüsterung der Seele, Verzweiflung, Zynismus. Es geht hinein bis in die Kulturszene. Die Psychotherapeuten, die soviel mitbekommen von dieser Minus-Atmosphäre, können davon ein Lied singen. Und das, was zu Ostern geschieht, ist eigentlich das: Der Auferstandene geht hinauf zur Tafel und macht aus dem Minus ein Plus. Das heißt, das Vorzeichen für unser verwirrendes, belastendes und auch rätselhaftes Dasein, das die Brüche der Schuld kennt und vieles andere mehr, das wir selbst nicht lösen können, dieses ganze Dasein bekommt von ihm her das Vorzeichen des Positiven. Das Minus vor dem Dasein wird ein großes Plus. Der Auferstandene sagt uns heute: Das ist die große Wende. Ihr seid geliebt und ihr seid gerettet und es ist euch verziehen und das Tor in eine absolute unendliche Zukunft geht auf.

Ostern ist die Wende, die alles ändert!

Diözesanbischof Reinhold Stecher

OSTERMONTAG

„Emmausjünger" nennt Wilhelm Bruners, der Priester in Jerusalem, seinen Text für einen Tag wie diesen, diesen Ostermontag.

der karfreitag
die passion
die trauerklage
der kirche
um ihn

ich sah ihn
in diesen tagen
immer von vorn
noch in der
osternacht
stand er
vor mir

jetzt lese
ich lukas
der fremde
auf dem weg
an ihrer
seite

nur wenn
er stehenblieb
konnten
sie ihn
auch von
vorn sehen
nur dann

er aber
ging weiter
mit ihnen
seite an seite.

Wegen ihrer Verzweiflung und Verdüsterung konnten die beiden jungen Männer auf ihrem Weg, auf ihrer Flucht aus den Schrecken der letzten Tage, das Gesicht des Fremden nicht sehen, der unbemerkt zu ihnen getreten, ihnen gefolgt war. Sie sehen ihn nicht, weil sie ihn nicht sehen wollen, weil sie eigentlich niemanden sehen wollen, weil ihre Augen und Seelen müde geworden waren vom Übermaß, von der Wucht der Bilder. Erst die Stimme macht ihr Herz brennen, aber auch das bemerken sie erst später. Nur die unverwechselbare Geste beim Brotbrechen öffnet ihnen Augen und Herzen. – Ich kann sie so gut verstehen, diese beiden jungen Männer. Wie oft bin ich blind für ein Gesicht, taub für eine Stimme, unsensibel für ein Gefühl, das mir entgegengebracht wird, und wie oft verweht das alles, kaum daß ich es erkenne.

DIE FLUCHT WIRD PILGERFAHRT.

Das ist die andere, die Chance des Lebens, und so dürfen wir immer wieder erfahren, daß scheinbar Verfahrenes wieder ins Gleis, Unausgeglichenes wieder ins Lot kommt, dem Chaos neue Harmonie entsteigt. Ja, das ist Ostern, und wie Bischof Stecher sagte: „Die Wende, die alles ändert." So erging es den beiden jungen Männern auf dem Weg nach Emmaus, damals.

Lk 24,13–35

Und da! Zwei von ihnen waren am selben Tag auf Wanderung nach einem sechzig Stadien von Jerusalem entfernten Dorf namens Emmaus. Auch die unterhielten sich miteinander über all diese Ereignisse. Da geschah es: Während sie sich unterhielten und stritten, war Jesus selbst genaht und wanderte mit ihnen. Aber ihre Augen waren gehalten, daß sie ihn nicht erkannten. Er sprach zu ihnen: Was sind das für Reden, die ihr da im Gehen miteinander wechselt? Da blieben sie stehen, verdrossen dreinblickend. Hob der eine namens Kleopas an und sprach zu ihm: Du bist der einzige, der sich in Jerusalem aufhält und nicht erfahren hat, was in diesen Tagen darin geschehen ist. Und er sprach zu ihnen: Was denn? Sie sprachen zu ihm: Das mit Jesus, dem Nazarener, der ein Prophet war, kraftvoll in Tat und Wort vor Gott und allem Volk. Und wie ihn unsere Hohenpriester und Anführer dem Richtspruch zum Tode ausgeliefert haben und ihn kreuzigten. Wir aber hatten ge-

hofft, er sei es, der Israel erlösen werde. Zu alldem hin aber läßt er diesen dritten Tag hingehen, seitdem das geschah. Jedoch einige Frauen von den unseren haben uns dazu gebracht, daß wir außer uns gerieten. Sie waren frühmorgens am Grab und als sie seinen Leib nicht gefunden, kamen sie und sagten: Sogar eine Erscheinung von Engeln hätten sie gesehen – die sagen, er lebe. Und da gingen einige von denen, die mit uns sind, zum Grab und fanden es so wie die Frauen gesagt hatten. Ihn selbst aber sahen sie nicht. Da sprach er zu ihnen: O ihr – zu unverständig und trägherzig, um alles zu glauben, was die Propheten geredet! Mußte nicht eben das der Messias leiden, um in seine Herrlichkeit zu kommen? Und angefangen von Mose und allen Propheten erklärte er ihnen, was in allen Schriften über ihn steht.

Und so nahten sie sich dem Dorf, wohin sie wanderten. Und da tat er, als wolle er noch weiter wandern. Sie aber drängten ihn und sagten: Bleib mit uns! Es geht ja gegen Abend, und schon geneigt hat sich der Tag. Und er ging hinein, um mit ihnen zusammenzubleiben. Und es geschah: Als er sich mit ihnen zu Tisch gelagert, nahm er das Brot und sprach die Preisung, brach es und gab es ihnen. Da wurden ihre Augen erschlossen, und sie erkannten ihn. Und er – hinweg schwand er ihnen. Und sie sprachen zueinander: Brannte nicht unser Herz in uns, als er auf dem Weg mit uns redete, als er uns die Schriften erschloß? Und auf standen sie – noch zur selben Stunde, und kehrten nach Jerusalem zurück. Und dort fanden sie die Elf und jene, die mit ihnen waren. Die sagten: Wirklich – auferweckt ward der Herr, und er hat sich dem Simon sehen lassen! Auch sie berichteten, was auf dem Weg geschehen, und wie er ihnen beim Brechen des Brotes kenntlich geworden.

(Übertragung: Fridolin Stier)

P. Ulrich Zankanella, der Franziskaner aus Salzburg, versteht es wie kaum einer, durch allen Frust und alle Zweifel und Verzweiflung hindurch den Durchblick in Richtung Hoffnung nicht zu verlieren.

Ein wunderbares Evangelium! Anschauungsunterricht für das Leben könnte man sagen, denn der Evangelist Lukas gibt uns gleich mehrere Bilder, die es zu deuten gilt.

Da sind zunächst die beiden Jünger. Was sie machen, ist beileibe kein Osterspaziergang. Sie sind auf der Flucht: Hals über Kopf. Abschied von gestern, denn sie laufen ihrer eigenen Lebensgeschichte davon. Sie stehen vor den Trümmern ihrer Hoffnungen. Ihr Jesus von Nazaret ist nur mehr eine Erinnerung. Da waren erst die Monate in Galiläa, mit Wundern, mit Menschenmassen und dem Ruf: Er, der Mann aus Nazaret, soll König werden. Dann der Palmsonntag in Jerusalem: ein nie gesehener Triumph. Danach der rätselhafte Abend mit dem Mahl: „Das ist mein Leib", „das ist mein Blut"! Und dann die Katastrophe in der Nacht: Verhaftung, Urteil, Hinrichtung. Dann starb er wirklich und mit ihm starben die Hoffnungen. Daher auch jetzt die Flucht: es rette sich, wer kann. Die beiden laufen um ihr Leben.

Und dann kommt ER, der Fremde. Sie lamentieren, er hört zu. Dann redet er: behutsam setzt er die Bruchstücke aus ihrem Leben wieder zusammen. Er findet einen roten Faden, nennt den Sinn und deutet ihn für sie: „Mußte nicht der Messias all das erleiden und so in seine Herrlichkeit gelangen?" schreibt Lukas.

Was ist da geschehen? Die beiden sind enttäuscht, vergangenheitsverliebt und zukunftsscheu. Sie wissen nicht wohin, aber sie laufen.

Der Evangelist sagt uns mit seiner Schilderung: Es gibt in jedem Leben Situationen, in denen ich vor Trümmern stehe. Da kann ich weder materiell die Trümmer flicken noch Sinn ins Chaos meiner Seele bringen. Genau dann – wie bei den Jüngern – ist Jesu Gegenwart der Schlüssel für die Zukunft.

Es sind einige Signalworte – seine Signalworte, die mir die Wende aus der Sinnverlorenheit anzeigen.

Zunächst Vergebung: denn Schuld vor Gott ist relativ. Sie ist vergebbar, sobald ich Einsehen und Reue habe.

Dann Versöhnung: wenn Schuld vergeben wird, was trennt dann Menschen voneinander und von Gott?

Und Seligkeit: Jesus verheißt nicht Mißmut und trangesichtiges Opferlämmertum, sondern Seligkeit. Seligkeit für den, der gibt, weil die Seligkeit des Schenkens die Pein des Gebens, Opferns und Lassens bei weitem überwiegt.

Jesu Person und seine Botschaft – so sagt der Evangelist – kann für meine Zukunft Sinn stiften. Aber – so sag' ich dazu: Im Chaos einer Situation, in der meine Träume und Zukunftserwartungen zerbrochen sind, fällt es mir nicht leicht, die Sinndeutung Jesu gleich anzunehmen. Der Abschied von der eigenen Vergangenheit fällt jedem schwer. Kein Mensch kann da mit Herz und Hirn gleich annehmen, was sinnvoll wäre, ja eigentlich sinnvoll ist.

Den beiden Jüngern geht es so und mir geht es genauso und wahrscheinlich auch Ihnen.

Und genau für diese Situation gibt uns Lukas noch einen Hinweis.

Er sagt, die Jünger nehmen zwar den Zuspruch Jesu an, aber erkennen können sie ihn nicht. Dann tun sie – unbewußt – etwas, was er ihnen aufgetragen hat: Sie geben dem vermeintlich Fremden zu essen und zu trinken, sie bieten ihm ihr Haus als Bleibe an. Und „es gingen ihnen die Augen auf", sagt Lukas, „und sie erkannten IHN".

Als Priester und Franziskaner – das kann ich ehrlich eingestehen – habe ich auch nach dreißig Jahren Klosterleben – und das heißt dreißig Jahre Beten, Meditieren, Glauben, Predigen und Arbeiten für die Kirche – Tage und Stunden des Zweifelns, in denen Herz und Hirn unsicher sind und Fluchtgedanken hegen. Dann versuche ich einfach – ohne viel zu grübeln – das zu tun, was Jesus fordert. Ich rette mich ins Faktische, lasse das Spekulieren und geh' ins Leben, Lieben, Helfen, Vergeben, Teilen. Dabei gehen auch mir die Augen auf und ich kann IHN erkennen, IHN wiedererkennen.

Brotbrechen, Anteilnehmen am Leben eines anderen und ihm Anteil geben an meinem Leben, als Alltagsakt und auch als Ritus in der heiligen Messe, wird dann wieder Begegnung mit dem Herrn Jesus. Er trägt dabei nicht nur das Gesicht der Hostie. Er trägt auch das Gesicht der Bettler an der Klosterpforte, auch das Gesicht von Unbekannten, die einem oft stumm und manchmal blickleer entgegenkommen.

Das Evangelium vom Emmausgang der beiden Jünger macht mir Hoffnung: Die Gegenwart des Auferstandenen macht jede Flucht in meinem Leben zu einer Pilgerreise, die ein Ziel hat. Und dieses Ziel ist Seligkeit.

Seligkeit im Glauben und im Tun. Denn in beiden begegnet mir der Auferstandene.

Ulrich Zankanella

Lassen Sie mich kurz noch einmal zu Wilhelm Bruners und seiner Betrachtung des Lukastextes zurückkehren. Am Ende schreibt er: „Sie sind andere geworden, als sie Jerusalem erreichen. Und auch die anderen, zu denen sie laufen, haben sich verändert. Sie kehren nicht in das erste Paradies zurück. Deshalb hält sie auch kein Engel davon ab. Ihre Erfahrung ‚unterwegs‘ und der ‚Kommentar‘, den sie vernommen und erlebt haben, gehören in die große Ostererzählung derer hinein, die an Ort und Stelle den ‚auferweckten Herrn‘ sahen. Diese berichten zuerst, dann erzählen sie ihre Weggeschichte … Doch sie ist nicht, ist nie zu Ende. In die neue Situation tritt er selbst: ‚Friede mit euch!‘ Auch Emmaus war nur eine Station, Weg nach Jerusalem … Der Weg geht weiter. Er bleibt nach vorne offen.“

ZWEITER SONNTAG DER OSTERZEIT

„Friede sei mit euch." Mit diesen Worten, mit denen der Auferstandene in das fest verschlossene Obergemach getreten ist, mit diesen österlichen Worten möchte auch ich Sie heute begrüßen. Ich finde es eigentlich schade, daß wir Christen uns nicht dazu durchringen können, diesem Gruß auch in unserem Alltag eine Chance zu geben, wie das in anderen Kulturkreisen der Fall ist, wenn man sich Schalom sagt oder Salam aleikum, Friede sei mit dir. Auch dort ist dieser schöne Gruß leider zur Gewohnheit, zum Lippenbekenntnis verkommen, wie unser „Grüß Gott", bei dem wir alles mögliche, aber nicht Ihn meinen. Aber bewußt einander den Frieden zuzusprechen und es auch zu meinen und zu tun, das wäre schon eine gute Sache in einer friedlosen Zeit wie der unseren, ein Protest gegen die Zeitläufte sozusagen, ein Widerstand gegen den Zeitgeist.

STRECK DEINEN FINGER AUS – HIER SIND MEINE HÄNDE! STRECK DEINE HAND AUS UND LEG SIE IN MEINE SEITE!

Joh 20,19–31

Als es nun Abend war an jenem ersten Wochentag – und die Türen dort, wo die Jünger waren, aus Furcht vor den Juden verriegelt – kam Jesus, trat in die Runde und sagt zu ihnen: Friede euch! Und als er das gesprochen, zeigte er ihnen die Hände und die Seite. Freuten sich da die Jünger, daß sie den Herrn sahen. Nun sprach Jesus zu ihnen abermals: Friede euch! Wie der Vater mich gesandt hat, so schicke auch ich euch. Und als er das gesprochen, hauchte er sie an, und sagt zu ihnen: Empfanget heiligen Geist! Welchen ihr die Sünden nachlaßt, denen sind sie nachgelassen; welchen ihr sie behaltet, denen sind sie behalten.
Thomas aber, einer der Zwölf – der „Zwilling" genannte – war nicht bei ihnen, als Jesus kam. Nun sagten ihm die anderen Jünger: Wir haben den Herrn gesehen. Er aber sprach zu ihnen: Wenn ich nicht in seinen Händen das Abbild der Nägel sehe, meinen Finger in die Stelle der Nägel lege und meine Hand in seine Seite

lege, glaube ich nie und nimmer. Und nach acht Tagen – seine Jünger waren abermals drinnen, auch Thomas bei ihnen – kommt Jesus bei verriegelten Türen, trat in die Runde und sprach: Friede euch! Darauf sagt er zu Thomas: Führ deinen Finger hierher und sieh meine Hände. Und führ deine Hand her und leg sie in meine Seite. Und sei nicht ungläubig, sondern glaubend. Hob Thomas an und sprach zu ihm: Mein Herr und mein Gott! Sagt Jesus zu ihm: Weil du mich gesehen, bist du glaubend geworden. Selig, die nicht gesehen und doch geglaubt haben.

Nun hat Jesus noch viele und andere Zeichen vor seinen Jüngern getan, die nicht in diesem Buche aufgeschrieben sind. Diese aber sind aufgeschrieben, damit ihr glauben bleibt, daß Jesus der Messias ist, der Sohn Gottes. Und damit ihr als Glaubende Leben habt in seinem Namen.

(Übertragung: Fridolin Stier)

Dieser Apostel Thomas, der heute im Mittelpunkt des Evangeliums steht und der aus tiefem Glauben heraus die Worte spricht: „Mein Herr und mein Gott", ist einer der ganz großen Verkünder geworden. Er hat, wie wir aus der Geschichte wissen, die Botschaft vom gekreuzigten und auferstandenen Herrn am schnellsten und am weitesten getragen, bis weit hinein nach Asien, vor allem in das Herz des indischen Subkontinents. Ich habe nie verstanden, warum im Gegensatz zum Apostolat eines Petrus, eines Paulus und der anderen, die die Botschaft nach Kleinasien und vor allem nach Europa getragen haben, von der Mission des Thomas und seiner Schüler so wenig berichtet wird.

Für den heutigen zweiten Sonntag der Osterzeit habe ich als Kommentator einen Mann ausgewählt, der vor nicht allzulanger Zeit von einem Studienaufenthalt aus Indien zurückgekommen ist und eine Weile unter jenen Menschen gelebt hat, die ohne Thomas und seine Schüler heute vielleicht keine Christen wären. Getroffen habe ich P. Martin Maier anläßlich der 34. Generalkongregation der Jesuiten in Rom, wo ich Gelegenheit hatte, mit einer ganzen Reihe indischer Jesuiten, also Nachfolger jenes heiligen Thomas, zu sprechen. Es ist faszinierend zu hören, wie dort Kirche, wie dort Glauben gelebt wird. P. Martin Maier geht in seinem Kommentar zwar von Thomas und der Chance der Berührung aus, kommt aber dann auch zur heutigen Realität Indiens.

In unserem heutigen Evangelium spielen die menschlichen Sinne eine wichtige Rolle. Da zeigt der auferstandene Jesus zuerst seine Wunden, so als wolle er sagen: Schaut her, ich bin es wirklich! Dann haucht er die Jünger an, damit sie seine Nähe und seinen Atem spüren. Ich meine, Johannes spielt hier indirekt auf den schöpferischen Kuß Gottes ganz am Anfang an: Nachdem Gott den Menschen aus Ackerboden geformt hat, blies er den Lebensatem in seine Nase (vgl. Gen 2,7). Hier in Rom denke ich in diesem Zusammenhang fast unvermeidlich an die etwas andersgeartete Darstellung der Schöpfung des Menschen von Michelangelo in den berühmten und neu renovierten Fresken der Sixtinischen Kapelle: In schöpferischem Schwung teilt Gott dem Adam durch eine Berührung mit dem Zeigefinger den Lebensimpuls mit. Bei längerem Betrachten habe ich entdeckt, daß Gott den anderen Arm um Eva gelegt hat, die mindestens als göttliche Idee bereits im Augenblick der Erschaffung des Adam lebendig war und die schon ganz verliebt ihren Blick auf Adam gerichtet hat. Schließlich, um auf unseren Text zurückzukommen, die direkte Aufforderung an Thomas: Streck deine Hand aus, berühr mich, damit du glaubst, daß ich es wirklich bin.

Tatsächlich sind die menschlichen Sinne und das Berühren etwas ganz Wichtiges für den Evangelisten Johannes. So schreibt er am Anfang seines ersten und schönsten Briefes: „Was wir mit unseren Augen gesehen, und was unsere Hände angefaßt haben, das verkünden wir: das Wort des Lebens." (1 Joh 1,1) In dieser Kurzformel des Glaubens verankert Johannes den Logos, das göttliche Wort sozusagen in den menschlichen Sinnen. Besonders wichtig ist ihm dabei das Anfassen, das Berühren. Und das ist gut so. Denn Berühren ist etwas Urmenschliches.

Die in Europa übliche Form der Begrüßung zweier Menschen ist in der Regel die Berührung ihrer Hände. Die etwas herzlicher veranlagten Lateinamerikaner geben sich einen abrazo – eine Umarmung. Wenn sich ein Mann und eine Frau gern haben, dann drücken sie dies auch in zärtlichen Berührungen aus. So sagt das verliebte Gretchen am Spinnrad in Goethes Faust: „Ich möchte fassen und halten ihn." Die Bedeutung des Berührens ist in unsere Sprache eingegangen. Wenn uns etwas nahegeht, dann sagen wir: es berührt uns. Ein Mensch, der sich von nichts anrühren läßt, ist im Bereich der Gefühle und damit in einer ganz wesentlichen Dimension des Menschseins unterentwickelt. Eine Berührung drückt Nähe, Vertrautheit und Liebe aus.

Auch für Jesus war die Welt der Berührung und der Zärtlichkeit etwas Wichtiges. Wie viele Kranke, die aufgrund der jüdischen Reinheitsgebote als unrein galten, hat er nicht berührt und dadurch geheilt! Von wie vielen Menschen, die als Unberührbare galten, hat er sich nicht berühren lassen! Denken wir nur an die Sünderin im Haus des Pharisäers Simon, von der sich Jesus die Füße salben läßt (vgl. Lk 7,36–50). Wir könnten viele Entdeckungen machen, wenn wir die Evangelien einmal unter dieser „sinnlichen" Rücksicht des Berührens durchlesen würden. Jesus ließ sich von den Menschen und von ihrer Not anrühren. Er verstand es, Menschen zu berühren und sie dadurch mit neuem Leben zu erfüllen, so wie Gott bei Michelangelo dem Adam durch eine Berührung das Leben schenkt. Auch Jesus der Auferstandene ist nicht etwa eine luftige Geistexistenz, sondern er läßt sich weiterhin berühren. Das, so meine ich, zeigt uns das heutige Evangelium.

Ich habe selber vor kurzem während eines halbjährigen Aufenthaltes in Indien ganz neue Erfahrungen mit dem Berühren und mit der Unberührbarkeit gemacht. In Indien existiert ein Kastensystem, in dem die Mehrzahl der Menschen wie in vier Schubladen sauber eingeordnet ist. Allerdings gibt es eine nicht unerhebliche Gruppe von 140 Millionen Menschen, die aus diesem wohlgeordneten Kastensystem herausfallen. Sie gelten als Kastenlose oder als Unberührbare. Das indische Wort dafür ist Dalit, was wörtlich übersetzt etwa zerbrochen, zerschlagen, niedergedrückt bedeutet. Es wäre zu kompliziert zu erklären, wie es dazu geschichtlich gekommen ist. Doch es ist eine Tatsache, daß in Indien 140 Millionen Menschen leben, die von Geburt an für alle anderen als Unberührbare gelten. Dies bedeutet konkret, daß sie zumindest auf dem Land mit Kastenangehörigen buchstäblich nicht in Berührung kommen dürfen. Sie leben in einem räumlich abgetrennten und sehr viel armseligeren Teil des Dorfes. Sie dürfen nicht denselben Brunnen wie sie benützen. Sie dürfen nicht aus denselben Bechern trinken, auch wenn diese gewaschen wurden. Lange war es den Frauen der Dalits verboten, ihren Oberkörper zu bekleiden. Sie dürfen den Tempel nicht betreten. Und sie müssen alle vorstellbaren Dreckarbeiten wie Kloputzen und das Wegschaffen von toten Tieren verrichten. Zu allem Unglück wurden diese Unterschiede religiös aus dem Hinduglauben begründet und verteidigt.

Für diese Dalits erschien nun der christliche Glaube mit seiner Verkündigung von der Gleichheit aller Menschen und der Bevorzugung der Armen und Kleinen wirklich wie eine Erlösung. So kam es besonders im vergangenen Jahrhundert zu Massenbekehrungen. In der katholischen Kirche Südindiens sind mehr als sechzig Prozent Dalits. Die Tragik besteht aber darin, daß sich das Kastensystem in einer mehr oder weniger offenen Weise auch in die Kirche eingeschlichen hat. So ist es teilweise auch heute noch üblich, daß in den Kirchen Dalits und Kastenangehörige getrennt voneinander sitzen und in getrennten Reihen zur Kommunion gehen. Sogar auf den Friedhöfen gibt es zwei Sektionen. Unter den Priestern gibt es nur wenige Dalits, und noch weniger unter den Bischöfen.

Seit etwa zehn Jahren hat sich in der südindischen Kirche eine christliche Dalitbefreiungsbewegung gebildet, die von meinem Freund, dem Jesuitenpater Antony Raj, angeführt wird. Doch Antony Raj macht mit seiner Bewegung die ebenso alte wie bittere Erfahrung, daß derjenige, der den Status quo in der Gesellschaft und in der Kirche anrührt, als Unruhestifter und als Revolutionär gebrandmarkt und verunglimpft wird. So hat er inzwischen sowohl die Mehrzahl der Bischöfe als auch die Regierung seines Bundesstaates Tamil Nadu gegen sich.

Die meisten Dalits, denen ich begegnet bin, sind innerlich verwundete Menschen. Das Stigma der Unberührbarkeit hat ihr Selbstwertgefühl angefressen. Wenn der auferstandene Jesus seine Wunden zeigt, so identifiziert er sich mit allen Menschen, denen das Leben Wunden in ihre Seelen geschlagen hat. Eine indische Dalit-Theologie, die im Entstehen begriffen ist, hebt mit vollem Recht hervor, daß Jesus auf seiten der Dalits steht. Sein Umgang mit den Aussätzigen und den Unberührbaren zeigt, wie er die Schranken der Unberührbarkeit überwindet. In Indien begegnet er uns besonders in den mit dem Stigma der Unreinheit behafteten Dalits. Auch wenn es noch ein langer Weg sein dürfte, so hat die Botschaft vom befreienden Umgang Jesu mit den Unberührbaren seiner Zeit eine Bewegung in Gang gebracht, die wie eine Auferstehung für die Dalits ist.

Thomas kam zum Glauben an den Auferstandenen, weil Jesus sich von ihm berühren ließ. In der Geschichte der Kirche Indiens gilt Thomas als der Apostel, der den christlichen Glauben nach Indien getragen hat. Nach zweitausend Jahren zeigt dieser Glaube endlich einen Weg, um die Wunde der Unberührbarkeit zu heilen.

Martin Maier

DRITTER SONNTAG DER OSTERZEIT

In dieser nachösterlichen Zeit sind die Texte anders zusammengestellt als sonst üblich. Auch heute, am dritten Sonntag der Osterzeit, ist wie an jedem Sonntag bis Pfingsten die Erste Lesung der Apostelgeschichte und die Zweite der Offenbarung des Johannes entnommen. Auf diese Weise erfahren wir wenigstens einige Details von der Entwicklung der ersten kleinen Gemeinde in Jerusalem. Heute zum Beispiel sehen wir die Apostel vor dem Hohenpriester, der ihnen verbieten will, im Namen des Auferstandenen zu lehren. Die Apostel, erfüllt vom Heiligen Geist, treten der Behörde mutig entgegen, und Petrus erklärt: „Man muß Gott mehr gehorchen als den Menschen. Der Gott unserer Väter hat Jesus auferweckt, den ihr ans Holz gehängt und ermordet habt." Das Verbot, in Jesu Namen zu lehren und Seine Botschaft zu verkünden, wird wiederholt und bekräftigt, die Apostel aber freigelassen. Abschließend heißt es dann: „Die Apostel aber gingen weg vom Hohen Rat und freuten sich, daß sie gewürdigt worden waren, für Jesu Namen Schmach zu erleiden." Ja, damals brannte noch ihr Herz, damals waren sie noch erfüllt vom Geist und einig in der Liebe. So ausgestattet, erscheint alles einfach und leicht zu ertragen, wird sogar Schmach und Schande zu einem Quell der Freude.

HERR, DU WEISST ALLES, DU WEISST AUCH, DASS ICH DICH LIEBE.

Jahrzehnte später, die Missionsreisen außerhalb Palästinas waren längst in Gang gekommen, junge Gemeinden blühten in Kleinasien, in Griechenland und im Römischen Reich, aber es gab auch schon heftige Auseinandersetzungen, ja Streit zwischen den Aposteln – Jahrzehnte später also saß Johannes in seinem Turmzimmer auf der Insel Patmos und schrieb die Visionen über die eigentliche, die göttliche Welt nieder, die der Geist ihm eingab. Er sah den Thron, er hörte die Stimmen der Engel, die da riefen: „Würdig ist das Lamm, das geschlachtet wurde, Macht zu empfangen und Reichtum und Weisheit, Kraft und Ehre, Herrlichkeit und Lob." Das Geschehen von Golgota, die Ereignisse im nachösterlichen Jerusalem wurden auf diese Weise überhöht und ins Göttliche hinein transponiert, ins Licht der Ewigkeit entrückt. Geschah das, um die manifest gewordenen Schatten des Allzu-Menschlichen in den jungen Gemeinden zu überstrahlen? Niemand weiß es. Möglich wäre es wohl …

In die Sphäre nicht des Allzu-Menschlichen, sondern des Wunderbar-Menschlichen in der Begegnung mit dem Auferstandenen entführt uns das Evangelium des heutigen Sonntags.

Job 21,1–17

Und dann – dies sei hinzugefügt – ist Jesus noch einmal seinen Schülern erschienen. Am See von Tiberias ist es gewesen – und so wie ich erzähle, hat er sich ihnen gezeigt: Beisammengewesen sind Simon Petrus und Thomas, der Zwilling, Nathanael, der aus Kanaan kam, in Galiläa, dazu die Söhne des Zebedäus und noch zwei andere Schüler. Da sagte Petrus zu ihnen: „Günstiges Wetter, in dieser Nacht. Ich fahre zum Fischen hinaus." – „Wir gehen mit dir." Und sie stiegen ins Boot, legten ab, warfen die Netze aus und fingen während der ganzen Nacht keinen einzigen Fisch.

Und dann, als der Morgen aufzog, die erste Frühe des Tags, stand Jesus am Ufer, aber die Schüler erkannten ihn nicht. „Freunde, ich bin hungrig. Habt ihr nicht ein wenig Fisch?" – „Nein, nicht einen: Unsere Netze sind leer." – „Dann werft sie noch einmal aus – zur Rechten! Auf der richtigen Seite: Da sind die Fische!"

Und sie warfen die Netze ins Meer – welch ein Fang! Sie konnten kaum an Bord gezogen werden, die Netze, so schwer waren sie. Da sagte der Schüler, den Jesus lieb hatte vor den andern, zu Petrus: „Es ist der Herr!" Und als Petrus das hörte – „es ist wahrhaftig der Herr!" –, schlüpfte er in sein Gewand (denn er war nackt) und warf sich ins Wasser. Die anderen Schüler aber, klüger als Petrus, blieben im Boot, sie waren nicht weit vom Ufer entfernt, zweihundert Schritte, kaum mehr, zogen das Netz mit den Fischen hinter sich her, und als sie an Land waren, sahen sie, hell brennend, ein Kohlenfeuer, auf dem die Fische brieten und das Brot trocknete. „Und nun die Fische!" sagte Jesus, „bringt euren Fang!" Da ging Petrus an Bord, packte das Netz und zog es an Land: Hundertunddreiundfünfzig Fische – alle sehr groß, und dennoch riß das Netz nicht entzwei. „Kommt", sagte Jesus, „wir halten Mahl."

„Wer bist du?" – Nein! So hat niemand gefragt unter den Schülern: Sie wußten ja, daß es der Herr war, und wagten nicht, mit ihm zu sprechen. Jesus aber ging auf sie zu, nahm das Brot, verteilte es unter die Schüler und gab ihnen Fische: ein Freund, der Mahl hält mit seinen Freunden.

Und dies war nun das dritte Mal, daß Jesus den Schülern erschien, nachdem er auferstanden war von den Toten, und dieser Bericht wäre zu Ende, hätte es nicht, nach dem Mahl, das Gespräch gegeben, das ich aufzeichnen muß: das Gespräch mit Petrus, der Jesus verraten hatte in der Nacht, ehe der Hahn schrie.

„Simon, Kind des Johannes", sagte Jesus, „du weißt, daß meine Schüler mich lieben. Ich aber frage dich, Simon, liebst du mich mehr als sie?" – „Ja, Herr, ich habe dich lieb." – „Dann sorge für meine Lämmer – und kümmere dich um die Böcklein!"

Und ein zweites Mal! „Simon, Sohn des Johannes, hast du mich lieb?" – „Ja, Herr, du weißt, ich habe dich lieb." – „Dann führe meine Schafe hinaus auf die Weide!"

Und nun das dritte Mal! „Simon, Sohn des Johannes, hast du mich lieb?" Da wurde Petrus sehr traurig, weil Jesus ihn zum dritten Mal fragte: „Hast du mich lieb?", und er sagte zu ihm: „Herr, du weißt alles – und solltest das eine nicht wissen: daß ich dich lieb habe?" – „Dann weide meine Schafe. Weide die Böcklein und die Lämmer und behüte sie."

(Übertragung: Walter Jens)

Im Kloster der Dominikanerinnen von Bethanien, etwas außerhalb von Nestelbach bei Graz gelegen, habe ich Schwester Christa-Teresa Eisler aufgesucht. Dort lebt die gebürtige Berlinerin nun schon seit Jahren, seit sie sich als Spätberufene für diesen Orden entschieden hat. Voll Leben und Engagement ist diese jugendliche Sechzigerin, die nicht nur in ihrem Kloster aktiv ist, sondern auch dem Generalrat des Ordens angehört und oft zu Treffen nach St.-Sulpice bei Paris fährt oder in der Slowakei unterwegs ist, um dort neue Gemeinden aufzubauen. Sie weiß, daß es vor allem die Liebe ist, die zur Basis von Kirche werden muß, wenn sie die Kirche Jesu werden will.

KOMMENTAR

Welch ein bewegtes Leben spiegelt sich in diesem Evangeliums-Abschnitt: Freunde Jesu finden sich zusammen, um gemeinsam an ihre Arbeit zu gehen. Fischfang bei Nacht, so wie sie es gewohnt sind und wie es sinnvoll ist für ihr Handwerk. Aber der Erfolg bleibt aus. Am Morgen gibt Jesus ihnen den Auftrag, hinauszufahren. Sie aber wissen aus Erfahrung, daß es unsinnig ist, um diese Zeit die Netze auszuwerfen. Aber auf sein Wort hin tun sie es dennoch. Und sie haben Erfolg.

Damit ist die lebensvolle Szene nicht beendet: Jesus lädt seine Anhänger zum Mahl ein, und bei diesem gemeinsamen Essen werden sie sich seiner Gegenwart erst richtig bewußt. Der Herr in ihrer Mitte – nachösterliche Kirche, die anfängt, im Namen Jesu und auf sein Wort hin zu wirken. Mahlgemeinschaft, die die Augen öffnet sowohl für den Herrn als auch für den Bruder, die Schwester in einer gemeinsamen Be-Rufung, die mit der Frage beginnt: „Liebst du mich?"

Viele der Kommentare zu dieser Textstelle befassen sich mit der Berufung des Petrus in die Leitungsfunktion der neuen Gemeinschaft, die sich nach dem Tod Jesu gebildet hat. Das ist gut und hat seine Berechtigung, aber ich möchte fragen: Sind wir nicht alle Petrus, und das heißt, Menschen, in den Dienst gerufen, trotz und mit aller Schuld, die wir tragen, gemeinsam unterwegs. Jeder an seinem Platz und immer wieder konfrontiert mit der Frage Jesu: „Liebst du mich?" Wäre nicht auch auf diesem Hintergrund eine starke Verbindung der Amtsträger mit den Gläubigen möglich? Zum großen Vorteil beider und zur Förderung der Glaubwürdigkeit unserer im Moment so geschüttelten Kirche. In dieser Richtung möchte ich heute mit Ihnen überlegen.

Es eröffnet sich für mich eine unglaublich hoffnungsvolle Perspektive in dieser Art der Betrachtung. Die Nachfolge Christi, der Ruf dazu, der an alle ergeht, wenn auch in verschiedener Form und in verschiedenen Bereichen, ist gebunden an das Maß der Liebe!

Da geht es nicht um besondere Anlagen oder besonders hervorstechende Leistungen. Es geht vor allem nicht um die Frage nach einer makellosen Vergangenheit. Es geht um die tiefe Demut, anzuerkennen, daß ohne die Zuwendung Jesu zu uns nichts möglich ist.

Die letzten Ereignisse in unserer Kirche, all die Turbulenzen um Bischöfe und Theologen, öffnen uns vielleicht die Augen für den, der im Morgengrauen an unseren Ufern steht, das heißt in jenem Moment, in dem uns selbst das Licht über unsere Situation aufgeht – nach der Nacht der Erfolglosigkeit, des vergeblichen Sich-Mühens. Nachsichtig liebevoll schaut er auf das Strandgut unserer Sucht des Machens, der Macht und der Masken. Dann stellt er uns die eine wirklich wesentliche Frage: „Liebst du mich?"

Er stellt uns allen diese Frage, ohne Ausnahme. Könnte das nicht das tragende Zeichen der Einheit unter uns Christen sein? Stiftet nicht diese Frage Jesu mehr Frieden und Zusammengehörigkeit als alle sonstigen Versuche?

Beladen mit dieser Anfrage an unsere Liebesfähigkeit können wir miteinander unterwegs sein. Dabei ist ER die Mitte, und nicht dieser oder jener Papst, Bischof, Pfarrer oder Theologe. Das entlastet die Amtsträger, dient der Geschwisterlichkeit in der Kirche und schafft vor allem Raum und viel Platz für Barmherzigkeit bei Versagen.

Wenn sich die Kirche wieder als eine Kirche von Sündern, von geliebten und erlösten Sündern versteht, von der Spitze der Hierarchie bis zum zuletzt Getauften, dann wird sie wieder zur Kirche, die nach Christus Ausschau hält, nach seiner Vergebung fragt, aufbaut auf Vergebung und Versöhnung. Mit ihm und untereinander.

Wie gut stünde das einem jeden von uns an, und wie gut täte das einem jeden von uns. Kirche als Gemeinschaft von Sündern – wer darf da Steine werfen? Wer würde es dann noch wagen, es zu tun, sitzt er doch mit allen im selben Glashaus.

Das gäbe eine wunderbare Solidarität und Verflechtung unter allen Gliedern der Kirche. Die mit der Leitung Beauftragten müßten nicht mehr an einsamer Spitze stehen, sondern wüßten sich aufgehoben in der Gemeinschaft aller, die sich von Christus geliebt wissen. Sie müßten nicht und könnten auch nicht mehr allein oben sein. Welch eine Entlastung von Leistungsdruck!

Und die anderen könnten in voller Mitverantwortung auf ihrem Posten stehen und Kirche sein, anstatt klammheimlich auszuziehen, weil sie, wie hypnotisierte Kaninchen, immer nur auf Personen schauen, die ihnen nicht zusagen.

Ob berechtigt oder nicht – es geht, wie Paul Michael Zulehner in seinen Büchern immer wieder sagt, um den Anspruch der Barmherzigkeit: Kann ich meinem Nächsten verzeihen, daß er nicht Gott ist?

Wenn die Liebe zählt, dann ist Christus die Mitte – und Christus ist die Mitte, weil die Liebe zählt.

Barmherzigkeit lacht das Gericht aus – so lautet das Thema einer Veranstaltung des Cursillo, einer der Charismatischen Erneuerungsbewegungen. Ist da nicht Hoffnung für uns Heutige? Es gibt menschliches Versagen, wer wollte das leugnen. Das Evangelium ist voll von Berichten darüber. Und jeder von uns weiß darum aus seinem eigenen Leben. Wie befreiend es ist, das annehmen zu können, haben wir alle schon erfahren, aber wir sind sehr vergeßlich.

Gott weiß doch um unser Versagen, um unsere menschliche Gebrochenheit – uns da herauszuführen, ist Christus gekommen. Auch das wissen wir, nur vergessen wir auch das immer wieder.

Das Osterfest, die Auferstehung Jesu, ist das Angebot und die Sicherheit, aus unserer Not immer wieder aufstehen zu können. Petrus hat das erfahren – und der Evangelist erinnert uns immer wieder daran. Das ist froh machende und befreiende Botschaft. Wir sind nach der Liebe gefragt. Schuld ist da. Sie soll auch nicht verharmlost werden, das würde dem Menschen gar nicht helfen. Aber sie ist nicht das Letzte, das zählt. Denn „Gott ist immer größer als unser Herz".

Nehmen wir doch um Gottes und um unseretwillen diese Chance an. Was ist denn das Evangelium anderes als eine Trost-Schrift. Für uns, für alle, die wir uns Brüder und Schwestern in der Kirche nennen. Sie soll Richtschnur sein für all unser Urteilen und Handeln. Uns selbst gegenüber – wie hart können wir doch mit uns selbst sein! Und dann den anderen gegenüber. Mit welcher Härte gehen wir da oft vor!

Unserer Härte setzt Gott die Möglichkeit der Liebe entgegen. So können wir Mensch-Werdung und Zeichen der Auferstehung in unserer Mitwelt sein.

„Selig die Barmherzigen, denn sie werden Barmherzigkeit empfangen."

„Die Barmherzigkeit lacht das Gericht aus!"

Das letzte Wort hat immer die Liebe. Lebenspendendes Geschenk Jesu.

„Herr, du weißt alles. Du weißt auch, daß ich dich liebe!"

Christa-Teresa Eisler

Sie erinnern sich noch, daß Bischof Stecher sagte: „Ostern ist die Wende, die alles ändert." Unter dem Stichwort „Wende" gibt uns das Schott-Meßbuch heute den folgenden Text mit auf den Weg in diesen Tag, in diese Woche:

„Die Auferstehung ist die Wende, von der Finsternis zum Licht, von der Angst, der Vergeblichkeit und der Sinnlosigkeit der Nacht zu einem neuen Auftrag, zu neuer Hoffnung, neuer Zukunft. Wo immer Jesus an das Ufer unseres Lebens tritt, da bricht ein neuer Morgen an. Da erhält das Leben Sinn und Mitte.

Jesus steht am Ufer nicht als schweigende Erscheinung, nein, er gibt Sendung und Auftrag. Dienst an den Menschen, apostolischer Dienst im Namen Jesu lebt von Ostern her: vom Licht Christi, von seinem Auftrag und seiner Verheißung und von seiner immer wieder neu gestellten Frage: Liebst du mich?"

VIERTER SONNTAG DER OSTERZEIT

Wann und wo immer ich in diesen Wochen Schwestern oder Brüder im Glauben treffe, denen es damit und auch mit unserer Kirche ernst ist, so finde ich sie traurig, verwirrt, angewidert, zornig oder auch alles zusammen. Wie Schuld oder Unschuld, Recht oder Unrecht auch verteilt sein mögen, gut ist es nicht, was wir da miterleben, auch nicht schön und auch nicht christlich. Da ich aber nicht bereit bin, die Flinte ins Korn oder sonstwohin zu werfen und außerdem viel zu starke Parallelen zwischen der Entwicklung in der Gesellschaft und jener in der Kirche sehe, als daß ich das als Einzelphänomen denunzieren könnte, gebe ich die Hoffnung nicht auf, daß in schlimmen Zeiten wie diesen auch eine Chance liegt. Wie Krankheit eine katharsische, eine reinigende Wirkung haben kann, so kann das auch dafür als möglich erachtet werden, wenn alle zusammen bereit sind, heilend damit umzugehen und auch vor bitteren Arzneien nicht zurückschrecken.

Wo es hinzielen soll, das können wir aus den nachösterlichen Evangelien lernen. Am letzten Sonntag fragte Jesus am See Gennesaret Petrus und jeden und jede von uns dreimal: Liebst du mich? Petrus sagte: „Herr, du weißt alles, du weißt, daß ich dich liebe." Was sagen wir, wie können wir antworten? Lassen wir diese Frage tief in unsere Seele fallen, damit sie sich dort ihre Antwort suchen kann.

Heute geht es ebenfalls um Liebe, auch wenn in der Evangelienstelle nach Johannes zum vierten Sonntag der Osterzeit das Wort gar nicht vorkommt. Aber ist es nicht Liebe, bedingungslose Liebe, wenn Jesus sagt:

MEINE SCHAFE HÖREN AUF MEINE STIMME, ICH KENNE SIE UND SIE FOLGEN MIR.

Am kommenden Sonntag ist dann von dem neuen Gebot die Rede; daß ihr einander liebt, wie ich euch geliebt habe. Ist es nicht – nach dem Gebot der Gottesliebe – das größte aller Gebote? Und noch eine Woche später wird es dann heißen: Wer mich liebt, den wird der Vater lieben, und wir werden Wohnung bei ihm nehmen. Diese Zusagen sind Trost in dunklen Zeiten – für mich jedenfalls, und ich hoffe, auch für Sie. Nicht billiger Trost wie ein Heftpflaster auf einer vereiterten Wunde, nein, wirklicher, tiefer Trost, weil ich mich eingebettet fühle in jene Liebe, die

Jesus für uns alle gelebt hat, um Zeichen zu sein für die Liebe seines Vaters. Es ist nicht Glauben, sondern Wissen aus dem Glauben, was mich trägt. Wenn die Wolken tief und dunkel von einem regenschweren Himmel hängen oder der Nebel so dicht ist, daß man die Hand nicht vor den Augen sieht, weiß ich, daß darüber die Sonne ist und bleibt und nur darauf wartet, mich zu wärmen.

Wie führen uns nun die Texte der heutigen Messe hin zum Bild des Hirten, der seine Schafe kennt und liebt? Zuerst sehen wir Paulus und Barnabas in Antiochia, einer der ersten christlichen Gemeinden. Wir sehen sie in der dramatischen Spannung zwischen denen, die das Wort gehört und angenommen haben und sich von den Aposteln weiter darin bestärken lassen wollen, und den anderen, die die neue Lehre wütend bekämpfen. Am Schluß des Textes aus der Apostelgeschichte heißt es dann: „Sie vertrieben sie aus ihrem Gebiet. Die Apostel aber schüttelten gegen sie den Staub von ihren Füßen und zogen nach Ikonion. Und die Jünger waren voll Freude und erfüllt vom Heiligen Geist."

Manchmal könnte man heute schon den Eindruck haben, als wären wir nicht nur von allen guten Geistern, sondern auch vom Geist Gottes selbst verlassen. Aber vielleicht öffnen wir uns einfach zu wenig, lassen ihn nicht ein und nicht zu, weil wir mehr für unsere Zerstreuung tun als für unsere Sammlung, die es braucht, um seinen Atem zu spüren. Nach dem hin- und mitreißenden Psalm 100 mit seinem Eingangsvers „Jauchzt vor dem Herrn, alle Länder der Erde! Dient dem Herrn mit Freude! Kommt vor sein Antlitz mit Jubel!" lesen wir in der Offenbarung des Johannes von denen, die aus der Bedrängnis kommen: „Sie haben ihre Gewänder gewaschen, im Blut des Lammes weiß gemacht." Und das Lamm ist es auch, das in der Vision des Johannes die vom Leben Geschlagenen zu den Quellen führt, aus denen das Wasser des Lebens strömt und „Gott", so lese ich abschließend, „wird alle Tränen von ihren Augen abwischen".

So vorbereitet können wir uns auftun für das Wort des Evangeliums.

Joh 10,27–30

Meine Schafe hören auf mich, ich kenne sie alle, sie folgen mir nach, und ich gebe ihnen das ewige Leben und rette jedes einzelne: keines wird sterben, niemand wird es meinen Händen entreißen.

*Der Vater, der sie mir anvertraute, ist größer als alles, und keiner
kann sie den Händen meines Vaters entreißen; denn er trägt Sorge
für sie.
Mein Vater und ich: Wir beide sind eins.*

(Übertragung: Walter Jens)

Weil die Evangelien des heutigen Tages und der beiden kommenden
nachösterlichen Sonntage um ein einziges Thema kreisen, die Botschaft
der Liebe, meinte ich, daß es gut sein könnte, diese Texte e i n e m
Menschen anzuvertrauen, und ich fand ihn in einem der bedeutendsten
deutschen Theologen unserer Zeit: Professor Eugen Biser. Geboren 1918,
hatte er zwölf Jahre den von Romano Guardini in München begründeten
Lehrstuhl für Christliche Weltanschauung als Nachfolger von Karl Rahner
inne. Später begründete er an der Universität München das dortige Se-
niorenstudium, das er auch heute noch leitet. Er ist nicht nur ein brillan-
ter Vortragender, sondern auch einer der fleißigsten theologischen Auto-
ren, die ich kenne. Vor kurzem erschien sein neuestes Buch, *„Der
Mensch, das uneingelöste Versprechen"*, mit dem er eine neue Anthropo-
logie zu begründen sucht. Ein Meister der Sprache, so kenne ich ihn
schon lange, als Prediger ist er auch für mich eine neue Erfahrung.

KOMMENTAR

M eine Schafe hören auf meine Stimme; ich kenne sie, und sie folgen
mir!" So spricht der gute Hirt, in dessen Stimme die des Auferstandenen zu vernehmen ist. Er spricht davon, daß er die Seinen kennt, und
zieht dieses Erkennen in der Parallelstelle sogar mit seiner Kenntnis des
Vaters in Vergleich. Überrascht fragen wir: Was hat Ostern, dieses Fest
der Todüberwindung, mit Erkenntnis zu tun? Aber da mischt sich der
„antwortende Osterzeuge" Paulus, der uns als einziger in sein Herz
blicken läßt, in das Gespräch ein und versichert: nicht nur mit Erkenntnis, sondern mit noch Größerem, mit Offenbarung. Und er begründet
sein Wort mit dem Geständnis, daß ihm damals, bei seinem österlichen
Damaskuserlebnis, Gott das Geheimnis seines Sohnes geoffenbart, also
ins Herz gesprochen habe. Das rückt das Ostergeheimnis in ein neues,
ganz unerwartetes Licht. Es ist nicht nur Ausdruck der todüberwinden-
den Macht Gottes, sondern seiner Liebe, die sich verschenkt und sich dadurch, wie es nur die Liebe vermag, zu verstehen gibt.

Eine alltägliche Lebenserfahrung kann das verdeutlichen. Um einem anderen etwas zu sagen, braucht man keine Worte zu machen. Es genügt, ihm einen bedeutungsvollen Blick zuzuwerfen. Dasselbe tat Gott mit den Erscheinungen des Auferstandenen. Wer wissen will, was es um sein Geheimnis ist, muß sich nur das verklärte Antlitz des Auferstandenen vergegenwärtigen. Mit ihm ist uns im Grunde alles mitgeteilt, was uns die Gottesoffenbarung zu sagen hat. Denn dieses Antlitz spricht, beredter als Worte es vermöchten, davon, daß Gott uns nicht im Dunkel dieser todverfallenen Welt stehenlassen und daß er uns vor allem nicht unserer Angst und Einsamkeit überlassen will. Das kommt im Fortgang des heutigen Textes mit aller Deutlichkeit zum Ausdruck, denn da versichert der gute Hirt: „Ich gebe ihnen ewiges Leben; niemals werden sie verlorengehen; denn niemand kann sie unserer Hand entreißen."

In diesem Wort verbirgt sich auch die Antwort auf die Frage, die Anhänger wie Kritiker des Glaubens seit Jahrhunderten bewegt: Wozu brauchen wir eigentlich eine Gottesoffenbarung? Welchen Zweck verfolgt sie? Der scharfsinnige Lessing meinte, Gott wolle damit der menschlichen Vernunft den Zugang zur Wahrheit erleichtern und die oft verschlungenen Wege zu ihr abkürzen. Wenn die Offenbarung aber darin ihren Höhepunkt erreichte, daß Gott Mensch wurde und die ganze Lust und Last eines Menschenlebens auf sich nahm, war der Aufwand für den von Lessing angenommenen Zweck viel zu groß. Dann mußte die Offenbarung ein höheres, menschlicheres Ziel verfolgen. Und das kann nur in dem bestehen, was gerade der heutige Mensch unablässig sucht und trotz aller Wissenschaft und Philosophie bestenfalls bruchstückhaft erreicht: im Sinn seines Lebens. Denn dieser „Sinn" ist gleichbedeutend mit dem Ort seiner definitiven Beheimatung und Zugehörigkeit. So klingt es bereits am Schluß der Paradiesgeschichten an, wenn Gott den sündig gewordenen Menschen mit der Frage „Wo bist du?" zur Rede stellt, um ihm die Folgen seiner Tat vor Augen zu führen: ein Leben in Mühe, Sorge und Angst anstelle der ihm zugedachten Geborgenheit in der Liebe seines Schöpfers. Doch auf der Höhe der Heilsgeschichte wird Gott seine Frage selbst beantworten durch die Sendung seines Sohnes, der sich als guter Hirt der Verlorenen annimmt, um sie in die Geborgenheit seines Reiches heimzuführen. Das ist die Chance der Wiedergewinnung der paradiesischen Beheimatung. Denn wo wären wir besser geborgen und sicherer aufgehoben als in der Heilandshand, der uns niemand entreißen kann? Das sollten wir stets neu und tiefer bedenken. Gerade dann, wenn wir angesichts der Schwierigkeiten, die der Alltag mit sich bringt, aufgeben möchten, sollten wir uns immer wieder diese Hand vergegenwärtigen und uns, insbesondere in Stunden der Enttäuschungen und Vereinsamung, daran erinnern: Niemand kann uns dieser Hand entreißen!

Eugen Biser

In einem Aufsatz von Eugen Biser lese ich zum Kernpunkt des heutigen Evangeliums noch diesen Satz: „Den Anfang machte und macht diese Liebe damit, daß sie den, der sich ihr glaubend anvertraut, in sich aufnimmt und ihn, ungeachtet seiner Kreatürlichkeit, zum Rang der Gotteskindschaft erhebt. In der Sprache der Paulus-Schule heißt dies: Er kehrte zurück an seinen Ursprungsort am Herzen des Vaters, um dort, im Zentrum des Seins, zugleich bei allen zu sein. Von dort her teilt er sich allen mit, um in ihnen auf- und fortzuleben."

FÜNFTER SONNTAG DER OSTERZEIT

Wir halten am fünften Sonntag der Osterzeit, sind also noch immer eingebunden in den österlichen Festkreis und seine unvergängliche Botschaft vom Leben, das stärker ist als der Tod. Motor und Mitte dieses Lebens ist die Liebe, die Liebe Gottes, die in Jesus Mensch und Person wurde und die uns als das zentrale Gebot mit auf den Weg durch die Geschichte und unser eigenes Leben gegeben wurde.

EIN NEUES GEBOT GEBE ICH EUCH: DASS IHR EUCH LIEBT, WIE ICH EUCH GELIEBT HABE.

Sie hat schon getragen, diese Liebe, durch die Jahrhunderte und Jahrtausende. Immer wieder ist sie aufgeblüht, trotz Blut und Tränen, trotz Gewalt und Not, trotz all dem Kriegsgeheul und Geschützdonner. Ziemlich zerfetzt und aus vielen Wunden blutend hat sie sich durch die Zeit geschleppt, vergewaltigt und tausendfach geschändet und entehrt, ist sie durch Trümmer geschlichen und an dornigen Büschen entlang. Aber sie lebt, hat überlebt bis heute. Denn auch wenn wir unsere Zeit als kalt und lieblos empfinden – und das ist schon richtig –, ist deswegen die Liebe nicht tot. Ich habe sie in den Fetzenhütten der Armen gefunden, wo sie die Menschen nährte und wärmte, wenn die Nächte bitter kalt und die Töpfe leer waren. Ich habe sie in den Augen von Müttern gesehen, in leergeweinten Augen über den viel zu vielen offenen Gräbern, an denen diese Frauen gestanden hatten. Das Herz dieser Gebeugten aber war voll Leben und die Arme immer noch schützend, bergend und weich für die nachgeborenen Kinder, für die verzweifelte Nachbarin, den verletzten Compañero, die Stimme immer noch stark, um das Lied der Gerechtigkeit und Freiheit zu singen. Nein, die Liebe ist nicht tot, nur manchmal verschüttet unter dem Zuviel-Haben, dem Neid und der Habgier, der Intoleranz und der Feigheit.

In der heutigen Zweiten Lesung, der Offenbarung, finde ich die gültige Botschaft:

> *Da hörte ich eine laute Stimme vom Thron her rufen: Seht, die Wohnung Gottes unter den Menschen! Er wird in ihrer Mitte wohnen, und sie werden sein Volk sein; und er, Gott, wird bei ihnen sein. Er wird alle Tränen von ihren Augen abwischen: Der Tod*

*wird nicht mehr sein, keine Trauer, keine Klage, keine Mühsal.
Denn was früher war, ist vergangen. Er, der auf dem Thron saß,
sprach: Seht, ich mache alles neu.*

Joh 13,31–35

*Als Judas gegangen war, sagte Jesus: „Jetzt ist es geschehen. Der
Menschensohn ist verherrlicht, und verklärt in ihm ist Gott. Wenn
er verherrlicht worden ist, in seinem Glanz und seinem Ruhm,
dann wird er auch ihn, in sich, verherrlichen – und wie bald
schon! Ihr werdet euch sehnen nach mir, aber – ich hab's den Juden gesagt, und ich sage es euch – ich gehe dorthin, wo ihr nicht
sein könnt. Darum liebt einander, auch wenn ich fort bin, das ist
mein Gebot, mein Auftrag in dieser Stunde. Liebt euch so sehr, wie
ich euch lieb gehabt habe; damit alle Welt weiß: Sie sind seine
Schüler."*

(Übertragung: Walter Jens)

Aus diesen Schülern und den Schülern dieser Schüler, die das Wort und
gerade diese Botschaft hinausgetragen haben, ist Kirche, ist Volk Gottes
gewachsen, aber bis heute ist es uns nicht gelungen, zur Kirche Jesu
Christi zu werden, da wir der Welt dieses Bild der liebenden Gemeinschaft bis heute vorenthalten haben. Aber vielleicht kommt das daher,
daß wir bis heute die falschen Fragen gestellt haben. Das jedenfalls vermutet Eugen Biser in einigen zentralen Bereichen.

KOMMENTAR

Ein alttestamentliches Wort sagt: Die Liebe ist stark wie der Tod.
Ostern besagt demgegenüber: Die Liebe ist stärker als der Tod. Allzu
lange haben wir nur nach dem Zweck des Todes Jesu gefragt und ihn
mit dem Satz umschrieben: er starb, um zu sühnen; biblisch gesprochen:
als Sühnopfer für die Sünden der Welt. Heute sollte aber endlich nach
dem Sinn seines Todes gefragt werden. Denn sobald dies geschieht, wird
klar, daß sich in diesem Sterben nur das enthüllte, was Leitstern und Beweggrund des ganzen Lebens Jesu gewesen war: die Hingabe an Gott,
an seine Sendung und an die Menschen, zu denen er sich gesandt wuß-

te. Das muß heute, in dem nach dem Zweiten Vatikanum in Gang gekommenen „Disput um Jesus", neu entdeckt werden! Was er verkündete, was er durch seine Wundertaten bekräftigte und was er in der Auseinandersetzung mit der sich ihm zunehmend verweigernden Umwelt erkämpfte, ist letztlich nur als Frucht und Folge seiner Gottesbeziehung zu begreifen. Er ging liebend und, wie die Apostelgeschichte von ihm sagt, „Wohltaten spendend durchs Land" (10,38), weil er sich selbst geliebt wußte. So ergibt es sich aus seiner zentralen Lebensleistung, durch die er den jahrtausendealten Zweifel, ob Gott mehr zu lieben oder zu fürchten sei, überwand, indem er den Schleier des Angst- und Schreckenerregenden vom Bild Gottes entfernte und darin das Antlitz des bedingungslos liebenden Vaters zum Vorschein brachte. In keiner Stunde seines Lebens leuchtete das aber heller auf als in der seines Kreuzestodes. Denn in seinem Tod ereignete sich das, was in dieser Welt der Mißgunst, des Hasses und der Bosheit noch nie der Fall war: der Sonnenaufgang der bedingungslosen Liebe, der es darum ging, die Welt zu verwandeln und auf eine neue Basis zu stellen.

Damit macht Jesus den Anfang, wenn er seinen Jüngern gebietet, einander zu lieben, wie er sie geliebt hat, und wenn er diesen Auftrag als sein „neues Gebot" bezeichnet. Machen wir uns einen Augenblick lang klar, was geschehen würde, wenn wir uns auf dieses Ansinnen einließen! Viele alltägliche Verhaltensweisen wären blockiert: Mißtrauen, Neid, Mißgunst, kurz all das, was die zwischenmenschlichen Beziehungen verdüstert und vergiftet. Dafür würde aber weit mehr noch freigesetzt: Vertrauen, Hilfsbereitschaft, Engagement für eine menschlichere Welt, Hochherzigkeit und Großmut, Bereitschaft zu geben, ohne Dank und Gegenleistung zu erwarten. Wir wissen nur zu gut: wenn das „neue Gebot" Jesu beherzigt würde, hätte das eine völlige Klimaänderung zur Folge. An die Stelle der sozialen Unterkühlung träte eine Atmosphäre der Rücksicht, der Toleranz, des Wohlwollens und der vertrauensvollen Verbundenheit.

Doch woher die Kraft dazu nehmen? Die Antwort gibt der Nachsatz „wie ich euch geliebt habe". Das ist nicht nur das Maß, sondern auch der Beweggrund. Auf uns selbst gestellt, fielen wir nach gutgemeinten Anläufen nur allzu rasch wieder in Stimmungen des Argwohns und der Mißgunst zurück. Doch wir sind nicht allein gelassen, mehr noch: wir sind geliebt. Und getragen von dieser Liebe, die bis zum Äußersten ging, werden wir lernen, über unseren Schatten zu springen und verstehend und hilfsbereit auf andere zuzugehen.

Eugen Biser

164

Das ist so irgendwann mitten im Leben nicht einfach zu lernen und zu erfahren. Oft sind schon zu viele Enttäuschungen gewesen, oft sind Wunden schlecht vernarbt. Oft ist das Herz ausgebrannt, das Gefühl der Leere zu groß geworden. Oft ist es wirklich nicht leicht, an diese Liebe noch – wieder – zu glauben und sich auf sie einzulassen. Da haben es jene besser, die am Anfang des Lebens die Chance hatten, Urvertrauen zu erfahren, Geborgenheit und Wärme. Wo da eine Mutter war, oder ein Vater, oder besser noch beide, die dem Kind diese tiefe Gewißheit vermitteln konnten: Ja, ich bin geliebt – der wird auch der Liebe Gottes leichter vertrauen, sich auf sie einlassen können.

SECHSTER SONNTAG DER OSTERZEIT

Und wieder dieser Dreiklang, auch heute, am sechsten Sonntag der Osterzeit: Apostelgeschichte, Offenbarung des Johannes und im Evangelium Worte über die Liebe, die Liebe des Vaters und des Sohnes zu den Menschen, die das Wort hören und annehmen, und die Zusage des Beistands, der kommen und sie alles lehren wird. In der Textstelle aus der Apostelgeschichte erfahren wir von großer Aufregung und heftigen Auseinandersetzungen. Es geht um die Frage der Beschneidung. Die einen behaupten, daß keiner gerettet werden kann, der nicht beschnitten ist nach mosaischem Brauch, und die anderen meinen, daß die Beschneidung nicht wichtig ist. Die Apostel Paulus und Barnabas machen sich von Antiochia auf, um nach Jerusalem zu gehen und die Frage mit den anderen Aposteln und Ältesten zu diskutieren. Das geschieht, und es wird gemeinsam entschieden, daß die Beschneidung nicht wichtig ist und daß es genügt, Götzenopferfleisch, Blut, Ersticktes und Unzucht zu meiden. Sie schreiben das nieder und geben Paulus und Barnabas noch zwei Apostel zur Verstärkung mit, damit die Botschaft mehr Gewicht bekommt. Auseinandersetzung hat es also immer schon gegeben, es scheint nur die Frage zu sein, wie man damit umgeht.

Alles ist und bleibt im Fluß, solange in dieser Welt Geschichte geschieht, Menschheitsgeschichte. Heilsgeschichte? Wie es ist, wenn Gott diese Welt in die Vollendung geführt haben wird, das wissen wir nicht, davon kann nur einer in Bildern und Gleichnissen reden, dem der Geist Gottes den Vorhang vor der Zukunft wegzieht für einen Augenblick der Schau. So beschreibt uns Johannes in seinem Turmstübchen auf Patmos das Bild der heiligen Stadt Jerusalem, wie sie von Gott aus dem Himmel herabkommt. Ein märchenhaftes, allegorisches, von Edelsteinen überglänztes Bild, das auf jegliches Licht, sogar auf Sonne und Mond verzichten kann, weil es von der Herrlichkeit Gottes überstrahlt ist. Von der Höhe künftiger Herrlichkeit kehren wir im Evangelium zurück zu Jesus, der zu seinen Schülern spricht:

WER MICH LIEBT, DEN WIRD DER VATER LIEBEN, UND WIR WERDEN KOMMEN UND WOHNUNG BEI IHM NEHMEN.

„Nur wer mich liebt", antwortete Jesus, „wird meine Worte bewahren – die Worte! Ihren Sinn! Ihren Geist! –, und mein Vater wird ihn lieben, und wir, ihr und ich, werden unsere Heimat finden, bei ihm. Doch wer mich nicht lieb hat, wird auch meine Worte nicht hüten. Ihr aber hört sie und wißt – ich sag's immer wieder! –, daß es nicht mein Wort ist: dem Vater gehört es, der mich gesandt hat. Ich spreche zu euch: – ach, wie bald wird es heißen: Ich habe gesprochen! – solange ich mit euch bin und war: für wie kurze Zeit! Der Helfer aber, Beistand und Fürsprech, der Heilige Geist, den der Vater euch schenkt an meiner Statt, wird euer Lehrer sein und euch an meine Worte erinnern: an alle.
Ich lasse euch den Frieden zurück, als meine Gabe, ich schenke euch den Frieden, er ist mein, denn die Welt kann ihn nicht geben. Seid nicht bekümmert in eurem Herzen und habt keine Furcht! Bedenkt alle Zeit meine Worte, ihr habt sie gehört: Ich gehe, aber ich kehre zurück. Ich verlasse euch und finde euch wieder. Freut euch, wenn ihr mich liebt, über mein Wort: Ich gehe zum Vater, er ist größer als ich und wird euch behüten. Ich aber habe euch jetzt gesagt, was einst geschehen wird, damit ihr, wenn's so weit ist, euren Glauben bewahrt."

(Übertragung: Walter Jens)

Wenn wir uns also für seine Liebe öffnen, sein Wort hören und danach in seinem Frieden leben, können wir in der Fülle seine Wiederkunft erwarten. Das ist Frohbotschaft, das ist gute Nachricht, die uns allerdings im Laufe der Geschichte so verstellt worden ist, mit all dem Drohen und Kettengerassel, daß sie für viele unsichtbar, unhörbar, unverständlich geworden ist. P. Henri Boulad, der Mystiker aus Ägypten, hat in einem seiner Bücher auf den Satz des heiligen Irenäus, einem der frühen Kirchenväter, verwiesen, der gesagt hat: „Die Herrlichkeit Gottes ist der lebende Mensch."

Henri Boulad schließt daraus: „Gleich zu Anfang, in der Urkirche, hatte alles schon seinen rechten Sinn bekommen: Die Herrlichkeit Gottes, so wurde verkündet, manifestiere sich in der Lebensfülle eines Menschenwesens, sie sei der lebenssprühende Mensch, auf allen Ebenen seiner Persönlichkeit, und je intensiver und bewußter dieser zu leben versteht und dabei vollmenschlich wächst, reift und größer wird, um so mehr wird Gott in ihm verherrlicht. Dieses Entfalten und Aufgehen eines Menschen, das versteht sich von selbst, darf nicht als schrankenloses, egozentrisches Ausleben mißinterpretiert werden. Wahre Religion, authentisches spirituelles Leben sollte für den Menschen darin bestehen, seine besten Kräfte in sich zu wecken, zu mobilisieren und sie auf ein Ziel hin zu orientieren, um mit ihnen wirklich Gutes und Sinnvolles zu leisten. Das verstehe ich unter Lebendig-werden. Christus sagt es uns ganz klar: ‚Ich bin gekommen, damit sie das Leben haben und daß sie es in Fülle haben.‘ – Das war der Grund seines Kommens, das war sein Ziel, das Ziel seiner Lehre, das Ziel seiner Wahrheit, daß wir das Leben in Fülle haben und es doch endlich begreifen mögen.“

Eugen Biser geht heute in seinem letzten der drei Kommentare auf die Frage der Auferstehung ein und gibt ihr einen neuen Akzent.

KOMMENTAR

Allzu lange hat man beim Bedenken des Ostergeheimnisses immer nur gefragt: auferstanden – woher? Und die Antwort war klar: vom Tode. Diese Frage hat auch heute noch angesichts einer Jesus-Literatur ihr gutes Recht, die sich über alle historischen Quellen mit der ebenso bodenlosen wie reißerischen Behauptung hinwegsetzt, daß der gekreuzigte Jesus nicht gestorben, sondern nur scheintot ins Grab gelegt, dann aber von seinen Jüngern gesundgepflegt worden sei, und daß er sich schließlich nach Kaschmir, andern zufolge nach Rom abgesetzt und dort sein Ende gefunden habe. Dem kann nur die bestbezeugte Tatsache des Lebens Jesu entgegengehalten werden, die paradoxerweise in seinem Tode besteht. Sie kann durch nichts in der Welt widerlegt werden, am wenigsten durch das in diesem Zusammenhang immer wieder ausgespielte „Leintuch von Turin“, das im Grunde von jedem Kind als Fälschung durchschaut werden müßte, weil ein natürlicher Abdruck niemals so aussehen würde und weil im Fall einer wunderbaren Entstehung sicher ein ganz anderes Ergebnis zustandegekommen wäre. Daß sich dieses „unsägliche Tuch“ trotz aller, auch kirchlichen Widerlegungen so zäh in der Diskussion behauptet, ist eine Folge der, wie es scheint, unausrottbaren Wundersucht, die sich neuerdings der weinenden Madonnen bemächtigt und mit deren angeblichen Drohungen von der Trost- und Freudenbotschaft des Evangeliums ablenkt.

Die aber kommt ans Licht, sobald man die traditionelle Fragestellung nach dem „Woher" mit der wahrhaft österlichen vertauscht. Denn Ostern ist kein Fest der Rückschau oder gar der Nostalgie, sondern des Aufbruchs und des Aufblicks. Daher muß endlich gefragt werden: auferstanden, aber wohin? Darauf gibt das Schlüsselwort des heutigen Evangeliums eine Antwort, die neu entdeckt und begriffen zu werden verdient. Zur Hälfte ist diese Antwort bekannt. Dann lautet sie: Er ist als Auferstandener heimgekehrt an seinen Ursprungsort, zur Rechten, und das besagt: am Herzen des Vaters. Aber das ist eben nur eine Teilantwort. Zu ihrer Vervollständigung gehört der Kernsatz des heutigen Evangeliums: „Wir werden kommen und Wohnung bei ihm nehmen." Ostern ist der Übergang von der Lebens- zur Wirkungsgeschichte Jesu. Seine vorzüglichste Wirkung aber besteht in seiner Einwohnung im Herzen der Glaubenden. So bezeugt es Paulus, der sich vom Auferstandenen ergriffen und in eine mystische Lebenseinheit mit ihm aufgenommen weiß. So bestätigt es dieser selbst, wenn er im letzten Buch des Neuen Testaments versichert: „Siehe, ich stehe vor der Tür und klopfe an. Wenn jemand meine Stimme hört und die Tür öffnet, werde ich bei ihm einkehren und das Mahl mit ihm halten" (1,20). Und so sah es einer der größten Denker der alten Kirche, Gregor von Nyssa, der darum weiß, daß Jesus in einem jeden noch einmal Mensch werden, heranreifen, wirken und leiden will. Genauso dachte der unvergessene Neutestamentler Alfred Wikenhauser, der sich zu der Überzeugung bekannte: „Er, der am Kreuz für mich gestorben ist, er führt nun als Auferstandener sein Leben in mir." Darauf sollten wir uns besinnen; dann würde der Osterglaube für uns zu einer Quelle des Glücks, der Kraft und der Selbstfindung.

Eugen Biser

In einem Aufsatz in den *Salzburger Nachrichten* hat Eugen Biser ebenfalls die Frage „Auferstanden, nicht woher, sondern wohin" aufgeworfen und die Forderung erhoben: „Wenn dieser altchristliche Gedanke aufs neue entdeckt, durchdacht und gelebt würde, dann wäre an der Überlebenschance des Glaubens nicht mehr zu zweifeln. Denn dieser Gedanke würde den Geist der Schwere, der das Glaubensleben verstört und lähmt, austreiben; er würde die Kreativität des Glaubens beleben und ihn seiner welt- und angstüberwindenden Kraft bewußt werden lassen. Und damit wäre die hilfreichste Vorentscheidung für die Zukunft getroffen. Es ist die Zukunft des mystischen Zeitalters, von der das bekannte Rahner-Wort, daß der Christ von morgen ein Mystiker sei, in hellsichtiger Vorausschau sprach."

CHRISTI HIMMELFAHRT

Am vergangenen Sonntag schloß ich mit einem Zitat von Professor Eugen Biser, der die Frage nach der Auferstehung neu gestellt hat: Nicht Auferstehung woher, sondern Auferstehung wohin, das steht für ihn im Mittelpunkt des Ostergeheimnisses, denn, so der bekannte deutsche Theologe wörtlich: „Er kehrte zurück an seinen Ursprungsort, am Herzen des Vaters, um dort, im Zentrum des Seins, zugleich bei allen zu sein. Von dort her teilt er sich allen mit, um in ihnen auf- und fortzuleben."

Das Fest Christi Himmelfahrt fügt sich hier nahtlos an, wenn es im Eröffnungsvers heißt: „Ihr Männer von Galiläa, was steht ihr da und schaut zum Himmel? – Der Herr wird wiederkommen, wie er jetzt aufgefahren ist. Halleluja." Diese Worte sind der Ersten Lesung entnommen, in der Lukas, der Autor der Apostelgeschichte, die Szene in Betanien ausführlicher schildert als in seiner Evangeliumsfassung. Er erzählt seinem Freund Theophilus, wie Jesus nach seiner Auferstehung vierzig Tage lang immer wieder seinen Jüngerinnen und Jüngern erschienen ist und ihnen vom Reich Gottes gesprochen, ihnen Wissen und Weisheit vermittelt hat. Die vierzig Tage sind natürlich keine reale Zahl, sondern das Gleichnis einer langen Zeit, wie die vierzig Jahre des Marsches durch die Wüste oder die vierzig Fastentage Jesu. Wieviel Zeit also zwischen dem Tag der Auferstehung und seiner Heimkehr wirklich vergangen ist, wie lange diese Lehrzeit der Jünger gedauert hat, wissen wir nicht. Daß sie in dieser Zeit aber von Zauderern, von Kleingläubigen zu Begeisterten geworden sind, davon berichten alle Evangelien in starken, leuchtenden Bildern. In dieser Spanne Zeit mit ihrem verwandelten Meister wurden ihre Herzen entzündet, wuchs ihnen jene Kraft im Glauben zu, die sie erst wahrhaft zu Aposteln, zu Kündern der neuen Lehre machte, die sich durch sie wie ein Flächenbrand über diese ganze Erde verbreitete.

UND WÄHREND ER DEN SEGEN SPRACH, SCHIED ER VON IHNEN UND IST HEIMGEKEHRT ZU GOTT.

Geschrieben steht: Der Gesalbte muß leiden, bis an den Tod, aber am dritten Tag wird er, unter den Gestorbenen, auferweckt werden. Und die Große Predigt geht aus, die Verkündigung in seinem Namen, zu allen Völkern: Tut Buße! Die Sünden sind euch vergeben! Und hier, in Jerusalem, soll es beginnen. Ihr seid meine Zeugen, ihr habt es gesehen. Was der Vater verheißen hat, sei euch geschenkt. Bleibt hier, in dieser Stadt, und wartet, bis ihr, eines Tags, umkleidet seid von seiner Macht, die vom Himmel her kommt.

Und er führte sie hinaus nach Betanien, breitete die Hände aus, hob sie empor und segnete alle. Und während er den Segen sprach, schied er von ihnen und ist heimgekehrt zu Gott.

Sie aber, mein Theophilus (ein letztes Mal grüße ich dich), gingen nach Jerusalem zurück; Freude erfüllte ihr Herz, und sie waren von nun an alle Zeit im Tempel und lobten Gott.

(Übertragung: Walter Jens)

Eine Gruppe alter, schattenspendender Bäume und ein dichtes Gewirr grüner und blühender Sträucher stehen schützend und bergend vor dem Eingangstor der – für ein bevölkerungsmäßig rasch wachsendes Siedlungsgebiet – viel zu kleinen Pfarrkirche Maria Loretto in Jedlesee. Dörflich die kleine Kirche, dörflich auch noch die alten Häuser der Umgebung, städtisch, großstädtisch und meist häßlich hingegen die modernen Siedlungsbauten gleich dahinter und die kalten Fassaden der diversen Einkaufszentren an der nahen Pragerstraße.

Im oberen Stockwerk des in den sechziger Jahren als Kloster errichteten Pfarrhauses treffe ich Franz Bierbaumer in seinem gemütlich eingerichteten, hellen, aber doch eher zellenartig kleinen Zimmer. Für den schlanken, hochgewachsenen jungen Mann wirkt das sicherlich zuweilen beengend, was sich allerdings nicht auf seine geistige Beweglichkeit und Offenheit ausgewirkt hat.

Der Weinbauernsohn aus Engelmannsbrunn wollte ursprünglich Ordensmann werden, hat aber rasch gemerkt, daß er fürs Klosterleben nicht geschaffen ist. Priester aber ist er mit Leib und Seele. Nach vier Kaplansjahren in Perchtoldsdorf ist er seit 1. September 1994 in Maria Loretto tätig. Aber sehr lange wird seines Bleibens wohl nicht mehr sein. Nachdem Unstimmigkeiten um einen geplanten Kirchenzubau bereits den Pfarrer in die Flucht getrieben haben, denkt auch Franz Bierbaumer an Veränderung. Wohin es gehen wird, ist noch offen. Eines aber weiß er: Seine seelsorgerischen Ambitionen bei der Feuerwehr will er weiter betreiben. Hier sieht er Chancen für sein missionarisches Charisma, wie er meint, und ist ganz stolz, wenn er erzählt, daß einer der Feuerwehrleute, die ihm anfangs eher ablehnend gegenüberstanden, ihn jetzt gebeten hat, seinen Sohn zu taufen. „Das ist doch ein Zeichen, daß sie mich annehmen, daß ich einer von ihnen geworden bin", leuchten seine blitzblauen Augen in einem von ehrlicher Freude überstrahlten Gesicht. Auf den Grundton „Freude" ist auch seine Homilie zum heutigen Festtag gestimmt.

KOMMENTAR

Vielleicht geht es Ihnen ähnlich wie einer Frau mittleren Alters, die mir vor einiger Zeit sagte: „Herr Kaplan, ich kann mit ‚Christi Himmelfahrt' nichts anfangen. Wissen Sie, ich kann mir darunter einfach nichts vorstellen ..." Viele Christen haben ihre „liebe Not" mit dem heutigen Festtag. Die einen lassen das Fest gleichsam „auf sich beruhen" („ist halt so"). Andere freuen sich darüber, daß sie einen freien Tag haben und ihn als solchen genießen können.

Jedenfalls ist die Himmelfahrt Christi einer der letzten wichtigen Pinselstriche auf dem großen Ölgemälde der Heilsgeschichte.

Um gleich ein Mißverständnis vorwegzunehmen: Es geht beim heutigen Fest nicht um eine spektakuläre „Fahrt in den Himmel" – etwa nach Art eines Senkrechtstarters. Es geht auch nicht um die Versetzung des Herrn in den Ruhestand.

Christus ist heimgekehrt zum Vater, nicht um sich für immer aus dieser leidigen Welt zurückzuziehen und „in Pension zu gehen", sondern um das Schicksal dieser Welt in die Hand zu nehmen. Der Vater will noch einmal feierlich bestätigen, daß er mit dem Erlösungswerk seines Sohnes einverstanden ist.

Das „Emporgehobenwerden Jesu zum Himmel" ist nicht das Ende eines heilsgeschichtlichen Abenteuers, nicht ein Abschied für immer, sondern ein neuer Anfang einer neuen Geschichte.

Nun zur Botschaft des Evangeliums: Dem Evangelisten Lukas geht es weder um eine detaillierte Beschreibung noch um eine eindrucksvolle Reportage der Himmelfahrt Jesu. Er bemerkt lediglich: „Und während er sie segnete, verließ er sie und wurde zum Himmel emporgehoben" (V 51).

Lukas möchte uns schlicht und einfach sagen: Jesus Christus, der gekreuzigte und auferstandene Herr, ist nicht „sang- und klanglos" in einer „Nacht- und-Nebelaktion" für immer aus dieser Welt verschwunden. Er hat sich nicht von einer Minute auf die andere „aus dem Staub gemacht", sich in die weite Ferne abgesetzt und läßt uns nun „dumm sterben", sondern er hat uns eine neue, besondere, noch intensivere Nähe zugesagt! Diese Nähe kann man nicht beschreiben, man muß sie erleben. Mit Augustinus kann man sagen: „Gott ist uns näher als wir uns selber sind."

Eines kann ich aus eigener Erfahrung bestätigen: In seiner Nähe wird es einem warm ums Herz. Da spüren wir, daß wir angenommen sind, gern gesehen, geliebt und kostbar wie eine funkelnde Perle. Es ist ein Gefühl von Geborgenheit, Heimat, Umfangensein.

Lukas geht also nicht so sehr auf die Frage ein: Wie ist das jetzt genau mit der Himmelfahrt Jesu? Wo ist er jetzt und wie sieht es dort aus?

Ihm geht es vielmehr um die Beantwortung der Frage: Wer sind wir nach der Himmelfahrt Christi – hier, jetzt und heute?

Im Evangelium findet sich darauf eine Fülle von Antworten …

1. Wir sind Gesegnete!

Im Vers 50 lesen wir: „Jesus führte sie hinaus in die Nähe von Betanien. Dort erhob er seine Hände und segnete sie. Und während er sie segnete, verließ er sie und wurde zum Himmel emporgehoben" (V 50–51).

Wir sind also Gesegnete …

Das heißt: Wir sind beschenkt mit „seinen Worten, die er zu uns sprach, als er noch bei uns war" (Lk 24,44). Wir sind nicht „irgend jemand"! Wir sind nicht allein gelassen, „auf Gedeih und Verderb" uns selbst überlassen, sondern: der in Jesus Christus menschgewordene Gott hält seine bergenden und schützenden Hände über uns! Er ist immer „um uns herum" als Jahwe (= Gott ist da) und als Immanuel (= Gott ist mit uns)! Er ist uns liebevoll nahe – in allem, nach allem und trotz allem! Und: Dieser Gott, der uns mit seiner grenzenlosen Liebe umfängt, begleitet uns; er geht mit uns „durch dick und dünn"!

2. Wir sind Be-geist-erte!

In dem Sinn, daß wir mit seinem Geist ausgestattet sind! Das lesen wir im Vers 49: „Und ich werde die Gabe, die mein Vater verheißen hat, zu euch herabsenden. Bleibt in der Stadt, bis ihr mit der Kraft aus der Höhe erfüllt werdet."

Der Herr hat zu Pfingsten über seine Jünger und in Taufe und Firmung auch über uns den Heiligen Geist ausgegossen. Diese Gabe des Vaters, der Heilige Geist, läßt uns erkennen, was wichtig und was unwichtig, was vorrangig und was nebensächlich ist. Der Heilige Geist läßt uns zum „einzig Notwendigen" durchblicken. Er läßt uns „hoffen wider alle Hoffnung" (Röm 4,18). Er ist der Finger Gottes, der uns führt. Er führt uns vom Sehen zum Schauen, vom Schauen zum Staunen, vom Staunen zum Lieben.

Die Gabe Gottes, der Heilige Geist, „zieht alle Register", wenn wir für ihn offen und empfänglich sind, wenn wir uns also nach ihm ausstrecken. Er ist die treibende Kraft auch für unsere Kirche, die in diesen Tagen ein nicht gerade einladendes und attraktives Bild widerspiegelt. Daß die Kirche trotz aller Schäden, Risse, Fehler und Sprünge noch nicht „vor die Hunde gegangen" ist, verdankt sie dem Heiligen Geist: seinen Gaben, seinen Fingerzeigen, seinen Weisungen, seinen herausfordernden Anrufen, seinen oft schmerzlichen Korrekturen und Schocktherapien.

Lukas beschreibt den Heiligen Geist als „Kraft aus der Höhe". Er möchte uns damit „auf gut deutsch" sagen: Freunde, vergeßt nicht, es gibt eine Kraft, es gibt eine Instanz, fast möchte ich sagen: Es gibt so etwas wie ein göttliches Energieaggregat, das sich nie und unter keinen Umständen aufbraucht! Von dieser Kraft lebt alles, was lebt. Gottes ganze Energie geht darauf, uns – wie es beim Propheten Jeremia heißt – „Zukunft und Hoffnung zu geben" (Jer 29,11).

3. Wir sind Beauftragte!
„Ihr seid Zeugen dafür", sagt Jesus.

Christus ist sowohl „beim Vater" als auch bei uns und in uns. Und: Er möchte durch uns in dieser Welt gegenwärtig, lebendig und aktiv sein! Wir – die Kirche mit all ihren Gliedern – sind ja „sein Leib". Wir sind sein Mund, durch den er sprechen und sich mitteilen will. Wir sind seine Hände, durch die er helfen und heilen will. Wir sind seine Füße, mit denen er zu den Menschen – zu den nahen und fernen, zu den Gesunden und Kranken, zu den Armen und Reichen – gehen will. Er will, daß wir glaubwürdige Zeugen seiner besonderen Gegenwart und Nähe sind!

Tatsache ist, daß wir

4. „... allen Grund zur Freude haben!"
... wie die Jünger, die sein „zum Himmel Emporgehobenwerden" hautnah miterlebt haben. Von ihnen heißt es: „Dann kehrten sie mit

großer Freude nach Jerusalem zurück ... und priesen Gott" (V 52–53). Wir haben allen Grund zur Freude, weil wir jetzt endgültig und definitiv wissen, daß Gott nicht irgendwo „über den Wolken" ist, weit weg von uns, sondern daß er lebendig in uns und unter uns ist. Wir wissen jetzt, daß alles gut ausgeht; ja, daß er alles zum Besten lenken möchte. Ich weiß: Mein Leben ist nicht einfach eine Seifenblase, die aufgeht, schillert, platzt, und dann nichts mehr übrigläßt als einen Tropfen Wasser.

Christi Himmelfahrt sagt uns – und damit möchte ich das Geheimnis des heutigen Festes „auf den Punkt bringen": Die Welt ist nicht dem Zufall und auch nicht der Willkür überlassen! Hinter allem Weltgeschehen steht einer, der ein „Konzept" hat; einer, in dessen Händen alle Fäden unserer Lebens- und Weltgeschichte zusammenlaufen! Nicht der Zufall regiert die Welt, sondern der Herr!

Franz Bierbaumer

Heimgekehrt ans Herz des Vaters, ins Zentrum des Seins, um von dort her in allen auf- und fortzuleben. Eines der schönsten sprachlichen Bilder, die auch bei Franz Bierbaumer schon angeklungen sind, hat ein unbekannter Verfasser hinterlassen:

Christus hat keine Hände, nur unsere Hände,
um seine Arbeit heute zu tun.
Er hat keine Füße, nur unsere Füße,
um Menschen auf seinen Weg zu führen.
Christus hat keine Lippen, nur unsere Lippen,
um den Menschen von ihm zu erzählen.
Wir sind die einzige Bibel, die die Öffentlichkeit noch liest.
Wir sind Gottes letzte Botschaft,
in Taten und Worten geschrieben.

SIEBENTER SONNTAG DER OSTERZEIT

Mit dem heutigen siebenten Sonntag der Osterzeit neigt der österliche Festkreis sich seinem Ende zu. Nur noch Pfingsten, der abschließende Paukenschlag der Bekräftigung und Bestätigung in der Herabkunft des Heiligen Geistes am Tag des jüdischen Erntefestes Schawuot ist ausständig. Von Abschied ist heute die Rede, von inbrünstigem Gebet, das Jesus für seine Jüngerinnen und Jünger vor den Vater trägt. In der Ersten Lesung aus der Apostelgeschichte erfahren wir aber auch, daß Nachfolge nicht die breite Straße, der leichte, angenehme Weg ist, sondern daß Zeugenschaft in jedem, der sich darauf einläßt, Leid, Verleumdung, Verfolgung und auch Tod, gewaltsamen Tod, bedeuten kann. Deutlich wird das an der Figur des Stephanus, jenes Diakons der ersten Gemeinde in Jerusalem, der unter den Steinen seiner Widersacher den Märtyrertod findet. Er sollte unzählige Nachfolger bekommen über die zwei Jahrtausende bis in unsere Tage. Vor allem dort, wo das Volk Gottes solidarisch den Glauben lebt und bezeugt, wird die Erde immer wieder mit dem Blut der Märtyrer getränkt. Der Seher Johannes weist in seinen Visionen aber auch weit über Blut und Tod hinaus in die Vollendung der Welt:

„Ich, Johannes, hörte eine Stimme, die zu mir sprach: Siehe, ich komme bald, und mit mir bringe ich den Sohn, und ich werde jedem geben, was seinem Werk entspricht. Ich bin das Alpha und das Omega, der Erste und der Letzte, der Anfang und das Ende ... Ich bin die Wurzel und der Stamm Davids, der strahlende Morgenstern. Der Geist und die Braut aber sagen: Komm! Wer hört, der rufe: Komm! Wer durstig ist, der komme. Wer will, empfange umsonst das Wasser des Lebens ... Er, der dies bezeugt, spricht: Ja, ich komme bald.

Amen. Komm, Herr Jesus! Maranatha!“

DAMIT DIE LIEBE, MIT DER DU MICH GELIEBT HAST, IN IHNEN IST UND DAMIT ICH IN IHNEN BIN.

Gerade gegen Ende des Johannesevangeliums wird einmal mehr der Unterschied im Aufbau des Textes zu den drei Synoptikern deutlich. Im Kapitel über Jesu Abschied von seinen Jüngern reiht er die für ihn zentralen Aussagen des jungen Rabbi gleich Perlen aneinander, zum Wesentlichen verdichtet:

Es beginnt mit der Fußwaschung und macht so deutlich, was der innerste Kern des priesterlichen Dienstes ist, den wir als Getaufte einander tun sollen. Es folgt das neue, das Liebesgebot, und dann spricht Jesus zu den Jüngern von den vielen Wohnungen seines Vaters, wohin er ihnen vorausgehen wird, und auf eine Frage des Thomas dann der wunderbare Satz: „Ich bin der Weg, die Wahrheit und das Leben." Er tröstet die Jünger mit Worten der Liebe, zeichnet ihnen das Bild vom wahren Weinstock und sagt ihnen nochmals das Kommen des Geistes, des Beistandes zu, bevor er vom Schmerz der Trennung und der Freude des Wiedersehens spricht. Und dann, vor der Passion, klingt das Abschiedsgebet an den Abba, den Vater, wie ein letztes Crescendo auf. Der letzte Absatz dieses Gebetes ist das Evangelium des heutigen Sonntags.

Joh 17,20–26

Aber nicht für sie bitte ich in dieser Stunde, sondern für alle, die, von ihrem Wort bewegt: dem Zeugnis der Ersten, eines Tags an mich glauben. Mögen sie eins sein, die ersten und zweiten und alle nach ihnen, so wie du, Vater, in mir bist und ich in dir, mögen sie eins sein in uns, damit die Welt erkenne, daß du mich gesandt hast. Den Ruhm, den du mir gabst, den Glanz und die Herrlichkeit, habe ich weitergegeben an sie, auf daß sie eins seien wie wir: ich in ihnen, du in mir. Ich bitte dich, Vater: Mögen sie ein einziges unzertrennbares Eins sein, möge die Welt erkennen, daß du mich gesandt hast, möge sie wissen, daß du sie liebst, so wie du mich liebst.

Vater, ich will, daß die Menschen, die du mir gabst, in meiner Nähe bleiben, wo ich auch bin, damit sie den Glanz und das helle Licht und die Herrlichkeit sehen, die du mir schenktest, denn du hast mich geliebt, bevor die Welt gegründet worden ist.

Gerechter Vater! Auch wenn die Welt dich nicht kennt: ich kenne dich, denn ich bin dein Sohn, und die Menschen, die du mir gegeben hast, kennen dich auch; denn sie sind deine Kinder und wissen: Du hast mich zu ihnen gesandt. Ich habe ihnen deinen Namen offenbart und werde ihn verkünden für alle Zeit, damit die Liebe, die uns eint, Kraft gewinne in ihnen: in der Gemeinschaft von Vater und Sohn und den Menschen, die an sie glauben.

(Übertragung: Walter Jens)

Normalerweise hört man ihn weniger über Schrifttexte reden, sondern eher über Fragen der Ökologie, über die Menschen- und Schöpfungsverträglichkeit der Wirtschaft, über Gesetzesanträge in heißen politischen Debatten, aber Severin Renoldner, der Abgeordnete der Grünen, von dem der heutige Kommentar stammt, hat Theologie studiert.

KOMMENTAR

Der Evangelist Johannes mutet uns mit diesem Sonntagsevangelium einiges zu. Die Theologen betiteln dieses Kapitel als Abschiedsrede, deshalb, weil Jesus hier zeitlich genau vor seiner Passion, also vor seinem Weg durch Leiden, Tod und Auferstehung redet. Wir könnten sagen, er redet im Angesicht des Todes. Das heißt, Jesus offenbart das Zentrale, das, was er von seiner Botschaft wesentlich zurücklassen will. Jesus redet von dem Verhältnis zwischen ihm und Gott, den er immer wieder als Vater anspricht, und das überträgt er auf die Jünger, auf seine Zuhörer, oder wie wir es fromm in der Kirche empfinden, auf uns, die ihm zuhören. Manchmal, wenn solche Texte in der Kirche verlesen werden, schlafen die Leute ein. Ich habe auch oft sagen gehört: Was hat das mit mir selber zu tun? Das ist eine ganz komplizierte theologische Geometrie, die irgendwann im dritten oder vierten Jahrhundert erfunden worden ist. In Ordnung, der Vater, der Sohn, der Heilige Geist, aber wie kann ich das konkret in meinem Leben umsetzen, denn es muß ja immer alles konkret sein?

Ich glaube vielmehr, daß das eher meditativ, intuitiv erfaßt werden kann. Was heißt das schon, wenn Jesus sagt: Wir alle sollen eins sein, und wenn er das dann noch vergleicht: So wie du, Vater, in mir bist und ich in dir bin, so sollen auch sie in uns sein. Karl Rahner hat einmal gesagt: Die Trinität, die Beziehung zwischen den drei göttlichen Personen, wie es in der Theologie heißt, die ist das Vorbild, aber auch die Quelle der Beziehungen zwischen den Menschen. Unsere Beziehungen untereinander sollen so sein wie die trinitarischen Beziehungen. Aber was heißt das, alle Menschen werden eins? – Also so, wie Gott in sich zusammenhält. Sie halten zusammen und lassen nicht mehr zu, daß ein Mensch geopfert wird, das heißt, sie schaffen jenen Frieden in Gerechtigkeit, von dem die Kirche in Hunderten Hirtenworten spricht und den die Christen in ihrem Glauben ersehnen, wenn es so stimmt.

Wenn ich so etwas im Parlament sagen würde, dann höre ich vor meinem geistigen Ohr schon die Zwischenrufe: Illusion, Naivität, Utopie. Na gut, ich bin ja nicht Jesus. Jesus redet wirklich von idealen Zuständen. Dieses: alle Menschen sind eins. Er redet da sehr idealistisch. Er redet eben vom Reich Gottes, aber wo bleibt das Reich Gottes? Und Jesus redet in diesem ganzen Text persönlich zu Gott, zu seinem Vater, wie er ihn nennt. Er redet wie in einem Gebet. Er bittet für seine Jünger. Wörtlich: Sie sollen meine Herrlichkeit sehen, die du mir gegeben hast, weil du mich schon geliebt hast vor der Erschaffung der Welt.

Die Liebe, die sich Jesus für uns wünscht, die gibt es schon seit Ewigkeit. Neben allen Schrecknissen der Geschichte und auch neben allen furchtbaren Schrecknissen unserer Zeit hat diese Liebe ewig bestanden. Ist das nicht ein sehr theoretischer Satz? Jetzt, vor seinem furchtbaren Tod, wo Jesus nur noch eine ganz kleine Fan-Gemeinde hat, wo ihm nur noch ganz Wenige geblieben sind, sagt er das: Diese Liebe hat es seit Ewigkeit gegeben ... Was will Jesus von dieser kleinen Fan-Gemeinde? – Sie sollen diese unendliche Liebe in die Welt tragen, so wie sie in Gott existiert. Das heißt aber, sie müssen die Welt umgestalten, und das ist sehr viel. Zuerst einmal müssen die Menschen zu essen haben, wenn sie die Liebe spüren und erkennen sollen, die in Gott schon seit Ewigkeit ist. Die Welt muß in ihrer ökologischen, also gleichgewichtigen, harmonischen Substanz gerettet und erlöst werden, da sie sonst die Liebe Gottes nicht spüren kann.

Die Welt, das klingt aufs erste sehr negativ, wenn Jesus sagt: „die Welt", aber ich bin sicher, Jesus hat nichts gegen die Welt. Ich glaube, daß Jesus die Welt sehr ernst nimmt, wenn er seinen Jüngern den Auftrag gibt, daß sie in der Welt etwas tun sollen, wenn er zu ihnen sagt, sie sollen untereinander so sein, wie Gott ihnen gegenüber ist, vollkommen in der Liebe: An euch soll die Welt sehen, wie gut Gott ist, sie sollen ihn durch euch erkennen. Jetzt reden wir auch sehr idealistisch, fast so wie Jesus, denn in der Kirche sieht es nicht so aus, als daß die Welt erkennen könnte, wie gut Gott ist, weil in der Kirche alles so wunderbar, so voll der Liebe wäre, daß man sich daran orientieren und der Liebe Gottes teilhaftig werden könnte.

Ich habe persönlich das Gefühl, daß in den katholischen Wohnzimmern zu viele Kreuze hängen und zu wenig Auferstehungs-Ikonen. Der Sinn der kleinen Fan-Gemeinde von Jesus Christus ist es, so zu leben, daß eben die Welt, die Menschen, die anderen alle, die Größe Gottes erkennen können. So leben können auch jene, die selbst ein leidvolles Leben haben, auch jene, die an den Pforten des Todes stehen. Die anderen

Gottes Liebe erfahren lassen, das ist der ganze und tiefe Sinn des christlichen Lebens. Es ist aber auch der Sinn unseres Engagements in der Welt, denn wir müssen diese Welt umgestalten. Es wäre vor der Liebe Gottes unerträglich, wenn wir es nicht versuchten.

Severin Renoldner

Daß das unser Auftrag ist, das wissen wir, und er bedeutet nicht mehr und nicht weniger, als die Welt auf Gottes Träume hin zu verändern. Das DASS ist klar, aber das WIE verschwimmt uns in unserer unübersichtlichen und verworrenen, verwirrten und zerrissenen Welt immer mehr, und so fragt Dorothee Sölle immer wieder mit nicht überhörbarer Dringlichkeit: „Wie kommen wir den langen Weg vom Achselzucken zu den Tränen, von den Tränen zum Schrei, vom Schrei zum NEIN der Hoffnung."

Wenn uns heute ein Theologe als Politiker die Mahnung vermittelt hat, daß Gottes Liebe in der Welt nur dadurch sichtbar und spürbar werden kann, daß jene, die an ihn glauben, einander und andere liebend die Welt verändern, verwandeln, so sollten wir uns gerade in diesen Tagen an die vielen guten Ansätze erinnern, die im Sozialhirtenbrief der katholischen Bischöfe Österreichs niedergeschrieben und veröffentlicht worden sind. Wenn die Politiker auch heute diesen Brief noch loben, so wohl vor allem deshalb, weil wir diese Forderungen bei ihnen nicht eingemahnt und selber nicht gelebt haben. Es wäre Zeit, daß sich da etwas ändert.

PFINGSTSONNTAG

„Pfingsten, das liebliche Fest war gekommen, alles grünte und blühte" – Dichterwort zum heutigen hohen Festtag. Das Fest, das im Judentum fünfzig Tage nach Pascha gefeiert wird, heißt Schawuot und ist ein frohes, freudiges Erntefest. In unseren Breiten ist die Ernte noch weit, und das Pfingstfest fällt eher in die Periode der Aussaat, des Anpflanzens. Aber mit Ernte hat es doch zu tun, da die Herabkunft des Heiligen Geistes als Frucht von Ostern, als Frucht der Auferstehung und der Heimkehr des Menschensohnes in die liebenden Arme des Vaters erkannt werden kann.

Wir können davon ausgehen, daß Petrus und die anderen Jüngerinnen und Jünger des Auferstandenen Schawuot gefeiert haben und an diesem Freudenfest leicht in Verdacht geraten konnten, voll des süßen Weines zu sein, als die Menschen sie in ihren verschiedenen Sprachen reden hörten und ihr geist-erfülltes Reden und Stammeln als Trunkenheit mißverstanden. Daß sie Christen waren, wußten sie selber zu diesem Zeitpunkt noch nicht. Sie empfanden sich als durch Jesus erweckte Erneuerer des Judentums, als Menschen, mit denen Gott durch seinen Gesalbten, durch seinen Messias einen neuen Bund geschlossen hatte, den er an diesem Freudentag durch die zugesagte Sendung des Geistes, der Ruah, besiegelte. Zum Pfingstfest wurde Schawuot für die Anhänger der neuen Lehre erst später im Verlauf der Geschichte.

In orientalisch bunten Bildern von diesem Tag in Jerusalem berichtet Lukas in der Apostelgeschichte, aus der die heutige Erste Lesung in der Kirche stammt. Die Zweite Lesung aus dem Ersten Korintherbrief des heiligen Paulus weist auf die unterschiedlichen Gaben des Geistes hin, und im Evangelium nach Johannes wird noch einmal auf den Auferstandenen verwiesen, der zu den Jüngern trat und ihnen Frieden zusprach.

Ich habe mich anders entschieden und möchte auf einen alttestamentlichen Text aus der Liturgie der Pfingstvigil, der Vorabendmesse, zurückgreifen, der von einer atemberaubenden Aktualität ist.

GEIST, KOMM HERBEI VON DEN VIER WINDEN! HAUCH DIESE ERSCHLAGENEN AN, DAMIT SIE LEBENDIG WERDEN!

Es war der Abend des 10. April 1995, als am Jahrestag der Befreiung des Konzentrationslagers Bergen-Belsen im Fernsehen eine BBC-Dokumentation gezeigt wurde. Dieser Abend und die Bilder des nackten Grauens, die nicht irgendwann, sondern in unserer Zeit, in meiner Lebenszeit von einer unbestechlichen Kamera festgehalten worden sind, waren für mich der Grund, den Ezechieltext auszuwählen, denn er trifft unser Gestern und unser Heute, mit den Millionen Menschen, denen das Leben vor der Zeit entrissen wird, weil wir immer noch nichts verstanden und nichts gelernt haben.

Ez 37,1–14

In jenen Tagen legte sich die Hand des Herrn auf mich, und der Herr brachte mich im Geist hinaus und versetzte mich mitten in die Ebene. Sie war voll von Gebeinen. Er führte mich ringsum an ihnen vorüber, und ich sah sehr viele über die Ebene verstreut liegen; sie waren ganz ausgetrocknet. Er fragte mich: Menschensohn, können diese Gebeine wieder lebendig werden? Ich antwortete: Herr und Gott, das weißt nur du. Da sagte er zu mir: Sprich als Prophet über diese Gebeine, und sag zu ihnen: Ihr ausgetrockneten Gebeine, hört das Wort des Herrn! So spricht Gott, der Herr, zu diesen Gebeinen: Ich selbst bringe Geist in euch, dann werdet ihr lebendig. Ich spanne Sehnen über euch und umgebe euch mit Fleisch; ich überziehe euch mit Haut und bringe Geist in euch, dann werdet ihr lebendig. Dann werdet ihr erkennen, daß ich der Herr bin. Da sprach ich als Prophet, wie mir befohlen war; und noch während ich redete, hörte ich auf einmal ein Geräusch: Die Gebeine rückten zusammen, Bein an Bein. Und als ich hinsah, waren plötzlich Sehnen auf ihnen, und Fleisch umgab sie, und Haut überzog sie. Aber es war noch kein Geist in ihnen. Da sagte er zu mir: Rede als Prophet zum Geist, rede, Menschensohn, sag zum Geist: So spricht Gott, der Herr: Geist, komm herbei von den vier Winden! Hauch diese Erschlagenen an, damit sie lebendig werden. Da sprach ich als Prophet, wie er mir befohlen hatte, und es kam Geist in sie. Sie wurden lebendig und standen auf – ein großes, gewaltiges Heer.
Er sagte zu mir: Menschensohn, diese Gebeine sind das ganze Haus Israel. Jetzt sagt Israel: Ausgetrocknet sind unsere Gebeine,

unsere Hoffnung ist untergegangen, wir sind verloren. Deshalb tritt als Prophet auf, und sag zu ihnen: So spricht Gott, der Herr: Ich öffne eure Gräber und hole euch, mein Volk, aus euren Gräbern herauf. Ich bringe euch zurück in das Land Israel. Wenn ich eure Gräber öffne und euch, mein Volk, aus euren Gräbern heraufhole, dann werdet ihr erkennen, daß ich der Herr bin. Ich hauche euch meinen Geist ein, dann werdet ihr lebendig, und ich bringe euch wieder in euer Land. Dann werdet ihr erkennen, daß ich der Herr bin. Ich habe gesprochen, und ich führe es aus – Spruch des Herrn.

Ich hatte keine Ahnung, daß gerade dieser Text aus dem Buch Ezechiel den bekannten Grazer Liturgiker Philipp Harnoncourt bei einer Oster-nachtsfeier am Soldatenfriedhof in Eisenstadt tiefer denn je beeindruckt hat. Als ich ihn um einen Kommentar für den Pfingstsonntag und zu eben dieser Stelle bat, erzählte er mir davon, und ich wußte, daß meine Wahl richtig war.

KOMMENTAR

Diese eindrucksvolle, ja überwältigende Vision aus dem Buch Eze-chiel des Alten Testaments hat wohl noch nie in der Geschichte solche Aktualität besessen wie im Jahr 1995, mit seinen vielen – ja, fast zu vielen – Gedenkstunden und Gedenkfeiern aus Anlaß der Beendigung des Zweiten Weltkrieges vor genau fünfzig Jahren.

Als der Prophet seine Vision von der riesigen Ebene voller Totenge-bein niederschrieb – etwa vor 2500 Jahren –, da konnte er gar nicht ah-nen, welche Ausmaße Massenmord und Massensterben im 20. Jahrhun-dert nach dem Kommen des geistgesalbten Retters, Jesus von Nazaret, haben würden.

– In der Umgebung von Stalingrad, das heute wieder Wolgograd heißt, sind viele Quadratkilometer unbebauter Steppe noch heute be-deckt mit den Gebeinen von mehr als einer Million gefallener Soldaten, die nie begraben werden konnten: Es sind Deutsche, Österreicher, Rus-sen, Rumänen, Italiener … Die makabren Bilder haben sich den Besu-chern des Schlachtfeldes fünfzig Jahre danach tief eingeprägt: Überall lie-gen einzelne Menschenknochen herum, da und dort noch ein vollständi-ges Skelett … dazwischen verrostete Waffen.

– Bei den Gedenkfeiern der Befreiung der vielen großen und kleinen Konzentrationslager – Auschwitz, Buchenwald, Dachau, Mauthausen, … um nur einige zu nennen – wurden Bilder unvorstellbaren Grauens gezeigt: offene Massengräber, in denen Tausende nackte Leichen darauf zu warten scheinen, gnädig mit Erde bedeckt zu werden; zu Bergen aufgeschichtete, bis zum Skelett ausgehungerte Leichen; Gaskammern und Krematorien, in denen Millionen von Menschen wie Ungeziefer vertilgt und zu Asche verbrannt worden sind.

– Zu erinnern ist auch an die Millionen von Leichen in den Großstädten Coventry, Dresden, Nagasaki und Hiroshima und in zahllosen anderen durch Fliegerbomben verwüsteten Städten;

– und niemand spricht von den Massengräbern in den Gulags der Sowjetunion aus den Zeiten von Lenin und Stalin oder von den Karsthöhlen am Balkan, in denen die Gebeine von vielen Millionen von Gemordeten und Verhungerten dahinmodern.

Diese Toten klagen unerbittlich an, denn sie sind Opfer von Unrecht und Gewalt; Menschen, die von anderen Menschen, ihren Mitmenschen, vom Leben zum Tod gebracht worden sind.

– Aber es gibt dann auch noch die vielen Millionen Opfer von Hunger, Seuchen und Naturkatastrophen, von abgestürzten Flugzeugen und untergegangenen Schiffen …

Überall auf der Welt gibt es bestattete Leichen, verscharrte Leichen, verbrannte Leichen, unbestattet verweste Leichen, verschüttete Leichen und vergessene Leichen. Die ganze Welt ist ein unendliches Feld voller Leichen, die niemand je zählen kann.

Welch Triumph der Macht des Todes! Triumph von Unrecht und Haß, von Krieg und Vernichtungswahn!

Das alles ist mir unerbittlich in den Sinn gekommen, als ich in der Osternacht des Jahres 1995, etwa um vier Uhr früh, auf dem Russenfriedhof in Eisenstadt diese Lesung aus dem Buch Ezechiel, laut und langsam vorgelesen, vernommen habe: „Können diese Gebeine wieder lebendig werden?"

Und zugleich hat – noch ehe auch nur ein erstes zaghaftes Morgengrauen im Osten zu bemerken war – eine einzelne Amsel mit kräftiger, heller Stimme jubilierend zu singen begonnen: Eine Melodie des Lebens, ein erstes zaghaftes und doch kräftiges Signal der Hoffnung!

Währenddessen hat eine Gruppe von Schwestern, mit denen ich die Karwoche als Zeit geistlicher Erneuerung verbracht habe, viele hundert kleine Kerzen mit Osterlicht auf allen Gräbern entzündet. Und wir haben die Botschaft vernommen: „So spricht der Herr: Geist, komm herbei von den vier Winden! Hauch diese Erschlagenen an, damit sie lebendig werden!"

Der Geist Gottes wird über alle Friedhöfe und Massengräber unserer Erde ausgegossen werden als Atem des neuen Lebens, als Atem des Heiles, als Atem der Versöhnung und als Atem des Friedens!

Heiliges, rettendes, ewiges Pfingsten!

Pfingsten, das begonnen hat, als Jesus am Kreuz starb; denn der Passionsbericht bei Matthäus bezeugt: „Da öffneten sich die Gräber, und die Leiber vieler Heiligen, die entschlafen waren, wurden auferweckt; nach der Auferstehung Jesu verließen sie ihre Gräber ..."

– Heiliger Pfingstgeist, Lebensatem Gottes, durch den Jesus von Nazaret empfangen war, in dessen Kraft Jesus als der Christus, der Messias, der Geistgesalbte, auf Erden sein Werk vollbracht hat, den Jesus in seinem Sterben am Kreuz ausgehaucht hat: Vater, in deine Hände lege ich meinen Geist!

– Heiliger Pfingstgeist, Lebensatem Gottes, von Jesus, dem gekreuzigten, dem auferstandenen und dem zum Vater erhöhten Herrn belebend eingehaucht seiner schwachen und sündhaften und doch auch heiliggemachten Kirche: Empfangt den Heiligen Geist!

– Heiliger Pfingstgeist, Lebensatem Gottes, von Jesus ausgegossen über Frauen und Männer, über Sklaven und Freie, über Juden und Heiden, über alle Völker und Rassen, ... damit sie einander verstehen; denn staunend bekennen sie: Wir alle hören sie in unseren Sprachen Gottes große Taten verkünden!

– Heiliger Pfingstgeist, Lebensatem Gottes, der sich in der Einheit und in der lebendigen Vielfalt der Religionen und Kulturen unseres Erdkreises kundtut.

– Heiliger Pfingstgeist, Lebensatem Gottes, der nicht nur den menschgewordenen Sohn aus dem Todesgrab ins Leben auferweckt, sondern mit seinem Grab alle Gräber der Erde öffnet, der die unendlichen Wüsten voller Totengebein in blühende Gärten des Lebens verwandeln wird.

– Heiliger Pfingstgeist, Lebensatem Gottes, der selbst den schuldig Gewordenen an Kriegen und Massenmord noch Hoffnung auf Versöhnung gewährt, weil er die Toten zum Leben erweckt!

– Heiliger Pfingstgeist, Lebensatem Gottes, wir rufen dich an: angesichts des millionenfachen Todesschreckens, angesichts der millionenfachen Todesangst, die der Mensch dem anderen Menschen einjagt.

– Heiliger Pfingstgeist, Lebensatem Gottes, wir beten dich an, wir danken dir, und wir preisen dich!
Amen. – Halleluja!

Philipp Harnoncourt

In seinem Buch mit Gebeten des Lebens, *„Gott, der mich atmen läßt"*, ist für P. Anton Rotzetter aus der Schweiz auch Pfingsten ein Thema für Gebete wie dieses:

Durch Dich
Heiliger Geist
kann alles neu werden
Gib uns neue Gedanken
und laß uns das Undenkbare denken
Gib uns neue Gefühle
und laß uns das Unbegreifbare fühlen
Gib uns neue Taten
und laß uns das Unmögliche tun
Gib uns ein neues Herz
und laß uns dem Unfaßbaren Raum geben
Mach alles neu
Und laß uns Deine neue Welt sein
hier auf Erden.

Dieses Gebet Ihnen mit auf den Weg durch diesen Festtag und darüber hinaus.

PFINGSTMONTAG

Für viele Menschen in unserer flachen und oberflächlichen Gesellschaft ist dieser Pfingstmontag nicht viel mehr als der angenehme Teil eines verlängerten Wochenendes, das man gerne – wenn das Wetter mitspielt – im Grünen verbringt, im Betrachten des üppigen Blühens. Das ist an sich nichts Negatives, ein wenig Urlaub vom Streß des Alltags, ein wenig Durchatmen, ein wenig Wieder-Spüren, daß die Welt nicht nur aus Mauern und Straßen, Lärm und Gestank, sondern aus wunderbarem, vielfältigem Leben besteht. Sollen sie ihn haben, diesen freien Tag zum Seele-Baumeln. Es gibt ja auch die anderen, die immer noch nicht genug kriegen können, die den Primat der Wirtschaft über den Menschen und die Schöpfung immer noch weiter ausbauen möchten und diese „überflüssigen, den Wirtschaftsprozeß störenden Feiertage" überhaupt am liebsten abschaffen würden. Denen ist heute sicherlich fad. Sei's drum, ihnen ist nicht zu helfen. Es gibt aber auch noch ganz andere. Jene, die diesen Tag wirklich ausschöpfen, indem sie dem Geist Raum geben und das Pfingstereignis ganz bewußt nachwirken lassen. Für diese ist heute ein rundum erfüllter Tag. Und wenn sie die Worte der Frohen Botschaft auf sich wirken, in sich weit werden lassen in der Stille, dann werden sie großen Gewinn daraus ziehen, denn es sind gute Worte, Liebesworte, Worte der Wahrheit.

WER DIE WAHRHEIT TUT, KOMMT ZUM LICHT, DAMIT OFFENBAR WIRD, DASS SEINE TATEN IN GOTT VOLLBRACHT SIND.

Das ist einer jener mystisch verschlüsselten Sätze, wie sie Johannes immer wieder benützt, um damit die Tiefe des Geheimnisses, des letztlich Unsagbaren anzudeuten. Irgendwie weist dies darauf hin, daß wir eins mit Gott sind, daß unser eigenes Wesen seit Ewigkeit im Wesen Gottes verborgen ist, daß wir in unserer je eigenen Wirklichkeit Teilnahme an Gott sind, wie jedes Glied der Schöpfung an ihm teilhat. P. Henri Boulad schreibt dazu: „Mein Wesen, das ich habe, ist abhängig von einem anderen Wesen, das ist und das ewig ist. Ich h a b e Leben in mir, Gott aber i s t Leben, ist das ewige Sein. Gott gibt mir mein Haben aus seinem Sein. Gottes Schöpfung ist anhaltende, lebendige Gegenwart und nichts Vergangenes, sondern hochaktuelles, dynamisches Tun im Hier und

Jetzt. Dieses Wissen um die anhaltende eigene Schöpfungsstunde, das ist schon Gebet, ohne alle Worte. Ich sage nichts, sondern ich fühle und begreife, daß ich nichts war, nichts bin, nichts habe, und weiß doch gleichzeitig, daß mir alles gegeben wird, mein Sein und mein Haben."

Joh 3,16–21

So sehr hat Gott die Welt geliebt, daß er den EINZIGEN hingab, seinen Sohn, damit jeder, der an ihn glaubt, niemals zugrunde geht: Er besitzt das ewige Leben. Denn Gott hat sein Kind zu uns gesandt, um, durch ihn, die Welt zu befreien und nicht zu verdammen.
Wer an ihn glaubt, wird nicht gerichtet. Wer nicht an ihn glaubt, ist schon verurteilt, denn er hat dem EINZIGEN, Gottes Sohn, nicht vertraut.
Entscheidung, Urteil, Gericht: Das Licht kam in die Welt, aber die Menschen liebten die Dunkelheit mehr als das Licht, denn sie waren verstockt, und ihre Taten richten sie.
Jeder Mensch, der Böses tut, haßt das Licht und bleibt im Dunkel, weil er sich ängstigt, seine Taten könnten, in der Helle des Tags, aufgedeckt werden.
Wer aber die Wahrheit tut, tritt ins Licht, damit offenbar wird, daß seine Werke in Gott sind.

(Übertragung: Walter Jens)

Von der Liebe Gottes zu seiner Schöpfung, zu seiner Menschenwelt ist hier die Rede, von Rettung aus dem Glauben, und von der Wahrheit, die zu tun, von der Wahrhaftigkeit, die zu leben ist. Stellen wir diesen Text vor den Hintergrund dessen, dessen Zeugen wir in diesen Tagen schmerzhaft geworden sind, so muß uns die Frage anspringen, was denn mit unserer Kirche passiert ist, daß all das und so wie es eben gewesen ist, geschehen konnte. Wurzelt das Wort des Evangeliums, wurzelt die Botschaft unseres Herrn und Bruders nicht mehr in der Kirche, hat man das WORT hinausgedrängt, zugeschüttet, vergessen, einfach gestrichen? – Wie ist es möglich, daß jene, die Vorbilder sein sollen im Dienst am Wort, an der Liebe, an der Rettung, an der Wahrheit, sich vor der Botschaft verschanzen, verstecken hinter falschen Loyalitäten und falschen Empfindlichkeiten? – Wir müßten uns sammeln und mit tiefer Inbrunst beten, daß der Geist uns neu geoffenbart werde, daß die Schlacken der Geschichte aus unseren Seelen weichen und er wieder Raum gewinne, sie, die Geistin, die Ruah, die Gott – und Menschen – umfassende Liebe. Wir sind ja nicht geistverlassen, wie es zuweilen scheinen mag, sondern nur geist-verschlossen, aus eigenem Verschulden, aus eigener Enge, eigener Mut- und Glaubenslosigkeit. Gott ist da, er klopft an unsere Seelen und will eintreten und Mahl mit uns halten. Wir brauchen nur zu hören und dann zu öffnen.

Veronika Prüller-Jagenteufel, eine der profiliertesten der neuen Theologinnengeneration, hat das Evangelium auf sich wirken lassen, und das ist dabei herausgekommen:

KOMMENTAR

Bei einer meiner Freundinnen hängt über dem Schreibtisch eine Postkarte, die ein altes Photo von Rosa Luxemburg zeigt und einen ihrer Aussprüche wiedergibt: „Es ist immer noch die revolutionärste Tat, laut zu sagen, was ist."

Rosa Luxemburg spricht zwar nicht als Christin, dennoch ist mir ihr Ausspruch in den Sinn gekommen, als ich mich mit dem heutigen Evangelium beschäftigt habe. Rosa Luxemburg spricht von der umwälzenden Kraft, die dadurch entsteht, daß Wirklichkeit als solche benannt wird – das Evangelium spricht von der rettenden Kraft der Wahrheit und des Lichts. In beiden Fällen scheint mir eine ähnliche menschliche Erfahrung angesprochen zu sein, eine Erfahrung, die wir auch heute oft machen können: Überall dort, wo wir Teile unseres Lebens, unserer eigenen Wirklichkeit vertuschen und in dunkle Ecken kehren, wo wir diese Seiten auch vor uns selbst nicht wahrhaben wollen, da ist unser Leben gleichsam behindert, und wir beschneiden uns selbst; und oft wird dabei auch das Leben anderer beeinträchtigt. Es braucht ungeheuer viel Energie, ständig das auszublenden und zu überspielen, wo wir gescheitert sind oder schuldig geworden, wo wir dem Ideal oder der Norm nicht entsprochen haben. Niemand soll es merken, und wir selbst wollen es auch nicht sehen. Das Vertuschen frißt dann aber auch zuviel von der Energie, die nötig wäre, um wiedergutzumachen oder um einen neuen Anfang zu setzen. Ein Teufelskreis ist im Gang. Ähnlich ist es aber auch, wenn wir unsere Kraft und unser Können nicht sein lassen, wenn wir uns zu sehr zurücknehmen, aus falscher Rücksicht etwa oder aus mangelndem Selbstvertrauen. Auch hier geht Lebenskraft verloren, weil sie ungenutzt bleibt, wenn aus irgendeinem Grund nicht sein darf, was ist. Manchmal scheint es mir, als würden wir in einer regelrechten Vertuschungskultur leben, geprägt von einer Mischung aus „nur net auffallen" und „ich will selber gar nicht so genau wissen, wie ich wirklich bin".

Die positive Veränderung setzt aber immer dort ein, wo jemand die eigene Wirklichkeit, die Wahrheit des eigenen Lebens selbst annehmen und dann auch vor anderen zeigen kann. Wer immer einen solchen Weg der Selbstbesinnung und Ehrlichkeit gegangen ist, weiß, daß dieser Weg oft nicht einfach, aber letztlich befreiend und lebensspendend ist – für einen selber und für die anderen. Denn Wahrheit bewirkt Veränderung, sie schafft neu und führt letztlich zur Fülle des Lebens hin, wohingegen Lüge, Vertuschung und Unwahrhaftigkeit die Lebenskräfte binden und Starrheit erzeugen. Das gilt übrigens nicht nur für Einzelpersonen, sondern ebenso für Gruppen, Gesellschaften und auch für die Kirchen. Befreites Leben wächst nur auf dem Boden von klarem, authentischem Miteinander. Wo Wahrheit verdreht wird, ist einer, der laut sagt, was ist, ein dringend gebrauchter Revolutionär.

Was hat das alles nun mit unserem heutigen Evangelium zu tun? Wie gesagt, ich habe in ihm inmitten tiefer theologischer Aussagen auch diese allgemein menschliche Erfahrung wiedererkannt. Aber im Evangelium steckt noch viel mehr: In den Worten Jesu wird diese menschliche Erfahrung als Gottes heilendes Liebesangebot deutlich.

Damit ist zugleich ein ganz zentraler Punkt der gesamten Botschaft Jesu angesprochen. Denn die Verse aus dem dritten Kapitel des Johannesevangeliums, die wir heute gehört haben, stammen aus der ersten längeren Rede Jesu in diesem Evangelium. Jesus legt hier am Beginn seines Wirkens dar, worum es ihm geht, was Kern seiner Sendung und Botschaft ist.

Am Pfingstmontag hören wir diese Stelle, weil ein paar Verse davor vom Geist die Rede ist und davon, daß es nötig ist, neu geboren zu werden aus diesem Geist. Die Worte Jesu über Gottes Liebe, über Rettung und Gericht, Licht, Finsternis und Wahrheit versuchen, weiter zu erklären, worin die Geburt aus dem Geist besteht und was sie bewirkt.

Zuerst spricht Jesus dabei von der Liebe Gottes. So sehr hat Gott die Welt geliebt, daß er seinen Sohn in die Welt gesandt hat. Denn die Welt soll glauben, das ewige Leben zu haben, nicht gerichtet, sondern gerettet zu werden. Nun hat der Ausdruck „Welt" im Johannesevangelium aber meist einen negativen Beigeschmack, mit „Welt" sind vor allem die dunk-

len Seiten unserer Menschenwelt angesprochen. In der heutigen Evange-
liumsstelle wird aber deutlich gesagt: Gerade diese dunkle Welt liebt
Gott so sehr. Gerade sie soll nicht gnadenlos dem Gericht ausgeliefert
werden. Gerade diese Welt will Gott retten und ins Licht des Lebens holen. Dazu ist Jesus gesandt. Gottes Angebot steht. Wer es ablehnt, richtet
sich selbst.

Wer nicht glaubt, ist schon gerichtet, formuliert unser Evangelium.
Hier können wir die oben erwähnte Erfahrung wiedererkennen: Wer die
Wahrheit des eigenen Lebens verleugnet, hat sich schon selbst gerichtet,
denn er verwehrt sich selbst die Fülle des Lebens. Im Evangelium heißt
es weiter: Wer Böses tut, kommt nicht zum Licht, damit seine Taten nicht
aufgedeckt werden. Wer sich aber ins Licht stellt, wer es riskiert, vor
Gott, vor sich selbst und den anderen offenbar zu werden, der wird
nicht zugrunde gehen, sondern das ewige Leben haben.

Wir brauchen uns also nicht davor zu fürchten, ins Licht zu kommen.
Denn das Licht der Wahrheit befreit und rettet. Die Flucht vor der Wahrheit, das ist das Gericht. Wer aber die Wahrheit tut, indem er Schuld zugibt, Scheitern nicht überspielt oder auch Stärke nicht unter den Scheffel
stellt, und wer Wahrheit tut, indem er anderen den Raum eröffnet, einen
offenen Blick auf sich selbst zu wagen und ehrlich zu sein, der – so sagt
Jesus – kommt zum Licht, damit offenbar wird, daß seine Taten in Gott
vollbracht sind.

Wer die Wahrheit tut, verkündet also Gott und Gottes Liebe für diese
Welt. Denn was an Wahrheit in der Welt geschieht, ist in Gott vollbracht.
Gottes Liebe trägt und umfängt diese Welt, gerade diese Welt mit ihrem
negativen Beigeschmack. Sie ist von Gottes rettender Liebe durchzogen,
die ganze Welt und jede und jeder einzelne, in allem fragmentarischen
Gelingen von Wahrheit und gutem Leben, in aller Schuld, in allem Anfang.

So sehr hat Gott die Welt geliebt, damit die Welt durch ihn gerettet
wird.

Veronika Prüller-Jagenteufel

Schenke uns den Mut, wahrhaftig zu sein, Heiliger Geist, schenke uns
die Kraft, eigene Schuld zu erkennen und auszutragen wie ein Kind,
schenke uns Phantasie im Teilen des Lichten und des Dunklen und versöhne uns in deiner Liebe.

DREIFALTIGKEITSSONNTAG

Heute rühren wir an eines der tiefsten Geheimnisse unseres Glaubens: die Dreifaltigkeit, die trinitarische Dynamik, die Vater, Sohn und Geist in gegenseitigem Geben und Nehmen verbindet. Dieses zum Dogma erhobene Geheimnis der göttlichen Natur hat uns bei anderen großen Religionen, dem Islam zum Beispiel, den Vorwurf der Vielgötterei eingetragen, weil diese Einheit in der Vielheit für andere wirklich schwer zu verstehen ist. Und hören Sie sich selbst unter Christen um, da gibt es die erstaunlichsten Antworten zum Begriff der Trinität. Für mich hat P. Henri Boulad, der Jesuit aus Ägypten, in der ersten Sendung der Reihe „Erfüllte Zeit" am 6. Juni 1993 in einer unnachahmlichen Weise definiert, was für ihn Dreifaltigkeit ist, wenn er damals sagte: „Die Dreifaltigkeit ist ein Geheimnis, in dem sich das Wesen Gottes ausdrückt. Es ist kein statisches Sein. Es ist ein Sein, das wie eine ewige, unversiegbare Quelle aus sich hinausströmt. Gott als Quelle, sich ewig verschenkend und verströmend, ohne je an den eigenen Grund zu kommen. Und der, den wir Sohn nennen, ist die ganze Seins-Fülle des Vaters, sein Ausdruck, seine Ganzheit, der, in dem der Vater sein eigenes Bild wiedererkennt. Und der Geist ist die Kraft, die den Vater dazu bringt, zu sprudeln und zu fließen. Der Geist ist die innere Dynamik dieses ewigen Strömens im Herzen des Vaters, der Antrieb zur Kommunion, zur Gemeinschaft." Und später sagte Henri Boulad: „Als Gott die Welt erschaffen hat, hat er sein innerstes Geheimnis ausgesprochen, und so finden wir die Dreifaltigkeit in allen irdischen Wirklichkeiten wieder, in allen geschaffenen und menschlichen Wirklichkeiten. Gott hat alles zweipolig geschaffen. In einer ständigen Spannung zwischen den beiden Polen strömt aber ununterbrochen ein lebendiger Strom, der alles versöhnt, verbindet, vereint. Das alles ist bestimmt von diesem höchsten, von diesem ersten ursprünglichen Modell in Gott, das wir Dreifaltigkeit nennen." Ich habe das nirgendwo schöner und auch nirgendwo faßbarer, begreifbarer gefunden, bei aller letztendlichen Unbegreifbarkeit des innersten Kerns dieses Geheimnisses.

DIE HOFFNUNG ABER LÄSST NICHT ZUGRUNDE GEHEN.

Wir haben Ostern gefeiert, das Fest des Sohnes. Wir haben Pfingsten gefeiert, das Fest des Geistes, und heute am Dreifaltigkeitssonntag wird sozusagen alles rund, schließt sich der Quellstrom, der uns lebendiges Wasser, Wasser des Lebens anbietet, jetzt, immer, jeden Augenblick unseres Lebens. Und dieses Quellwasser ist es, das uns nährt und kräftigt, das uns erst lebensfähig macht. Das haben die Jüngerinnen und Jünger in den pfingstlichen Tagen und ihrem Leben nachher erfahren, und das durfte auch der Apostel Paulus erfahren, als er die Einladung Gottes angenommen und sich auf die Reise zu den Menschen begeben hat. Und was das für ihn bedeutet hat, erfahren wir aus der heutigen Zweiten Lesung und können daraus lernen, was das für uns heißen könnte, würden wir uns wirklich und in aller Radikalität darauf einlassen.

Röm 5, 1–5

Brüder! Gerecht gemacht aus Glauben, haben wir Frieden mit Gott durch Jesus Christus, unseren Herrn. Durch ihn haben wir auch den Zugang zu der Gnade erhalten, in der wir stehen, und rühmen uns unserer Hoffnung auf die Herrlichkeit Gottes. Mehr noch, wir rühmen uns ebenso unserer Bedrängnis; denn wir wissen: Bedrängnis bewirkt Geduld, Geduld aber Bewährung, Bewährung Hoffnung. Die Hoffnung aber läßt nicht zugrunde gehen; denn die Liebe Gottes ist ausgegossen in unsere Herzen durch den Heiligen Geist, der uns gegeben ist.

In seiner Kirchenheimat, der wundervollen alten Ruprechtskirche in Wien, wirkt der holländische Augustinereremit und Poet Joop Roeland. In seinem Kommentar ist er bemüht, uns das Geschehen, den Ort und die Zeit nahezubringen und liebevoll zu durchleuchten.

KOMMENTAR

Ein wichtiger Bestandteil des Neuen Testaments sind Briefe. Vierzehn Briefe dieser Briefsammlung werden Briefe des Apostels Paulus genannt. Ein Teil von ihnen geht direkt auf ihn als Autor zurück. Einige haben eher seine geistige Handschrift und wurden wahrscheinlich von Mitarbeitern und Schülern verfaßt. Die Sammlung ist nicht vollständig, einige Briefe von Paulus sind verlorengegangen.

So wie Sie diese Briefe jetzt in Ihrer Bibel vorfinden, ist es keine Ordnung nach der Reihenfolge ihrer Entstehung. Der Brief an die Römer, der diesem Kommentar zugrunde liegt, ist von Paulus selbst verfaßt und steht an der Spitze der Briefsammlung. Aber er ist nicht der älteste Brief. Allerdings ist er der längste und wohl auch der schwierigste. Der theologische Inhalt ist sehr dicht und war die Jahrhunderte hindurch Grund zahlreicher theologischer Auseinandersetzungen und Kontroversen. Dadurch ist unser Blick auf Paulus und diesen Brief etwas verzerrt. Paulus war kein theologischer Kammergelehrter. Er war ein Prediger, immer unterwegs und Meister des gesprochenen Wortes. Geschriebene Dokumente spielen dabei eine untergeordnete Rolle. Nur wenn er verhindert ist, seine Botschaft mündlich zu bringen, schreibt er einen Brief. Diese Briefe halten die Nähe zum gesprochenen Wort. Sie wurden diktiert. Einmal schaut in dem Römerbrief der Schreiber um die Ecke, so wie im Wiener Stephansdom der Dombaumeister Pilgram als Fenstergucker hineinschaut. Der Sekretär des Briefes fügt am Ende hinzu: „Ich, Tertius, der Schreiber dieses Briefes, grüße euch im Namen des Herrn." Ein gesprochener Brief also. Das gesprochene Wort wurde in der antiken Kultur sehr kultiviert und nach verschiedenen Spielregeln verwendet, gepflegt. Emotionen waren dabei nicht verboten, sondern gewünscht. Ein Mitbruder in den Niederlanden, ein kluger Exeget, Joop Smit, hat vor einigen Jahren den Galaterbrief von Paulus anhand dieser klassischen Spielregeln des Sprechens, der Rhetorica, geprüft und ist so zu ganz neuen und überraschenden Ergebnissen gekommen.

Gesprochene Briefe, die einen Adressaten haben. Menschen, zu denen gesprochen wird. In der Lesung von heute sind es die Christen in Rom.

Rom war damals schon eine Weltstadt. Eine Million Menschen lebten hier. Sie wohnten zum Großteil in Mietskasernen, Hochhäusern bis zu zwanzig Meter hoch, mit sieben Stockwerken. Dazwischen waren enge Gassen mit sehr viel Lärm. In dieser Weltstadt gab es auch eine Gemeinde der Christen. Wann die christliche Gemeinde in Rom entstanden ist und wer sie gegründet hat, ist nicht bekannt. Der Brief an die Römer ist das früheste Zeugnis für die Existenz dieser Gemeinde. Paulus selbst war damals noch nie in Rom gewesen. Er hatte aber vor, in die Hauptstadt Rom zu kommen, um diese Gemeinde zu besuchen. Mit diesem Brief will er seinen Besuch schon vorbereiten. Vermutlich ist der Brief in Griechenland geschrieben, und zwar in Korinth, dem Zentrum der Griechenland-Mission von Paulus. Winter war es, der Winter 57–58.

Der Römerbrief bietet eine Zusammenfassung der Verkündigung und

Theologie des Apostels. Viele Grundsatzfragen werden angesprochen. Aber zwischen diesen oft theoretisch anmutenden Sätzen leuchten auch ganz persönliche Worte des Apostels auf. Der dort manchmal so theoretisch spricht, zeigt auf einmal auch eine emotionale, persönliche Ergriffenheit.

So sind die Sätze, die wir gehört haben, Sätze über die Hoffnung: „Wir haben Frieden mit Gott", „Wir rühmen uns unserer Hoffnung", „Die Hoffnung aber läßt uns nicht zugrunde gehen". Aber auch von der Bedrängnis ist die Rede. Ich denke, das geht sehr oft zusammen, Hoffnung und Bedrängnis. Paulus will hier keine Psychologie bringen, so vermerkt ein Kommentar zu diesem Brief. Trotzdem ist es eine menschliche Grunderfahrung, daß gerade Bedrängnis Hoffnung lebendig macht. Ich denke mir das oft bei Hochzeiten, wo Menschen einander Treue versprechen für gute und böse Tage. Ich denke, gerade die guten Tage, die Tage ohne Bedrängnis, sind die gefährlichen Tage, die Tage, in denen die Hoffnung bedroht wird und die Liebe verdunsten kann. Aber die Tage der Bedrängnis, die bösen Tage, sind ein Aufruf, zueinander zu halten und die Hoffnung des Anfangs nicht zu vergessen. Ich denke, daß die sogenannten guten Tage, wo alles problemlos weiterläuft, auch die hoffnungslosen Tage sein können.

Von Hoffnung und Geduld ist hier auch die Rede. Von der Geduld, die geprüft wird, der bewährten Geduld. Auch hier geht es um mehr als Psychologie. Diese geduldige Hoffnung begründet sich letzten Endes in der Geduld Gottes. Es gibt indische Schöpfungsmythen, die einen ungeduldigen Gott zeigen, einen Gott, der immer wieder seine Geduld mit der Schöpfung verliert, keine Hoffnung auf seine Kreaturen setzt und deswegen diese Schöpfung immer wieder vernichtet. Und wieder neu erschafft und wieder vernichtet. Ein ewiges Schaffen und Vernichten. Das ist nicht die christlich-jüdische Auffassung von Schöpfung. Das christlich-jüdische Denken fängt mit der Gutheißung der Schöpfung durch den Schöpfer an. Und auch wenn die Menschen Irrwege gehen, bleibt Gott diesen Menschen treu, mit ihnen verbunden. Er schließt und erneuert immer wieder den Bund mit seinen Menschen. In einer letzten Solidarität mit seiner Schöpfung wird er selber Mensch und stirbt den Tod des Menschen. Der Tod Jesu am Kreuz ist nicht der Wunsch eines Gottes, der möglichst viel Blut sehen möchte, sondern eine letzte Solidarität Gottes, eine Umarmung dieser Welt.

Diese Geduld Gottes ist die Hoffnung für Menschen in der Bedrängnis. Diese Hoffnung läßt nicht zugrunde gehen, diktierte Paulus seinem

Schreiber und versuchte mit diesen Worten den Menschen im fernen Rom und auch uns zu sagen, was uns hoffen läßt: Die Liebe Gottes ist ausgegossen in unsere Herzen. Der Schreiber Tertius hat das alles aufgeschrieben. Ob er die vielen vorangegangenen theologischen Sätze von Paulus verstanden hat, weiß man nicht. Manchmal schweiften wohl seine Gedanken ab. Manchmal war ihm langweilig und er schaute aus dem Fenster hinaus in das winterliche Land. Bei diesen Sätzen von Paulus aber wurde er aufmerksam, weil er spürte, wie Paulus ergriffen seine persönliche Bedrängnis und Hoffnung zur Sprache brachte. Er hörte genau zu. „Wir rühmen uns unserer Hoffnung", „Wir rühmen uns unserer Bedrängnis" und „Die Hoffnung läßt nicht zugrunde gehen". Warme, leuchtende Sätze mitten im Winter. Und der Schreiber Tertius lächelte.

Joop Roeland

Am Ende der heutigen Liturgie lese ich im Schott-Meßbuch noch die darüber hinaus weisenden Worte von Anton Grillmeier: „Gott hat alle seine früheren Offenbarungen überboten durch die Offenbarung seines Sohnes. Und durch seinen Geist hat Gott die Menschen zu Schwestern und Brüdern seines Sohnes gemacht und zur Gemeinschaft seiner Kinder gesammelt. Diese überwältigende Erfahrung ihres Glaubens trieb die Jünger Jesu an, die Offenbarung Gottes zu verkünden und allen Menschen das Heil anzubieten." Übersteigen wir allen Streit und Hader in unserer Kirche, überwinden wir alle unsere eigenen Verletzungen und tun wir, wie uns gesagt ist: Bringen wir den Menschen das Heil!

FRONLEICHNAM

Am zweiten Donnerstag nach Pfingsten wird es gefeiert, das Hochfest des Leibes und Blutes Jesu, das Hochfest der Eucharistie, des Brotes und des Weines, in denen Gott uns durch seinen Sohn ganz nahekommt. Es ist ein Fest des Werdens und Blühens, des Lichtes, das stärker ist als das Dunkel des Lebens, das stärker ist als der Tod. Es ist ein schönes, helles, ein Frühlingsfest mit seinen alten Prozessionen durch die Natur, wo sie noch Natur sein darf, an den birkenlaubgeschmückten Altären entlang. Dann gibt es ja auch noch die ganz besonderen Prozessionen, eine hat mit mir und meiner Kindheit am Traunsee zu tun. Die Fronleichnamsprozession von Traunkirchen ist berühmt, mit dem auf den alten, breiten Plätten schwankenden Himmel und den Liedern, die sich in den Felsklüften des Traunsteins und der Schlafenden Griechin brechen. Einmal wurde ich Zeuge einer noch berühmteren Fronleichnamsprozession, jener von Toledo in Spanien. Die ganze Nacht über legen fleißige Hände die schönsten Blütenbilder auf die Straßen der Stadt. Über diesen Blütenteppich schreiten dann die Menschen, und in ihrer Mitte wird das Allerheiligste getragen. Die Fenster sind mit Familienwappen und Blumen geschmückt, und prunkvoll gekleidete Damen drängen sich auf den kleinen Balkonen der Patrizierhäuser.

Diese Traditionen sind schön und haben durchaus ihre Berechtigung als alte Zeugnisse von Kult und Kultur. Die eigentliche Botschaft dieses Tages trifft das alles aber nicht. Die eigentliche Botschaft zielt ins Herz unseres Auftrages, den wir als Christen in der Taufe und in der Firmung übernommen haben und der sich auf einen Satz verdichtet:

GEBT IHR IHNEN ZU ESSEN.

Denn, so hören wir es in dem Ruf vor dem Evangelium: „So spricht der Herr. Ich bin das lebendige Brot, das vom Himmel herabgekommen ist. Wer dieses Brot ißt, wird in Ewigkeit leben." Es ist das Brot der Geschwisterlichkeit und der Liebe, das wir einander brechen sollen, wie er es für uns getan hat in der Hingabe seines Leibes.

Die Menge, die bei ihm blieb, wohin er auch ging, ließ nicht von ihm ab, und er hieß sie willkommen und machte alle gesund, die Zuspruch brauchten und Heilung, in ihrer Not.

Der Tag ging zur Neige, die Dämmerung kam, und die Nacht stand bevor. Da sagten die Zwölf: „Schick sie fort, diese Leute! Es ist einsam hier, sie mögen sich etwas kaufen, in den Gehöften und Dörfern ringsum: Dort werden sie Herberge finden." Er aber sagte zu ihnen: „I h r gebt ihnen zu essen." – „Wir? Wir haben fünf Laib Brot, dazu zwei Fische, mehr nicht. Komm! Laß uns gehen und Ware einkaufen: Wir brauchen Säcke und Körbe. Herr! Da sind fünftausend Menschen." – „Nein, ihr bleibt hier, und sie sollen sich setzen, fünfzig an jeden Tisch."

Und so geschah es: Er nahm die fünf Brote und die zwei Fische, sah zum Himmel empor, sprach den Segen, brach die Brote und gab sie den Schülern: „Teilt aus und laßt niemanden hungern!"

Und sie aßen, und es wurden alle satt, und als man die Brocken einsammelte, da kamen zwölf Körbe zusammen.

(Übertragung: Walter Jens)

Für die heutige Homilie ist es gelungen, einen besonderen Gast zu gewinnen: P. Henri Boulad, Jesuit und Caritasdirektor aus Ägypten.

KOMMENTAR

Jesus hat zu seinen Jüngern gesagt: Gebt ihr ihnen zu essen. Als er den Satz gesprochen hat, wollte er ihnen damit sagen: Ihr, ihr habt die Möglichkeiten, diese ganze Menschenmenge zu speisen. Vor den Problemen unserer Zeit stehend, sei es die Überbevölkerung, der Hunger, die Katastrophen der Mangel-und Fehlernährung, will uns der Herr sagen: Ihr habt die Möglichkeit, diese Probleme zu lösen, ich habe euch genug gegeben an menschlichen und natürlichen Ressourcen, damit ihr mit all diesen Problemen und Schwierigkeiten fertigwerden könnt. Was euch fehlt, ist der Glaube.

Gebt, was immer ihr könnt, gebt bis an die Grenzen eurer Kapazität. Damals war dieses Maximum: fünf Brote und zwei Fische. Fünf Brote und zwei Fische sind nichts für eine Masse von fünftausend Männern, die Frauen und Kinder nicht mitgerechnet. Aber der, der alles gibt, was er hat, der alles gibt, was er ist, der aus vollem Herzen, aus der vollen Kraft seiner Liebe gibt, und wenn es nur ein Kind wäre, er wird erleben, wie das Wunder sich ereignet.

Während der UNO-Konferenz für Bevölkerung und Entwicklung, die in Kairo abgehalten wurde, machten vor allem jene Slogans die Runde: Zuviel Menschen, unlösbare Probleme, die Erde kann diese Menschenmassen nicht mehr ernähren, die Erde erträgt uns nicht mehr. Stop! hieß es allenthalben, und eine Art Panik hat die Teilnehmer erfaßt, weil eine Gruppe von Lobbyisten die Menschen mit ihrem Pessimismus angesteckt hatte. Diese Leute wollen nichts anderes, als den Egoismus aufrechterhalten, um weiter gute Geschäfte mit dem Haben-Wollen zu machen.

Ich bin gegen diese Position aufgestanden und habe gesagt: Nein, meine lieben Freunde! Die Erde ist reich genug, nicht nur fünf Milliarden Menschen zu ernähren, sondern, wenn es sein muß, auch fünfzig. Die Erde hat enorme Ressourcen, und die erste Ressource ist der Mensch. Wenn man also glaubt, daß die Überbevölkerung das einzige Problem ist, das wir zu lösen haben, dann heißt das, in die falsche Richtung zu denken.

Worum es geht, ist die Ungerechtigkeit in der Verteilung der Ressourcen. Der Egoismus ist wie eine Krankheit und verbreitet sich wie eine Seuche. Es gibt eine Weigerung zu teilen. Die einen bekommen alles und zuviel und die anderen nichts, das ist ungerecht. Wir nützen die uns innewohnenden Kräfte nicht, wir glauben nicht an den Menschen und wir glauben zu wenig an Gott. Das hat mit den bekannten Positionen des Vatikan oder irgendeiner orthodoxen Gruppe nichts zu tun.

Wozu ist der Mensch von heute also eingeladen: zum Teilen, zum Überwinden des Egoismus. Dort liegt das Problem, denn der Kern aller unserer Probleme ist eine spirituelle Frage, die Unfähigkeit, den anderen mitdenken und mitessen zu lassen.

Das Evangelium, das wir heute gehört haben, ist ein Appell an die Hoffnung. Christus sagt uns: Ihr Menschen, ihr habt genug Ressourcen in euch selbst. Wenn ich diese Erde geschaffen und mit allem reichlich ausgestattet habe, dann war das ja nicht einfach nur so, nur aus Spaß, ohne Verstand. Ich habe gewußt, was ich tue, und habe natürliche Ressourcen und intellektuelle und spirituelle Fähigkeit aufgeboten, um es euch zu ermöglichen, alle Menschen zu ernähren und noch darüber hinaus. Wir haben es gehört: zwölf Körbe sind übriggeblieben, nachdem sich alle sattgegessen hatten, zwölf Körbe.

Das heißt doch, daß es um den Glauben geht, darum, daß wir mehr können, als wir meinen. Wir brauchen nicht zu zweifeln. Es ist eigenartig, wir haben immer diese Angst vor dem Morgen, egal ob auf individueller oder kollektiver Ebene. Ich würde sagen, dieses Evangelium ist ein Appell an unsere Solidarität, ein Appell an unser Vertrauen, ein Appell an unseren Glauben, an die Kraft unserer Hoffnung.

Man sagt in diesem Evangelium, daß es Jesus war, der das Wunder bewirkte, daß es Jesus war, der die Brote und Fische vermehrte. In der Tat aber hat er doch gesagt: Gebt ihr ihnen zu essen. Und das ist für mich ein Zeichen dafür, daß das Wunder der Brotvermehrung durch den Glauben der Jünger gestiftet worden ist.

Gott wirkt keine Wunder, und wenn er welche wirkt, dann durch den Menschen. Gott gibt dem Menschen alle Kräfte und Möglichkeiten, Wunderbares zu vollbringen, da er das Wunderbare in ihm angelegt hat. Und wenn Jesus, wie es heißt, Wunder gewirkt hat, so hat er nie gesagt: ich habe dich geheilt, sondern er sagte: es ist dein Glaube, der dich geheilt hat. Der Glaube setzt in einem Menschen unvorstellbare Kräfte frei, eine neue Dynamik, einen Strom von Energie, ein neues Leben, das ihn heilt.

Im Zusammenhang mit dem Evangelium von der wunderbaren Brotvermehrung kann man sagen, daß das, was Jesus durch seine Jünger und durch die fünf Brote und die beiden Fische gewirkt hat, ein Appell ist, alle Kräfte, die in uns stecken, zu mobilisieren, weil diese Kräfte, so klein, so schwach sie immer sein mögen, durch den Glauben vervielfacht werden.

Es ist spannend zu beobachten, was unser Glaube in anderen und auch in uns selbst bewirken kann. Er öffnet uns quasi unbegrenzte Möglichkeiten, er kann unsere Intelligenz, unsere Energie und Kreativität vervielfachen. Was uns in unserem Leben lähmt, ist der Zweifel, das Gefühl, nichts machen, nichts erreichen, nichts fertigbringen zu können. Und da sagt uns Jesus: Geh!

Es wäre die Aufgabe unserer Kirche, unserer Religion, dem Menschen ein neues Selbstvertrauen zu vermitteln und im tiefsten Inneren das in Bewegung zu setzen, was dort meist ungenutzt schlummert. Diese Kräfte, diese Glaubenskräfte gilt es zu wecken und an die Oberfläche ins Leben herein zurückzuholen, damit sie wirksam werden können. Mir scheint es manchmal, als würden die positiven Energien, als würden die Glaubenskräfte tief innen schlafen, wie das Korn in der Erde schläft und die wärmenden Sonnenstrahlen erwartet, die es ihm erlauben, zu keimen

und zu wachsen und vielfache Frucht zu bringen, dreißigfach, sechzig-
fach, hundertfach!

Henri Boulad

Die Nahrung, die Kraft gibt auf diesem Weg in ein Mehr, ein Darüberhin-
aus, in ein Vielfaches, steht im Mittelpunkt des heutigen Festes, das Brot
des Lebens, das Jesus uns reicht.

Umsonst ist euch gegeben worden, umsonst sollt ihr geben – das
wäre ein Lebensprogramm aus dem Glauben. Unser Leben, unsere
Fähigkeiten sind geschenkt, sind verdankt, das vergessen wir so leicht,
vor allem dann, wenn es darum geht, mit anderen zu teilen. Lassen wir
mit dem Glauben in uns auch jene Großzügigkeit wachsen, mit der unser Schöpfer uns beschenkt hat, dann wird es leichter fallen, vom Haben
loszulassen auf jene hin, die auf unser Teilen angewiesen sind.

ELFTER SONNTAG IM JAHRESKREIS

Nun ist sie vorbei, die Zeit des österlich-pfingstlichen Festkreises, in die wir seit dem uns bereits fern erscheinenden Aschermittwoch eingebunden waren. Wir kehren sozusagen in die Normalität des Jahreskreises und damit auch zum Jahresregenten, den Evangelisten Lukas, zurück. Vieles ist in letzter Zeit in der Kirche Österreichs geschehen, vieles ist in Bewegung geraten. Lange schwärende Wunden sind aufgebrochen und haben mancherorts den Aufbruch in eine neue Zukunft gebracht. Wollen wir hoffen, daß die ruhigeren liturgischen Zeiten, die mit dem heutigen elften Sonntag im Jahreskreis anbrechen, nicht wieder dazu führen, daß alles versandet, sondern daß sich ruhig, aber stetig weiterentwickelt, was da an der Basis entstanden ist. Propheten brauchen sie und gute Führer, diese vielen jungen Menschen, die sich auf den Weg der Erneuerung begeben haben, Propheten, die ihnen voranleuchten und die den Mut haben, den scheinbar Mächtigen auch offen Widerstand zu leisten.

Oberste Kontrollinstanz gegenüber dem König zu sein, das war die Rolle des Propheten schon im Alten Bund, denn er sprach im Namen Gottes, des wahren Königs in Israel. Und so hielt auch der Prophet Natan, von dem heute in der Ersten Lesung die Rede ist, König David vor allem Volk seine Verbrechen vor: Ehebruch und Mord. Davids Größe zeigt sich daran, daß er Natan nicht von sich weist, nichts abstreitet und sich nicht verweigert, sondern seine Schuld anerkennt. Wörtlich heißt es im zweiten Buch Samuel: „Du hast den Hetiter Urija mit dem Schwert erschlagen und hast dir seine Frau zur Frau genommen ... Darauf sagte David zu Natan: Ich habe gegen den Herrn gesündigt. Natan antwortete David: Der Herr hat dir deine Sünde vergeben; du wirst nicht sterben."

Barmherzigkeit und Gnade machen den Sünder gerecht. Darauf weist auch Paulus in seinem Brief an die Galater hin, wenn er schreibt: „Wir haben erkannt, daß der Mensch nicht durch Werke des Gesetzes gerecht wird, sondern durch den Glauben an Jesus Christus." Und später: „Soweit ich jetzt noch in dieser Welt lebe, lebe ich im Glauben an den Sohn Gottes, der mich geliebt und sich für mich hingegeben hat. Ich mißachte die Gnade Gottes keineswegs; denn käme die Gerechtigkeit durch das Gesetz, so wäre Christus vergeblich gestorben."

Im Evangelium werden diese Bilder der Barmherzigkeit noch überstiegen, denn Jesus erweist sich der Maria von Magdala gegenüber als voll der Gnade und Barmherzigkeit.

DEIN GLAUBE, FRAU, HAT DIR GEHOLFEN.

Lk 7,36–8,3

Nun aber, Theophilus, hör, wie er ins Haus des Pharisäers ging, der ihn gefragt hatte: „Willst du das Mahl mit mir teilen? Komm zu mir, ich lade dich ein.“ Es war aber eine Frau in der Stadt, eine Dirne, die hörte, daß Jesus beim Pharisäer Gast war, und nahm ein Fläschchen, gefüllt mit kostbarem Öl aus duftender Myrrhe. Sie kam hinzu, als Jesus und der Pharisäer bei Tisch waren, ging zu ihm und, als sie ihn ansah, begann sie zu weinen, Tränen fielen, ihm zu Füßen, auf den Boden, und sie wischte sie mit ihren Haaren ab, küßte ihm die Füße und salbte sie mit dem Öl.

Der Pharisäer aber beobachtete, was hier geschah, und dachte bei sich: Du! Wenn du ein Prophet wärst, dann würdest du wissen, was für ein Mensch diese Frau ist: eine Hure.

Jesus aber neigte sich zu ihm herüber: „Simon, ich habe dir etwas zu sagen.“ – „Sprich, Meister, du bist der Lehrer.“ – „Dann hör an, was ich erzähle. Es war einmal ein Geldwechsler, der hatte zwei Schuldner, der eine mit fünfhundert Dinaren bei ihm in der Kreide, der andere mit fünfzig. Aber sie konnten beide nicht zahlen, und der Geldverleiher tilgte ihnen die Schuld. Wer von beiden, frage ich, liebt den Gläubiger mehr, der kleine Schuldner oder der große?“ – „Der große natürlich; denn ihm hat der Geldverleiher das meiste geschenkt.“ – „Du hast recht“, sagte Jesus und blickte die Frau an. „Siehst du sie, Simon? Ich kam in dein Haus, aber du hast mir kein Wasser gegeben, um meine Füße zu waschen. Sie aber hat mir, mit ihren Tränen, die Füße genetzt und sie mit ihren Haaren getrocknet. Du, Simon, hast mich nicht umarmt, sie aber hat, seitdem sie hier ist, meine Füße geküßt. Du hast mein Haupt nicht mit Salböl gepflegt, sie aber hat mir mit Myrrhen die Füße gesalbt, und darum, sage ich dir, sind ihr die Sünden vergeben, und verziehen ist, was sie tat; denn ihre Liebe ist groß. Wem aber wenig verziehen wird, der hat auch nur wenig geliebt.“

Und Jesus sagte zu der Frau: „Deine Sünden sind dir vergeben“, und während die anderen Gäste sich noch besprachen – wer ist

dieser Mann, der behaupten darf: „Ich vergebe dir deine Sünden?"
–, sagte Jesus: „Dein Glaube, Frau, hat dir geholfen. Geh nun: Bei
dir ist Frieden."

(Übertragung: Walter Jens)

Für die heutige Homilie und für jene des übernächsten Sonntags habe ich mich zu etwas Außergewöhnlichem entschlossen: Der Kommentator, den ich ausgewählt habe, ist nicht mehr unter den Lebenden, vielen Menschen in unserem Land aber immer noch sehr nahe. Vor allem in turbulenten Zeiten wie diesen wünschten sich nicht wenige, daß er noch unter uns wäre. Ich meine den im März 1994 verstorbenen Bischof Florian Kuntner. Als ich vor ein paar Wochen in einer Predigtsammlung von Bischof Florian geblättert habe, fielen mir vor allem die beiden ausgewählten Texte auf, die auch heute hätten geschrieben, gesprochen werden können.

KOMMENTAR

D as heutige Evangelium schildert die Begegnung der Maria von Magdala mit Jesus. Nicht der Pharisäer, der Jesus eingeladen hat, aber nicht sehr liebevoll bewirtete, erfährt diese tiefe Beziehung, sondern die Sünderin, die an ihn glaubt.

Jede Beziehung, auch die zwischen zwei Menschen, ist ein Geschenk Gottes, auf das wir keinen Anspruch haben, das wir uns durch nichts verdienen können. Wer kann es mit seinem Willen erzwingen, daß ein Funke überspringt von Herz zu Herz? Und doch wird unser Leben erst als sinnvoll und glücklich erfahren, wenn es uns echte Begegnung schenkt.

Begegnung geschieht, wenn ein Kontakt zwischen Personen im Inneren ansetzt. Gelingt das, dann ist der ganze Mensch daran beteiligt, mit Leib und Geist, mit Herz und Händen. Die Freude über das Sein des anderen berührt mein Inneres, geht von dort auf meine Augen über, verändert den Blick und gibt der Sprache einen neuen Klang. Etwas erfüllt mein ganzes Wesen mit Wärme, macht meine Gesten echt und verstehbar und strömt auf den anderen zurück.

Wie selten sind solche Begegnungen geworden!

Manche Anzeichen weisen darauf hin, daß die Liebe zwischen den Menschen im Begriff ist zu erkalten, und der andere nur mehr soviel wert ist, wie er uns nützt. Die schrecklichste Fehlform der zwischenmenschlichen Beziehungen besteht darin, den anderen nur dann zu schätzen, wenn er uns von Vorteil ist. In unserer industrialisierten Gesellschaft ist das Wesentliche, die herzliche Verbundenheit von Mensch zu Mensch, in Gefahr verlorenzugehen.

In den armen südlichen Ländern sind die Verhältnisse noch ursprünglicher. Bei meinem letzten Besuch in Zaire erlebte ich einen Markttag mit. Jeden Montag kommen die Bauern mit Zuckerrohr, Bananen, Süßkartoffeln und Bohnen von den Hügeln. Auf ihrem Weg überqueren sie in Booten den Kivusee, der an dieser Stelle zwanzig Kilometer breit ist. Während der Hinfahrt am Morgen und der Rückfahrt in der Nacht hört man ein gleichmäßiges rhythmisches Singen. Das klingt sehr schön. Man erklärte mir, daß die Bauern in diesen Liedern all das erzählen, was sie erlebt haben. – Als um etwa fünf Uhr morgens das Singen aufhörte und die Leute zu ihren Hütten unterwegs waren, um sich zur Ruhe zu begeben, dachte ich: Sie werden kaum große Gewinne gemacht haben, aber wie glücklich sind sie im Vergleich zu vielen von uns! Sie haben ihr bescheidenes Leben miteinander geteilt. Wenn sie aufwachen, werden sie auf den nächsten Markttag hin leben und arbeiten.

Dabei kam mir noch ein anderer Gedanke: Für uns Christen müßte die sonntägliche Eucharistiefeier zu dem Ereignis werden, auf das wir hinleben und wovon wir dann die ganze Woche zehren. Einfach deshalb, weil dabei Begegnung wie sonst nie gelingt: Begegnung mit Gott und mit unseren Mitmenschen. Es ist im Wesen dieser Feier gelegen, daß wir von innen her berührt werden und im Ausdruck unserer Mienen und unserer Sprache davon Zeugnis geben. Was könnte sich hier nicht alles abspielen! Eine Ahnung von einer Wirklichkeit, die einmal auf uns zukommen wird. Tiefe Freude für den Zelebranten und die Gemeinde; eine Kraftquelle zur Bewältigung des Lebens. Eucharistiefeiern solcher Art bedürften auch keines eigenen Gebotes, das zur Anwesenheit verpflichtet. Jeder würde sich glücklich schätzen, daran teilnehmen zu dürfen.

Die äußere Erscheinungsform unserer Feiern entspricht infolge unserer menschlichen Schwäche nicht diesem Idealbild. Vergessen wir aber darüber nicht, daß ihr inneres Wesen, das unseren Augen verborgen ist, die schönste und tiefste Beziehung mit Christus herstellt. Wir brauchen Maria von Magdala nicht zu beneiden. Christus ist uns so nahe, wie er ihr war, er vertreibt die Dämonen auch aus unseren Herzen, wenn wir ihn gläubig darum bitten.

Weihbischof Florian Kuntner

Die gute Nachricht dieses Sonntags ist das, was Jesus an der Sünderin getan hat, die es wagte, sich ihm liebend und glaubend zu nähern. Wenn wir an Gottes Barmherzigkeit glauben, auf seine Gnade vertrauen, dann müssen wir auch verstrickt in Schuld und Sünde nicht verzweifeln, sondern dürfen wissen, daß seine Gnade, seine Liebe immer größer ist als unser Versagen, als unsere Schuld.

ZWÖLFTER SONNTAG IM JAHRESKREIS

Wie am vergangenen Sonntag, so halten wir auch heute, am zwölften Sonntag im Jahreskreis, in jenem Kapitel des Lukasevangeliums, das mit „Das Wirken Jesu in Galiläa" überschrieben ist und das mit Jesu Rückkehr aus der Wüste und seinem ersten Auftreten in seiner Heimatstadt Nazaret beginnt. Wir lesen von der Berufung der ersten Jünger, von vielen Heilungen, Wundern und Lehren, jenen der Feldrede zum Beispiel. Wir begegnen vielen der bekannten Gleichnisse und lesen von der Auswahl und der Aussendung der Zwölf. Unmittelbar vor dem heutigen Evangelientext steht die Geschichte von der Rückkehr der Jünger, und wir erfahren, daß sie nicht einmal Zeit und Ruhe gefunden haben, miteinander zu reden und sich auszutauschen, weil Tausende Menschen ihnen folgten. Erst nach der Speisung der Fünftausend scheint ein wenig Ruhe einzukehren, und Jesus zieht sich mit seinen Freunden in die Einsamkeit zurück. Nun, ich bin sicher, daß da Zeit war für ihre Berichte und Beschreibungen, wie man sie wo aufgenommen oder eben auch verjagt hat. Aber davon ist im Evangelium nicht die Rede, sondern es geht um eine direkte Frage – Für wen halten mich die Leute? – und um eine Erklärung, was Nachfolge im tiefsten und eigentlichen Sinn bedeutet.

WER SEIN LEBEN RETTEN WILL, WIRD ES VERLIEREN, WER ES ABER UM MEINETWILLEN VERLIERT, WIRD ES RETTEN.

Lk 9,18–24

Und dann der Tag, da er allein war: Einsamkeit um ihn her, ein Gebet, in der Ferne die Schüler. Da fragte er sie: „Wer, glaubt das Volk, bin ich?" - „Einige sagen: ‚Er ist Johannes, der Täufer', andere meinen, du seist Elia, und wieder andere: ‚Einer von den Propheten ist auferweckt worden, aus den Tagen der Väter.'" – „Und was glaubt ihr, wer ich sei?" Da sagte Petrus: „Du bist der Messias. Christus, der Gesalbte, bist du." Er aber rief: „Das dürft ihr niemandem sagen! Keinem einzigen, hört ihr? Bedenkt: Der Menschensohn wird viele Leiden erdulden und wird ausgestoßen wer-

den unter dem Volk, von den Ältesten, den Großen Priestern und Schriftauslegern, und wird, als ein Verworfener, getötet werden, aber am dritten Tage wird er auferstehn."
Und dann sagte er allen, dem ganzen Volk und seinen Schülern: „Wer mir nachfolgen will, sage nicht: Ich, sondern nehme den Balken auf sich, Tag für Tag, an dem man ihn kreuzigen wird. Denn wer sein Leben behalten will, wird es verlieren, doch wer es um meinetwillen verliert, der wird es behalten."

(Übertragung: Walter Jens)

In seinem schönen neuen Büro in der Katholischen Sozialakademie, hoch über dem Wiener Schottenring, mit Blick über die Dächer Wiens, vom ziselierten Turm von Maria am Gestade bis hinüber zum Stephansdom, suchte ich den Leiter der Akademie auf, den Jesuitenpater Alois Riedlsperger. Durch die Mitarbeiter der Sozialakademie ist wohl der größte Teil der Arbeit am Sozialhirtenbrief der Österreichischen Bischöfe geschehen. P. Riedlspergers Anliegen war es und ist es immer noch, daß möglichst viel von den Inhalten dieses Dokuments mehr und mehr ins Leben umgesetzt wird, und er betreibt dies, wie das so seine Art ist, als stiller, aber unermüdlicher Kämpfer für Gerechtigkeit. Vor einiger Zeit sagte er in einer Abendveranstaltung: „Wir dürfen nicht stehenbleiben, bei dem Erreichten, wir müssen den Sozialhirtenbrief weiterschreiben, in die Zukunft hinein."

Als wir uns das letzte Mal getroffen hatten, war dies unter den wärmenden Strahlen der Märzsonne in Rom. Wir saßen gemeinsam mit Pater Gerwin Koma, dem bisherigen Jesuitenprovinzial, im Garten des „Domus Pacis" und sprachen über den Verlauf der 34. Generalkongregation der Jesuiten. Dort erfuhr P. Riedlsperger, daß man ihn zum neuem Ordensprovinzial ernannt hatte. In seinem Evangelienkommentar kommt er auch auf die Zeit in Rom zu sprechen.

KOMMENTAR

Anfang 1995 nahm ich an der Generalversammlung der Jesuiten in Rom teil. Es ging um eine Standortbestimmung und Neuorientierung des Ordens für die nächsten Jahre. Aufgeteilt nach Interessen und fachlicher Kompetenz arbeiteten wir in verschiedenen Kommissionen. Nach einer intensiven Arbeitsphase stellte sich jeweils die Frage, wann und wie wir unsere Ergebnisse ins Plenum bringen und zur Entscheidung vorlegen sollten. Dabei war die Sorge spürbar, unsere Vorlage könnte nicht angenommen oder gegen unsere Vorstellungen noch wesentlich verändert werden.

In solchen Situationen kam mir mehrmals das Wort Jesu in den Sinn: „Wer sein Leben retten will, wird es verlieren, wer aber sein Leben um meinetwillen verliert, wird es retten" (Lk 9,24). Wenn wir unsere Vorlage nicht der Diskussion aussetzen, nicht präsentieren und damit riskieren, wird auch unser Anliegen, das Anliegen unserer Kommission, nicht aufgenommen werden können.

Retten oder drangeben, bewahren oder aussetzen, festhalten oder loslassen, absichern oder riskieren – daran entscheidet sich, ob etwas Zukunft hat. Daran entschied sich auch die Zukunft unserer Vorlagen.

Retten oder verlieren – die Erfahrungen mit Wert und Kostbarkeit einer Sache, mit Bedrohtheit und Verletzlichkeit –, all dies verleitet uns dazu, Dinge und Menschen festzuhalten, abzuschirmen, abzusichern. Und eben dadurch nehmen wir ihnen die Chance von Zukunft, verbauen ihnen Möglichkeiten, geben ihnen keinen Freiraum, sich zu entfalten, zu entwickeln.

Eltern erfahren dies an ihren Kindern: Wenn sie sie festhalten, haben sie sie im Grunde bereits verloren. Wenn sie die Zukunft ihrer Kinder nach ihren eigenen Vorstellungen bestimmen wollen, verbauen sie ihnen die Entwicklung zu eigenständigen Menschen. Auch wenn die Kinder keinen Schritt von zu Hause weg tun, werden sie ihren Eltern immer fremder.

Eine ähnliche Erfahrung können wir mit Projekten und Vorhaben machen: Wenn wir unsere Anliegen für uns behalten, unsere Ideen nicht der Kritik aussetzen, bleiben unsere Vorhaben ohne Anregung und Verbesserung und stehen in Gefahr, nicht aufgegriffen zu werden.

Verhängnisvoll zeigt sich diese Wahrheit auch an der Frage der Autorität: Wer auf sie pochen muß, hat sie längst verloren. Wer hingegen seine Fähigkeiten und seinen Einfluß einsetzt, um andere zu fördern und aufzubauen, gewinnt selbst Achtung und Anerkennung.

Sicherlich: es bleibt immer ein Risiko zu scheitern. Und es geht auch nicht darum, etwas mutwillig aufs Spiel zu setzen. Es braucht sorgsamen Umgang, Umsicht, Klugheit.

Je realistischer und nüchterner wir aber mögliche Gefährdungen sehen, um so klarer kann uns auch werden, wie wenig wir selbst überhaupt etwas garantieren können, daß die Risiken immer weit größer sind als unsere vermeintlichen Sicherheiten. Und so kann es geschehen, daß wir mit Staunen entdecken, daß wir unser Leben nicht festhalten müssen, daß es uns ja als ein Geschenk gegeben ist – Tag für Tag, wie es ein Morgenlied aus der Reformationszeit ausdrückt:

All Morgen ist ganz frisch und neu
des Herren Gnad und große Treu,
sie hat kein End den langen Tag,
drauf jeder sich verlassen mag.

Das Leben – ein Geschenk, das geteilt, hingegeben werden will, damit es seine Kraft entfalte im Drangegebenwerden, damit Neues wachse, wenn es zuvor ausgesetzt wurde. Leben folgt dem Gesetz des Weizenkorns, das in die Erde fallen und sterben muß, um reiche Frucht zu tragen.

In meiner Projektarbeit mit Ordensgemeinschaften, wo nicht selten große Institutionen wie Krankenhäuser, Schulen, soziale Einrichtungen auf dem Spiel stehen, muß ich immer wieder die Erfahrung machen, daß sich keine Zukunft auftut, wenn am Bestehenden festgehalten, Einrichtungen um jeden Preis weitergeführt, Institutionen mit allen nur möglichen Gründen gerechtfertigt werden. Neue Möglichkeiten können sich nur zeigen, wo – bei aller Wertschätzung und Bedeutung – Bestehendes in Frage gestellt, losgelassen wird und Risiken eingegangen werden.

Oft erlebe ich gerade religiöse Menschen als sehr ängstlich und zaghaft. Sie halten krampfhaft fest an Sicherheiten und Versicherungen, lassen sich bestimmen von Vorlieben und Befürchtungen, anstatt dem Leben und seiner Kraft zu trauen.

Kurz vor seiner Hinrichtung durch die Nationalsozialisten notiert P. Alfred Delp 1945 in sein Gefängnistagebuch: „Laßt uns dem Leben trauen, weil Gott es mit uns lebt." Ein ähnlich entschlossener Wille zum Leben findet sich in vielen Zeugnissen von Menschen, die ihr Leben für andere eingesetzt und hingegeben haben – ob unter der NS-Zeit oder wie zum Beispiel P. Delps Mitbrüder 1989 bei den Übergriffen auf die Mittelamerikanische Universität in El Salvador.

Nicht Lebensüberdrüssigkeit oder mangelnde Lebenstüchtigkeit ist es, die in der Bereitschaft, das eigene Leben hinzugeben, zum Ausdruck kommt, sondern die tiefe Überzeugung, daß die Kraft des Lebens stärker ist als alles Unrecht und alle Gewalttätigkeit, und daß es ein größeres Leben gibt, für das es sich selbst zu sterben lohnt.

„Nichts soll dich ängstigen, nichts dich erschrecken, alles vergeht –
Gott allein genügt", so schreibt Teresa von Avila, die große Reformatorin
des Karmels, und an anderer Stelle gegen eine falsche Frömmigkeit:
„Mutige Menschen kommen in wenigen Jahren weiter voran als zaghafte,
die sich in Demut einmummen."

Wo sich Entscheidungsträger von ihren Vorlieben und Befürchtungen
freimachen, wo sie sich mutig auf neue Möglichkeiten einlassen, werden
zwar nicht schon die Risiken geringer, wohl aber erhält Leben eine
Chance, kann sich Zukunft auftun.

„Wer sein Leben um meinetwillen verliert, wird es retten."

Am Schluß seines Buches *„Krummes Holz und aufrechter Gang. Zur*
Frage nach dem Sinn des Lebens" schreibt der evangelische Theologe
Helmut Gollwitzer: „Womit bekommt man zu tun, wenn man mit dem
Evangelium zu tun bekommt? Nichts ist gleichgültig. Ich bin nicht gleichgültig ... Wir kommen aus Licht und gehen in Licht. Wir sind geliebter,
als wir wissen. Wir werden an unvernünftig hohen Maßstäben gemessen
... Dieses Leben ist ungeheuer wichtig. Die Welt ist herrlich – die Welt ist
schrecklich. Es kann mir nichts geschehen – ich bin in größter Gefahr. Es
lohnt sich, zu leben."

Als wir – wie eingangs berichtet – auf der Generalversammlung mit
unserer kontroversen Vorlage in die Schlußabstimmung gingen, mußten
wir mit Überraschung feststellen, daß unser Text einstimmig angenommen wurde.

Alois Riedlsperger

Wie Jesus an Gott glauben, wie Jesus auf Gott hoffen und vertrauen, wie
Jesus seinem Willen nachhorchen und ihn tun oder, wie ich es kürzlich
einmal gehört habe, wie Jesus Gottes Sehnsucht nachspüren, Gottes
Träume träumen. Das heißt es wohl, das Leben in Fülle zu haben, und
dann lohnt sich eben jeder Tag, jede Stunde, jeder Augenblick.

DREIZEHNTER SONNTAG IM JAHRESKREIS

„Wer mein Jünger sein will, der nehme täglich sein Kreuz auf sich und folge mir nach" – so haben wir es am vergangenen Sonntag gehört, und am heutigen dreizehnten Sonntag im Jahreskreis geht es bereits in der Ersten Lesung aus dem ersten Buch der Könige um Berufung, sehr plötzlich, sehr radikal. Da wirft der große Prophet Elija seinen Mantel über den jungen Elischa und beruft ihn so zu seinem Nachfolger. Nur ein kurzes Abschiedsmahl mit seiner Familie und dem Gesinde ist ihm noch gegönnt. „Dann", so heißt es, „stand er auf, folgte Elija und trat in seinen Dienst." Jesus ist noch radikaler, jenen gegenüber, die er in seine Nachfolge ruft, da gibt es keinen Abschied mehr, kein Umkehren, nicht einmal ein Zurückschauen, da sagt er sogar: „Laßt die Toten ihre Toten begraben."

DU ABER GEH UND VERKÜNDE DAS REICH GOTTES.

Nachfolge, das ist schon richtig, ist ganz und ungeteilt, da sollte es keine Halbheiten geben und keinen Rückzug ins stille Kämmerlein der Privatheit, die niemanden etwas angeht. Und trotzdem, wer von uns hätte nicht auch Gottes unsagbare Geduld kennengelernt mit all unseren Umwegen, mit all unserem Zögern und Zaudern, mit all unseren verstopften Ohren, wenn er uns anruft. Immer wieder zweifeln wir, ob wir denn auch richtig gehört haben. Immer wieder weichen wir ängstlich zurück, wenn es gilt, die wohlbekannten alten Küsten zu verlassen und zu neuen Ufern aufzubrechen. Meist sind unsere Berufungsgeschichten eine ziemlich stotternde Sache, und bei manchen muß er lange warten, bis ihnen endlich ein Licht aufgeht.

Jesus damals aber wußte, daß ihm nur noch wenig Zeit blieb. Er war auf dem Weg nach Jerusalem, auf dem Weg in die Vollendung, und er wollte noch viele mitnehmen in seine Begeisterung für das Reich Gottes.

Lk 9,51–62

Und nun kam die Zeit, da sich erfüllen sollte, was ihm bestimmt: die Heimkehr, und da schaute er, von weither, auf die Stadt, in der er den Tod finden würde, auf JERUSALEM. Und er sandte Boten aus, die ihm vorausgehen sollten, und sie kamen in ein samaritisches Dorf: besorgt, daß er eine Herberge fände. Aber die Menschen nahmen ihn nicht auf, weil er nach Jerusalem ging, in den Tempel der Juden. Als seine Schüler, Jakobus und Johannes, sahen, wie feindselig die Menschen waren, sagten sie zu ihm: „Herr! Laß uns das Feuer rufen, das vom Himmel kommt, und die Flammen, die sie verbrennen. Ein Wort von dir – und es ist geschehen!" Aber Jesus wandte sich ab: Welche Gedanken ihr habt! Und sie gingen weiter, auf ihrem Weg, in ein anderes Dorf: Da trat ein Mann auf ihn zu: „Ich will dir folgen, wohin du auch gehst." Aber Jesus sagte zu ihm: „Höhlen haben die Füchse, Nester haben die Vögel unter den Himmeln. Nichts hat der Menschensohn, um sein Haupt niederzulegen." Und zu einem anderen hat er gesagt: „Folge mir und komm mit!" – „Jetzt? Erst muß ich meinen Vater begraben." Da sagte Jesus zu ihm: „Laß die Toten die Toten begraben. Du aber mußt zu den Lebenden gehen und das Königreich Gottes verkünden." Und ein dritter sagte: „Ich will dir folgen, Herr; zuvor aber, erlaube es, muß ich Abschied nehmen von den Menschen zu Hause." Jesus aber sagte zu ihm: „Wer zurückschaut, sobald er die Hand an den Pflug gelegt hat, ist nicht tauglich für Gottes Reich."

(Übertragung: Walter Jens)

Mit diesem Evangelium kehren wir noch einmal zu den Predigten von Weihbischof Florian Kuntner zurück, der am 30. März 1994 viel zu früh von uns gegangen und heimgekehrt ist. Seine letzten Worte, so hat man dann erfahren, sollen gelautet haben: „Die Saat geht auf." Das ist auch der Titel eines kleinen Bändchens, in dem eine Reihe von Predigten zum Lesejahr C zusammengefaßt sind. Statt eines Vorwortes wählte Lucia Nowak, deren Verdienst es ist, die Texte gesammelt und gesichtet zu haben, einen anderen Text von Bischof Florian aus. Wörtlich heißt es hier:

„An einem besinnlichen Nachmittag konnte ich unlängst in Ruhe die schriftlichen Predigtaufzeichnungen der letzten zwanzig Jahre durchgehen. Die neun Bene-Ordner enthalten cirka achttausend Manuskriptseiten. Bei einer üblichen Seitenzahl von zweihundert ergäbe das eine Reihe von zwanzig Bänden. Wenn ich den Inhalt meiner Verkündigung auf eine Kurzformel bringen sollte, würde ich sagen: Es geht um Gottes- und Nächstenliebe." Um Gottes-und Nächstenliebe ist es ihm nicht nur in der Verkündigung, sondern auch im Leben gegangen, und das war es, was ihn so glaubwürdig gemacht hat.

Im Jahre 1993 hielt er am dreizehnten Sonntag im Jahreskreis unter dem Titel „Arbeit für das Reich Gottes" eine Predigt, die er genauso jetzt hätte halten können.

KOMMENTAR

Du aber geh und verkünde das Reich Gottes!" (Lk 9,60). Diesen Auftrag Jesu hören wir heute im Evangelium. Das Reich Gottes muß in den Herzen der Menschen aufgebaut werden durch die Haltung der Liebe, der gegenseitigen Annahme und Hilfe. Nicht durch Abgrenzung entsteht es, sondern durch Offenheit. Alle sollen daran mitarbeiten.

Die Welt wird ihre Probleme ohne die Wertvorstellungen, die in allen großen Religionen gelten, nicht lösen können. Sie müssen von möglichst vielen erkannt und anerkannt werden. Damit das gelingt, müssen wir das Gemeinsame in den Vordergrund stellen. Daraufhin könnte jemand sagen: Ist es dann nicht gleichgültig, welcher Religion ich angehöre?

Jeder von uns ist unter bestimmtem Umständen geboren, aufgewachsen und erzogen worden. Aus solchen Gegebenheiten auszubrechen, ist in den meisten Fällen schwierig. Aber jeder kann sich mit seiner Religion auseinandersetzen und grundlegende Fragen stellen. Ich darf die Ehrlichkeit der Konfrontation nicht scheuen, ich muß mir klar darüber werden, warum ich als frei entscheidender Erwachsener in der Kirche bleibe. Vielleicht ergibt sich dann ein Nachholbedarf an religiösem Wissen. Diese Fortbildung ist ganz wichtig und darf nicht vernachlässigt werden.

Wenn ich aber Christ bin: Entspricht mein Verhalten gegenüber den Andersgläubigen dem Verhalten Jesu? Ein gläubiger Muslim muß sich fragen, ob seine fundamentalistische Einstellung tatsächlich den Intentionen des Koran entspricht oder ob nicht andere Motive dahinterstehen. Jede religiöse Gemeinschaft hat sich eine Menge Fragen zu stellen, hat Korrekturen in ihrem Verhalten anzubringen.

Ich möchte ganz klar sagen, daß dies meiner Meinung nach auch für uns Katholiken gilt. Wer mich ein wenig kennt, weiß, wie sehr ich die Kirche, der ich dienen darf, liebe. Aber wir müssen sie unter zwei Gesichtspunkten sehen: Sie ist göttlich und menschlich zugleich. In der Feier der Eucharistie und als Spenderin der Sakramente erfahren wir ihr tiefstes Wesen und erleben sie in ihrer strahlenden Schönheit und zeitlosen Gültigkeit. Wo immer sie aber dem Menschlichen, mitunter dem Allzumenschlichen ausgeliefert ist, wird sie anfällig für alle möglichen

Schwächen und Verderbnisse. Darum ist die Kirche immer heilig und reformbedürftig zugleich, göttlich und sündhaft, für jeden Irrtum anfällig und dennoch unfehlbar.

Ihre Verfassung ist nur in Grundzügen durch eindeutige Aussagen der Heiligen Schrift bestimmt. Manches wurde später festgelegt, vieles ist offen für die Zukunft. Wir selbst werden zu Zeugen, wie heute die Entscheidungen des Zweiten Vatikanischen Konzils Gestalt gewinnen, Früchte tragen und aus dem Leben der Kirche nicht mehr wegzudenken sind. Es ist nicht nur die Lehre vom Volk Gottes verkündet worden, sondern auch jene vom Priestertum aller Getauften und Gefirmten. Das hat dem Weihepriestertum keinen Schaden zugefügt; im Gegenteil, die überlasteten Priester erfahren so manche Hilfe. Im Jahr 1922 hat Romano Guardini festgestellt, daß sich ein religiöser Vorgang ungeheuren Ausmaßes vor unseren Augen abspielt. Wir erleben Kirche in einer neuen und umfassenderen Form, was einen Theologen veranlaßt hat, die Behauptung „extra ecclesiam nulla est salus" vom Gegenteil her zu beleuchten, indem er sagt: „ubi salus, ibi ecclesia".

Vielleicht denken sich jetzt manche: Und von den vielen Kirchenaustritten sagt er nichts? Ich gebe offen zu, daß mir diese Entwicklung Sorge bereitet. Sie ist eine ernste Mahnung zur Gewissenserforschung: Ist die Kirche nicht glaubwürdig? Ist ihre Verkündigung nicht lebensnah? Diese und ähnliche Fragen müssen wir uns alle stellen. Eine Zeit, in der nichts hält, was nicht auf tiefer persönlicher Überzeugung gründet, enthüllt die Schwächen bloß gewohnheitsmäßiger Überlieferung. Wo das Christentum nur mehr Tradition ist, wird es über Bord geworfen. Das muß uns klar sein. Aber ist das nicht auch eine große Herausforderung für einen neuen Anfang, eine echte Chance?

Weihbischof Florian Kuntner

In seinem das Buch einleitenden Text schreibt Florian Kuntner abschließend: „Trotzdem erfaßt mich ein immer größeres Vertrauen. In der Theologie sprechen wir davon, daß bei einem Menschen, der keine religiösen Fortschritte macht, die Gnade ruht. Was ruht, kann wieder in Bewegung kommen. Paulus schildert im zweiten Brief an Timotheus, daß er um des Evangeliums willen wie ein Verbrecher gefesselt sei. Dann ruft er aus: ‚Aber das Wort Gottes ist nicht gefesselt!' – Ob ich also dem Wort Gottes Fesseln anlege oder ihr – wir können darauf vertrauen, daß wir seine Kraft nie auslöschen werden."

VIERZEHNTER SONNTAG IM JAHRESKREIS

Dieser vierzehnte Sonntag im Jahreskreis ist für viele der erste Feriensonntag. Viele Menschen sind in Bewegung, die einen freiwillig und aus Spaß an sommerlicher Ortsveränderung, viel mehr jedoch unter Zwang, auf der Flucht. Flucht ist zwar heute ein riesiges, Millionen umfassendes Problem, aber kein wirklich neues. In der katholischen Liturgie des heutigen Sonntags hören wir in der Ersten Lesung nach Jesaja von Menschen, die mit Problemen nach der Rückkehr aus der langen Gefangenschaft in Babylon kämpfen, wenn sie ihre zerstörte Stadt wieder aufbauen und die Wunden ihrer Seelen heilen wollen. Ihnen spricht der Herr seinen Frieden zu und will sie trösten: „Wie eine Mutter ihren Sohn tröstet, so tröste ich euch: in Jerusalem findet ihr Trost. Wenn ihr das seht, wird euer Herz sich freuen und ihr werdet aufblühen wie frisches Gras." Auch im Evangelium nach Lukas geht es um Bewegung, geht es um Heilung und um die Freude, wenn Heilung zum Heil führt.

HEILT DIE KRANKEN, DIE DORT SIND, UND SAGT DEN LEUTEN: DAS REICH GOTTES IST NAHE.

Lk 10,1–9

Und der Herr wählte abermals Schüler aus: siebzig! und zwei dazu! – und sandte sie, immer zu zweit, in die Städte und Dörfer, die ihn aufnehmen sollten, und sagte zu ihnen: „Die Ernte ist groß, doch es sind nur wenige Arbeiter da. Bittet den Herrn der Ernte: ‚Schick uns Männer, damit sie die Ernte einbringen können.' Geht hin! Doch bedenkt: Ihr werdet Lämmer sein unter den Wölfen. Und nehmt keine Beutel mit euch, keinen Ranzen und keine Schuhe, geht rasch vorbei, wenn die Menschen euch, mit ihrem Gruß, aufhalten wollen. Und wenn ihr ins Haus kommt, dann sagt zuerst: ‚Friede für dieses Haus', und wenn ein Mensch darin wohnt, der friedfertig ist, dann wird euer Friede dort bleiben. Wenn aber nicht: dann kehrt er zu euch zurück. Bleibt, wenn man euch aufnimmt im Haus, geht nicht gleich wieder fort, sondern teilt Essen und Trinken mit euren Wirten. Der Schnitter soll

erhalten, was er verdient. Und wenn ihr in eine Stadt kommt, und
sie nehmen euch auf, dort, dann eßt, was für euch bestimmt ist
und auf den Tisch kommt, und sorgt für die Menschen in ihrer
Not, die Kranken überall in der Stadt, und predigt ihnen: Das
Reich Gottes ist nah!"

(Übertragung: Walter Jens)

Wir sind immer – egal ob zu Hause, an unserem angestammten, gewohnten Platz, an irgendeinem Urlaubsort, in irgendeiner Fremde – Be-
rufene und Gesandte, berufen zu lieben und zu heilen, gesandt, um denen, denen wir begegnen, die Frohe Botschaft zu verkünden durch unser
Leben, unser So-Sein. Es gibt Urlaub von der Arbeit, Urlaub vom Alltag,
aber Urlaub von unserem Auftrag als Christen gibt es nicht, solange wir
Atem haben. Und so gilt es immer und an jedem Ort, sich so zu fühlen,
sich so zu verhalten wie Jesus es den Zweiundsiebzig mit auf den Weg
gegeben hat, als er sie zu zweien aussandte, um zu heilen und vom
Reich Gottes zu reden. Franz Bierbaumer, der junge Kaplan aus Jedlesee,
hat uns das für diesen Sonntag sehr genau ausgelegt und so beschrieben, daß jeder und jede sich etwas davon mitnehmen kann in sein, in
ihr Leben hinein.

KOMMENTAR

Es empfiehlt sich, die sehr eindrucksvolle Aussendungsrede Jesu Satz
für Satz, Wort für Wort, zu be-denken, damit wichtige und noch dazu
überaus interessante Randbemerkungen nicht „unter den Tisch fallen".

Gleich das erste, was bedenkenswert ist: Jesus suchte und sandte neben den zwölf Aposteln noch „zweiundsiebzig andere Jünger" aus. Daß
Lukas ausgerechnet von „zweiundsiebzig" redet, hat gute Gründe. In dieser Zahl faßt nämlich die Heilige Schrift bereits im Alten Testament alle
Völker der Erde zusammen. Es ist also dem Evangelisten Lukas ein bren-
nendes Anliegen, daß alle Völker der Erde diese Botschaft hören. Kein
Mensch ist von ihr ausgegrenzt. Außerdem fällt auf, daß uns im Unterschied zu den zwölf Aposteln die Namen der zweiundsiebzig anderen
Jünger nicht überliefert sind. Daß sie nicht namentlich genannt werden,
hat vielleicht den Sinn, daß wir unsere eigenen Namen einsetzen können
und sollen. Jeder und jede einzelne von uns ist gesandt, die Botschaft
Jesu dort weiterzusagen und weiterzutragen, wo er/sie lebt und steht.

Das zweite, was bedenkenswert ist: Jesus sandte sie – wie es wörtlich aus dem Griechischen übersetzt heißt – „vor sich her in alle Städte und Ortschaften, in die er selbst gehen wollte". Mit anderen Worten: Ihre Aufgabe besteht nicht darin, sich bequem in einer der Städte oder Ortschaften niederzulassen, sich dort in Szene zu setzen und alle Aufmerksamkeit auf sich zu richten. Sie sollen vielmehr alles für den kommenden Christus vorbereiten, für ihn sozusagen ein Quartier aufschlagen, und sobald sie ihren Auftrag erfüllt haben, wieder weitergehen, um dem Herrn Platz zu machen und niemandem den Blick auf ihn zu versperren. Die Jünger haben lediglich eine Vorläufer- und Wegbereiterfunktion.

Zudem fordert sie Jesus auf, daß sie „zu zweien" gehen sollen. Denn einer allein wird rasch müde und neigt dazu, vorschnell aufzugeben. Zwei können sich gegenseitig bestärken, stützen und Mut machen. Und dann kommt noch dazu, daß ihr Auftreten wesentlich überzeugender wirkt.

Jesus sendet sie aus mit den Worten: „Geht hin! Ich sende euch wie Lämmer mitten unter Wölfe!" Vielleicht möchte der Herr mit diesem anschaulichen Vergleich sagen, daß sein Auftrag kein Ruhekissen und auch kein Sonntagsspaziergang oder eine „Fahrt ins Blaue" ist. Es ist kein Hineingehen in eine heile Welt, wo alles in Ordnung ist und wo man von den Leuten mit offenen Armen erwartet wird. Man muß bei diesem „Unternehmen" mit „Wölfen" rechnen: mit Kritik, Widerstand, Angriffen, Unannehmlichkeiten, Beschimpfungen. Und man muß damit rechnen, bestimmten Menschen oder gewissen Situationen nicht gewachsen zu sein.

Daher braucht man für diesen Auftrag eine unbedingte Sicherheit. Jesus warnt indirekt vor einer überzeugten Selbstsicherheit. Diese kann einem nämlich „Kopf und Kragen kosten". Die einzige Sicherheit ist der Herr! Jesus sagt ausdrücklich: „Ich sende euch …" Das heißt: Ich, der Herr, übernehme die volle Verantwortung für euch, für euer Leben, für Erfolg und Mißerfolg! Ich halte und beschütze euch!

Auf diesen Auftrag folgen einige Tips für die Ausrüstung und ein paar Regieanweisungen für die „apostolische Reise". Jesus legt ihnen eindringlich ans Herz, sich mit leichtem Gepäck auf den Weg zu machen. Für diesen Auftrag muß man sich freimachen von allem, was einem Ansehen und Sicherheit verleihen könnte. Völlig mittellos, einfach, unbelastet und unbeschwert sollen sie gehen.

Und dann fährt Jesus fort: „Und wenn ihr in ein Haus kommt, dann wünscht ihm Frieden!" Das heißt etwas salopp umformuliert: „Wenn ihr mit meiner Botschaft im Herzen in einem Haus Aufnahme findet, dann überfahrt die Leute nicht mit irgendwelchen Geschichten! Bearbeitet sie nicht mit hochgestochenen, unverständlichen Glaubensinhalten und spielt euch nicht als Glaubensprofis oder Superchristen auf, indem ihr viele fromme Sprüche klopft, sondern bringt ihnen durch euer gläubiges Dasein und Sosein Christus nahe, der ja der Friede in Person ist!" Schließlich umschreibt Jesus eindeutig und klar den Auftrag: „Heilt die Kranken, die dort sind, und sagt den Leuten: Das Reich Gottes ist nahe."

Nach dem griechischen Urtext geht es nicht darum, konkrete, klar umschreibbare körperliche Leiden zu beseitigen. Die Jünger sollen und brauchen keine Reparaturmediziner zu sein.

So stellt sich nun die Frage: Wer sind „die Kranken"? Wer ist damit gemeint? Und was versteht Jesus unter „heilen"?

Nach unserem Sprachgebrauch ist jemand „krank", wenn ihm etwas „fehlt". Manche „Kranke" glauben, dieses „Etwas" genau umschreiben zu können. Andere wissen nicht, was ihnen fehlt. Sie „fühlen sich einfach krank".

Wenn Jesus von den Kranken spricht, dann meint er damit in erster Linie nicht diejenigen, die organisch krank sind, die einer medizinischen Versorgung und Behandlung bedürfen. Er meint vielmehr die Schwachen, die aus eigener Kraft nicht hochkommen, denen man „unter die Arme greifen" muß; die Hilflosen, die nicht (mehr) können trotz Wollen, die keine Kraft und Willensstärke haben; die seelisch kranken Menschen, die von Ängsten und Schuldgefühlen gepeinigt werden und sich mit unaufgearbeiteten Erlebnissen und Verwundungen herumschleppen. Zu den Kranken zählt Jesus alle Menschen, die es schwer haben: mit sich selbst, mit anderen und auch mit Gott. Er meint jene Menschen, die „fertig", „erledigt", mutlos, haltlos sind, die „nicht mehr ein noch aus wissen" und „am Boden zerstört" sind. Zu den Kranken zählt Jesus weiter diejenigen, die sich im Leben nicht oder nicht mehr zurechtfinden, denen nichts mehr schmeckt: weder das Essen noch das Leben, die lieber heute als morgen Schluß machen möchten.

Diese Menschen sollen sie – ja diese Menschen sollen wir „HEILEN"! Was heißt das und wie geht das?

1. Es gibt Heilung nicht nur durch Medikamente, sondern weit mehr durch menschliche Zuneigung und Nähe!

Das heißt praktisch: Wir sollen „diese" Menschen in ihrer Not ansprechen, und damit dort „abholen", wo sie gerade stehen. Wir sollen sie in ihrem Elend, in ihrem Entmutigtsein, in ihrem Dunkel auffangen und sie in unserem Herzen Platz nehmen lassen! Das verlangt jedoch die Gabe der Einfühlung und die Fähigkeit, für eine bestimmte Zeit ausschließlich für diesen Menschen dazusein. Der im biblischen Verständnis kranke Mensch braucht weder Tabletten noch Infusionen, er braucht vor allem An-Sprache, Aus-Sprache und Zu-Sprache! Er braucht jemanden, der ihn ungeniert an der Hand nimmt, für ihn Zeit hat und sich ihm liebevoll zuneigt. Genau das meint das griechische Wort für „heilen" – „therapeuein". Wörtlich aus dem Griechischen übersetzt heißt es: behutsam und zärtlich mit jemand umgehen, um den Kranken „herumsein". Es finden sich im griechischen Wörterbuch auch noch andere Bedeutungen, wie zum Beispiel: bedienen, freundlich behandeln, zu gewinnen suchen, jemand hochachten, gut für jemanden sorgen, pflegen und anbeten. In Klammer gesagt: Die Heilung soll ja letztlich zur Anbetung Gottes führen!

Therapie – im biblischen Kontext – ist ein anderes Wort für Mitmenschlichkeit. Therapie, Heilung, hat viele Formen. Einige der wichtigsten sind: Zeithaben, Zuwendung, Nähe und Berührung!

2. Die Geheilten sind aber deswegen noch lange nicht „heil". Daher brauchen diese Menschen nicht einfach nur Heilung, sie brauchen Heil!

Und dieses ist nur in Gott zu finden! Dabei sollen die Betroffenen erfahren, so der deutsche Mediziner Prof. Dr. Welte: „Es gibt einen Weg, der weiterführt, wenn nichts mehr weiterführt. Wenn alle menschlichen Türen zugehen, dann gehen Gottes Türen auf." Wir sollen also dem Kranken beziehungsweise Geheilten vermitteln oder ihn zumindest wissen lassen, was im Ernstfall, der jederzeit eintreten kann, wirklich trägt.

Der Geheilte ist heil, wenn er in Gott die Mitte seines Lebens gefunden hat und sich vertrauensvoll in ihn hineinfallen läßt. Er ist heil, wenn er in Gott eine neue Tragkraft gewonnen hat. Der heilende Glaube schenkt ihm unter anderem das richtige Augenmaß für das Wichtige und Nichtige.

Wenn wir im Verständnis Jesu Kranke heilen, dann wird erfahrbar und sichtbar, was Jesus mit dem Zusatz meint „… und sagt den Leuten: Das Reich Gottes ist nahe!" Wo immer Menschen durch uns Gottes Liebe und Nähe in Wort und Tat spüren, da beginnt das Reich Gottes seine Wurzeln zu schlagen und aufzugehen.

Franz Bierbaumer

Zuhören sollen wir einander und den anderen. Annehmen sollen wir einander und die anderen. Lieben sollen wir einander und die anderen. Heilen sollen wir einander und die anderen. Das ist die Botschaft dieses Sonntags – also, worauf warten wir noch?

FÜNFZEHNTER SONNTAG IM JAHRESKREIS

Der erste Satz der Einführung in den heutigen fünfzehnten Sonntag im Jahreskreis lautet: „Der Mitmensch, an dem ich vorbeigehe, dem ich ausweiche, den ich nicht sehen will, der mir nahe ist und doch nicht mein Nächster, das ist die Hölle." Ich finde das einen beeindruckenden Satz, der mich zu der Überlegung zwingt, daß millionen-, milliardenfache Hölle in dieser Welt sein muß, wenn wir bedenken, wieviel ausgewichen, weggeschaut wird in unserer Zeit des Konsums, des Egoismus, der immer größer werdenden Isolation. Ich erinnere mich dabei an eine Antwort, die mir Mutter Teresa seinerzeit auf meine Frage nach dem Nächsten gegeben hat: „Mein Nächster ist der Mitmensch, der mir begegnet und meine Hilfe braucht, der Obdachlose, der an meine Türe klopft , der Nackte, den ich auf der Straße sehe, der Hungernde, in dessen fiebrige Augen ich schaue, der Einsame, um den ich weiß." Der Nächste ist also gerade der, an dem ich n i c h t vorbeigehe, dem ich n i c h t ausweiche, sondern den ich anschaue, bereit zu helfen, bereit zur Liebe, die in mein Herz gelegt ist von Anfang an, und in der ich das Wort, den Willen und die Sehnsucht meines Schöpfers erkennen kann.

Genau das sagt uns auch die Erste Lesung aus dem Buch Deuteronomium, die für mich zu den ganz wesentlichen Stellen des Alten Testaments zählt. Weil das so ist, möchte ich Ihnen diesen Text mitgeben in Ihren ganz persönlichen Sonntag, der vielleicht Zeit gibt für Reflexion:

Mose sprach zum Volk: Du sollst auf die Stimme des Herrn, deines Gottes, hören und auf seine Gebote und Gesetze achten, die in dieser Urkunde der Weisung einzeln aufgezeichnet sind. Du sollst zum Herrn, deinem Gott mit ganzem Herzen und mit ganzer Seele zurückkehren. Denn dieses Gebot, auf das ich dich heute verpflichte, geht nicht über deine Kraft und ist nicht fern von dir. Es ist nicht im Himmel, so daß du sagen müßtest: Wer steigt für uns in den Himmel hinauf, holt es herunter und verkündet es uns, damit wir es halten können? Es ist auch nicht jenseits des Meeres, so daß du sagen müßtest: Wer fährt für uns über das Meer, holt es herüber und verkündet es uns, damit wir es halten können? Nein, das Wort ist ganz nah bei dir, es ist in deinem Mund und in deinem Herzen, du kannst es halten.

Ich meine, diese Bibelstelle sollten wir eigentlich jeden Tag und immer wieder lesen und meditieren, in unseren Herzen bewegen, bis es Teil unseres Wesens geworden ist. Das lebendige Wort ist nicht in fernen Himmeln, es ist nicht in alter Zeit irgendwann einmal historisch als Mensch über die Erde Galiläas und Judäas gewandelt, und es ist nicht jenseits der Ozeane, sondern mitten unter uns und mitten in uns. Wüßten wir das wirklich ganz tief innen, wäre dieses Wissen uns zur zweiten Natur geworden, wir wären frei, zum Mensch-Sein befreit und wir müßten keine Angst mehr haben vor allem und jedem. Das ist Frohe Botschaft, ebenso das Evangelium des heutigen Tages, in dem Jesus nicht nur lehrt, sondern als echte Autorität, die den anderen aufbauen will, auch fragt, um dem anderen zu zeigen, daß die Entscheidung bei ihm selber liegt.

WAS MEINST DU?

… fragt er einen, der ihm eigentlich eine Falle stellen wollte. Aber hören Sie nun die ganze Geschichte, wie der Evangelist Lukas sie erzählt.

Lk 10,25–37

In diesen Tagen, Theophilus, lieber Bruder und verehrter Herr, trat ein Schriftausleger zu ihm, ein Mann, der gekommen war, um ihm eine Falle zu stellen: „Du bist ein Lehrer", sagte er. „Was muß ich tun, um einmal das ewige Leben zu erben?" – „Du kannst doch lesen", sagte Jesus. „Was steht im Gesetz?" – „Lieben wirst du den Herrn, deinen Gott", antwortete der Schriftausleger, „mit deinem Herzen, deiner Seele und deinen Gedanken, mit all deiner Kraft! Lieben wirst du jeden, der ein Mensch ist wie du. Du wirst ihn lieben, wie du dich selbst liebst." – „Die richtige Antwort!" sagte Jesus. „Du wirst leben, wenn du so handelst." Der Schriftausleger aber wollte sich rechtfertigen: „Wer ist das: ‚mein Bruder'? Und was bedeutet: ‚Ein Mensch wie ich'?

„Es gab einen Mann", antwortete Jesus, „der von Jerusalem nach Jericho ging und, zwischen dem Gebirge und der Ebene, den Räubern in die Hände fiel. Die warfen ihn nieder, zogen ihn aus, schlugen ihn halb tot und ließen ihn liegen: So fand ihn ein Priester, der zufällig den gleichen Weg ging wie er. Der sah den Mann – und ging weiter. Später kam ein Levit an die Stelle; auch er sah

den Mann und auch er ging weiter. Schließlich kam auch ein Sa-
mariter vorbei, ein Ungläubiger, und als d e r den Mann sah, hat-
te er Mitleid mit ihm, trat auf ihn zu, wusch ihm seine Wunden
mit Öl und Wein aus, verband sie, hob den Mann auf ein Lasttier
und brachte ihn zu einer Herberge. Dort versorgte er ihn und blieb
bei ihm bis zum anderen Tag. Dann aber hat er dem Wirt zwei Sil-
berstücke gegeben: ‚Das ist für die Pflege', sagte er, ‚wenn du mehr
brauchst, will ich dir's bezahlen. Ich komme zurück.'
Was meinst du", fragte Jesus, „wer von den dreien stand dem Über-
fallenen bei? Wer ist ihm ein Bruder gewesen?" Da sagte der
Schriftausleger: „Der Barmherzige ist es gewesen", und Jesus ant-
wortete ihm: „Tu, was der Samariter getan hat. Geh – und sei wie
er!"

(Übertragung: Walter Jens)

Diese Evangeliumstelle – wohl eine der bekanntesten – ist ein Musterbei-
spiel liebender Pädagogik: einen Menschen, der dir als Gegner gegen-
übertritt, mit einer einfachen, aber eben in allem stimmigen Geschichte
zu entfeinden und damit zu lockern, zu befreien, so daß er zu eigener
Einsicht fähig werden kann.

Irgendwie, habe ich mir gedacht, wäre das ein Text für einen echten
Praktiker in der Seelsorge, für einen, der wirklich mit dem Kirchenvolk
an der Basis zu tun hat, für einen, der sie kennt, jene, die vorbeigehen
und wegschauen, ebenso wie jene, die bereit sind, auf den anderen zuzugehen und anzupacken, wo es nottut. Meine Wahl fiel auf den Pfarrer
von Alt-Simmering, Franz Merschl. Nur wenige Schritte von der hübschen
barocken Dorfkirche entfernt, saßen wir direkt an der lärmenden Simme-
ringer Hauptstraße in seinem einfach möblierten Zimmer, dem man ein
wenig ansieht, daß da nicht viel Zeit zum Wohnen bleibt. Der stämmige
Wiener ist bekannt dafür, daß er eine einfache und klare Sprache führt,
im Leben ebenso wie in der Verkündigung.

KOMMENTAR

Fast alle Menschen, die man trifft, beteuern, daß sie selbstverständlich
an Gott glauben. Eine Umfrage aus neuester Zeit hat ergeben, daß
die Religiosität sogar im Steigen begriffen ist – ich meine auch, daß der
Mensch auf Dauer seine religiösen Anlagen und Bedürfnisse nicht unter-

drücken kann! Schade, daß dann so viele nicht bis zu einem persönlichen Glauben-Können finden.

Gläubig bin ich wohl erst dann, wenn ich zu einer lebendigen Beziehung mit Gott gekommen bin: Er begegnet mir wie ein Vater, eine Mutter, ein Bruder, ein Freund, ein Begleiter. Kein Wauwau, vor dem ich Angst haben muß. Kein Kommandant, dessen Befehle über mein Leben bestimmen. Kein Machthaber, von dem ich so abhängig bin, daß ich besser nicht auffalle und auf meiner eigenen Meinung beharre …

Die Art, wie er mit uns umgeht, entnehme ich dem Evangelium: Das beispielhafte Tun des Barmherzigen Samariters wird nicht als Norm hingestellt; als Gesetz, gegen das es kein Aufbegehren gibt. Nicht einmal als Forderung, deren Erfüllung Voraussetzung für vieles andere ist.

Jesus erzählt – und dann fragt er. Der allmächtige Gott, den seine ersten Jünger schlechthin „den HERRN" nannten – er fragt: „Was meinst du?" Es ist jene Art zu fragen, die dem Menschen die Chance gibt, nun auch selber draufzukommen, was gut und recht ist. Es ist eine besonders freundliche Art, ihm bewußt zu machen, daß er selber entscheiden kann und nicht über ihn bestimmt wird. Wer so fragt, will den andern ernst nehmen und zugleich einladen, mitzumachen: Was meinst du?

Was meinst du? Wenn du alles zusammenzählst, was dir gegeben und geschenkt ist in deinem Leben; wenn dir einfällt, wie oft es einen unerwartet guten Ausgang gegeben hat in deinen Schwierigkeiten; oder gar, wenn du vergleichst, wie andere leben und sich abmühen müssen. Was meinst du: Entspricht dein Denken und dein Tun einem solchen Vorschuß an Vertrauen und an Freigebigkeit? Und wenn's mangelt oder fehlt – wer hindert dich, es zu verändern.

Was meinst du? Gott schenkt dir einen guten Partner, eine gute Partnerin, deine Kinder sind gesund und wohlgeraten. Du sagst locker „Gott sei Dank" – jedesmal, wenn von denen oder jenen geredet wird, wie schlimm es dort zugeht und was ihnen alles passiert ist … Reicht das Sprüchlein – oder ist es doch zumindest der Anfang einer Einsicht und einer ehrlichen Dankbarkeit?

Was meinst du? Ihr beide habt eure Pläne für die gemeinsame Zukunft und laßt euch von niemandem etwas dreinreden. Ihr bestimmt allein, wie eure Ehe auszuschauen hat und wie der Weg dahin anzulegen ist. Was meinst du: Ist das Zusammenwohnen und eine materielle Absicherung tatsächlich das Wichtigste oder gar schon alles, was eure Zukunft gestalten und sichern soll?

Was meinst du? Du hast deine Vorstellungen, was dir alles zusteht und möglich ist; was du noch erleben möchtest – jetzt und erst recht in der Zeit der Pension. Was meinst du: Ist es klug, so zu tun oder zu leben, als könnten wir ewig hier daheim sein? Gibt es nicht auch noch andere „Lebensqualitäten"; solche, die uns bleiben und die niemand uns nehmen kann?

Was meinst du? Du hast ja deinen gesicherten Posten, du hast eine entsprechende Position, du bist fleißig und sparsam – wären nur alle anderen auch so! Warum sagt Jesus dann: „Arme habt ihr allezeit unter euch und könnt ihnen Gutes tun, sooft ihr wollt"? Was meinst du? Reicht es, was so an Mitgefühl, Verantwortung, Hilfsbereitschaft und Teilen zusammenkommt? …

Noch einmal: Unser Gott ist ein menschenfreundlicher Gott. Er zwingt nicht, er kommandiert nicht einmal. Ich scheue mich nicht, ihn einen „partnerschaftlichen" Gott zu nennen. Wir wissen, was er will, wir erkennen auch, wie er alles will – und er befiehlt noch immer nicht! Er fragt, damit wir Zeit und Gelegenheit haben, selber draufzukommen, was nötig ist, was gerade jetzt nötig ist.

Es mag sein, daß wir eine besonders verwirrende Zeit für unser Leben erwischt haben. Es mag sein, daß es in vielen Bereichen schwerer wird, das Rechte zu erkennen und auch noch zu tun.

Aber er bleibt sich treu und gibt uns Möglichkeiten über Möglichkeiten. Zunächst seine Anfragen und Herausforderungen zu erkennen. Dann läßt sich auch verwirklichen, was Jesus den Suchenden und Fragenden letztlich antwortet: „Dann geh – und handle genauso!"

Franz Merschl

„Solange du dir selbst mehr gönnst als jenem Fremden, den du nie gesehen, solange hast du nie einen Augenblick in Gottes Grund hineingelugt." Dieser Satz von Meister Eckhart wäre es wert, mit in den Tag, in die Woche, ins Leben hineingenommen zu werden. Jedenfalls könnte er, von vielen ins Leben umgesetzt, das Antlitz der Erde verändern, denn wir sind es, die den Zustand der Welt bestimmen, wir sind es, die Geschichte schreiben, wenn wir uns nicht zurücklehnen und berieseln lassen, sondern aufstehen und Reich-Gottes-Arbeit tun.

SECHZEHNTER SONNTAG IM JAHRESKREIS

Am vergangenen Sonntag begegneten wir Jesus in einer Auseinandersetzung mit einem Gesetzeslehrer, der ihn auf die Probe stellen wollte. Im Verlauf des Disputs versuchte Jesus den Gesetzeslehrer mit dem Gleichnis vom Barmherzigen Samariter auf den rechten Weg zu bringen und entließ ihn mit den Worten: „Dann geh und handle genauso." Heute, am sechzehnten Sonntag im Jahreskreis, treffen wir Jesus als Gast im Hause seines Freundes Lazarus und dessen Schwestern Martha und Maria. Das wird zwar beim Evangelisten Lukas nicht so klar gesagt wie im späteren Johannesevangelium, denn Lukas schreibt: „Sie", das heißt Jesus und seine Schüler, „zogen weiter, und er kam in ein Dorf. Eine Frau namens Martha nahm ihn freundlich auf. Sie hatte eine Schwester, die Maria hieß." Das könnten natürlich irgendeine Martha und irgendeine Maria sein, aber ich nehme an, daß wir der Forschung vertrauen dürfen, die sicher ist, daß es sich bei den beiden gastfreundlichen Frauen um jene handelt, von denen bei Johannes zu lesen ist: „Jesus aber liebte Martha und deren Schwester Maria". Was dann folgt, ist die altbekannte Geschichte, daß Maria sich als Hörende ganz den Worten des Gastes hingibt, während Martha davon in Anspruch genommen ist, für sein leibliches Wohl zu sorgen, getreu dem Gebot orientalischer Gastlichkeit.

Genau jene vielgerühmte orientalische Gastfreundschaft ist nicht das einzige, aber eines der wesentlichen Elemente der Lesung aus dem Alten Testament, für die ich mich heute entschieden habe. Der Grund war ganz einfach, die dadurch gegebene Chance wahrzunehmen, sich einmal auf eine der großen Gestalten des Alten Bundes, auf unseren Vater im Glauben, auf Abraham, einzulassen. Dazu geben uns die Texte des Kirchenjahres nur ganz selten die Möglichkeit.

P. Georg Braulik, der Benediktiner und Alttestamentler, wählte für seinen Kommentar den prägnanten Titel:

WENN GOTT ZU GAST KOMMT.

Die hinreißende Geschichte, die uns im achtzehnten Kapitel des Buches Genesis erzählt wird, kreist um die unerwartete Möglichkeit von Gottesbegegnung und deutet an, daß auch uns, daß jedem und jeder von uns Gott begegnen kann, in einem Freund, in einer Fremden, in einem Menschen, der uns vielleicht braucht und uns dadurch daran erinnert, daß wir nicht allein für uns, sondern auf die anderen hin leben sollen.

Gen 18,1–10a

Jahwe erschien Abraham bei den Eichen von Mamre. Abraham saß zur Zeit der Mittagshitze am Zelteingang. Er blickte auf und sah vor sich drei Männer stehen. Als er sie sah, lief er ihnen vom Zelteingang aus entgegen, warf sich zur Erde nieder und sagte: Mein Herr, wenn ich dein Wohlwollen gefunden habe, geh doch an deinem Knecht nicht vorbei. Man wird etwas Wasser holen; dann könnt ihr euch die Füße waschen und euch unter dem Baum ausruhen. Ich will einen Bissen Brot holen, und ihr könnt dann nach einer kleinen Stärkung weitergehen; denn deshalb seid ihr doch bei eurem Knecht vorbeigekommen. Sie erwiderten: Tu, wie du gesagt hast. Da lief Abraham eiligst ins Zelt zu Sara und rief: Schnell, drei Sea feines Mehl! Rühr es an, und backe Brotfladen! Er lief weiter zum Vieh, nahm ein zartes, prächtiges Kalb und übergab es dem Jungknecht, der es schnell zubereitete. Dann nahm Abraham Butter, Milch und das Kalb, das er hatte zubereiten lassen, und setzte es ihnen vor. Er wartete ihnen unter dem Baum auf, während sie aßen. Sie fragten ihn: Wo ist deine Frau Sara? Dort im Zelt, sagte er. Da sprach Jahwe. In einem Jahr komme ich wieder zu dir, dann wird deine Frau Sara einen Sohn haben.

KOMMENTAR

Sie hört sich beinahe wie eine antike Sage an, diese Erzählung, in der Fremde gastfreundlich aufgenommen werden und sich durch das Geschenk, das sie zum Dank hinterlassen, als Götter in Menschengestalt erweisen. Wahrscheinlich hat man in Israel einen solchen Mythos gekannt und erzählte mit ihm die Begegnung Abrahams und Saras mit Gott. Der Text wechselt deshalb mehrmals geheimnisvoll zwischen den drei Männern, die im Flimmern der Mittagshitze plötzlich vor Abraham stehen und sich von ihm bewirten lassen, und dem einen, dessen Namen genannt wird, Jahwe. Zunächst erfährt nur der Leser, daß es Jahwe war, der beim uralten Baumheiligtum von Mamre nahe bei Hebron „erschienen" ist. Dann blitzt das Göttliche kurz auf, als die drei Männer Saras Namen und offenbar auch ihre Unfruchtbarkeit kennen. Erst als schließlich der eine den Geburtstermin des Sohnes voraussagt, hebt sich auch für Abraham der Schleier des Inkognitos Gottes und weiß auch er, daß Jahwe bei ihm zu Gast ist. Über die Zukunft verfügen kann doch nur der Herr.

Wir verstehen die Erzählung nur dann richtig, wenn wir sie zusammen mit den anderen Abrahamsgeschichten hören. Denn letztlich geht es ihr nicht um eine Erprobung von Abrahams Gastfreundschaft oder um die Offenbarung göttlicher Gegenwart in Fremden, obwohl sie auch davon spricht. Das eigentliche Problem ist die Verzögerung einer Verheißung Gottes bis hin zu ihrem scheinbar unmöglichen Eintreffen. Die Erzählung zielt also auf die Ankündigung des langersehnten, kaum mehr erwarteten Sohnes, des Isaak. Nicht als ob ein Kind oder ein Erbe den Sinn des Lebens ausmachte. Aber an Isaak hängt die Verheißung Gottes, durch seine Nachkommen, das Volk Israel, die ganze Welt zu segnen und in eine „Zivilisation der Liebe" zu verwandeln. Der Text ist für die Liturgie so abgegrenzt worden, daß er nur schildert, was geschieht, wenn Gott zu Gast kommt. Er folgt damit zwar weitgehend dem alten Mythos. Seine altertümliche Stilisierung macht ihn anschaulich und lebensnah. Aber es wird nicht mehr erkennbar, daß das Gespräch unter den Männern im folgenden auf Sara zuläuft und daß Gott über Abraham hinweg ihr den Sohn ankündigt.

Abraham hatte getan, was Gott von ihm wollte. Er hatte die Geborgenheit seiner Großfamilie und seiner Heimat verlassen, hatte das Land durchzogen und jahrzehntelang in Unsicherheit gelebt, immer mit der Verheißung Gottes im Herzen: „Ich werde dich zu einem großen Volk machen; durch dich werden alle Völker der Erde Segen erlangen!" Wie viele Jahre waren seither verronnen! Und mit ihnen auch die Hoffnung auf zahlreiche Nachkommenschaft. Nicht einmal ihre Voraussetzung, die Geburt eines Sohnes, war Wirklichkeit geworden. Denn Sara kann nicht empfangen. Das lange aussichtslose Warten zermürbt. Zuerst will Abraham seinen Knecht Elieser aus Damaskus zum Erben einsetzen. Doch Gott bleibt bei seinem ursprünglichen Wort: „Dein leiblicher Sohn wird dein Erbe sein!" So versuchen Abraham und Sara, die Erfüllung dieser Zusage herbeizuzwingen: Hagar, die ägyptische Magd, gebiert dem Abraham einen Sohn. Das war entsprechend den damaligen Verhältnissen zwar durchaus rechtens. Aber so hatte es Gott nicht gemeint. Er hatte sein Versprechen an Abraham und Sara gebunden. Von jetzt an wird alles nur noch schwieriger. Wiederum vergeht Jahr um Jahr.

Als die drei Fremden zu Abraham kommen, treffen sie einen alten

Mann, einen, der sich müde gegrübelt hat über seinen Gott und aufgehört hat, von der Zukunft zu träumen. Abraham kennt die Männer nicht; und sie sagen nichts. Trotzdem erfahren sie orientalische Gastfreundschaft. Nicht bloß „etwas Wasser" und „ein Bissen Brot", sondern ein Berg von Brotfladen, Kalbsbraten vom besten, Butter und Milch werden von den Zeltbewohnern voll eiliger Willigkeit bereitet und von Abraham selbst ehrerbietig aufgewartet. Ja, er hatte schon etwas vorzusetzen. Nur eines konnte er nicht vorzeigen: die Schar seiner Kinder. Um so peinlicher die Frage der Fremden: „Wo ist deine Frau Sara?" Peinlich – oder vielmehr: verletzend, weil genau hier der wunde Punkt liegt bei diesem Ehepaar, die Stelle, an der ihr Glaube kaputtzugehen droht. Verständlich, daß Abraham mit dieser Frage nichts anfangen kann. Verständlich, daß es Sara am Zelteingang nur ein Lachen kostet, als sie hört: „In einem Jahr wird deine Frau Sara einen Sohn haben." Kinder sind für die beiden doch endgültig vorbei.

Hier haben Menschen jahrzehntelang Gott vertraut, ihr Leben auf sein Versprechen gebaut. Wissen wir, was das heißt – jahrzehntelang? Sie hatten trotz enttäuschender Erfahrungen, auch eigenem Versagen, versucht, das Ihre zu tun, um Gottes Plan – Segen für alle Völker – Wirklichkeit werden zu lassen. Aber jetzt sind sie an ihre Grenze gekommen, wo es nicht mehr weitergeht, wo es einfach keinen Sinn mehr hat, noch weiterzumachen. Und sogar hier bekommen sie statt einer konkreten Hilfe wiederum nur ein Versprechen zu hören: „In einem Jahr!" Ein Termin, nicht mehr. Und die Aufforderung: „Laß dich beschenken, wie Gott es will!" Hier wird einem, einer, die von sich sagen: „Ausgeträumt! Unmöglich!" einfach beschieden: „Es geht! Glaub doch! Du wirst es sehen!" Vielleicht verlieren Abraham und Sara an dieser Stelle ihre altorientalischen Züge und taucht hinter ihnen unser eigenes Schicksal auf.

Wenn Gott zu Gast kommt, läßt er sich nicht mit einem Ritual abspeisen, mag es dabei auch noch so feierlich hergehen. Wer ihn aufnimmt, den beschenkt er, durch einen Menschen, durch ein Gespräch zum Beispiel: „Wie ist es denn, du wolltest doch ..." Es kann die Einladung zu menschlich fast Unmöglichem sein, zur schmerzhaften Erinnerung an versprochenes Glück, aber auch zur Annahme einer bisher vergeblichen Hoffnung, des Traumes Gottes mit meinem Leben, seines Kirchentraums. Das Wort „unmöglich" hat darin keinen Platz, auch wenn die Verwirklichung fast ein Leben und dann nochmals ein Jahr kosten kann.

Abraham und Sara hören Gott aus dem Fremden, der an ihren wunden Punkt rührt. Später wird es von Abraham heißen: „Er nannte seinen

Sohn Isaak." Und Sara wird diesen Namen deuten: „Gott hat mich zum Lachen gebracht!"

Georg Braulik

Wenn in unserem Leben etwas uns unmöglich Erscheinendes möglich wird, dann kann es schon sein, daß uns das lachen macht. Ich jedenfalls kann mich an einige solcher scheinbarer Unmöglichkeiten erinnern, wenn mich irgendeine wahnwitzige Idee dazu verführte, eine Sache, ein Hilfsprojekt oder ähnliches, anzupacken, die mir beim zweiten Hinschauen als um etliche Nummern zu groß für einen Einzelmenschen, als unmöglich erschien. Bin ich der ersten Idee trotzdem treu geblieben, habe ich mich auch gegen jede Vernunft darauf eingelassen, dann wurde mir das Unmögliche so unter der Hand einfach möglich gemacht. Und da habe ich nicht selten den Namen Isaak ausgesprochen und herzlich gelacht.

Wenn wir auch oft daran zweifeln, daß Gott in unserem Leben, daß er durch uns oder andere wirksam wird, wenn wir als Enttäuschte nicht mehr daran glauben können, daß Gott den Schrei seines Volkes hört, sollten wir uns an das Lachen Saras erinnern und unsere Herzen und unsere Türen für das Unerwartete öffnen, gerade in einer Zeit, in der die menschliche Enge zu schmerzen beginnt.

SIEBZEHNTER SONNTAG IM JAHRESKREIS

Es gibt wohl kaum einen Bereich, in dem der moderne Mensch so unsicher ist wie beim Beten. Wie viele Menschen rufen in ihrem Herzen immer wieder aus, so wie die Jüngerinnen und Jünger es damals taten, als sie zu Jesus sagten: „Herr, lehre uns beten!" Wahrscheinlich gab es nie zuvor so viele Bücher über das Beten, so viele Anleitungen zu Gebet und Meditation, so viele Rezepte für den Weg nach innen. Ganze Auslagen sind voll davon, und in den Prospekten der einschlägigen Verlage werden immer noch neue Bücher dieser Art angekündigt, eine wahre Flut. Vermutlich nichts anderes als ein äußeres Zeichen für eine tiefe innere Not. Jesus hat keine Meditationstechniken angeboten, keine Vielfalt innerlicher Wege aufgezeigt, sondern einfach gesagt: „Wenn ihr betet, so sprecht: ‚Vater, dein Name werde geheiligt. Dein Reich komme. Gib uns täglich das Brot, das wir brauchen. Und erlaß uns unsere Sünden, denn auch wir erlassen jedem, was er uns schuldig ist. Und führe uns nicht in Versuchung.'" Das jedenfalls ist die Version des Evangelisten Lukas. Er schließt an dieses Gebet noch andere Jesusworte an: das Gleichnis von dem Freund, den man auch um Mitternacht um Brot bitten kann, und die Ermutigung zum Bitten, wenn Jesus sagt: „Bittet, dann wird euch gegeben, sucht, dann werdet ihr finden; klopft an, dann wird euch geöffnet."

Bitten aber setzt ein Zweifaches voraus: Demut und Glauben. Demut, daß ich nicht alles aus mir heraus können muß, und den Glauben, daß da einer ist, der mein Bitten versteht, mein Suchen erfüllt und mein Klopfen hört.

Unser Vater im Glauben, in diesem demutsvollen Glauben, ist Abraham, der sein ganzes Leben unter die Zusage Gottes stellt, daß er ihn zum Segen aller Völker machen will, auf die Einlösung dieser Zusage allerdings ein ganzes langes Leben und noch ein Jahr warten muß, wie uns P. Georg Braulik am vergangenen Sonntag die Schrift ausgelegt hat. Auch heute möchte ich bei Abraham bleiben und bei dem Benediktiner und Ordinarius für Altes Testament an der Katholisch-Theologischen Fakultät der Universität Wien, P. Georg Braulik. Sein Titel heute:

Gen 18,20–32

Der Herr sprach: Das Klagegeschrei über Sodom und Gomorra, ja, das ist laut geworden, und ihre Sünde, ja, die ist schwer. Ich will hinabgehen und sehen, ob ihr Tun wirklich dem Klagegeschrei entspricht, das zu mir gedrungen ist. Ich will es wissen. Die Männer wandten sich von dort ab und gingen auf Sodom zu.
Abraham aber stand noch immer vor dem Herrn. Er trat näher und sagte: Willst du auch den Gerechten mit den Ruchlosen wegraffen? Vielleicht gibt es fünfzig Gerechte in der Stadt. Willst du auch sie wegraffen und nicht doch dem Ort vergeben wegen der fünfzig Gerechten dort? Das kannst du doch nicht tun, die Gerechten zusammen mit den Ruchlosen umbringen. Dann ginge es ja dem Gerechten genauso wie dem Ruchlosen. Das kannst du doch nicht tun. Sollte sich der Richter über die ganze Erde nicht an das Recht halten? Da sprach der Herr: Wenn ich in Sodom, in der Stadt, fünfzig Gerechte finde, werde ich ihretwegen dem ganzen Ort vergeben. Abraham antwortete und sprach: Ich habe es nun einmal unternommen, mit meinem Herrn zu reden, obwohl ich Staub und Asche bin. Vielleicht fehlen an den fünfzig Gerechten fünf. Wirst du wegen der fünf die ganze Stadt vernichten? Nein, sagte er, ich werde sie nicht vernichten, wenn ich dort fünfundvierzig finde. Er fuhr fort, zu ihm zu reden. Vielleicht finden sich dort nur vierzig. Da sprach er: Ich werde es der vierzig wegen nicht tun. Und weiter sagte er: Mein Herr, zürne nicht, wenn ich weiterrede. Vielleicht finden sich dort nur dreißig. Er entgegnete: Ich werde es nicht tun, wenn ich dort dreißig finde. Darauf sagte er: Ich habe es nun einmal unternommen, mit meinem Herrn zu reden. Vielleicht finden sich dort nur zwanzig. Er antwortete: Ich werde sie um der zwanzig willen nicht vernichten. Und nochmals sagte er: Mein Herr, zürne nicht, wenn ich nur noch einmal das Wort ergreife. Vielleicht finden sich dort nur zehn. Und wiederum sprach er: Ich werde sie um der zehn willen nicht vernichten. Nachdem der Herr das Gespräch mit Abraham beendet hatte, ging er weg, und Abraham kehrte heim.

Abraham hatte drei Männer bewirtet und war dabei dem Gott Israels begegnet. Als die Gäste nach Sodom aufbrechen, begleitet sie Abraham ein Stück ihres Weges. Ganz in der Ferne im Graben des Toten Meeres kann man die Stelle erahnen, wo Sodom lag. Vor dieser Szenerie setzt ein schwieriges Zwiegespräch Gottes mit Abraham ein. Als der Text, der davon erzählt, verfaßt wurde, war Sodom allerdings längst zum Schreckenswort geworden. Sodom – das hieß Mißachtung menschlicher Würde, brutale Gewalt und Hölle der Perversion. Sodom – das hieß auch: Vernichtung aller Kreatur, Massen sterbender Menschen. Eine Naturkatastrophe, Vulkanausbruch und Aschenregen, genügten nicht, um den Untergang zu erklären. Daß die ganze Stadt ausgerottet wurde, war kein blindes Schicksal. Ihr Untergang war wie ein Wegweiser, der auf Gott zeigte, den Herrn über Leben und Tod. Gott hat gerichtet. Wenn sein Strafgericht unabwendbar war, gab es dann in Sodom nur Schuldige? Oder traf die Zerstörung Gute wie Böse gleichermaßen? Ist Gott dann gerecht bei seiner totalen Vernichtung? Und wie steht es mit der Schuld anderer Städte und Völker? Sind sie weniger verdorben und gottlos? Weshalb sind sie noch am Leben? Fragen über Fragen. Vielleicht würden wir sie heute auf eine andere Weise stellen und beantworten. Aber damals war Sodom ein Extremfall, für alle Menschen und überall gültig. Deshalb entzündet sich vor der schauerlich öden Naturkulisse Sodoms ein theologischer Disput über die Rechtfertigung Gottes. Warum hat er recht? Kann Gott Sodom zerstören, wenn ...?

Abrahams Fragen haben nichts mit Fürbitte zu tun, mit der er die Großmut Gottes schließlich zum Äußersten herausgefordert hätte. Eine Fürbitte würde Gott von vornherein darin recht geben, daß das Gericht über Sodom eine verdiente Folge menschlicher Schuld ist. Sie würde sich deshalb an die Gnade und das Erbarmen Gottes wenden. Aber Abraham bittet nicht um Gnade. Seine Fragen lassen Gott nicht die Freiheit, sie mit Ja oder Nein zu beantworten. Die Frageform ist nur die unterwürfige Einkleidung einer theologischen Forderung, durch die der Mensch Abraham seine Ehrfurcht vor Gott bezeigt, wie man das damals auch einem irdischen Herrscher gegenüber tat. Abraham bettelt nicht und feilscht nicht mit Gott. Er fordert vielmehr bei Gott ein Recht ein – das Recht der Gerechten. Trotzdem ist es nicht Abraham, der Gott vor sein Glaubenstribunal zwingt. Vielmehr öffnet Gott selbst die Akten des Untersuchungsverfahrens im Fall Sodom: „Der Herr sprach also: das

Klagegeschrei über Sodom, ja, es ist laut geworden, und seine Sünde, ja, die ist schwer."

Weil Sodom das Muster einer schuldig gewordenen menschlichen Gemeinschaft ist, will Gott dem Abraham verständlich machen, warum diese Stadt untergehen mußte. Abraham soll es wissen, denn durch seine Nachkommen sollen „alle Völker der Erde Segen erlangen", am Volk Abrahams werden sich Leben und Glück der ganzen Welt entscheiden. Dazu provoziert Gott das Gespräch und die Fragen Abrahams. Eigentlich spricht er nur aus, was das Herz Gottes bewegt.

Von vornherein ist klar, daß der uralte Grundsatz jeder Rechtsprechung gelten muß: Dem Gerechten darf es nicht wie dem Verbrecher gehen. Davon hängt ja die gesamte Ordnung des menschlichen Miteinander ab. Weil Gott als Weltenrichter über diese Ordnung zu wachen hat und zu Unrecht Verurteilte an seine Instanz appellieren, kann er doch nicht selbst gegen diesen Rechtsgrundsatz verstoßen. Er wäre sonst ein Gott der Willkür, jenseits von Gut und Böse, nicht ein Gott der Gerechtigkeit: „Das kannst du doch nicht tun, die Gerechten zusammen mit den Ruchlosen umbringen. Dann ginge es ja dem Gerechten genauso wie dem Ruchlosen. … Sollte sich der Richter über die ganze Erde nicht an das Recht halten?"

Verlangt Abraham damit, daß die Unschuldigen, die verstreut in einer bösen Stadt leben, aus ihr herausgelöst und als einzelne aus der Flut von Ungerechtigkeit gerettet werden? Die Erzählung, die unmittelbar auf das Zwiegespräch folgt, wird nachweisen, daß Lot der einzig Gerechte in Sodom ist, und daß Gott deshalb ihn und seine Familie vor dem allgemeinen Schicksal bewahrt. Der Unschuldige braucht nicht mit den Schuldigen zu sterben. Er wird am Leben bleiben, was immer auch die Stadt als Ganze verdient haben mag. Die Frage, was aus dem einzelnen Gerechten inmitten einer verbrecherischen Stadt wird, ist damit beispielhaft beantwortet.

Aber Abraham geht es nicht um das Geschick einzelner Gerechter, auch nicht um die vielfachen Schattierungen, die es im Mühen um Gerechtigkeit gibt. Überhaupt wird, was einen Menschen zu einem Gerechten oder zu einem Frevler macht, nicht diskutiert. Abraham geht es um wesentlich mehr, nämlich um ganz Sodom! Also nicht: „Willst du nicht die fünfzig Gerechten aus dieser Stadt herausholen?" Sondern: „Kannst du nicht um ihretwillen die ganze Stadt retten?"

Abraham bestreitet nicht, daß Sodom, zumindest in seiner überwiegenden Mehrheit, böse ist und den Tod verdient hat. Der Sinn seiner Fragen ist: Was wiegt schwerer im Urteil Gottes über Sodom – die Bosheit der Vielen oder die Unschuld der Wenigen? Und: Wie groß muß die Minderheit von Gerechten sein, die als festumrissene Gemeinschaft im Ganzen der Stadt verwurzelt ist, damit sie Gott zum Strafaufschub oder sogar zur Vergebung bewegen kann? Nicht weniger als fünf Redegänge voll rhetorischer Dramatik verdeutlichen es: Letztlich ist gleichgültig, ob es sich um eine Fünfzigschaft oder nur um zehn handelt, die denkbar kleinste Gruppe der Bevölkerung, bei der deshalb auch jeder Disput zu Ende ist. Entscheidend ist: es muß ein Gemeinwesen sein, das sich dem Schicksal nicht entziehen kann, das der ganzen Gesellschaft widerfährt. Fünfzig oder zehn – als eine gesellschaftliche Einheit der Stadt sterben sie notwendigerweise mit, wenn Sodom eingeäschert wird; wie umgekehrt auch ihr gemeinsames Gottesverhältnis das Verhältnis Gottes zu ganz Sodom bestimmt. Gott kann deshalb seine Gerechtigkeit nur darin erweisen, daß er einer ganzen Stadt um der Gemeinde von Gerechten willen das Leben schenkt. In Sodom hat sie gefehlt. Deshalb konnte Sodom nicht überleben.

Gott hat dem Volk Abrahams das Wagnis zugemutet, als Minderheit in einer andersdenkenden Umwelt eine der Tora entsprechende gerechte Gesellschaft zu verwirklichen. Wir Christinnen und Christen sind nicht wenige. Wie müßten wir als Kirche leben, damit wahr wird, was die Tora auch uns, den Kindern Abrahams im Glauben, verheißt: „Ihr sollt ein Segen sein für alle Völker!", und damit durch uns die Welt leben kann?

Georg Braulik

Daß Demut auch etwas mit Mut zu tun hat, das können wir von Abraham lernen, der seinen Mund auftut und seinen Gott zu überzeugen sucht, daß er um der Gerechten willen die Ungerechten verschonen solle. Diesen Mut in der Demut braucht es auch heute, denn es geht uns zu locker von den Lippen, wenn wir bitten: Dein Wille, Vater, geschehe. Sind wir wirklich bereit, seinen Willen dann auch anzunehmen? Sind wir auch dann in unserem Herzen dazu bereit, wenn dieser Wille eine Prüfung vorsieht? Karl Rahner, der große Theologe, schrieb einmal nieder, worauf es ihm beim Beten wirklich ankommt: „Die Worte, die wir zu Gott sagen, sie können leise, arm und schüchtern sein. Wenn sie nur von Herzen kommen und wenn sie nur der Geist Gottes mitbetet. Dann hört sie Gott. Dann wird er keines dieser Worte vergessen. Dann wird er die Worte in seinem Herzen aufbewahren, weil man die Worte der Liebe nicht vergessen kann. Und dann wird er uns geduldig, ja selig weiter zuhören, ein ganzes Leben lang, bis wir ausgeredet haben, bis wir unser ganzes Leben ausgeredet haben."

Herr, gib uns jeden Tag das Brot, das wir brauchen. Gib es allen Menschen, die Hunger haben. Und den Satten gib den täglichen Hunger. Den Hunger nach deinem Wort und deinem Brot.

ACHTZEHNTER SONNTAG IM JAHRESKREIS

Heute feiern wird nicht nur Sonntag, sondern an diesem Sonntag auch ein Fest: das Fest der „Verklärung des Herrn". Manchmal ist es ja ganz interessant, kirchliche Feste zu hinterfragen und ihrer Entstehung nachzugehen. Anders als bei den ganz großen Festen des Jahreskreises, wie Weihnachten, Ostern oder Pfingsten, sind ja manch andere kirchliche Festesdaten eher historisch willkürlich festgesetzt worden. In der Ostkirche gab es ein Fest der Verklärung wahrscheinlich bereits im 6. Jahrhundert. In der römischen Kirche wurde dieses Fest erst im Jahre 1457 von Papst Callistus II. allgemein vorgeschrieben. Und der Grund dafür? Nun, der war keineswegs ein kirchlicher, sondern so etwas wie ein Dank für den Sieg über die Türken bei Belgrad. Was das allerdings mit der Verklärung Christi auf dem Berg Tabor zu tun haben soll, bleibt unklar. Auch in der Lesung aus dem Alten Testament geht es an diesem Festtag um ein Bild der Verklärung, das der Prophet Daniel in einer nächtlichen Vision gesehen haben will. Er beschreibt einen Thron, auf dem ein Hochbetagter Platz genommen hat, von dem es wörtlich heißt: „Sein Gewand war weiß wie Schnee, sein Haar wie reine Wolle. Feuerflammen waren sein Thron, und dessen Räder waren loderndes Feuer. Ein Strom von Feuer ging aus von ihm." Und später lese ich: „Da kam mit den Wolken des Himmels einer wie ein Menschensohn. Er gelangte bis zu dem Hochbetagten und wurde vor ihn geführt. Ihm wurden Herrschaft, Würde und Königtum gegeben ... Seine Herrschaft ist eine ewige, unvergängliche Herrschaft. Sein Reich geht niemals unter."

Diese Bilder des gleißenden Lichts, jenes Leuchten von anderswoher zählten also ebenso zur jüdischen Erzähltradition wie das Bild der bergenden Wolke, von der auch bei Lukas die Rede ist.

SIE SAHEN JESUS IN STRAHLENDEM LICHT.

Lk 9,28–36

Hör weiter, Theophilus, Bruder und Herr: Acht Tage waren vergangen, da nahm er Petrus, Johannes und Jakobus zu sich und ging hinauf, auf einen Berg, um zu beten. Und da, auf einmal, ver-

wandelte sich sein Gesicht, und sein Gewand leuchtete auf, strahlend und hell, und zwei Männer sprachen mit ihm: Moses! Elias! Die erschienen, in der Herrlichkeit und im himmlischen Glanz und sagten zu ihm: In Jerusalem wird es geschehen. Dort wird sich erfüllen, was dir bestimmt ist, und du wirst sterben.
Petrus und seine Gefährten aber lagen, während der Rede der beiden, in tiefem Schlaf, und als sie erwachten, sahen sie ihn, in seinem schimmernden Glanz, und die Männer zu seiner Seite: Die gingen fort. Da sagte Petrus zu Jesus: „Meister, wir wollen Zelte aufschlagen; denn hier ist es gut, da wollen wir bleiben. Ein Zelt für dich, eins für Moses, und eines für Elia." (Was hatte er da gesagt? Er wußte es nicht.)
Und dann, sehr langsam, fiel ein Schatten über sie, eine Wolke stand hoch am Himmel, sank nieder und umhüllte sie, und sie erschraken: Schwaden und Nebel rings um sie her!, und dann die Stimme, der Ruf aus der Wolke: „Dies ist mein Sohn, mein Kind, das ich liebe: Hört auf seine Worte!"
So hat die Stimme geredet, und dann, als Stille eintrat, war Jesus allein, und sie gingen schweigend den Berg wieder hinab und sagten niemandem in jenen Tagen, was sie gesehen hatten.

(Übertragung: Walter Jens)

Hinaus an den äußersten Rand der Stadt Wien bin ich gefahren, um den Kommentator des heutigen Evangelientextes in einem kleinen, hinter alten Bäumen versteckten Haus, dem Rektorat St. Joseph, aufzusuchen. Der großgewachsene, bärtige Jesuitenpater Georg Sporschill, erster Pfarrer der neu gegründeten Pfarre „Cyrill und Method", stand noch am Computer und bastelte an seinem Text. Ich hatte also ein wenig Zeit, mich in dem notdürftig eingerichteten Büro umzuschauen. Hier wird vor allem für das Bukarester Straßenkinderprojekt gearbeitet, das Pater Sporschill ins Leben gerufen hat und immer noch im Teilzeitverfahren betreut. Drei Wochen in der neuen und sehr jungen Stadtrandgemeinde und eine Woche Bukarest. „Ist das nicht anstrengend?" frage ich. „Schon, natürlich", kam es zurück. „Aber weißt du, das ist so spannend dort, daß mich das immer wieder eher aufbaut als ermüdet."

Drei auserwählte Jünger erlebten Jesus auf dem Berg in leuchtendem Gewand mit verändertem Gesicht, in strahlendem Licht. Es war ein solches Erlebnis, daß Petrus auf die Idee gekommen ist zu sagen: „Meister, so soll es bleiben. Es ist gut, daß wir hier sind. Wir wollen Hütten bauen." Von einem solchen Erlebnis, von einer solchen Sternstunde, in der man am liebsten bleiben möchte, weil sie das Leben hell macht und das Dunkle aufbricht, möchte ich Ihnen erzählen.

Vor vier Jahren habe ich in Rumänien gemeinsam mit drei Freunden die Arbeit für die Straßenkinder begonnen. Der Anfang war mühselig. Wir mußten die Sprache lernen, wir mußten mit den komplizierten Behörden und mit einer schwierigen politischen Situation umgehen und kämpfen lernen. Es ging darum, Mitarbeiter zu suchen und zu schulen, Häuser zu finden, herzurichten. Nichts war so leicht, wie wir es aus dem Westen gewohnt sind. Unter all diesen Mühen und Schwierigkeiten habe ich oft gestöhnt. Ich ließ manchmal fast den Mut sinken. Doch da habe ich durch Zufall einen „Trick" gefunden. Mitten in einer solchen dunklen Stunde, niedergedrückt und müde, ging ich abends über die großen schmutzigen Straßen Bukarests und kam zum Bahnhof. Mir war so zumute, daß ich fast schauen wollte, wann ein Zug geht, mit dem ich wieder nach Hause fahren kann. Plötzlich war ich umringt von zehn, zwanzig, dreißig Kindern, und alle haben gerufen: P. Georg oder Caritas Caritas. Und jeder wollte etwas, nicht nur Essen und Kleider, einer wollte einen Ball, der andere wollte, daß wir jetzt miteinander spielen. Trotz der bitteren Not – Kinder ohne Familie und ohne Haus … –, es war eine fröhliche, eine herzliche Atmosphäre. Ich blieb eine Stunde und ging dann nach Hause, verwandelt, mit neuer Kraft in die alten Aufgaben. Die Zuneigung der Kinder, ihre Erwartungen, ihre Wildheit, ihr Spiel, ihr Strahlen in den Augen hatte in mir neue Kräfte geweckt. Auf dem Heimweg habe ich nicht mehr daran gedacht, wieder nach Österreich zu fahren, sondern viel mehr, wie wir unser Projekt größer machen können, wie wir noch zu einem Haus kommen könnten für die Kinder.

Mir ist es wie den Jüngern mit Jesus auf dem Berg gegangen. Weil ich diese Stunde mit dem Kindern sein konnte und spielen konnte, hatte ich die Kraft, wieder zurückzugehen in den schwierigen Alltag.

Das Evangelium von der Verklärung zeigt uns Spuren zu einem solchen Erlebnis, das unser Leben verwandelt und uns Kraft gibt. Jesus wählt drei seiner Freunde aus, also nicht einmal alle zwölf Apostel sind dabei, sondern nur seine engsten Freunde. Jesus sucht die Atmosphäre der Freundschaft, des Vertrautseins. Das ist das erste.

Das zweite: Er geht mit den drei Freunden auf einen Berg. Er lädt sie ein, herauszutreten aus dem Alltag, aus den Niederungen und den Mühen des täglichen Lebens herauszugehen, hinauf zu einem Punkt, wo man einen Überblick gewinnt. Natürlich mußten sie mit Jesus diesen Aussichtspunkt erringen. Es war die Mühe des Aufstiegs, der steinige Weg. Das war Vorbedingung für das Gipfelerlebnis.

Und das dritte: Sie haben gebetet, heißt es. Jesus hat seine Freunde hineingeführt in eine Atmosphäre, in der sich das Herz öffnen kann. Es war kein beliebiges, oberflächliches Zusammensein, sondern eine Stunde, in der man tief ein- und ausatmen, in der man sich aussprechen konnte, in der sie mit Gott über alles geredet haben.

Also diese drei Spuren führen hin zur Verklärung: Das Zusammensein in Freundschaft. Das Heraustreten aus dem Alltag und die Tiefe, die Gebet heißt. Da ist dann das Wunder geschehen, daß sich das Gesicht Jesu verwandelt, daß es zu leuchten begonnen, ja, daß es zu sprechen begonnen hat, mit Mose und Elija, also mit den großen Gestalten der Vergangenheit, mit der Heiligen Schrift. Anders gesagt, in einer solchen Stunde der Verklärung beginnt unsere eigene Lebensgeschichte, alles, was wir einmal als Kind gelernt und bekommen haben, an Lebensweisheit, an Religion, an Gebet, an Kraft, neu zu sprechen und lebendig zu werden. Da öffnet sich auch für uns der Blick in die Zukunft.

Jesus spricht von Jerusalem, von seinem weiteren Weg und seiner Lebensaufgabe. Denken wir jetzt an eigene Stunden der Verklärung, an eigene Gipfelerlebnisse. War es da nicht auch so, daß sich der Blick geöffnet hat für unsere Zukunft, für die nächsten Schritte? Aber nicht nur das. Da bekomme auch ich neue Kraft. Meine ganze Biographie, Vergangenheit und Zukunft, kommt in Bewegung und wird dynamisch. Nach einer solchen Stunde kann ich zurückgehen in den Alltag, begleitet, das sagt das Bild von der Wolke, wissend, ich bin nicht allein, ich bin geborgen. Gott selbst ist bei mir, wie in der Wolke, was allerdings auch bedeutet, daß ich manchmal erschrecken muß. Wenn ich in den Herausforderungen und Mühseligkeiten des täglichen Lebens stehe, aber mit Jesus jene Stimme höre, die sagt: Du bist mein geliebter Sohn, meine geliebte Tochter. Du bist getragen von einer Liebe, in die du oft und oft – zum ersten Mal in der Taufe – eingetaucht wurdest.

Das Fest „Verklärung des Herrn" ist eine Einladung, wenigstens ein paar Stunden mit Jesus aus dem Alltag herauszutreten, Freundschaft zu suchen und das tiefe Gespräch, das Gebet, um wieder Überblick zu gewinnen und den Blick für das Leben aufzuhellen. Das Fest sagt nichts anderes, als daß es sich lohnt, solche Erlebnisse zu suchen. Gerade jetzt, in der Urlaubszeit, die ja dafür da ist, oder im Gottesdienst, wo wir den Alltag hinter uns lassen dürfen. Verklärung kann auch geschehen während eines Spazierganges mit Freunden, auch im Biergarten oder beim Heurigen. Heute lockt Jesus uns heraus und hinauf auf den Berg, ans Licht, hinein in Stunden, in denen es einfach schön ist.

Georg Sporschill

Gipfelerlebnis. Diesen Begriff brachte P. Sporschill mit der Verklärung in Zusammenhang. Bruder David Steindl-Rast hat sich mit diesem Begriff immer wieder auseinandergesetzt und schreibt: „Gipfelerlebnisse sind Momente, in denen wir überwältigt sind von einem Bewußtsein der Zugehörigkeit, einem universellen Heil- und Heiligsein, Augenblicke, in denen das Leben Sinn hat."

NEUNZEHNTER SONNTAG IM JAHRESKREIS

Im Eröffnungsvers des heutigen neunzehnten Sonntags im Jahreskreis wird aus dem Psalm 74 zitiert. Es heißt da: „Schau, o Herr, auf deinen Bund und vergiß das Leben deiner Armen nicht für immer. Erhebe dich, Gott, und führe deine Sache! Vergiß nicht das Rufen derer, die dich suchen." Das ist die Sprache der Psalmendichter des Alten Bundes, der Bibel Jesu. Und er hat, wie er sagte, nichts von dem aufgehoben, nichts weggenommen und nie geleugnet, daß er fest auf dem Grund dieses Bundes steht. Und trotzdem hat er uns eine neue Sicht der überlieferten Texte geschenkt, sie in ein neues Licht getaucht, das bis in unsere Zeit herüberleuchtet.

Wenn wir in diesem Psalmenvers lesen, daß Gott, daß der Herr gebeten wird, das Leben seiner Armen nicht für immer zu vergessen, so können wir uns heute nicht mehr damit zufriedengeben, uns einzureden, daß er schon machen, all unsere Probleme lösen, alle Nöte beseitigen wird, und wenn nicht, so ist dies alles, so schrecklich es immer sein mag, eben „gottgewollt". Seit Gott in Jesus Mensch geworden ist und sich den Armen zugewandt hat, seit er seine Allmacht lebend hingegeben hat in die sterbliche Natur des Geschöpfes, wissen wir, daß es unser Auftrag ist, für seine brennenden Anliegen in dieser Welt zu brennen, die Ärmel aufzukrempeln und die Herzen weit zu machen und selber der Armut entgegenzutreten, nicht nur, indem auch wir uns zu einer Option für die Armen verpflichten und uns an ihre Seite stellen, sondern auch indem wir politisch aktiv und tätig werden und alles zu unternehmen suchen, um die Armut dort zu bekämpfen, wo die Ungerechtigkeit gemacht wird. Gott hat uns mit allerlei Gaben und Kräften ausgestattet, die es zu nutzen gilt, um die Welt wieder in ein soziales Gleichgewicht zu bringen. Mit Almosen ist es heute nicht mehr getan. Wir brauchen eine andere Einstellung zu den Dingen, eine andere Werteskala, einen anderen Umgang mit dem Haben.

DENN WO EUER SCHATZ IST, DA IST AUCH EUER HERZ.

So heißt es heute im Lukasevangelium, das uns in bezug auf so manche Dinge eine neue Sicht, eine neue Einschätzung ermöglichen würde, wären wir bereit, auch wirklich hinzuhören.

Ängste dich nicht, kleine Herde! Denn eurem Vater hat es gefallen, euch das Königtum zu geben. Verkauft euer Hab und Gut und gebt es als Almosen. Schafft euch Beutel, die nicht verschleißen – einen unerschöpflichen Schatz in den Himmeln, wo kein Dieb sich heranmacht und keine Motte Verderben bringt. Denn: Wo euer Schatz, dort ist auch euer Herz. Eure Lenden seien gegürtet und die Leuchten brennend. Dann gleicht ihr Menschen, die darauf warten, wann ihr Herr von der Hochzeitsfeier heimkehre, um ihm, wenn er kommt und klopft, sogleich zu öffnen. Selig jene Knechte, die der Herr bei seiner Ankunft wachend findet! Wahr ist's, ich sage euch: Er wird sich gürten und sie zu Tisch sich legen lassen. Und umher gehen wird er und ihnen dienen. Und wenn er in der zweiten und wenn er erst in der dritten Nachtwache kommt und sie so findet – selig sind jene! Das erkennt ihr doch: Wenn der Hausherr wüßte, zu welcher Stunde der Dieb kommt, so ließe er nicht in sein Haus einbrechen. Macht auch ihr euch bereit, denn zu einer Stunde, da ihr es nicht ahnt, kommt der Menschensohn. Es sprach aber Petrus: Herr, sagst du dieses Gleichnis nur zu uns oder auch zu allen? Und der Herr sprach: Wer also ist der treue, verständige Hausverwalter, den der Herr über seine Dienerschaft setzen wird, damit er ihr zur Zeit die zugemessene Kost gebe? Selig jener Knecht, den sein Herr, wenn er kommt, bei solchem Tun antrifft! Wahrhaftig, ich sage euch: Über all sein Hab und Gut wird er ihn setzen. Wenn aber jener Knecht in seinem Herzen spricht: Mein Herr läßt sich Zeit zu kommen, und wenn er anfängt, die Burschen und die Mägde zu prügeln, zu schmausen und zu trinken und sich zu berauschen, dann wird der Herr jenes Knechts an einem Tag kommen, an dem er es nicht erwartet, und zu einer Stunde, die er nicht kennt. Und entzweihauen wird er ihn und ihm so sein Teil unter den Ungläubigen zuweisen. Jener Knecht aber, der den Willen seines Herrn erkannt, aber nicht ihm zu Willen getan hat, wird schwer geschlagen. Wer ihn aber nicht erkannt, jedoch getan hat, was der Schläge wert, wird wenig geschlagen. Von jedem aber, dem viel gegeben wurde, wird viel gefordert. Und wem man viel anvertraut hat, um so mehr wird man von ihm verlangen.

(Übertragung: Fridolin Stier)

Martha Heitzer, die Pädagogin, Psychologin und Theologin aus Tirol, hatte ich schon lange, eigentlich von Anfang an, im Visier, aber es hat sich dann doch nie ergeben, daß wir einander trafen. Erst im Zusammenhang mit dem Kirchenvolks-Begehren – sie ist eine der Mitinitiatorinnen – kam es dann zu einer Begegnung. Ich nahm die Gelegenheit beim Schopf, sie um ihre Mitarbeit zu bitten, und sie sagte zu. Sie sagte auch zu, als ich gerade das heutige Evangelium vorschlug. Martha Heitzer lehrt seit zehn Jahren am Institut für Religionspädagogik in Innsbruck und hat sich als Assistentin der verstorbenen Theologieprofessorin Pissarek-Hudelist stark in der feministischen Theologie engagiert, die sie, wie sie sagt, auch heute noch fasziniert und beschäftigt. Ist ja auch noch genug zu tun auf diesem Gebiet! Nebenher zählt sie sozusagen zur Kerntruppe der Diözese Innsbruck, sammelte Erfahrung in der pfarrlichen Basisarbeit, arbeitet aktiv in zahlreichen diözesanen Gremien mit, hat unter anderem einen Arbeitskreis für Kirchenpolitik gegründet, den sie immer noch leitet, ist Vorsitzende des Katholischen Akademikerverbandes Tirol und Vizepräsidentin des nationalen Dachverbandes. Und – auch das ist ihr wichtig – sie ist seit dreiundzwanzig Jahren verheiratet und Mutter von drei Kindern im Alter von zwanzig, achtzehn und fünf Jahren. Am Anfang ihres Kommentars zum heutigen Evangelium steht ein klares NEIN.

KOMMENTAR

Nein, ganz sicher nicht: Ich werde nicht meine Habe verkaufen und den Erlös den Armen geben. Ich werde nicht Wohnung und Auto und Garderobe hergeben, mich um meinen Beruf nicht mehr kümmern und mit meiner Familie von der Sozialhilfe in einer Caritaswohnung leben. Nein, bei aller Liebe zum Evangelium: das nicht. Das ist immer meine erste Reaktion auf diese Stelle. Sofort höre ich dann zu meiner Beruhigung: Aber so ist es ja auch nicht gemeint. Es geht um das einfache Leben, um das Teilen, um das Vermeiden von Ausbeutung usw. Das glaube ich immer gerne. Aber bevor ich beruhigt über eine andere Interpretation nachdenke, fallen mir Elisabeth von Thüringen und Franz von Assisi ein, die genau diese Forderung erfüllten und heilig wurden. Ein kleiner Stachel bleibt mir also in meiner massiven Abwehr, und meine Deutung dieser Geschichte muß sich fragen lassen, ob sie radikal genug ist.

Es geht mir um den Satz: „Denn wo euer Schatz ist, da ist auch euer Herz" und um das Offensein, die Bereitschaft für die Ankunft Gottes. Damit geht es auch um das Loslassen der vielen Schätze, die unser Herz bewohnen. Um ein Platz-Machen. Ich glaube nicht, daß ich diese Schätze nicht haben darf – Gott will ein Leben in Fülle für uns –, sondern daß es wichtig ist, sie nicht krampfhaft festhalten zu wollen. Ich kenne genügend Situationen in meinem Leben, in denen ich gar nicht mehr festhalten konnte, loslassen mußte: Gegenstände, die mir lieb waren; eine vertraute Umgebung; die Gesundheit, dieses kostbare Gut; Menschen, die sich von mir entfernten – und mir waren sie noch so nahe. Und ich habe Erfahrungen gemacht, daß ich sogar immer wieder loslassen muß, was ich mein Leben lang nicht mehr hergeben wollte: meinen Glauben, manchmal entschwindet er mir ins Nebulose; die Hoffnung auf das Reich Gottes, dieses zarte Pflänzchen, das mir immer wieder einzugehen droht angesichts der Hoffnungslosigkeit und Bosheit in der Welt, die Liebe – und Gott, den ich festhalten möchte wie Maria von Magdala, der mich selig macht, wenn er mir nahe ist, und der mir doch immer wieder in die Ferne entgleitet.

Ja, Maria von Magdala hat dies in ganz besonderem Maß lernen müssen: alles hergeben, alles loslassen. Sie hängt mit großer Liebe an Jesus, sie hat ihre ganze Existenz auf ihn gesetzt. Sie war mit dem Rabbi Jeschua, der die Botschaft vom Reich Gottes verkündete, und den zwölf Aposteln sowie einer Gruppe von Frauen, die ähnliche Heilungen erfahren hatten wie sie, durchs Land gezogen. Sie hat ihn geliebt, und sie hat gewiß viel davon begriffen, daß in Jesus das lang verheißene Reich Gottes angebrochen war. Aber dann kommt die Passion, sie bleibt in der Nähe und leidet sicher entsetzlich. Und dann: Nach einer rabenschwarzen Nacht voll Trauer, Verzweiflung und Schmerz findet sie Jesus wieder, lebend und ihr zugewandt. Sie will spontan seine Füße umfassen, alles wird wieder so sein, wie es vorher war, die Seligkeit seiner Nähe, die alte Vertrautheit. Aber kaum hat sie überhaupt erfaßt, was da geschieht, wird sie von ihrem Geliebten aufgefordert, ihn nicht festzuhalten. Loszulassen.

Was – um Himmels willen – ist das für eine Botschaft?

Aber gerade die Geschichte von Maria von Magdala tröstet mich dann. Sie wurde der Legende nach durch die erste Christenverfolgung nach Südfrankreich verschlagen. Sie habe dort getauft, gepredigt, Lazarus zum Bischof geweiht, wirklich weitergesagt, daß Jesus lebt. Aber dann habe sie sich zurückgezogen in eine Höhle auf dem Berg, um zu büßen, wie es heißt. (Ich kann mir schlecht vorstellen, was Maria von Magdala zu büßen gehabt hätte.) Ich habe diese Höhle gesehen, sie war mitten im Sommer naß und kalt (und voll Kitsch natürlich). Ich kann mir keinen anderen Grund vorstellen, in dieser unwirtlichen Atmosphäre das Leben zu vollenden, als eine uns kaum nachvollziehbare Gottesnähe, die alles andere ausgeschlossen hat. Maria von Magdala, das ist mir beim Besuch der Höhle klargeworden, hat sicher aus dem Nichts des Loslassen-Müssens die Fülle erhalten.

Bei Meister Eckhart und vielen anderen Mystikerinnen und Mystikern geht es auch immer wieder um dieses Loslassen, dieses „Leer-Werden". Es gibt, sagen sie, eine Alternative zum „normalen Leben": Du mußt leer werden, damit du die Gabe bekommen kannst, die Gott dir zugedacht hat: die Weite und die Helligkeit, das Aufleuchten, den Frieden seiner Anwesenheit. Wenn die Seele, so die Sprache des Mittelalters, ins „Nichts" gefallen ist, völlig leer ist, braucht sie Gott als „Substanz" – als den Darunter-Stehenden, der sie auffängt und hält. So sollen wir als Tempel Gottes also „leer" sein. Leer, damit die Fülle Gottes darin wohnen kann. Es geht dabei, wenn wir Meister Eckhart glauben, nicht um irgendeine äußere Askese, um Abtötung und gute Werke, sondern lediglich darum, daß wir leer werden von allem Festhalten-Wollen, aller Verbissenheit, aller Betriebsamkeit, allem Handel mit Gott. Es heißt nicht, freudlos und niedergedrückt zu leben, sondern die größte Möglichkeit des Lebens wahrzunehmen: nämlich von Gott erfüllt zu werden. Gott muß einen Menschen erfüllen, der leer ist. Er tut dies unverzüglich.

Und so möchte ich Sie einladen an diesem Sonntagmorgen: Begehen Sie den Tempel Ihrer Seele und betrachten Sie alles, was darin enthalten ist. Überlegen Sie, was gerade jetzt, an dieser Station Ihres Lebens, dran ist, losgelassen zu werden. Vor allem, handeln Sie nicht mit Gott! Sie müssen sich nichts erkaufen, nichts erarbeiten, nichts erkämpfen von Gott. Spüren Sie, was es Ihnen bedeutet, einfach nur leer zu sein. Und lassen Sie die Fülle ein, heute und immer wieder.

Denn das ist die Botschaft des Loslassens für mich: Ich kann mich darauf verlassen, daß die Schale meines Lebens, und sei sie noch so voll, immer wieder geleert werden soll, werden muß. Und daß die Schale meines Lebens, und sei sie noch so leer, immer wieder gefüllt wird, und daß diese Fülle immer intensiver, immer beglückender wird. Und ich brauche dazu eigentlich nichts zu tun außer: loslassen.

Martha Heitzer

Und wenn dieses Loslassen der Dinge, dieses Loslassen der Bindungen, dieses Loslassen des Habens bis hin zum Ego, zum Ich, gegangen ist, wenn in diese dadurch immer größer werdende Leere von Interessen und Wünschen der Geist und die Fülle Gottes nachgeströmt ist und in seinem Licht statt dem Ich das Selbst auftauchen kann, dann wird alles rein und leicht und licht. Dahin zielt einer der Kernsätze des Psalm 51, in dem es heißt: „Erschaffe mir, Gott, ein reines Herz, und gib mir einen neuen, beständigen Geist." Geschehen kann dies nur in einer doppelten Bewegung: wenn i c h loslasse und G o t t mit seiner Gnade sich mir schenkt.

Reinheit, so schaut es heute aus, ist nur noch bei der Wäsche gefragt, und da kann es gar nicht rein genug, da muß es super, mega-ultra-rein sein. Bei allem anderen scheinen die Grauschleier und die Flecken auf den Westen und die Dreckpatzen auf den Seelen nicht weiter zu stören und werden zu Kavaliersdelikten geschönt. Eine neue Weltordnung, eine wirklich n e u e Weltordnung werden wir allerdings nur erreichen – und sie ist existenziell notwendig –, wenn die wahre, die innere Reinheit wieder „gesellschaftsfähig" wird und man aufhört, ihr Spottlieder zu singen.

MARIÄ HIMMELFAHRT (15. AUGUST)

„Wir verkünden, erklären und definieren es als ein von Gott geoffenbartes Dogma, daß die unbefleckte, allzeit jungfräuliche Gottesmutter Maria nach Ablauf ihres irdischen Lebens mit Leib und Seele in die himmlische Herrlichkeit aufgenommen wurde." So lautet der Text des am 1. November 1950 von Pius XII. verkündeten Glaubenssatzes, der dem heutigen Festtag, der an sich bereits seit dem 7. Jahrhundert in der römischen Kirche gefeiert wird, sozusagen den kirchenamtlichen Stempel aufdrückte.

Die Ostkirche war, wie in vielen Festen, wesentlich früher dazu gekommen, der Volksfrömmigkeit zu entsprechen, und setzte bereits kurz nach dem Konzil von Ephesus, 431, ein Fest der „Aufnahme Mariens in den Himmel" fest. Unter Kaiser Mauritius, der von 582 bis 602 Byzanz regierte, wurde der 15. August bereits als staatlicher Feiertag anerkannt. Dogmatisiert wurde das allerdings niemals, das blieb der römischen Kirche und dem 20. Jahrhundert vorbehalten, das sich allerdings bis heute eher schwertut mit diesem Fest, das überall, vor allem aber in den Mittelmeerländern, von reichhaltigem, buntem Brauchtum umrankt wird. Daß dieses Brauchtum in den letzten Jahrzehnten immer lauter wird und immer exzessiver, ist wohl auch ein Zeichen dafür, daß den Menschen unserer Zeit der dogmatisch verfestigte Inhalt des Festes irgendwie abhanden gekommen ist, weil sie ihn vermutlich nie ganz annehmen konnten. Wenn Schüsse krachen, Böller explodieren und riesige Feuerwerke den Sommerhimmel zerreißen, wenn das Essen und Trinken nach der Liturgie wichtiger wird als das gemeinsame Beten und Singen, als die lichte Gestalt, um die es geht, dann kommt es leicht zu einem Zuviel, und das kann auch böse Folgen haben. Ich erlebte das im Sommer auf Kreta, wo die Feier um ein Marienheiligtum in den südlichen Bergen zu einer Touristenattraktion verkommen ist. Als das rauschende Fest spätnachts zu Ende ging, war der Mesner so betrunken, daß er das Plastikgeschirr einfach hinter der Kirche verbrannte. Die Folge waren ausgedehnte Waldbrände, die ganze Dörfer, Felder, Öl- und Weinberge vernichteten, Verletzte kosteten und die Existenz zahlreicher Bauern aufs Spiel setzten. Schönes, Hehres, Heiliges kann solcherart profaniert zum Schrecken werden.

Wenn wir aber wieder die Frau, diesen wunderbaren Menschen Maria, das mutige junge Mädchen, die ruhige, starke Frau und die große Künderin der Frohen Botschaft in den Mittelpunkt rücken, dann verfliegen die Schatten des Mißbrauchs, der Fehlentwicklung, und sie steht in ihrer ganzen Reinheit da, erfüllt von der Kraft ihres Glaubens an den Gott ihrer Väter, und wir hören ihr großes Lied:

MEINE SEELE PREIST DIE GRÖSSE DES HERRN UND MEIN GEIST JUBELT ÜBER GOTT, MEINEN RETTER.

Lk 1,39–56

Maria aber stand auf in diesen Tagen, machte sich bereitwillig auf den Weg ins Gebirge, nach einer Stadt in Juda. Sie trat in das Haus des Zacharias und bot Elisabet den Friedensgruß. Und es geschah: Als Elisabet den Gruß Marias hörte, hüpfte das Kind in ihrem Leib, und Elisabet wurde voll heiligen Geistes. Und sie rief mit gewaltigem Schrei und sprach:
Du Gepriesene unter den Frauen!
Gepriesen auch die Frucht deines Leibes!
Und von woher geschieht mir, daß die Mutter meines Herrn zu mir kommt? Denn da! Als laut ward dein Gruß in meinen Ohren, hüpfte jubelnd das Kind in meinem Leib. Ja, selig ist, die geglaubt hat, daß zur Vollendung komme, das ihr vom Herrn Gesagte!
Und Maria sprach:
Groß rühmt mein Leben den Herrn,
und mein Geist jubelt ob Gott, meinem Retter,
weil er die Niedrigkeit seiner Magd angeblickt.
Denn da! Von nun an preisen alle Geschlechter mich selig,
weil Großes mir getan der Kraftvolle.
Und heilig ist sein Name.
Und sein Erbarmen: Geschlecht für Geschlecht
über denen, die ihn fürchten.
Gewaltiges tut er mit seinem Arm,
zersprengt die im Herzen hochmütig Gesinnten.
Machthaber stürzt er von Thronen
und Niedrige erhöht er.
Hungernde füllt er mit Gutem
und Reiche sendet er leer weg.

Er nimmt sich Israels an, seines Knechtes,
des Erbarmens gedenkend,
so wie er unseren Vätern zugesprochen,
dem Abraham und seinem Gesproß – auf Weltzeit hin.
Und Maria blieb etwa drei Monde mit ihr zusammen.
Dann kehrte sie nach Hause zurück.

(Übertragung: Fridolin Stier)

Ein immer wieder bestechender, berührender, gewaltiger Text in seiner sprachlichen Dichte, in der Kraft seiner Verkündigung, ein Text aber auch, der immer noch zu Mißverständnissen führt, wenn man nur die eine Seite hört, die andere aber weit von sich weisen möchte, als ginge sie einen in seinen radikalen Konsequenzen nichts an. Darauf zielt Gottfried Bachl, Dekan der Theologischen Fakultät der Universität Salzburg und unser heutiger Kommentator, am Beginn seiner Gedanken ab.

KOMMENTAR

Der Psalm, der heute Maria in den Mund gelegt ist, das Magnifikat, ist ein Lied von der besonderen Leichtigkeit, die sich einstellt, wenn der Mensch in die Nähe Gottes gerät. Mehr als das physische Schwergewicht drückt auf die Seele das lustvolle Bedürfnis nach Härte und Schwere in den Gefühlen und Gedanken und Taten. Der Psalm nennt einige von diesen Gewichten: den Hochmut, die Vergafftheit in die eigene Bedeutung, die alles an sich reißt, was es in der Welt gibt, und sich obendrauf setzt, eine Himmelfahrt aus eigenen Gnaden. Und weiter: Macht, Thronsessel, Niedrigkeit. Alles, was zu den Instrumenten und zu den Folgen der Herrschsucht gehört. „Diese Leidenschaft", sagt Immanuel Kant, „ist an sich ungerecht und ihre Äußerung bringt alles wider sich auf. Sie fängt aber von der Furcht an, von anderen beherrscht zu werden, und ist darauf bedacht, sich beizeiten in den Vorteil der Gewalt über sie zu setzen." Und schließlich redet der Psalm noch vom Reichtum und vom Hunger. Wahrscheinlich ist dabei an alles zu denken, was die menschlichen Lebensgüter ausmacht, die Nahrungsmittel für den Leib und für den Geist, daß sie die einen beschweren als Luxus und Überfluß, die anderen als Mangel niederhalten und entwürdigen, weil die Verteilung der Lebensmittel nicht nur schlecht funktioniert, sondern auch bewußt so gelenkt wird, daß auf der einen Seite mehr als genug ist, auf der anderen kaum die Notrationen vorhanden sind. – Da steht nun, sagt das Lied der Maria, dieses große, schwere Gebäude der menschlichen Verteilung von Oben und Unten, von Haben und Nichthaben, von Größe und Kleinheit, das System der Gewichtungen, Überlegenheiten, Unterwürfigkeiten, Wertlosigkeiten und hohen Ansprüche. Und dann kommt Gott, der Heilige und Mächtige, wie er genannt wird, und stößt alles um, die Stolzen vertreibt er, die Mächtigen holt er von der hohen Position, die Besitzenden von ihren Gütern.

Wenn der Leser oder Sänger des Mariengedichtes an dieser Stelle angekommen ist, kann es sein, daß er sich ganz zufriedengestellt fühlt und gern das Amen dazu sagt. Gott dreht die Verhältnisse um, wertet die Werte um, und darauf sollen wir uns freuen, auch fürchten davor, je nach dem Verhältnis, in dem sich jemand befindet. Aber es kann sein, daß am Schluß eine doppelte Frage entsteht und die Zufriedenheit bremst. Nämlich: Wie geschieht dieser Stoß Gottes? Ist es denn wirklich ein Gewinn, wenn er die Verhältnisse nur auf den Kopf stellt? Daß nun die Armen und die Ohnmächtigen und die Hungernden tun dürfen, was einmal den Satten, den Starken und Reichen erlaubt war? Gäbe es nur den einen Schwung, der die Untersten zuoberst kehrt, wäre das wohl kein Anlaß zum Singen. Es wäre nichts gewonnen als eine bloße Umdrehung der Blicke, daß man zum Beispiel mit tiefem Gefühl der Befriedigung aus dem Himmel in die Hölle schauen kann, wie die Schultheologen des Mittelalters gelehrt haben. Man hatte dann noch immer zu tun mit der Frage, zu wieviel Teilen die Freude der Seligen aus Überlegenheitsgefühlen besteht und aus dem Affekt der gesättigten Rache.

Daher scheint mir eine Vermutung nötig zu sein, und ich schlage vor, sie bei der Deutung des Psalms anzuwenden. Sie lautet: Gott gibt nicht bloß einen Stoß, er stößt immer wieder, er dreht, er läßt das Rad des Seins nicht zur Ruhe kommen, und niemand hat Zeit, überlegen zu werden, zu einem drückenden Schwergewicht zu entarten. Was Gott im Himmel mit seinen Geschöpfen vorhat, das ist die Leichtigkeit des Fluges. Im Schweben unten und oben, Sehnsucht und Zielfreude, Entbehrung und Sättigung verbinden zu können. In dieser Bewegung verwandeln sich die Geschöpfe und lösen sich aus den Schwerkräften und bösen Gewichten, sie tanzen. Das ist freilich das Programm für eine ganz neue Zukunft, und eine Beschreibung des Himmels, den Gott schaffen wird. Damit ist die zweite Frage beantwortet: Wann Gott diesen Stoß tut. Er fängt an jetzt in der Zeit der Weltgeschichte, die alles so durcheinanderwirbelt, daß keine sinnvolle Ordnung daraus gewonnen werden kann, kein definitives Ergebnis an Sinn herauskommt. Er sagt es an mit dem Signal Jesus, in der Grammatik seines blitzartigen Lebens. Und er wird es tun, tut es, wenn die Geschöpfe in seinem Kreis versammelt sind, er wird sie in alle Ewigkeit in Schwung halten.

Dazu paßt vielleicht am Schluß noch der Hinweis auf ein merkwürdiges Himmelfahrtsgemälde. In Neapel hängt im Museo di Capodimonte ein Bild des italienischen Malers Giovanni Lanfranco, datiert auf das Jahr 1604/05. Über einer Landschaft mit Wald, See und fernem Gebirge fliegt eine Gestalt in den blauen Himmel. Von drei Engeln, kräftigen Putten, getragen, schwebt eine Frau in die Höhe. Sie ist ganz nackt, nicht provokant und lüstern gemalt, aber doch recht realistisch als weibliches Geschlecht, ohne glättende oder erhaben machende Formgebung. Das Bild heißt „Himmelfahrt der Maria Magdalena". Den Maler mag vieles bewogen haben, diesen ungewöhnlichen und für katholische Augen vielleicht schockierenden Inhalt zu wählen. Der Gedanke etwa, daß Jesus selbst von der Frau aus dem Rotlichtmilieu, die ihm die Füße gesalbt hat, voraussagt, man werde in der ganzen Welt von ihr reden (Mt 26,13), wie es Maria, seine Mutter, im Magnifikat von sich selbst prophezeit (Lk 1,48). Oder der Wunsch, inmitten einer christlichen Tradition, in der die Angst vor dem Geschlecht zu bösen Beschimpfungen und Herabwürdigungen der Frauen geführt hat, ein Bild zu schaffen, das gutmacht. Es kann auch sein, daß ihm in diesem Frauenleib die Kirche vorschwebte, wie sie in ihrer ehrlichen Haut zu Gott geht, nackt und bloß. Maria, die Messiasmutter, fährt auf den Gemälden immer in rauschenden Mänteln in den Himmel, während ihr unten die Funktionärskirche nachschaut in ihren massiven Uniformen, Mitren, Kaseln, Talaren und Schnallenschuhen. Lanfranco sieht die leichtgewordene Kirche fliegen, die Kirche der Magdalena. Sie scheint mit den Kleidern auch die schwere Angst weggeworfen zu haben, das niederziehende Gewicht der Sorge um sich selbst, das ganze aufgeblähte Getue. Für Gott genügt die Haut.

Gottfried Bachl

ZWANZIGSTER SONNTAG IM JAHRESKREIS

Feuer, Wasser, Luft und Erde: Diese vier Elemente bestimmen das Wesen der Schöpfung, sind ihre Grundgesetzlichkeit und werden für die Weiterentwicklung der belebten wie der unbelebten Natur die Weichen stellen. Auch wenn wir Menschen heute manchmal glauben, daß wir alles machen können, alles in unseren Händen und Hirnen haben, alles unter unser Gesetz zwingen können, so weiß doch die tiefe, existenzielle Urangst in uns um die Macht der Elemente, unter deren Einwirkung auch die im Moment weltbeherrschende Gesetzlosigkeit des Marktes zerschellen kann wie eine Keramikschale.

Wohlig warm ist das knisternde Kaminfeuer, aber verheerend, wenn ein Feuersturm losbricht und alles frißt, was sich ihm in den Weg stellt. Vor dieser Macht wird dann alles plötzlich sehr klein. Erfrischend ein Schluck klaren Wassers, herrlich ein kühlendes Bad im See oder im Meer. Wenn sich die Wogen aber zu Springfluten türmen, wenn kleine Bäche zu reißenden Strömen anschwellen, hat der Mensch dem nichts entgegenzusetzen als die Hoffnung, der Regen möge nachlassen. Ein tiefer Atemzug in noch reiner Bergluft, eine frische, salzige Brise am langen Sandstrand bringen mit ihrer Heilkraft Frische und Gesundheit. Bricht aber ein Sturm los, bauen sich über dem Meer Orkane und Taifune auf, so werden Menschen zu kleinen, hilflosen Würmern und all das Ihrige wird weggefegt. Unsere Mutter Erde trägt und nährt uns, sie schenkt uns alles, was wir zum Leben brauchen, und läßt uns wachsen und gedeihen. Wird aber ihr Herz unruhig und beginnt sie zu beben, dann zerspringen die technischen Errungenschaften unserer Zivilisation wie Glaskugeln, und sie verschlingt die Menschen und alles, was sie sich geschaffen haben.

Die Natur zeigt in den letzten Jahren immer häufiger und immer zerstörerischer diese ihre Macht. Das hat dazu geführt, daß die größten Rückversicherungskonzerne der Welt an die Grenze ihrer Zahlungsfähigkeit geraten sind und Alarm zu schlagen beginnen. Von dem Walten der Elemente ist auch im Alten Testament immer wieder die Rede, verständlich, denn auch die Menschen damals waren ihm ausgeliefert und sie sahen in ihm, erfüllt von ohnmächtiger Angst, das strafende Wirken Jahwes. Feuer, vor allem, ist im Alten wie im Neuen Testament ein Bildwort für das Gericht Gottes. Der Geist Gottes ist im Feuer, in dem alles geprüft und geläutert und in Reinheit vollendet wird. Und Jesus trägt die Bilder seiner Bibel weiter, wenn er sagt:

ICH BIN GEKOMMEN, UM FEUER AUF DIE ERDE ZU WERFEN.

Lk 12,40–53

Feuer auf die Erde zu werfen, bin ich gekommen, und wie sehr wünsche ich, es wäre schon entfacht. Mit einer Taufe habe ich mich taufen lassen, und wie drängt es mich, bis das ans Ziel gebracht ist. Wähnt ihr, um Frieden auf der Erde zu stiften sei ich aufgetreten? Mitnichten, sage ich euch – sondern: Zwietracht. Denn von jetzt an wird unter fünf in einem Haus Zwietracht herrschen: von dreien gegen zwei und von zweien gegen drei.
Zwietracht zwischen Vater und Sohn, und Sohn und Vater; zwischen Mutter und Tochter, und Tochter und Mutter; zwischen Schwiegermutter und junger Frau, und junger Frau und Schwiegermutter.

(Übertragung: Fridolin Stier)

Diese Textstelle steht etwa in der Mitte jenes Kapitels des Lukasevangeliums, das den Titel „Auf dem Weg nach Jerusalem" trägt. Ein Weg, der von Wundern aller Art, von Heilungen vor allem, gesäumt war, vom Jubel und der Dankbarkeit des Volkes, aber auch von zunehmender Fallenstellerei durch die Pharisäer und Schriftgelehrten. Jesu Rede wird knapper, eindeutiger und auch schärfer, wie wir es eben gehört haben. Immer wieder während des letzten Wegstückes, vor allem dann nach der Verklärung am Berg Tabor, versucht Jesus seinen Freunden zu sagen, was in Jerusalem mit ihm geschehen werde. Sie aber weigern sich, das zu glauben, als künftige Wirklichkeit anzunehmen. Es ist auch irgendwie zu verstehen, oder würden wir das so einfach hinnehmen? Ich glaube kaum. Selbst wenn wir bei einem Freund entdeckten, daß er seine Jugendlichkeit, seine Leichtigkeit zunehmend einbüßt, daß sein Sinn immer schwerer wird und ernster, seine Gedanken düster, wie wolkenverhangen und seine Sprache schärfer und aggressiver, würden wir ihm nicht zustimmen, wenn er vom nahen Ende spräche, sondern würden versuchen, ihm das auszureden, ihn auf ein helleres Morgen verweisen. Und das verzehrende Feuer in seinem Herzen würden wir zu löschen versuchen. Meinen Sie nicht?

Ich habe diese Textstelle, und sie zählt wohl zu den härtesten des Neuen Testaments, einer Frau anvertraut, die im Referat für soziale und politische Erwachsenenbildung im Pastoralamt der Diözese Linz arbeitet und in dieser Funktion auch so etwas wie Predigthilfen erstellt und publiziert: Eva Schmetterer, deren klare Sprache immer wieder besticht.

KOMMENTAR

Die Vieldeutigkeit des Feuers
Feuer wärmt, Feuer reinigt. Im Feuer werden Opfer dargebracht, im Feuer werden Speisen zubereitet. Feuer erleuchtet die Nacht.

Wenn die Sehnsucht bedrängend wird, wenn die Erfüllung nahe ist, fragen wir überwältigt: „Brannte nicht unser Herz?"

Und Feuer vernichtet...

Der Gott des Feuers
In der Flamme des Dornbusches, der brennt und doch nicht verbrennt, offenbart sich Jahwe dem Mose als ein Gott, der das Elend der Unterdrückten in Ägypten sieht und ihre laute Klage über ihre Antreiber hört. Im Feuer erweist sich Gott als der, der das Leid der Leidenden kennt. Im Feuer erscheint Gott dem Mose am Berg Sinai, um ihm die zehn Worte des Lebens in dem Land anzuvertrauen, in das er sie führen wird; in das er sie führen wird, nachdem er sie aus dem Sklavenhaus Ägypten befreit und sie so zu seinem Volk erwählt hat.

Feuer ist über dem Offenbarungszelt in der Nacht und begleitet die Israeliten auf ihrer Wanderung durch die Wüste in das Gelobte Land.

Ja, Gott selbst ist verzehrendes Feuer. Er ist ein eifersüchtiger Gott, dessen Herrlichkeit die Menschen nur erreichen kann, wenn sie ihre Götzen im Feuer verbrennen und sich nicht mehr den Mächten und Gewalten, die sie sich selbst geschaffen haben, unterwerfen.

Und im Psalm 46 lesen wir: „Der Herr der Heerscharen ist mit uns, der Gott Jakobs ist unsere Burg. Kommt und schaut die Taten des Herrn, der Furchtbares vollbringt auf der Erde. Er setzt den Kriegen ein Ende bis an die Grenzen der Erde; er zerbricht die Bogen, zerschlägt die Lanzen, im Feuer verbrennt er die Schilde." (Ps 46,8–10)

Wehe dem Frieden, der nicht durch dieses Feuer geht – denn ein solcher Friede ist kein Friede, sondern höchstens atomare Abschreckung. „Wie froh wäre ich, es würde schon brennen!"

Friede, der brennt – der Gang nach Jerusalem

Jesus hatte sich entschlossen, nach Jerusalem zu gehen. Dort im Zentrum der römischen Besatzungsmacht und derer, die daran teilhaben, muß die Entscheidung fallen. Und im Lukasevangelium wird geschildert, daß die Menschen die Brisanz dieses Weges nach Jerusalem sofort erkennen: „Man nahm ihn nicht auf, weil er auf dem Weg nach Jerusalem war" (Lk 9,53). Noch verstehen die Jünger die Radikalität dieses Weges und seines Feuers nicht. Sie fragen Jesus, ob sie nicht befehlen sollen, daß Feuer vom Himmel falle und das Dorf vernichte, das ihn nicht aufgenommen hat. „Da wandte er sich um und wies sie zurecht" (Lk 9,55).

Es geht gerade nicht um ein Feuer, das der Logik der Rache folgt; es geht gerade nicht um ein Feuer, das Gewalt mit größerer Gewalt beantwortet und in die Spirale der Vernichtung führt. Das Feuer, das Jesus in Jerusalem erwartet, ist das Feuer Gottes, das Feuer der Offenbarung, das Feuer, das die Verhältnisse offenlegt. Spätestens zu Pfingsten werden es die Jünger und Jüngerinnen begreifen, wenn sie von Zungen wie von Feuer getroffen und vom Geist Gottes erfüllt werden; von jenem Geist, der sie in die Wahrheit einführt; von jenem Geist, in dem sie erkennen, der die Wirklichkeit von Gott und seinem Christus her deutet.

Jesus hatte sich entschlossen, nach Jerusalem zu gehen. Jerusalem war der Sitz des römischen Prokurators Pontius Pilatus. Er war der Vertreter der Pax Romana, des römischen Friedens, auf den diese Weltmacht so stolz war. Ja, Rom hatte die ganze damalig bekannte Welt befriedet – aber es war ein Frieden, der durch Unterdrückung, durch Ausbeutung, durch Angst aufrechterhalten wurde. Es war ein Frieden, der nicht offendeckt, sondern gewaltsam zudeckt. „Meint ihr, ich sei gekommen, um Frieden auf die Erde zu bringen? Nein, sage ich euch, nicht Frieden, sondern Spaltung."

Nach außen stellt das Römische Reich die neue, harmonische Weltordnung dar, nach innen aber …

Die Versuchung der heilen Insel

Je bedrängender die öffentlichen Verhältnisse sind, um so größer wird die Versuchung, den Rückzug ins Private anzutreten. Ein Rückzug, der auf der Suche nach dem reinen Glück ist. Aber in einer Welt, die in allen ihren Dimensionen auch von Unheil geprägt ist, zu meinen, Orte des ungetrübten Heils zu finden, kann nur in Lüge und Verdrehung enden. Und je mehr ich an solchen Orten die Fiktion des Heils nach außen hin aufrechtzuerhalten suche, um so schlimmer wird der Druck nach innen.

Und auf einmal ist es für uns heute überhaupt nicht mehr verwunderlich, wenn als Ort der Auseinandersetzung um Feuer, Friede und Spaltung gerade die Familie von Jesus in den Mittelpunkt gerückt wird.

„Familie: eine der tollsten Erfindungen Gottes", so titelte eine katholische Zeitschrift. Die nüchterne Feststellung der Gerichtsmedizin hingegen lautet: „Gewalt in der Familie ist die häufigste Form von Gewalt, die ein Mensch im Leben erfährt."

Kaum ein Ort in unserer heutigen Gesellschaft wird derartig ins Idyllische gebogen. Als ein Ort der Geborgenheit vorgestellt und festgemacht, erscheint uns die Familie mit strahlendem Lächeln, wo die dunklen Seiten gewaltsam zugedeckt sind. Auf den Fotos begegnen Vater, Mutter und Kind glücklich zusammen in der freien Natur, aber hinter den geschlossenen Türen sind auch Schläge an der Tagesordnung. Aus den Werbefilmen kennen wir das Morgenglück in der neuen Küche, wo gemeinsam gefrühstückt wird, aber das Erwachen hat auch das Aussehen von Blutergüssen und Quetschungen an den Schenkeln der vergewaltigten Frau.

Feuer und Spaltung: Die Frohe Botschaft vom Reich Gottes
Auch das ist Frohe Botschaft vom Reich Gottes: „Von nun an wird es so sein: Wenn fünf Menschen im gleichen Haus leben, wird Zwietracht herrschen: Drei werden gegen zwei stehen und zwei gegen drei."

Ein nüchterner Blick auf das, was ist, ist der erste – und vielleicht schwierigste – Schritt auf das Reich Gottes zu. Und die Freiheit der Kinder Gottes besteht auch darin, daß sie ihre Gräber nicht mehr übertünchen müssen.

Eva Schmetterer

In dem Buch *„Dem Netz des Jägers entronnen"* von Raymund Schwager finde ich eine Szene aus dem Leben Jesu, die der apokalyptischen Stimmung des Evangeliums irgendwie zu entsprechen scheint. Auch was der Jesuit Raymund Schwager hier beschreibt, spielt sich am Ende des Weges nach Jerusalem ab:

„,Die Zeit hat sich beschleunigt', sagte Jesus zu den Seinen, ,aber die Stunde liegt in der Hand des Vaters.' Die Sonnenstrahlen waren inzwischen verschwunden und es stürmte im Wirbel herbei. Jesus trat in den steifen Wind, während die Urflut brüllte. Er rief den Zwölf zu: ,Erinnert euch an das Wort vom Propheten Sacharja: ,Ich versammle alle Völker zum Krieg gegen Jerusalem. Die Stadt wird erobert, die Häuser geplündert, die Frauen geschändet.'

Den Zwölf fuhr ein Schaudern durch den Leib. Es war ihnen, wie wenn der Boden sich unter ihren Füßen öffnen würde und eine übermächtige Gestalt auf sie zukäme. Ohne auf ihre Angst zu achten, fuhr Jesus weiter: ‚Menschen werden miteinander streiten und Völker gegeneinander Krieg führen. In jenen Tagen bricht ein gewaltiger Sturm von den Enden der Erde los, und das Gericht schreitet von Volk zu Volk. Die Erschlagenen liegen von einem Ende der Erde bis zum andern. Man beklagt sie nicht, man sammelt sie nicht und man begräbt sie nicht.‘ Während Jesus sprach, war der Sturm voll losgebrochen, und er hatte seine letzten Worte ins Toben der Elemente hinausgeschrien."

EINUNDZWANZIGSTER SONNTAG IM JAHRESKREIS

Für die meisten von Ihnen liegt an diesem einundzwanzigsten Sonntag im Jahreskreis der Urlaub wohl schon etwas zurück oder er geht in diesen Tagen zu Ende. Schulbeginn steht vor der Tür, und der sogenannte Ernst des Lebens wird wieder den Alltag bestimmen. Um so wichtiger werden also die Sonntage wieder sein für Entspannung und Ausruhen, aber wohl auch für Besinnung auf das Wesentliche, für das Hören und Nachhorchen der Frohen Botschaft und dem immer wieder neuen Fragen danach, wie ich das umsetzen kann, wie ich das in dieser Welt, in meinem Umfeld, in mir, lebendig werden lassen kann. Die Feststellung am Ende der heutigen Evangelienperikope jedenfalls verlangt nach Tiefe.

VIELE, DIE JETZT DIE LETZTEN SIND, WERDEN DANN DIE ERSTEN SEIN.

Als ich mich am Pfingstsonntag unter die Teilnehmer des großen Pfingsttreffens 1995 im obersteirischen Weiz mischte, hatte ich Gelegenheit, dort mit einem jungen Mann, der mich beeindruckte, zu reden und ihm auch zwei Tage aus der Nähe zuzuschauen. Völlig locker und gelassen managte er diesen schwierigen Festtag und seinen doch eher komplizierten Ablauf. An seinen Mitarbeitern und Mitarbeiterinnen spürte man ein großes Vertrauen zu diesem hochgewachsenen blonden Theologen, der sie offenkundig umsichtig und sicher bis dorthin geführt hatte, auf eine Weise, die jeden und jeder die Chance gegeben hatte, in sich und an der jeweils gestellten Aufgabe zu wachsen. Auch ein heftiges Gewitter mit wolkenbruchartigen Regenfällen, das am späten Nachmittag alle abendlichen Programmpunkte zum Scheitern zu bringen schien, brachte das Weizer Team nicht aus der Ruhe. Kaum war der letzte Regentropfen gefallen, machte man weiter, und die abendliche Veranstaltung im Franziskus-Steinbruch, zehn Kilometer von Weiz entfernt, konnte fast pünktlich anfangen. Man spürte, daß es ihnen allen viel bedeutete, ihre „Weizer Pfingstvision" ins Land hinauszutragen.

Fery Berger heißt der junge Mann, von dem hier die Rede ist und der als Pastoralassistent der Pfarre Weiz vor sieben Jahren begonnen hat, an diesem neuen Haus Gottes zu bauen. Er hat sich das vorgenommen, wovon schon Franz von Assisi gesungen hat: „Wir bauen, Stein auf Stein, wir bauen deine Kirche wieder auf!" Mächtig und begeistert klang das damals abschließend in die von Hunderten Fackeln erhellte Frühlingsnacht im Franziskussteinbruch, einem grün überwachsenen natürlichen Amphitheater. Und als wir uns dann in Wien bei Kardinal König wiedersahen, habe ich Fery Berger gebeten, den heutigen Evangelientext zu übernehmen, und er war einverstanden.

KOMMENTAR

Ich sitze hier im Franziskussteinbruch, einem stillen Ort in der Oststeiermark. Vor ein paar Monaten fand hier das Weizer Pfingsttreffen statt. Und hier höre ich das heutige Evangelium.

Lk 13,22–30

Und er wanderte von Stadt zu Stadt und Dorf zu Dorf, um zu lehren und des Wegs nach Jerusalem zu ziehen. Da sprach einer zu ihm: Herr, sind es nur wenige, die gerettet werden? Er sprach zu ihnen: Kämpft, um durch das enge Tor hineinzukommen. Denn viele – sage ich euch – werden hineinzukommen suchen und es nicht können.
Wenn einmal der Hausherr sich aufgerichtet, das Tor verriegelt hat, und ihr von da an draußen steht, an das Tor klopft und sagt: Herr, mach uns auf – so wird er euch antworten: Ich kenne euch nicht! Woher seid ihr? Dann werdet ihr anfangen zu sagen: Gegessen haben wir doch und getrunken vor deinen Augen, und auf unseren Straßen hast du gelehrt. Und er wird reden und zu euch sagen: Ich kenne euch nicht! Woher seid ihr? Hinweg von mir, alle, die ihr Ungerechtheit wirkt. Dort wird sein: das Heulen und Knirschen der Zähne – wenn ihr Abraham, Isaak und Jakob und alle Propheten im Königtum Gottes seht, euch aber hinausgeworfen. Und vom Aufgang und Niedergang, vom Nordland und Südland werden sie kommen und zu Tisch lagern im Königtum Gottes. Und da! Letzte gibt es, die Erste sein werden, und Erste gibt es, die Letzte sein werden.

(Übertragung: Fridolin Stier)

Und dann höre ich die Frage: „Herr, die Rettung finden, heißt es, sind nur wenige?"

Ich gestehe, daß ich mich mit der Antwort Jesu lange nicht leichtgetan habe. Sind es nur wenige, die in den Himmel kommen? Was ist mit den Milliarden von Menschen, die gar nie etwas von Jesus gehört haben? Diese Fragen beschäftigten mich auch, als ich begann, Theologie zu studieren. Da möchte ich Ihnen ein Erlebnis erzählen, das mein Leben sehr geprägt hat.

Im zweiten Jahr meines Studiums lud mich der damalige Hochschulseelsorger zu einem Ausflug in die wunderschöne südsteirische Weinstraße ein. Es war kein gewöhnlicher Ausflug. In dem kleinen Wagen saßen wir zu viert. Ein junger Kollege, ich, der Hochschulseelsorger und: Karl Rahner. Der große Theologe dieses Jahrhunderts, dessen wirkliche Bedeutung erst zukünftige Generationen voll erkennen werden können.

Ich begann erst später Rahner zu studieren, war mir also der Größe dieses Mannes überhaupt nicht bewußt. Ich war aber fasziniert von seiner menschlichen Wärme und Ausstrahlung. Mit Rührung denke ich zurück, wie dieser große Geist geduldig all unsere so gescheiten Fragen beantwortete.

Und irgendwann kamen wir auch auf die Frage des heutigen Evangeliums zu sprechen. Rahners Antwort habe ich noch genau im Ohr: „Als Christ darf man hoffen, daß niemand endgültig verloren ist."

Das hoffe ich auch. Was hat es dann aber auf sich mit der engen Pforte, der Mühe und der verschlossenen Tür?

Das Reich Gottes beginnt schon in diesem Leben. Reich Gottes beginnt, wo eine lebendige Beziehung mit Jesus gelebt wird. Reich Gottes beginnt, wo Gerechtigkeit, Frieden, Liebe gelebt werden, wo Leben in Fülle gelingt. Und ist das nicht eher selten?

Und dann werden in dieser Erzählung viele vor den Kopf gestoßen. Viele, die mit Jesus gegessen und getrunken haben, die bei ihm waren, kennt er plötzlich nicht. Lassen Sie mich diese Stelle auch als Kritik an uns verstehen, als Kirchenkritik.

Könnte es nicht sein, daß wir – und ich möchte mich sehr bewußt da einschließen – als brave Kirchgeher und sogenannte praktizierende Christen besonders damit gemeint sein könnten? Wir, die wir wöchentlich in unseren Kirchen bei ihm sind. Wir, die wir wöchentlich mit ihm kommunizieren, essen und trinken. Wir, die wir brav im Religionsunterricht belehrt wurden und Hunderte von Predigten gehört haben. Uns könnte er nicht kennen?

Ist nicht deshalb auch unsere Kirche in einer solchen Krise, weil sehr oft traditionelle Sonntagsfrömmigkeit und gelebter Glaube weit auseinanderdriften? Ist nicht das die eigentliche Wurzel unserer Kirchenkrise, daß wir als Salz schal geworden sind? Müßten uns nicht heute diese Aussagen Jesu provozieren? Jesus ist ein Provokateur, einer, der herausruft. Herausrufen aus unserem spießbürgerlichen Christsein will uns auch der letzte Satz unseres heutigen Evangeliums. „Letzte gibt es, die Erste sein werden, und Erste gibt es, die Letzte sein werden."

Dazu möchte ich eine junge Frau zu Wort kommen lassen, die uns nach dem Pfingsttreffen einen langen, persönlichen Brief geschrieben hat. Eine Frau, die eine besondere Lebensgeschichte hinter sich hat. Völlig gesund, beginnt plötzlich mit achtzehn Jahren eine schwere Krankheit ihr Leben zu verändern. Sie heiratet ihren langjährigen Freund, muß aber den Beruf aufgeben. Für kurze Zeit ist sie bettlägrig, schafft es dann aber, auf den Rollstuhl zu kommen. Vor zwei Jahren lernt ihr Mann eine andere Frau kennen. Sie fällt in ein tiefes, schwarzes Loch. Durch diese Erfahrung der dunklen Nacht hindurch schreibt sie uns folgende Zeilen: „Seit einiger Zeit darf ich erfahren, wie es wieder Frühling in mir wird. Ich wehre mich nicht mehr gegen meine gegenwärtige Lebenssituation. Ich beginne zu lernen, hinzusehen, in mich hineinzuhorchen – was will mir diese Situation sagen? Ja, es ist für mich ein Aufbruch. Aufbruch in ein neues Leben – nicht in ein solches, wie ich es mir vorstelle – ich lerne mich führen zu lassen, und so viele kleine, persönliche, für die Außenwelt nicht sichtbare Wunder begegnen mir. So lange konnte ich mit dem – Dein Wille geschehe – nichts anfangen, haderte, schimpfte und zweifelte an Gott. So tief habe ich ins Dunkel fallen müssen, bis ich endlich erkennen konnte, wie warm, wie liebevoll die Erfahrung mit Gott sein kann. Ich vertraue ganz einfach der göttlichen Führung, ich glaube ganz einfach daran, daß es zu meinem Besten geschieht." In der Beziehung zu ihrem Mann macht sie folgende Erfahrung: „So lerne ich auch meinem Mann zu verzeihen und ihn zu verstehen. Immerhin ist er neun nicht immer leichte Jahre mit mir gegangen. Das Schöne ist, daß ich fühle, wie ich durchs Verzeihen frei werde und wir uns so hin und wieder als gute Freunde begegnen." Sie schließt ihren Brief mit einem Bild von Kirche, das jeden einzelnen von uns anspricht: „Ich glaube an die Lebendigkeit der Kirche, im Sinne Jesu Christi; auch wenn noch Steine aus dem Weg geräumt werden müssen. Vor allem muß ich zuerst bei mir selber beginnen – und da gibt's noch viel Arbeit!"

Ja, an diese Lebendigkeit der Kirche glaube ich auch, ganz besonders dann, wenn ich solche Briefe bekomme.

„Viele, die jetzt die Letzten sind, werden dann die Ersten sein."

Fery Berger

Fery Berger wohnt mit seiner Familie direkt oberhalb des Franziskussteinbruchs. Der Blick aus dem Fenster schweift über Wellen in Grün hier im Herzen der Grünen Mark. Hügel hinter Hügel, Waldkuppe hinter Waldkuppe. Das ist schon ein Ort, wo man sie lernen kann, die Ruhe, die Gelassenheit, aus der dann Energie und Tatkraft zum Guten wachsen können.

ZWEIUNDZWANZIGSTER SONNTAG IM JAHRESKREIS

In einer Zeit, in der die Supermen und neuerdings auch die Superwomen über den Bildschirm flimmern und uns suggerieren wollen, daß es unsere verdammte Pflicht und Schuldigkeit wäre, uns an ihnen ein Beispiel zu nehmen, haben Bescheidenheit und Demut gesellschaftspolitisch wenig Chancen auf Akzeptanz. Bescheidenheit wird normalerweise mit Blödheit gleichgesetzt und Demut gehört in die Rubrik: lächerlich. Dabei würden diese Grundtugenden der Bescheidenheit und Demut uns angesichts des Zustandes der Welt, angesichts des stummen Notschreis der Natur, unserer Mitwelt, der uns alle tragenden Schöpfung nicht nur gut anstehen, sondern wären ein Gebot der Stunde. Ein Wort wieder zu lernen wäre höchst angezeigt, das kleine Wörtchen „genug" nämlich.

Unsere Wirtschaft zum Beispiel muß, nein soll, darf nicht mehr wachsen. Das bereits entscheidend gestörte ökologische Gleichgewicht verkraftet eine weitere Zuwachsrate unverdaulicher Stoffströme nicht mehr. Die Müllberge sind schon jetzt nicht mehr zu bewältigen, die Schadstoffemissionen haben die schützende Ozonschicht schon jetzt bedrohlich angefressen, und viele Flüsse, Ströme, Seen und auch Teile der Ozeane sind dabei zu kippen. Klares, reines Trinkwasser wird bald zum Mangelstoff erklärt werden müssen, ist jetzt schon kaum mehr gerade dort vorhanden, wo die Mehrheit der Menschen lebt.

Natürlich finden wir solche Bilder in unseren Heiligen Schriften nicht, denn damals waren das nicht die brennenden Probleme, da war die Spezies Mensch eine vergleichsweise kleine Größe und die, die lebten, waren weniger gierig als wir. Aber um die Tugend der Bescheidenheit ging es auch damals schon, Bescheidenheit als gesellschaftliche Größe, als Vehikel eines friedlichen Miteinander. So lesen wir im Buch Jesus Sirach, der Ersten Lesung des heutigen zweiundzwanzigsten Sonntags im Jahreskreis:

Mein Sohn, bei all deinem Tun bleibe bescheiden, und du wirst mehr geliebt werden als einer, der Gaben verteilt.
Je größer du bist, um so mehr bescheide dich, dann wirst du Gnade finden bei Gott.

Denn groß ist die Macht Gottes, und von den Demütigen wird er verherrlicht.

Für die Wunde der Übermütigen gibt es keine Heilung, denn ein giftiges Kraut hat in ihm seine Wurzeln.

Ein weises Herz versteht die Sinnsprüche der Weisen, ein Ohr, das auf die Weisheit hört, macht Freude.

Wenn ich mir in diesem Zusammenhang den Übermut unserer Wirtschafts- und Waffenlobbys anschaue, den Übermut des Immer-mehr-Haben-Müssens im Veitstanz des Konsumismus, meine ich, daß eine gewisse Sorge nicht unbegründet ist. Da ist viel giftiges Kraut herum, und der Gärtner der Bescheidenheit sind wenige. Ob da wir Christen nicht einen Auftrag wahrzunehmen hätten?

FREUND, RÜCK HÖHER.

So heißt es sinngemäß im heutigen Evangelium nach Lukas. Um den Wert von Bescheidenheit und Demut zu verdeutlichen, greift Jesus zu dem ihm naheliegenden Bild eines Gastmahls. Wir wissen aus der Schrift, daß Jesus gern mit anderen Menschen gemeinsam Mahl hielt, nicht nur mit seinen Freunden, sondern auch mit Menschen, die er für seine Lehre, für seine Verkündigung vom Reich Gottes gewinnen wollte. Man machte ihm das sogar zum Vorwurf und denunzierte ihn als Fresser und Säufer, indem man ihm den sonst durchaus ungeliebten Asketen Johannes vorhielt. Ihm aber ging es bei der Beschreibung des Hochzeitsmahles weder um die aufgetragenen Speisen noch um die Getränke, die der, wie es heißt, „führende Pharisäer" auffahren ließ, sondern um das Bild der zu vergebenden Plätze an der Tafel. Wie Jesus das meint, geht schon aus dem Evangeliumsruf hervor, in dem es heißt: „Nehmt mein Joch auf euch und lernt von mir, denn ich bin gütig und von Herzen demütig. Halleluja."

Lk 14, 7–14

Er aber sagte zu den Geladenen ein Gleichnis. Als er merkte, wie sie sich die ersten Plätze wählten, sagte er zu ihnen: Wirst du von einem zu einer Hochzeit geladen, so lagere dich nicht auf den ersten Platz. Es könnte ein Ehrwürdigerer als du von ihm geladen sein. Und es kommt, der dich und ihn geladen, und sagt zu dir:

Mach diesem Platz! Dann wirst du voll Scham den letzten Platz einnehmen. Nein, wenn du geladen wirst, geh und laß dich auf dem letzten Platz nieder, damit der, der dich geladen, kommt und dir sagt: Freund, rücke höher hinauf! Dann wird dir die Verherrlichung zuteil vor allen, die mit dir zu Tisch liegen. Denn: Jeder, der sich selbst erhöht, wird niedrig gemacht, und wer sich selbst niedrig macht, wird erhöht. Er sagte aber zu dem, der ihn geladen hatte: Wenn du ein Früh- oder ein Abendmahl gibst, so rufe nicht deine Freunde noch deine Brüder, und nicht deine Stammesgenossen noch reiche Nachbarn – damit nicht auch sie dich ihrerseits einladen und du es wettgemacht bekommst. Nein, wenn du einen Empfang gibst, so rufe Arme, Krüppel, Lahme, Blinde zusammen. Und selig bist du, weil sie nichts haben, um es dir wettzumachen. Denn wettgemacht wird es dir bei der Auferstehung der Gerechten.

(Übertragung: Fridolin Stier)

Heute hat in den Gesellschaften der industrialisierten Staaten der Begriff „Karriere" etwas nahezu Magisches. Für die meisten Menschen hängt ein geglücktes Leben aufs engste mit der erreichten Stufe der Karriereleiter zusammen. Hast du nicht das erreicht, was du dir erwartest oder was du glaubst, daß die anderen von dir erwarten, dann bist du ein Versager, und solche Versager neigen dann leicht zu aggressivem Verhalten sich oder anderen gegenüber und verstärken somit das gesellschaftliche Gewaltpotential. Um so mehr überrascht ein Mensch, der glücklich seufzend erklärt: „Jetzt ist es endlich gelungen! Die Karriere nach unten hat begonnen!" Als er das Amt eines Provinzoberen aufgab, hat der Franziskaner Ulrich Zankanella vor einigen Jahren diesen erstaunlichen Satz geprägt. Der Wiener Pastoraltheologe Paul Michael Zulehner, an sich kein Kind von Traurigkeit und sicherlich keiner, der sein Licht unter den Scheffel zu stellen gewohnt ist, betitelt seinen Evangelienkommentar: „Kirchenkarriere nach unten."

KOMMENTAR

Dem einen oder anderen kirchlichen Würdenträger wird humorvoll nachgesagt, er hätte bei der Weihe auf die Frage „Bist du bereit?" geantwortet: „Schon lange". Solch ein Drang auf die ersten Plätze ist menschlich naheliegend. Auch in der Kirche sind immer wieder Menschen bis auf den heutigen Tag seiner Verlockung oft genug erlegen. Die Suche nach der Ehre Gottes kippt nur allzuleicht um in die Suche nach der eigenen Ehre. Viele Titel zeugen davon: Die Eminenzen ragen heraus, die Exzellenzen sind Hervorragende, die Prälaten Hervorgehobene. Die Hochwürden würdiger als die anderen. Karriere wird gesucht, auch in der Kirche Jesu.

Unterstützt wurde solches Denken in gestuften Würden freilich durch eine wenig biblische Entwicklung in der katholischen Kirche. „Die Kirche ist eine Gesellschaft von Ungleichen, Laien und Klerikern", so noch in einem Textentwurf für das Erste Vatikanische Konzil im Jahre 1870. Etwas später vermerkt ein renommiertes Kirchenlexikon, daß die Kleriker auf Grund ihrer Würde mit dogmatischer Notwendigkeit stolz werden müßten, würden die einfachen Kleriker nicht in ihrem Stolz dadurch gemäßigt, daß sie über sich noch Würdigere haben.

Das Zweite Vatikanische Konzil hat mit dieser gegenbiblischen Entwicklung Schluß gemacht. In der Konstitution über die Kirche heißt es lapidar: „Auf Grund der Wiedergeburt in Jesus Christus herrscht unter allen Gläubigen eine wahrhafte Gleichheit an Würde und Berufung." Und das derzeit geltende Kirchenrecht hat es im Kanon 208 in seine Grundrechte aufgenommen.

Die Menschen in Österreich wünschen sich auch eine solche Kirche, in der alle die gleiche Augenhöhe haben und in der nicht aus der Ordination der einen die Subordination der anderen folgt: also aus der Weihe der einen die Unterordnung der anderen. Es gibt einfach keine höhere Würde in der Kirche als Mitglied des heiligen priesterlichen Gottesvolkes zu sein.

In einem aufsehenerregenden Kirchenvolks-Begehren ist eine halbe Million Menschen in unserem Land für eine solche „geschwisterliche" Kirche eingetreten. Geschwisterlich ist ein Wort, das aus der Kraft des Zweiten Vatikanischen Konzils gewachsen ist. Die Menschen in unserem Land denken auch schon weithin so, wie es das Konzil wünscht. In einer ganz neuen Umfrage zum Kirchenvolks-Begehren haben sechsundsiebzig Prozent der Aussage zugestimmt, daß „auf Grund der Taufe in der Kirche alle gleich sind an Würde und Berufung". Zugleich sind wir nach Ansicht der Befragten in der Kirche erst auf dem Weg dorthin. Denn ebenso viele, nämlich wieder drei Viertel, verlangen, daß „in der katholischen Kirche die tiefe Kluft zwischen Bischöfen, Priestern und Laien verringert werden sollte". Dabei sollten die Unterschiede zwischen den einzelnen Aufgaben in der Kirche keineswegs verwischt werden, so siebenundvierzig Prozent. Freilich, daß es sich bei der gleichen Würde nicht nur um ein Grundgefühl moderner Freiheitskulturen handelt, sondern daß es auch „dem Evangelium widerspreche, daß Priester mehr gelten als Laien", davon sind mit dreißig Prozent noch viel zu wenige überzeugt. Oft wünschen sich also nicht die Priester nach oben, sondern die Leute möchten sie dort sehen. Gibt es also eine nicht gesuchte, sondern verordnete Karriere nach oben?

Wo immer solche Karrierespiele passieren, ist das wider das Beispiel und die Warnung Jesu. Dabei hat auch Jesus Karriere gemacht. Aber nicht jene nach oben, sondern eine ganz andere „nach unten". Er hielt nicht daran fest, gottgleich zu sein. Er entäußerte sich, ward gehorsam bis zum Tod am Kreuz, so einer der ältesten hymnischen Texte der frühen Kirche, der im Philipperbrief, zweites Kapitel, steht. Darum hat Gott ihn auch erhöht, und ihm einen Namen verliehen, der jeden Namen übersteigt.

Genau diese Karriere nach unten hatte wohl Jesus vor Augen, als er den anders Karrieresüchtigen unter seinen Jüngern jene Geschichte erzählt hat, die heute in unseren Kirchen verlesen wird. Man soll sie so wie ihn auf den letzten Plätzen finden, bei den Hinterbänklern, den Unbedeutenden, den Titellosen, bei den Sündern und den arm Gemachten. Nicht empfohlen hingegen hat er ihnen die Plätze bei den Mächtigen, den Reichen, bei jenen, welche das Schicksal nach oben geschwemmt hat, oftmals auch auf Kosten derer, die hinten geblieben sind.

Jesus traut also seinen wahren Jüngern eine solche Karriere nach unten zu, wie er sie selbst gelebt hat. Wahrhaft eine Zumutung. Und nicht wenige Jesus-Nachfolger haben sich bis auf den heutigen Tag dieser Herausforderung Jesu gestellt.

– Da gibt es in der Stadt Wien ein Jugendhaus der Caritas, in der eine Handvoll Jugendlicher mit einem Pater der Salesianer Don Bosco das eine oder andere Jahr ihres Lebens investieren, damit Obdachlose in einer Gemeinschaft wieder Fuß fassen, arbeitsfähig werden und so, wenn's gut geht, nach geraumer Zeit auf eigene Füße kommen können. Vom selben Haus aus fahren zwei Kleinbusse an neun Stellen der Stadt, um täglich etwa dreihundertfünfzig Obdachlosen der Stadt Zuwendung, medizinische und rechtliche Hilfe sowie etwas warmes Essen zu bringen. Buchstäblich bei den Letzten unserer Gesellschaft sind sie zu finden.

– Ähnlich auch junge Menschen in jener oststeirischen Kleinstadt Weiz, die mit ihrer Pfingstvision bekanntgeworden sind und davon träumen, daß sich möglichst viele in unserem Land nach reiflicher Selbstprüfung ihrem Aufbruch in einer Kirche anschließen, die nicht an sich selbst leidet, sondern auf der Seite der Leidenden zu finden ist. Ihr Weg der gemeinsamen Hoffnung hat damit begonnen, daß eine Gruppe anfing, sich um die Behinderten der Kleinstadt zu kümmern. Daraus ist der Verein „Christina lebt" entstanden, in dem über hundert junge Menschen Mitglieder sind. Auch ihr Weg ist eine Karriere nach unten, weil sie zu jenen hingehen, die wegen ihrer Behinderung oftmals chancenlos sind.

– Ein weiteres Beispiel: Ordensgemeinschaften haben in den letzten Jahrzehnten, ermutigt durch das Zweite Vatikanische Konzil, gelernt, nicht mehr wie bisher die ersten Plätze aufzusuchen und zu verteidigen, sondern sich zu den Menschen auf den Plätzen hinten zu gesellen. Die Schulschwestern haben heute in ihren Schulen weit mehr ausländische Kinder als andere vergleichbare Schulen. Aber auch in öffentlichen Schulen finden sich Lehrkräfte, die ein besonderes Auge für die weniger Begabten aufweisen und oft helfend an ihrer Seite zu finden sind.

Nicht ohne Grund war den Kirchen in der Vergangenheit klerikale Macht- und Geltungssucht nachgesagt worden. Der Prunk, den die Päpste bis Johannes XXIII. entfaltet haben, liegt nicht auf der Linie der Aufforderung Jesu, die hinteren Plätze aufzusuchen. Heute gibt es zwar immer noch Relikte aus solcher Zeit. Die Vertreter des Heiligen Stuhls nehmen in der diplomatischen Rangordnung nach wie vor die ersten Plätze ein. Und die immer noch gebräuchlichen Ehrentitel für kirchliche Würdenträger sind keineswegs abgeschafft. Aber immer mehr einfache Kirchenmitglieder, Gemeinschaften, Orden, ja auch Bischöfe horchen auf die Weisung Jesu. Dabei geht es ihnen nicht mehr um die Ehre, bei denen zu sein, die als „oben" gelten, also Obrigkeiten sind. Sie sind heute mehr bei den Armen als bei den Mächtigen zu finden. Die lateinamerikanische Kirche hat der katholischen Weltkirche mit ihrer Option für die Armen einen Weg gezeigt, der in die Nachfolge Jesu und seiner „Karriere nach unten" zurückführt.

Die Geschichte Jesu kennt freilich auch eine eigenartige Gegenbewegung. Wenn der Gastgeber kommt, dann wird er jene, die nach hinten gegangen sind, nach vorne holen. Nach vorne heißt dann aber für Jesus: in eine ganz enge Gemeinschaft mit seinem Gott. Wer zu den Armen gegangen ist, kommt also bei Gott an. Die Karriere nach unten ist identisch mit dem Eintauchen in Gott, und das deshalb, weil Gott selbst längst vor uns den Weg zu den arm Gemachten dieser Erde gegangen ist. Gott selbst wird dann seine Wertschätzung dafür ausdrücken, daß da einige den Weg zu den Armen gefunden haben. Die Verhältnisse werden sich also umkehren. Das grandiose Magnifikat drückt es noch krasser aus: „Die Mächtigen stürzt er vom Thron, die Niedrigen erhöht er. Die Hungrigen erfüllt er mit seinen Gütern, die Reichen aber läßt er leer ausgehen" (Lk 1,52f.).

Paul Michael Zulehner

Aus „dekorativen" Gründen, wenn ich so sagen kann, haben ja viele Katholiken diese Evangelienstelle sich scheinbar wirklich zu eigen gemacht. Katholische Veranstaltungen zeichnen sich oft dadurch aus, daß die ersten Reihen leer bleiben. Ich lasse es allerdings dahingestellt, ob das tatsächlich einer echten Bescheidenheit, einer Demut des Herzens entspringt. Das generelle Verhalten der Christen würde eher zu anderen Schlüssen verleiten.

DREIUNDZWANZIGSTER SONNTAG IM JAHRESKREIS

Der Sommer neigt sich seinem Ende zu, auch wenn er noch warme, sonnendurchflutete Tage für uns bereithält. Der allzu rasche Fluß der Zeit wird mir an diesen jahreszeitlichen Grenzmarken immer besonders deutlich, auch wenn Frühling, Sommer, Herbst und Winter nicht mehr so deutlich voneinander geschieden sind wie damals, als ich noch ein Kind war und wir im März anfingen zu betteln, endlich Kniestrümpfe anziehen zu dürfen, und uns im September begeistert auf die rotbackigen Äpfel stürzten. In den Supermärkten ist für uns ja inzwischen das ganze Jahr Erntezeit, und nur allzuoft vergessen wir, auf wessen Kosten wir zu jeder Zeit die schönsten Früchte essen.

Wie relativ allerdings Zeit ist, wurde mir in den letzten Wochen wieder einmal klar. Normalerweise, während des ganzen Arbeitsjahres mit seiner Fülle, rinnen mir Tage und Wochen einfach so zwischen den Fingern durch, und kaum habe ich vorausgeplant, schaue ich schon wieder zurück. Aber da, an diesen ausgesparten Ferientagen an der Küste meiner winzigen griechischen Insel, wurde das Jetzt plötzlich zur Unendlichkeit, verweilte einfach, blieb, ließ sich auskosten im Schauen und Hören, reifte in der Stille, in der Ruhe dieser Augenblicke. Da atmet die Seele dann ganz langsam und in tiefen Zügen aus und ein, der Geist schöpft neue Kraft und Klarheit und schafft sich und dem Körper neuen, freien Raum.

Merkwürdig, daß mir gerade solche Gedanken, solche Rückblicke kommen, wenn ich die Zeilen aus dem Brief des Apostels Paulus an Philemon in mir nachklingen lasse:

Paulus, inzwischen ein alter Mann, ist wieder einmal im Kerker gelandet. Dort gesellt sich ihm ein dem Philemon entlaufener Sklave zu, Onesimus, der ihm in dieser schweren Zeit sehr nahekommt und ihm wie ein Sohn wird. Nach einer Weile schickt Paulus den Sklaven Onesimus, den er inzwischen getauft hat, seinem Herrn zurück. Wörtlich schreibt Paulus an Philemon: „Vielleicht wurde er nur eine Weile von dir getrennt, damit du ihn für immer zurückerhältst, aber nicht mehr als Sklave, sondern als weit mehr, als geliebten Bruder. Das ist er jedenfalls für mich, um wieviel mehr dann für dich, als Mensch und auch vor dem

Herrn. Wenn du dich mir verbunden fühlst, dann nimm ihn so auf wie mich selbst."

Manchmal ist es doch so, daß man in den Wirren der Zeit, unter dem Druck der Arbeit und des Lebens, sich selbst zum Sklaven wird und sich von den sogenannten Sachzwängen vorantreiben läßt. Erst wenn man in der Stille wieder in die liebenden Arme Gottes zurückgefunden und seine Nähe gespürt hat, wie die eines geliebten Menschen, eines Bruders, einer Schwester, kann man befreit und gestärkt seinen Platz im Alltag wieder einnehmen, ohne gleich wieder der Entfremdung auf den Leim zu gehen. So habe ich mir wieder einmal vorgenommen, mir täglich diesen Raum der Stille zu verschaffen, der mich nicht gleich wieder zurückfallen läßt in den meist selbstverschuldeten Druck. Ich werde sehen, wie es geht …

KEINER VON EUCH KANN MEIN JÜNGER SEIN, WENN ER NICHT AUF SEINEN GANZEN BESITZ VERZICHTET.

Die Lesung aus dem Evangelium unserer heutigen katholischen Messe zeigt uns, daß Jesus auf dem Weg nach Jerusalem wenig Ruhe hatte. Auch ihn drängt sein Leben, seine Sendung voran, und aus eigenem Erleben und Erfahren weiß er, was es in dieser Unbedingtheit seines Auftrages braucht, und das verlangt er auch von denen, die ihm nachfolgen: Verzicht auf Besitz, auf Familie, Freunde, Ehre, ja auch auf die Anforderungen des Ich, die Ansprüche des Ego. Wie immer in dieser letzten Phase seines irdischen Wandelns greift er auch hier zu drastischen, zuweilen für uns schwer verständlichen Bildern.

Lk 14,25–33

Und große Scharen gingen zusammen mit ihm. Und er wandte sich um und sprach zu ihnen: Wenn einer zu mir kommt und nicht haßt seinen Vater und die Mutter und die Frau und die Kinder und die Brüder und die Schwestern, und noch dazu sein eigen Leben, kann er nicht mein Jünger sein. Wer nicht sein Kreuz trägt und hinter mir hergeht, kann nicht mein Jünger sein.
Denn: Wer von euch, der einen Turm bauen will, setzt sich nicht zuerst hin und errechnet die Kosten, ob es ihm zur Ausführung reicht – damit nicht etwa, wenn er den Grundstein gelegt und nicht stark genug ist, zu vollenden, alle die hinschauen, anfangen

ihn zu verhöhnen und zu sagen: Dieser Mensch hat zu bauen an-
gefangen und ist nicht stark genug, zu vollenden.

Oder: Welcher König, der gegen einen anderen König in den Krieg
zieht, setzt sich nicht zuerst hin und geht mit sich zu Rate, ob er
mächtig genug ist, mit Zehntausend dem entgegenzutreten, der mit
Zwanzigtausend gegen ihn kommt. Ist er es aber nicht, so schickt
er – wenn er noch weit weg ist – eine Gesandtschaft und fragt
nach den Friedensbedingungen.
So kann also keiner von euch mein Jünger sein, der sich nicht los-
sagt von all seinem Hab und Gut.
Gut ist also das Salz. Wenn aber das Salz seinen Witz verliert, wo-
mit sollte gewürzt werden? Weder für die Erde noch für den Mist-
haufen ist es tauglich – man wirft es hinaus. Wer Ohren hat, die
hörend sind, höre!

(Übertragung: Fridolin Stier)

Diesen ebenso schwierigen wie bilderreichen Text kommentiert nun Karl
Rottenschlager. Er wurde 1946 in die schweren Nachkriegsjahre hinein-
geboren. Später, nachdem verschiedene Berufsträume ausgeträumt und
eine schwere Krankheit überstanden war, die ihm einen neuen Blick geschenkt hatte, studierte er in St. Pölten Theologie und absolvierte in Wien
die Akademie für Sozialarbeit. Sein Studium verdiente er sich als Kran-
kenpfleger, Arbeiter und Heimerzieher. 1973 bezog er für fast zehn Jahre
die Strafanstalt Stein, um dort für die Häftlinge dazusein. 1982 gründete
er gegen große Widerstände in St. Pölten die Emmausgemeinschaft, in
der bis heute Strafentlassene, Drogen- und Alkoholabhängige betreut
und auf eine Rückkehr in die Gesellschaft vorbereitet werden, indem
versucht wird, den Teufelskreis der Gewalt und der Abhängigkeit liebend zu durchbrechen.

KOMMENTAR

W ährend eines Besuches im ehemaligen Konzentrationslager Auschwitz meinte ein Jesuitenpater: „Diese Dinge passieren dann, wenn
sich der Mensch an die Stelle Gottes setzt." Eine Analyse, die nichts an
ihrer Aktualität eingebüßt hat.

In der Emmausgemeinschaft St. Pölten durften wir bisher zahlreiche
Flüchtlinge aufnehmen. Ob Afghanen, Kurden oder Bosnier – fast alle

berichteten, daß jene, die sie peinigten oder verfolgten, von der Überlegenheit ihrer Volksgruppe überzeugt waren. Sie maßten sich göttliche Rechte an, so daß aus Verachtung und Rassenwahn ein Besitzanspruch wurde, der sogar die Vertreibung oder Tötung von Menschen rechtfertigte. Völlig konträr das Programm Jesu: Seine Liebe schließt niemanden aus – auch nicht die verhaßten Römer. Die Liebe Jesu schafft Raum für jeden und jede. Seine Botschaft sprengt alles bisher Dagewesene: Wen immer du tötest, du tötest deine Schwester oder deinen Bruder. Im heutigen Evangelium zeigt Christus sehr deutlich, daß es nicht genügt, nationalistische Dünkel über Bord zu werfen. Der Traum von einer versöhnten Menschheitsfamilie wird erst dann Wirklichkeit, wenn wir bereit sind, auch Familie, Beruf und Eigeninteressen hintanzusetzen und dem Gott der Liebe den ersten Platz in unseren Leben einräumen.

Christus sagt den vielen Sympathisanten, die ihn begleiten, unmißverständlich: „Gebt acht und hütet euch vor jeder Art von Habgier. Wer nicht auf all seine Besitzansprüche verzichtet, kann nicht mein Jünger sein."

Die zunächst schockierende Botschaft ist jedoch letztlich eine Anweisung zum Glücklichsein, weil sie das Übel – unsere Gier und falschen Abhängigkeiten – an der Wurzel packen will.

Jene Frauen und Männer, die im Lauf der Jahrhunderte diese radikale Forderung Jesu in ihr Leben übersetzt haben, durften alle dieselbe befreiende Erfahrung machen: In dem Maß, in dem es mir gelingt – um der Liebe Christi willen – materielle Güter, Menschen, ja mich selbst loszulassen, in dem Maß werde ich frei. Frei in Christus.

Auch ich persönlich kenne dieses schmerzliche Loslassen von privaten und beruflichen Plänen:

Vor zwanzig Jahren – ich war damals Sozialarbeiter in der Strafanstalt Stein – habe ich mich in der Osterwoche in die ökumenische Gemeinschaft Taizé zurückgezogen. Ob in der Schweigezone oder beim gemeinsamen Beten und Singen mit den Tausenden Jugendlichen – immer wieder verfolgte mich der eine Satz Jesu: „Suchet zuerst das Reich Gottes. Alles andere wird euch dazugegeben werden!"

Nach einem dramatischen inneren Ringen traf ich in der Osternacht 1975 eine unwiderrufliche Entscheidung: Alles für Christus riskieren. Bereit sein für ihn und für alle Menschen, die Gott mir anvertraut, das Leben zu geben. Doch dies nicht im sektenhaften Alleingang, sondern in Einheit mit der Ortskirche und in Solidarität mit der Weltkirche.

Ähnlich wie Franz von Assisi durfte auch ich die faszinierende Entdeckung machen: Ich bin Gottes Eigentum. Nichts kann mich scheiden von der Liebe Christi. Mein Glück ist nicht mehr abhängig von Geld, Karriere, Gesundheit – auch nicht vom Urteil der Menschen … Franziskus wurde einmal gefragt, warum denn er und seine Brüder keine Waffen tragen. Seine Antwort: „Wir besitzen nichts. Darum brauchen wir auch nichts zu verteidigen."

Erst im Verzicht auf meine „Besitzansprüche", im Loslassen von eigenen Plänen, konnte Gott auch in meinem Leben seinen Plan der Liebe verwirklichen – meinen Ängsten und Widerständen zum Trotz. Emmaus St. Pölten wurde im Lauf der Jahre zu einem Ort der Hoffnung, insbesondere für ehemalige Heimkinder, alkoholabhängige Patienten, Obdachlose und Haftentlassene sowie für Flüchtlinge.

In unserem Team sind heute auch zwei muslimische Mitarbeiter beschäftigt: Vetko aus Bosnien, der mit einer serbisch-orthodoxen Frau verheiratet ist, und Akthar aus Pakistan. Im Erfahrungsaustausch sind wir zur Überzeugung gelangt, daß der Weltfriede nur durch den Religionsfrieden, durch die Aussöhnung und Zusammenarbeit unter den Religionen, möglich wird.

Wer falsche Besitzansprüche aufgibt, wird auch frei von Prestigedenken: Bei einem Treffen von katholischen Erneuerungsbewegungen sagte mir Jacques beim Tellerabwaschen: „Egal, ob du in der Küche oder in einem Regierungspalais arbeitest – alles dient dem Aufbau des Ganzen." Erst am Ende der Woche erfuhr ich, daß Jacques als Diplomat bei der OSZE in Wien tätig ist …

Ähnlich wie Jacques schließen sich heute viele Christen mit Gleichgesinnten zu sogenannten Milieuzellen zusammen, um am Aufbau einer neuen Gesellschaft mitzuarbeiten.

Nach dem Niedergang des Kommunismus und in einer Phase, in der viele erkennen, daß auch der schrankenlose Kapitalismus kein Modell für eine Welt mit begrenzten Ressourcen ist, haben zum Beispiel Mitglieder der Fokolare-Bewegung begonnen, ein Wirtschaftsmodell auszuarbeiten, das sich an der christlichen Soziallehre orientiert. Heute gibt es weltweit bereits mehr als vierhundert Betriebe, die nach folgenden Prinzipien arbeiten:

– ein Drittel des Gewinnes wird in den Betrieb investiert,
– ein Drittel wird für Schulungsmaßnahmen verwendet, um den neuen Menschen heranzubilden,
– ein Drittel wird für Notleidende und für Neugründungen ähnlicher Unternehmen verwendet.

Ob verheiratet oder ehelos – wer im Geist der Seligpreisungen lebt, wird überreich beschenkt: er oder sie wird frei von allen falschen Abhängigkeiten. Wer jedoch nur mehr von Gott abhängig ist, wird sehr rasch zu einem Gefangenen seiner Liebe, wird selbst zu einem lebendigen Baustein für eine geeinte Welt.

Karl Rottenschlager

Auf dem Umschlag seines Buches „*Gewalt endet, wo Liebe beginnt*" findet sich ein für Karl Rottenschlager typisches Zitat des lateinamerikanischen Friedensnobelpreisträgers Adolfo Perez Esquivel: „Um die neue Gesellschaft zu schaffen, müssen wir die Hand in Freundschaft ausstrecken, ohne Bitterkeit und Haß und auch in dem Bewußtsein, daß wir in unserem Bemühen um die Verteidigung der Wahrheit und Gerechtigkeit niemals nachlassen dürfen. Wir wissen, daß wir mit geballten Fäusten nichts aussäen können. Für die Saat müssen wir die Hände öffnen."

VIERUNDZWANZIGSTER SONNTAG IM JAHRESKREIS

Am vierundzwanzigsten Sonntag im Jahreskreis halten wir heute und sehen uns im Zentrum der katholischen Liturgie mit Gott konfrontiert, mit dem Bild, das Menschen verschiedener Epochen sich von ihrem Gott gemacht haben. Aus ihrer Weltsicht haben sich Menschen früherer Zeiten einen strafenden, zürnenden, eifersüchtigen Gott geschaffen, der in glühendem Zorn bereit ist, alles ihm Zuwiderlaufende zu vernichten, die Menschen klein und untertänig zu machen, um in seiner Allmacht größer zu wirken. Einen solchen Gott schufen sich die Mächtigen, um in seinem Namen Macht ausüben zu können. Aber schon in den Schriften des Alten Testaments wird dieses Gottesbild korrigiert, und es erscheint ein Gott, der zwar nicht dulden will, daß sein Volk in die Irre geht und sich Götzen wie dem Goldenen Kalb zuwendet, der sich aber seinen Zorn, seine erbarmungslose Strafandrohung gereuen läßt, der seine Absolutheit, seine Allmacht aufgeben, sie in erbarmende Liebe verwandeln kann, der barmherzig ist und verzeiht. Der letzte Satz der Ersten Lesung aus dem Buch Exodus lautet: „Da ließ sich der Herr das Böse reuen, das er einem Volk angedroht hatte." Und auf dieser veränderten Sichtweise Gottes baut Jesus sein Bild des Vaters, seines Abba auf, wie es Lukas im heutigen Evangelium in Gleichnisse faßt, wenn er die Freude über wiedergefundenes Verlorenes beschreibt: Die Freude über das wiedergefundene verlorene Schaf, über die Drachme, nach der eine Frau fieberhaft gesucht hat, und schließlich über den verlorengeglaubten Sohn, der in die Arme des Vaters zurückkehrt und dort Vergebung und grenzenlose Liebe findet, statt Schelte, statt Vorwürfe. Diese in so unterschiedliche Bilder gekleidete Frohbotschaft kommentiert im Anschluß an das Evangelium Propst Maximilian Fürnsinn, der Abt des Stiftes Herzogenburg in Niederösterreich.

Lk 15, 1–12

Es nahten sich ihm aber all die Zöllner und die Sünder, um ihn zu hören. Und es nörgelten die Pharisäer und die Schriftgelehrten und sagten: Der da – er nimmt Sünder an und speist mit ihnen.
Er aber sprach zu ihnen dieses Gleichnis, sagte: Welcher Mensch unter euch, der hundert Schafe hat und dem eins davon verlorengeht, läßt nicht die neunundneunzig in der Ödnis zurück und geht dem verlorenen nach, bis er es findet. Und: Wenn er es gefunden, legt er es voll Freude über die Schulter. Und: Wenn er nach Hause kommt, ruft er die Freunde und die Nachbarn zusammen und sagt zu ihnen: Freut euch mit mir, denn gefunden habe ich mein Schaf – das verlorene. Ich sage euch: So wird mehr Freude im Himmel sein über einen einzigen Sünder, der umkehrt, als über neunundneunzig Gerechte, die die Umkehr nicht brauchen.
Oder: Welche Frau hat zehn Drachmen und zündet nicht, wenn sie eine Drachme verliert, ein Licht an, fegt das Haus und sucht sorgsam, bis sie findet. Und: Wenn sie gefunden, ruft sie die Freundinnen und Nachbarinnen zusammen und sagt: Freut euch mit mir, gefunden habe ich die Drachme – die verlorene. So, sage ich euch, entsteht Freude vor den Engeln Gottes über einen einzigen Sünder, der umkehrt.
Er aber sprach: Ein Mann hatte zwei Söhne. Und zum Vater sprach der jüngere von ihnen: Vater! Gib mir den mir zukommenden Teil des Vermögens. Und er machte ihnen auseinander, was er zum Leben hatte.

(Übertragung: Fridolin Stier)

KOMMENTAR

1. Das ist Frohbotschaft! Solche Worte lösen in mir Herzklopfen aus – wenn ich wirklich einmal hinhöre und nicht bloß berufsmäßig mit dieser Botschaft hantiere. Ich spüre dann ganz fest: Das ist es! Wenn du das an-

nimmst, bist du gerettet. Ich spüre eine grenzenlose Weite und tiefe Geborgenheit. – Ja, so ist Gott!

Natürlich treten dabei sofort „Versuchungen" auf: Obwohl ich mich für relativ normal halte, beginne ich mich selbst abzuwerten. Etwa in dem Sinne: Eine Liebe, die grenzenlos und bedingungslos ist, die bist du nicht wert!

Oder ich frage sofort: Wie verdiene ich das? Was habe ich dafür zu leisten?

Es fällt mir auch nicht leicht, eine solche Botschaft für mich persönlich zu verstehen. Nämlich: Dich trägt ER heim! Dich sucht ER! Dich umarmt dieser barmherzige Vater! – Ich lasse das nicht gerne heran. Ich lasse mich auch nur schwer in diese göttliche Barmherzigkeit fallen. Für mich ist das wie ein Seiltanz ohne Netz.

Ich stehe lieber auf eigenen Füßen. In meiner eigenen Gerechtigkeit und Selbstgerechtigkeit, in meinem subtilen, persönlichen Belohnungs- und Bestrafungssystem möchte ich nicht gestört werden.

Die Selbstverständlichkeit göttlicher Liebe verunsichert mich. Ich merke: Ich tue mir schwer, verschwenderische Liebe ohne irgendeine Gegenleistung anzunehmen. Und das halte ich für das eigentliche Problem unserer (nein: meiner) Unerlöstheit.

Ich weiß, liebe Schwestern und Brüder, das ist jetzt fast ein Outing geworden. Sie können diese persönlichen Worte so verstehen.

2. Aber jetzt möchte ich vier Bitten anschließen, die ich an jeden Christen und jede Christin – ja sogar an die ganze Kirche in unserem Land – richten möchte:

– Erste Bitte: Löst mit dieser Frohbotschaft von Gott, der uns sucht, heimträgt und versöhnend umarmt, bei den Menschen wieder ein Herzklopfen aus!

Stellt die Botschaft von der barmherzigen Liebe Gottes wieder in das Zentrum. Sie muß beispielsweise in unseren Predigten, Katechesen und Gesprächen zu hören sein, sie muß unsere Kirchenträume bunt einfärben, sie soll den Umgangsstil der Christen prägen, sie erst macht aus Gschaftlhuberei christliches Engagement. Laßt sie die Menschen spüren! Dieser Goldgrund des Evangeliums muß in der Kirche durchleuchten!

Es laufen heute der Kirche viele Menschen davon, weil sie enttäuscht sind und sich um die Botschaft von der barmherzigen Liebe geprellt fühlen. Wir Christen verstärken dadurch selber die Gotteskrise unserer Gesellschaft.

Also: Stellen wir die Frohbotschaft von der barmherzigen Liebe wieder ins Zentrum und beschäftigen wir uns etwas weniger mit uns selbst und weniger mit irgendwelchen kirchlichen Randfragen, die zwar wichtig sind – aber nicht alles.

– Zweite Bitte: Die Kirche muß eindeutig eine Schlagseite zur Barmherzigkeit haben!

Denn Gottes Liebe, so sagt es Jesus im heutigen Evangelium, ist eindeutig, bedingungslos und radikal einseitig barmherzig.

Der heute so spürbare Widerspruch geht einfach nicht auf: Hier die absolute und bedingungslose Liebe Gottes, und hier eine Kirche, die ununterbrochen auf Bedingungen pocht.

Natürlich will auch ich nicht, daß Jesu Forderungen verwässert werden oder daß es ein Christentum zu billigeren Preisen gibt und die Anpassung an den Zeitgeist munter weitergeht.

Aber mit Bedingungen und Sanktionen gewinnt man keinen Menschen. Ich habe dagegen oft erfahren: Nur wirkliche Liebe wirft dich um; nur sie macht sprachlos und staunen; nur sie belebt und dreht dich um.

Nur wenn Menschen an diese barmherzige Liebe rühren, werden sie „elektrisiert". Nur dann springt der Funke über.

Dazu paßt ein Wort von Saint-Exupéry treffend: „Wenn du ein Schiff bauen willst, so trommle nicht Männer zusammen, um Holz zu beschaffen, Werkzeuge vorzubereiten, Aufgaben zu vergeben und die Arbeit einzuteilen – sondern lehre die Männer die Sehnsucht nach dem endlosen Meer!"

Deshalb braucht Kirche eine Schlagseite zur Barmherzigkeit hin!

– Dritte Bitte: Liebe, wie sie das heutige Evangelium zeigt, ist praktisch und konkret. Liebende Orthopraxie ist gefragt.

Der suchende, tragende, vergebungsbereite Gott bittet uns durch Christus: Suche auch du Menschen. Trage Menschen. Laß Menschen heimfinden.

Oder um das als Frage zu formulieren:

Um welchen Menschen ringst du? Wen begleitest du? Wer ist bei dir daheim? Diese evangeliumsgemäßen Fragen bleiben keinem erspart.

Wenn die kleine Herde von bewußten und überzeugten Christinnen und Christen in unserem Land diese göttliche Welle barmherziger Liebe weiterträgt – dann ist die heute oft so geforderte Neuevangelisierung angebrochen. Die wird nämlich nicht durch Papiere, Katechismen und Verlautbarungen ausgelöst. Evangelium ist lebendiges Wort des lebenden und auferstandenen Christus; es läßt sich überzeugend nur über die Frequenz der Liebe vermitteln.

– Vierte und letzte Bitte: Die Unschuldsaura der Kirche in unserem Land ist in letzter Zeit angekratzt. Schwere Vorwürfe und Verfehlungen lasten auf der Kirche. Das tut weh.

Aber im Grunde ist das auch befreiend und entspricht durchaus dem Evangelium, nämlich in dem Sinne, daß jeder Mensch auf Vergebung angewiesen ist – vom einfachen Christen bis zum Bischof.

Befreiend ist das, weil wir keinem moralischen Perfektionismus huldigen müssen und weil wir den modischen Unschuldswahn der Gesellschaft nicht wie ein schlechtes Plagiat als kirchlichen Unschuldswahn nachäffen müssen. Wir dürfen unser Bedürfnis nach Vergebung lautstark eingestehen. Darin liegt Freiheit; das ist christliche Logik. Gott schenkt Erbarmen großzügig; ER kann auf den Münchhausen, der sich selbst am Schopf aus dem Sumpf zieht, verzichten.

Denn die größte Beleidigung Gottes – die Sünde wider den Geist – besteht darin: nicht von Gott gesucht, getragen und heimgebracht werden zu müssen. Die nicht angenommene Liebe ist die eigentliche Unerlöstheit.

Maximilian Fürnsinn

Abt Maximilian hat es meiner Ansicht nach sehr deutlich gemacht, worin unsere eigentliche, tiefste Unerlöstheit besteht: in unserer Unfähigkeit, unser menschliches Denken und Fühlen auf Gott hin zu übersteigen und uns wirklich hineinfallen zu lassen in die Unendlichkeit seines Erbarmens, in die Grenzenlosigkeit göttlicher Liebe, die eben alles uns Vorstellbare sprengt. Gott ist, das dürfen wir wissen, immer größer als unsere Schuld.

FÜNFUNDZWANZIGSTER SONNTAG IM JAHRESKREIS

Der Herbst ist eingeläutet. Die Tage sind kürzer, die Nächte schon kalt geworden. Die Nebel liegen beständiger über den Tälern, und die Winde rütteln stärker an den Baumkronen. Der Sommer ist Erinnerung, eingegangen ins Unverlierbare.

Das Evangelium des heutigen fünfundzwanzigsten Sonntags im Jahreskreis nimmt zeichenhaft diese herbstliche Stimmung auf und mahnt, ruft zur Besinnung, erinnert uns daran, daß es sehr schnell gehen, daß der Tag, an dem es gilt, Rechenschaft abzulegen, sehr nahe sein, ja unmittelbar bevorstehen kann. Diese Mahnung ist gut und wichtig, vor allem in einer Zeit, in der die wenigen Reichen, die Wenigen, die im Wohlstand leben auf Kosten der verarmten Mehrheit der Menschen, so tun, als sei dies selbstverständlich, und sorglos vor sich hinleben, als müßte das so sein, als würde das immer so bleiben. Besonders scharf geißelt der Prophet Amos, der im achten Jahrhundert vor Christus gelebt und gewirkt hat, die sozialen Mißstände in seiner Gesellschaft. Wie es ja oft in den prophetischen Texten des Alten Testaments vorkommt, könnte jeder dieser Sätze ins Heute, in unsere reichen Gesellschaften hineingesprochen sein. Da heißt es:

Wir wollen den Kornspeicher öffnen, das Maß kleiner und den Preis größer machen und die Gewichte fälschen. Wir wollen mit Geld die Hilflosen kaufen, für ein Paar Sandalen die Armen. Sogar den Abfall des Getreides machen wir zu Geld.

Werfen Sätze wie diese nicht ein grelles Licht auf unser neoliberales Wirtschaftssystem, das nur den Starken schützt und den Schwachen immer ärmer und elender macht? Das kann und wird nicht so bleiben, denn letztlich wird die Gerechtigkeit siegen, und dann werden wir, die wir in diesem ausbeuterischen System gut leben, den Preis mit unserem Leben zu bezahlen haben, denn der Prophet Amos schließt:

Beim Stolz Jakobs hat der Herr geschworen: Keine ihrer Taten werde ich jemals vergessen.

ICH WEISS, WAS ICH TUE, DAMIT SIE MICH IN IHRE HÄUSER AUFNEHMEN.

In der Einleitung zum heutigen Evangelium, der für viele sehr schwer zugänglichen Parabel vom ungerechten Verwalter, lese ich im Schott-Meßbuch: „Klug ist, wer an den Tag der Rechenschaft denkt. Der Reichtum, auf den sich Menschen verlassen, auch Mammon genannt, ist unzuverlässig und außerdem ungerecht: Niemand hat ein Recht auf Überfluß, solange es Armut gibt."

Lk 16, 1–13

Er sagte auch zu den Jüngern: Da war ein reicher Mann, der einen Hausverwalter hatte. Und er wurde bei ihm angeschuldigt: er verschleudere sein Hab und Gut. Er rief ihn und sprach zu ihm: Was höre ich von dir! Leg die Abrechnung über deine Hausverwaltung vor. Du kannst nicht länger Hausverwalter sein. Der Hausverwalter aber sprach bei sich: Was soll ich machen, da mein Herr mir die Hausverwaltung entzieht? Graben? Kann ich nicht! Betteln? Schäme ich mich! Ich weiß, was ich mache, damit sie mich, wenn ich von der Hausverwaltung abgesetzt bin, in ihre Häuser aufnehmen. Und er rief die Schuldner seines Herrn je einzeln zu sich und sagte zum ersten: Wieviel schuldest du meinem Herrn? Der sprach: Hundert Faß Öl. Er aber sprach zu ihm: Nimm deinen Schuldschein, setz dich schnell, schreib fünfzig. Hierauf sprach er zu einem andern: Du aber, wieviel schuldest du? Der sprach: Hundert Sack Weizen. Ihm sagt er: Nimm deinen Schuldschein und schreib achtzig.
Und der Herr lobte die Ungerechtheit des Hausverwalters: Verständig hat er gehandelt. Ja, die Söhne dieser Weltzeit verhalten sich verständiger als die Söhne des Lichts gegenüber Leuten ihres Schlags.
Und ich sage euch: Macht euch Freunde mit dem Mammon der Ungerechtheit, damit sie euch, wenn es aus ist, in die Zelte aufnehmen – die unendlichen.
Wer in Geringem treu ist, ist auch treu in Vielem. Und wer sich in Geringem unrecht verhält, verhält sich unrecht auch in Vielem. Wenn ihr nun mit dem Mammon der Ungerechtheit nicht treu gewesen, wer wird euch dann das Wahre anvertrauen? Und wenn

ihr mit dem Fremden nicht treu gewesen, wer wird euch dann das Eure geben?
Kein Haussklave kann zweier Herren Knecht sein. Denn: Entweder *haßt er den einen und liebt den anderen.* Oder: Er *hängt am einen und mißachtet den anderen. Ihr könnt nicht Gottes und des Mammon Knechte sein!*

(Übertragung: Fridolin Stier)

Kommentierte am vergangenen Sonntag Maximilian Fürnsinn, der Abt des Augustinerchorherrenstiftes Herzogenburg, das Evangelium, so sind wir heute und am nächsten Sonntag im Benediktinerstift St. Lambrecht in der Steiermark bei Abt Otto Strohmaier zu Gast. In einem Prospekt des wunderschönen Barockstiftes lese ich: „St. Lambrecht ist in erster Linie der Ort, an dem hier und heute benediktinische Spiritualität im Geist einer offenen Kirche gelebt wird. Dieser Geist ist der Geist der Zukunft, und an dieser Zukunft wollen wir mitwirken." Und Motor dieses Geistes einer offenen Kirche ist ohne Zweifel Abt Otto Strohmaier. Er kommt aus kleinsten, eher ärmlichen Verhältnissen. Zwölf Kinder mußten die Eltern mit dem spärlichen Lohn eines Forstarbeiters aus dem Hall-Tal bei Mariazell großziehen. Da wäre an sich keine Chance für ein Studium gewesen, wenn nicht hilfreiche Hände eingesprungen wären. Was für Otto Strohmaier, seit 1982 ist er Abt von St. Lambrecht, neben seinen administrativen Tätigkeiten wichtig ist, sind nach eigener Aussage: Exerzitien, Einkehrtage, geistliche Begleitung unterschiedlichster Menschen, die immer wieder in den Mauern des Stiftes Zuflucht suchen, und das betont er besonders: Ikonen-Malen. Ikonen-Malerei, so hat man mir einmal gesagt, ist nicht einfach nur Malerei, nicht nur künstlerische Tätigkeit; Ikonen-Malerei ist Gebet. Aus diesem Gebet, aus dieser Stille heraus, findet Abt Strohmaier eine ungeschminkte, einfache Sprache.

KOMMENTAR

W as würdet ihr tun, wenn ihr heute wüßtet, daß ihr nur mehr einen Tag, vielleicht einen Monat zu leben habt. Schüler wurden dies gefragt, und sie gaben zur Antwort: „Ich würde mir einen Rausch ansaufen. Ich würde mich niedersaufen", wie sie heute sagen. „Ich würde ein Fest feiern mit meinen Freunden und das beste Essen würde ich mir gönnen. – Ich würde vielleicht ein Bäumchen pflanzen, wie es Luther sagt."

Auf eine ähnliche Problematik, nämlich die Frage: Was mache ich mit der Frist meines Lebens, die mir noch bleibt, gibt Jesus Antwort mit dem Gleichnis vom ungerechten Verwalter.

Schauen wir uns diese Geschichte noch einmal an. Da ist ein Verwalter eines reichen Mannes. Er geht mit den Gütern seines Herrn sehr großzügig um. Er betrügt ihn nach Strich und Faden. Das kommt dem Herrn zu Ohren, und er ruft ihn: „Was höre ich da von dir? Gib Rechenschaft über deine Verwaltung!"

Die Stunde ist gekommen, Rechenschaft abzulegen. Es kann nicht länger verborgen bleiben, was er falsch gemacht hat, er kann nichts mehr vertuschen, es liegt hell am Tag. Und es wird ihm auch gleich gesagt: „Du kannst nicht länger mein Verwalter sein." Die Betrügereien sind so gravierend, daß er sogar abgesetzt wird, aber nicht sofort – eine kleine Frist wird ihm noch eingeräumt.

„Was soll ich tun?" sagt er sich, aber weil er sehr gerissen, raffiniert ist, läßt er sich nicht so leicht entmutigen. Er weiß die Zeit, die ihm noch bleibt, zu nützen. Er ist auf seine Art klug, er weiß aus allem etwas zu machen. Er gibt nicht auf. Zu betteln schämt er sich, und schwer arbeiten kann er nicht.

„Ich weiß, was ich tue", sagt er und betrügt wieder, geht weiter verschwenderisch mit dem Gut seines Herrn um, verschenkt, was ihm nicht gehört; 100 Bat Öl, das sind etwa 36 Hektoliter, 100 Kor Weizen, das sind etwa 550 Zentner, verschenkt er großmütig an die, die dem Herrn etwas schulden, die sich etwas ausgeborgt haben oder die die Pacht nicht zahlen konnten. Er schenkt, als wäre er der Besitzer. Er macht sich Freunde und denkt sich dabei: Denen ich jetzt Wohltaten spende, die werden mich später in ihre Häuser aufnehmen, die werden mich nicht fallen lassen.

Da lobte der Herr den ungerechten Verwalter, weil er klug gehandelt hat. Wir stoßen uns möglicherweise an diesem Satz. Wie kann der Herr, und damit ist ja Jesus gemeint, das ungerechte Handeln auch noch loben. Wir müssen das recht verstehen. Er lobt nicht die Ungerechtigkeit, er lobt nur, daß dieser Mann es verstand, seine Zeit zu nützen, vorzubauen für die Zukunft, nicht einfach untätig blieb und sich dem Unheil überließ, sondern aktiv wurde, mit Phantasie und Tatkraft klug dem vorbeugte, was da auf ihn zukommen würde.

Was die Geschichte uns sagen will: Gib Rechenschaft von deiner Verwaltung.

Das Leben des Menschen ist nicht der Beliebigkeit anheimgegeben.

Der heutige Mensch tut ja oft so, als ob er niemandem Verantwortung schulde in seinem privaten und öffentlichen Leben, als ob er nur sich selbst verantwortlich sei. Er kann tun, was er will, erlaubt ist alles.

Und da wird uns gesagt: Irgendwann schlägt die Stunde der Rechenschaft. Es gibt den, dem du verantwortlich bist, vor dem alles offenliegen wird, was du jetzt denkst, redest und tust. Alle Ungerechtigkeit, alle bösen Gedanken, alle Hartherzigkeit, aller Betrug, alles Sonstige, was nicht stimmt, es kommt an den Tag.

Was soll ich tun? Ich habe nur noch wenig Zeit!

Das heißt für uns Menschen, auch wir haben im Grunde genommen nur noch wenig Zeit. Die Frist meines Lebens ist auf alle Fälle begrenzt. Irgendwann hat sie ein Ende, und mögen es auch noch Jahrzehnte sein, sie wird schnell vorbei sein. Was soll ich tun? Wie nütze ich die mir noch gegebene Zeit am besten? Was mache ich aus meinen Jahren, meinen Monaten, meinen Tagen, meinen Stunden? Wie mache ich mir Freunde, die mir dann nützen, wenn meine Stunde schlägt, und die mich dann aufnehmen, wenn der Abschied für mich gekommen ist? – Und mit diesen Freunden ist wohl Gott selbst gemeint. Nicht in Panik will uns Jesus versetzen. Er will nur, daß wir das Leben ernst nehmen, daß wir die Einmaligkeit unseres Daseins erkennen und uns bewußt sind: Wir können dieses Leben nicht noch einmal probieren. Und was dann geschieht, wenn es aus ist, hängt davon ab, was ich heute tue und wie ich heute handle.

Der ungerechte Verwalter weiß sich zu helfen: Er verschenkt großzügig, was nicht ihm gehört. Wir sind dann klug, wir nützen die Zeit dann richtig und am besten, wenn wir großmütig sind mit dem, was uns auf dieser Welt zwar nicht gehört, aber gegeben, anvertraut ist. Wenn wir die Dinge, die wir besitzen, wenn wir das Geld und die Häuser und alles, was wir haben, nicht nur für uns haben wollen, wenn wir die Not der anderen sehen, wenn wir zur Kenntnis nehmen, wie viele Menschen in Not sind – oft ganz nahe –, wenn wir die Armen nicht übersehen, jene, die vielleicht neben uns wohnen.

Klug ist jener, der zu teilen weiß. Jener ist klug und nutzt die Zeit am besten, der liebend die Armen zu sich ladet und seine Türe weit aufmacht, Anteil nimmt am Leiden, an der Not des Nachbarn und des Ausländers, des Obdachlosen und sich dem Kranken und Depressiven nicht verschließt.

Jesus seufzt und sagt: Die Klugheit der Kinder dieser Welt ist viel größer als die Klugheit der Kinder des Lichtes.

Er weiß sehr gut, wenn es ums Geld geht, da sind die Menschen sehr raffiniert, da kennen sie sich sofort aus. Tag und Nacht denken sie daran, ihre Geschäfte zu vergrößern. Alle Kräfte des Denkens, des Willens und des Geistes setzen sie ein, wenn es darum geht, politischen Einfluß zu vergrößern. Wo aber bleibt die Klugheit, wenn es darum geht, das pfarrliche Leben interessanter, spannender, lebendiger zu gestalten, wenn es darum geht, sich im Glauben zu bilden und die Chancen wahrzunehmen, in die Heilige Schrift einzudringen und Gott besser zu erkennen, oder wenn es darum geht, den Armen neben mir zu erkennen und zu wissen: Wo sind die Armen in meiner Pfarre, wer sind die Armen, die mich jetzt brauchen. Wer braucht mich jetzt?

Oder wenn es darum geht, sich hineinzudenken in die Situation der Ausländer, statt vorschnell zu urteilen, zu verurteilen, nur weil ich sie nicht verstehe.

Klug im Sinn des Lichtes sollen wir sein. Das heißt aber auch, daß wir um die Vergänglichkeit wissen, um die Begrenztheit des Lebens. – Nicht in Panik, nicht in Ängstlichkeit, sondern in innerer Freiheit, aber auch im Wissen um den Ernst der Stunde. Das Gute, das ich heute tun kann, sollte ich nicht verschieben, sondern tun, jetzt.

Otto Strohmaier

Noch ein Wort von Heinrich Spaemann aus dem Schott-Meßbuch mit auf den Weg durch den Tag und die kommende Woche: „Das Gute nicht tun, heißt dem Bösen Raum geben, in sich selbst und in der Welt. In den Leerraum, der entsteht, wenn wir ein Werk nicht tun, das die Brüderlichkeit erfordert und das Gott getan haben will, stürzen sich alsbald die Mächte des Bösen. Denn es gibt keine neutrale Zone, es gibt nur Licht und Finsternis."

Also, worauf warten wir dann noch: Stehen wir auf und tun wir das Gute, das getan werden will, jetzt.

SECHSUNDZWANZIGSTER SONNTAG IM JAHRESKREIS

Die Mahnung des vergangenen Sonntags, bewußt zu leben, die eigene Sterblichkeit anzunehmen, bereit zu sein für die Stunde der Rechenschaft, diese Mahnung bleibt auch heute, am sechsundzwanzigsten Sonntag im Jahreskreis, aufrecht. Und wieder ist es der Prophet Amos, der uns aus dem achten vorchristlichen Jahrhundert her zuruft: „Weh den Sorglosen, den Selbstsicheren!" Auch er lebte, so wie wir, in einer Zeit des wirtschaftlichen Wohlstandes, des Reichtums der Wenigen, die die Verantwortung für die Armen vergessen haben. Amos weiß, wohin dies führt und versucht die Reichen aufzurütteln:

Ihr liegt auf Betten aus Elfenbein und faulenzt auf euren Polstern. Zum Essen holt ihr euch Lämmer aus der Herde und Mastkälber aus dem Stall. Ihr grölt zum Klang der Harfe, ihr wollt Lieder erfinden wie David. Ihr trinkt den Wein aus großen Humpen, ihr salbt euch mit feinstem Öl und sorgt euch nicht über den Untergang Josefs.

Da sehe ich durchaus auch heutige Bilder – das Oktoberfest in München und ähnliche Veranstaltungen in unserem Land, das Gegröle in den Heurigengärten, die gefüllten Teller in unseren vornehmen und auch weniger vornehmen Restaurants und Gaststätten, die sich biegenden Tafeln und Buffets der 1001 Empfänge oder die nach teuersten Salben und Ölen duftenden hingegossenen Damen in den Kosmetiksalons. Ja, da würde mir noch vieles einfallen, was Ausdruck unseres überbordenden Konsumverhaltens ist und sicher so nicht bleiben kann und wird, solange Milliarden Menschen hungern und darben.

Achthundert Jahre später ist es der Apostel Paulus, der ganz andere, aber auch mahnende Worte an seinen Schüler Timotheus schreibt:

Du aber, ein Mann Gottes, strebe unermüdlich nach Gerechtigkeit, Frömmigkeit, Glauben, Liebe, Standhaftigkeit und Sanftmut. Kämpfe den guten Kampf des Glaubens, ergreife das ewige Leben, zu dem du berufen worden bist und für das du vor vielen Zeugen das gute Bekenntnis abgelegt hast.

Und im Evangelium heißt es:

EIN ARMER BETTLER LAG VOR DER TÜR DES REICHEN.

Vor dem Evangelium ruft die Kirche heute:

Jesus Christus, der reich war, wurde aus Liebe arm. Und durch seine Armut hat er uns reich gemacht. Halleluja.

Lk 16,19–31

Es war ein reicher Mensch. Und der kleidete sich in Purpur und feines Linnen und war sehr fröhlich Tag um Tag. Ein Armer aber namens Lazarus lag an seiner Tür darnieder, voller Geschwüre, und gierend danach, sich mit den Abfällen vom Tisch des Reichen satt zu machen. Und sogar die Hunde kamen und leckten seine Geschwüre. Es geschah aber: Der Arme starb und wurde von den Engeln hinweggetragen – in den Schoß Abrahams. Aber auch der Reiche starb und wurde begraben. Und in der Totenwelt, in Qualen nun, hebt er seine Augen auf, sieht Abraham von fern und Lazarus in seinem Schoß. Und er rief, sprach: Vater Abraham! Erbarm dich meiner und schicke Lazarus, damit er seine Fingerspitze in Wasser tunke und mir die Zunge kühle; denn ich leide Pein in dieser Glut. Doch Abraham sprach: Kind, erinnere dich – du hast dein Gutes zu deinen Lebzeiten bekommen, wie Lazarus gleichermaßen das Übel. Jetzt aber wird er hier ermutigt, du aber leidest Pein. Und bei all dem steht zwischen uns und euch eine feste Kluft – so gewaltig, daß jene, die von da zu euch hinüberwollen, es nicht können; und sie auch von dort zu uns nicht herüberkommen. Er aber sprach: Also bitte ich dich, Vater, schick ihn ins Haus meines Vaters. Ich habe nämlich fünf Brüder: Die soll er beschwören, damit nicht auch sie an diesen Ort der Qual kommen. Doch Abraham sagt: Sie haben Mose und die Propheten – auf die sollen sie hören. Er aber sprach: Nein, Vater Abraham! Wenn aber einer von den Toten zu ihnen käme, so kehrten sie um. Und er sprach zu ihm: Wenn sie auf Mose und die Propheten nicht hören, so lassen sie sich auch nicht überzeugen, wenn einer von den Toten aufsteht.

(Übertragung: Fridolin Stier)

Mich berührt gerade diese Evangelienperikope des sozial stärker als die anderen Evangelisten engagierten Lukas immer wieder. Wahrscheinlich kommt dies daher, weil ich diesen armen Lazarus in so vielen Gesichtern gesehen habe, in den Slums von Kairo und Kalkutta, den Townships Südafrikas, den Favelas von Rio und São Paulo, in den ausgedörrten Landstrichen der Sahelzone oder wo immer sonst. Und wenn ich mir denke, daß ich in wenigen Stunden ein Flugzeug nach Indien besteigen und die nächsten vier Wochen kaum Gelegenheit haben werde, das Tadsch Mahal und die anderen Sehenswürdigkeiten des indischen Subkontinents zu sehen, dafür aber in die fieberglänzenden Augen vieler Frauen, Männer und Kinder blicken werde, dann sehe ich in ihnen die Lazarusse unserer heutigen Welt, und ich werde Angst haben um uns, die wir immer noch nicht bereit sind, ernsthaft ans Teilen zu gehen, an einem Wirtschaftssystem zu bauen, das die anderen nicht ausbeutet, sondern die Güter der Erde gerecht verteilt.

Auch Abt Strohmaier, der diese Geschichte vom reichen Mann und dem armen Lazarus für uns auslegt, kommt zu dem Schluß, daß endlich etwas geschehen muß, wenn er sagt: „Es genügt nicht, nichts Böses zu tun. Gefordert ist, aktiv zu werden und Gutes zu tun, mit Tatkraft sich einzusetzen und den Armen vor der Tür nicht zu übersehen."

KOMMENTAR

Ein Begräbnis fand statt. Ein wohlhabender Mann war gestorben. Man sagte, er war ein lieber Kerl. Er wußte zu leben, Feste konnte er feiern. Fast jeden Tag gab es Gesellschaft bei ihm. Und man mochte ihn, er hatte immer Freunde um sich, er war sehr umgänglich. Böses konnte man ihm eigentlich nicht nachsagen.

Nur für arme Leute hatte er nichts übrig. Wenn gesammelt wurde für die Not in der Dritten Welt oder Obdachlose, Heimatvertriebene und Opfer des Krieges, dann war seine Spende meistens lächerlich klein.

Er wollte sich mit der Not der Menschen nicht abgeben.

Ähnlich der Mann im Evangelium: Ein reicher Mann; Tag für Tag wird gefeiert, gegessen, getrunken, getanzt, voll gelebt. Ein Mann, der das Leben auskostet, der es verstand, aus seinem Leben ein Fest zu machen.

Er war nicht knausrig, wenn es darum ging, Freunde um sich zu haben.

Nur eines verstand man nicht recht: Da lag ein Bettler vor der Tür, für den hatte er überhaupt nichts übrig. Er nahm ihn nicht einmal wahr. Er übersah ihn ganz einfach. Er paßte nicht in sein Weltbild. Das dürfte nicht sein, er störte ihn. Nichts hatte er übrig für ihn, obwohl genug Speisen im Abfalleimer gelandet waren.

Lazarus vor der Tür:

An diesem armseligen Kranken, den die Hunde leckten, wurde der reiche Mann aufgedeckt. Hier zeigte sich, wer er wirklich war. Hier erwies sich seine Leutseligkeit als fadenscheinig und scheinheilig, seine Lebensfreude als frivoler Egoismus. Seine scheinbare Gutmütigkeit als kühle Herzenshärte.

Doch sein Leben hatte ein Ende wie auch das des Lazarus.

Und so heißt es in der Geschichte: Das Leben des Lazarus und seine Seele wurden in den Schoß Abrahams getragen. Welch ein wunderbares Bild: Heimkehr – Geborgenheit beim Vater. Rückkehr in eine letzte Heimat – und es ging ihm sehr, sehr gut.

Und auch der Reiche starb, und all das Feiern hatte ein Ende, und vorbei war es mit aller Lust und Gier des Lebens. Und er wurde gepeinigt in der Unterwelt, und er sieht in der Ferne Lazarus, und seine Schmerzen sind unendlich groß, aber es kann ihm nicht geholfen werden.

Und Abraham redet ihn an wie ein Kind: Kind, denk daran, daß du im Leben schon all deine Güter bekommen hast, Lazarus aber nur Schlechtes. Jetzt wird er getröstet, du aber mußt leiden.

Das hört sich so an, als würde der Reiche durch den Tod automatisch in den Abgrund stürzen und ins Verderben kommen, und der Arme automatisch in den Himmel.

Aber auch das will nicht gesagt werden. Nur soviel: Wer so reich ist, mit seinem Reichtum so lebt wie dieser Reiche, der geht am Sinn des Lebens vorbei. Sein Leben ist verloren. Und es will auch gesagt werden, es gibt die große Wende, es bleibt nicht immer so, wie es jetzt ist, und es gibt eine letzte Gerechtigkeit.

Und es will vor allem gesagt werden: Mensch, nütze die Zeit!

Nütze das Jetzt und übersieh Lazarus nicht!

Ergreifend, wie sich dieser Reiche jetzt um seine Brüder kümmert, damit auch sie sich bekehren.

Lazarus möge auferstehen. Er möge sie warnen, damit sie sich bekehren. Und da sagt Abraham: Nein, sie werden sich nicht bekehren, auch nicht, wenn ein Toter aufersteht. Das heißt: Es genügen die Autoritäten, die sie haben, es genügt das Wort Gottes, und es genügt der Verkünder dieses Wortes Gottes.

Was heißt das Ganze für uns?

Sich des Lebens zu freuen und das Schöne und Gute zu genießen, ist nichts Böses. Wir dürfen gerne dankbar sein, essen und trinken und uns unserer Tage freuen. Aber wir dürfen dabei Lazarus nicht übersehen – Lazarus vor der Tür.

Das ist der Prüfstein. Immer liegt Lazarus vor der Tür, und er stört vielleicht unsere Feste, unsere Urlaube, unsere Freizeit. Wir möchten feiern – und da ist Lazarus. Wir müssen ihn erkennen in den Obdachlosen, den Heimatvertriebenen, den Fremden, den Ausländern, den Kranken, den Kindern, den Ausgenützten.

Weh' uns, wenn wir uns nicht stören lassen wollen, weh' uns, wenn wir nicht bereit sind, zu helfen, nicht bereit sind, zu teilen, Lazarus zur Kenntnis zu nehmen, mit ihm unsere Nahrung, unser Leben und unseren Tisch zu teilen.

Es kommt die Wende, es kann alles ganz anders werden, es bleibt nichts so, wie es jetzt ist. Wir müssen uns darauf gefaßt machen, daß die Stunde kommt, wo alles anders wird – die Stunde des Todes –, und müssen schon jetzt darauf hinleben.

Es gibt genug Stimmen, die zur Umkehr mahnen, wir brauchen nur zu hören wollen, und dann wird uns die Stimme treffen, die uns den Weg zeigt.

„Es genügt nicht", sagt auch die Geschichte, „nichts Böses zu tun."

Gefordert ist, aktiv zu werden und Gutes zu tun, mit Tatkraft sich einzusetzen und den Armen vor der Tür nicht zu übersehen.

Und dieser Arme ist heute sehr nahe, die Massenmedien bringen ihn in unsere Häuser und Wohnungen.

So leicht können wir abstumpfen und eben nicht mehr sehen und reagieren. Es könnte tödlich sein. So bald wie möglich und so sehr wir es vermögen, müssen wir Lazarus erkennen, ihn wahrnehmen und hereinholen in unsere Häuser und mit ihm unser Mahl, unser Leben teilen, ihm ganz einfach helfen.

Daran entscheidet sich unser Leben, das Gelingen unseres ganzen Daseins.

Otto Strohmaier

SIEBENUNDZWANZIGSTER SONNTAG IM JAHRESKREIS

Um den Glauben geht es heute an diesem herbstlichen siebenundzwanzigsten Sonntag im Jahreskreis. Wenn wir uns an den bunten, rot und gelb leuchtenden Wäldern erfreuen, die das Dunkelgrün der Nadelhölzer stärker akzentuieren als sonst im Jahr, wenn wir in den Parks und Gärten durch raschelndes Laub gehen und manchmal versonnen einem sich langsam drehenden Blatt nachschauen, wenn es zu Boden fällt, dann kann es schon sein, daß sich so etwas wie ein Hauch von Abschiedsmelancholie einstellt in unseren Herzen. Gleichzeitig aber wissen wir aus der Erfahrung unseres längeren oder kürzeren Lebens, daß in diesem Abschied der Neuanfang schon beschlossen liegt, daß es nach der Winterruhe wieder grünen und blühen wird. Da ist kein Glaube angefragt. Wir wissen, daß dies das Grundgesetz der Natur, das Grundgesetz des Lebens selber ist.

Um Glauben geht es in anderen Bereichen, dort, wo wir nur zum Teil oder auch gar nicht wissen können, und dennoch – so lese ich im Nachwort des Buches „*Aufbruch statt Resignation*" des Schweizer Theologen Kurt Koch: „Glauben ist ein menschliches Urwort, weil eigentlich kein Mensch leben kann, ohne zu glauben im elementaren Sinn von Vertrauen." Wir glauben an einen Menschen, weil wir sicher sind, daß wir ihm vertrauen können. Darum kommt auch alles auf die Verläßlichkeit dessen an, auf den wir uns einlassen, dem wir uns anvertrauen. Ebenso kommt auch alles in einer Beziehung auf unsere eigene Verläßlichkeit an, dem oder der, oder denen gegenüber, die auf uns bauen. Und hier Kurt Koch weiter: „Wer sich nur auf vordergründigen Trug verlassen will, der ist im buchstäblichen Sinn ver-lassen. Deshalb warnte auch der Prophet Jesaja den König Ahas von Juda: ‚Glaubt ihr nicht, so bleibt ihr nicht.' Wer sich also nicht festmacht an dem Einen, der unerschütterlich verläßlich und unbeirrbar treu ist, wird keinen Bestand haben können. Sich selber aus der eigenen Hand zu geben und sich restlos in die Hand eines anderen fallen zu lassen, ist deshalb letztlich nur Gott gegenüber möglich. Denn nur er vermag der chronischen Angewiesenheit des Menschen auf absolute Vertrauenswürdigkeit zu entsprechen und damit der unendlichen Sehnsucht des Menschen gerecht zu werden."

Im Evangelien-Ruf des heutigen Sonntags wird diese Verläßlichkeit Gottes mit einem Satz aus dem ersten Petrusbrief angesprochen, wenn es heißt: „Das Wort des Herrn bleibt in Ewigkeit. Dieses Wort ist das Evangelium, das euch verkündet wird." Und dieses Evangelium ist heute eine kurze, aber sehr kontroversielle und schwer zu erfassende Passage aus dem Text des Lukas. Als Motto ihres Kommentars wählte Eva Schmetterer den Satz:

IHR SEID UNNÜTZE SKLAVEN.

Dieser Satz steht allerdings am Ende der Perikope. Der Anfang klingt ganz anders:

Lk 17,5–10

Und die Sendboten sprachen zum Herrn: Gib uns mehr Glauben! Der Herr aber sprach: Wenn ihr Glauben wie ein Senfkorn habt, könnt ihr zu diesem Maulbeerbaum sagen: Entwurzle dich und pflanz dich ins Meer – und er gehorchte euch.

Wer von euch wird seinem Acker- oder Weideknecht, wenn der vom Feld hereinkommt, sagen: Komm gleich her und laß dich nieder. Wird er ihm nicht vielmehr sagen: Bereite mein Mahl, dann tu die Schürze um und bediene mich, bis ich gegessen und getrunken. Und danach iß und trink auch du. Sollte er dem Knecht Gnade erweisen, daß er das Angeordnete getan hat? So auch ihr: Wenn ihr alles getan, was euch angeordnet, so sagt: Armselige Knechte sind wir. Nur was zu tun wir geschuldet, haben wir getan.

(Übertragung: Fridolin Stier)

Mir war die Schwierigkeit, die Sperrigkeit dieses Textes wohl bewußt, als ich mich daranmachte, an Personen zu denken. Relativ bald tauchte dann das frische, offene, lockenumspielte Gesicht der Theologin Eva Schmetterer vor meinem geistigen Auge auf. Als ich mit ihr telephonierte, stöhnte sie zwar kurz auf, sagte aber dann doch: „Nun, ich will es versuchen."

Als sie in mein kleines Büro wirbelte, wie immer sportlich und in Hosen, den kleinen Rucksack umgeschnallt, gestand sie freimütig, daß sie sich schon lange nicht mehr so mit einem Text geplagt habe. Der Knopf, so erzählte sie, sei ihr erst während einiger Exerzitientage im Haus ihres Ordens, der „Gemeinschaft der Frohbotschaft" in Batschuns, aufgegangen. Ein Satz des Exerzitienleiters Wilhelm Bruners war sozusagen das auslösende Moment gewesen, das ihr den haarigen Text von den unnützen Sklaven in einem neuen Licht erscheinen ließ.

KOMMENTAR

Die heutige Perikope ist für unsere katholisch-sozialisierten, bürgerlichen Ohren durchaus zugänglich. „Stärke unseren Glauben", „vermehre unseren Glauben", „lege uns Glauben zu" – wie die Bitte der Jünger wörtlich übersetzt heißt. Der Glaube als quantitative Größe, die ein anderer vermehren kann. Wie ein inneres Sparbuch scheint er in dieser Bitte der Jünger auf – und Gott möge doch die Kapital-Einlage vergrößern.

Nur die Antwort Jesu darauf ist nicht recht verständlich. Der Maulbeerbaum ist ja gerade wegen seiner Standhaftigkeit sprichwörtlich. Die Kraft seiner Wurzeln ist so groß, daß er allen Unwettern zum Trotz sechshundert Jahre in der Erde stehen kann. Und was wäre gewonnen, wenn ein Maulbeerbaum im Meer wäre?

Aber schon die ganzen letzten Reden Jesu waren ja nicht eigentlich verständlich. Seit seinem Abschied von Galiläa und seinem Aufbruch nach Jerusalem wird es immer unerträglicher, was er sagt. Er trägt seinen Jüngern und Jüngerinnen auf, einander nicht gegenseitig einzuladen, sondern diejenigen, die sich dafür nicht revanchieren können: Bettler, Sandler, eben die Gestrandeten der Gesellschaft. Und ständig kommen nun seine Warnungen, daß persönlicher Besitz und Privateigentum der Nachfolge entgegenstehen.

„Ein Prophet darf nirgendwo anders als in Jerusalem umkommen", so hat er gesagt. Vielleicht ist er ein bißchen wirr geworden, weil er vorausahnt, daß ihm genau dieses Prophetenschicksal in Jerusalem bevorsteht.

Das Gleichnis vom unnützen Sklaven entspricht allerdings wieder unseren religiösen Vorstellungen. Fromm scheint zu heißen, mit einem latent schlechten Gewissen herumzulaufen.

Schon als Kind habe ich mich über diese Logik gewundert: Wenn ich etwas Böses tue, bin ich die Urheberin meiner Taten; tue ich allerdings etwas Gutes, ist die Gnade Gottes dafür verantwortlich, oder ich soll eben sagen: Ich bin nur eine unnütze Sklavin.

In einem gängigen Lukaskommentar wird gesagt, daß wir „in diesem Gleichnis ... die beste Beschreibung und Begründung der christlichen Demut" erhalten. Doch merkwürdig: Beim heiligen Thomas von Aquin, der doch sicherlich als katholisch gelten kann, bekommen wir eine ganz andere Definition von Demut geliefert. Er sieht Demut als jene Tugend an, in der ich einen aufrechten Blick auf mich lenke und mich nüchtern und wahrhaftig selbst einschätze: in dem, was mir nicht gelingt, aber ebenso in dem, was mir gelingt.

Und letztlich kommen die Kommentatoren mit dem Gleichnis vom unnützen Sklaven auch nicht ganz zurecht. Da wird von dem eben zitierten Exegeten gewarnt, daß dieses Gleichnis keineswegs „auch den christlichen Gottesbegriff anschaulich machen" will. Denn „daß Gott nicht ein mitleidsloser, tyrannischer Herr ist, sondern der gütige Vater, wird dadurch nicht bestritten". Und ein anderer schreibt: „Es ist bemerkenswert, daß Jesus, der für sein eigenes Verhältnis zu den Jüngern herrschaftliche Kategorien ablehnt, für das Verhältnis der Jünger zu Gott autoritäre Maßstäbe anlegt."

Es ist tatsächlich verwunderlich. Kurz vorher verheißt Jesus den wachenden Jüngern und Jüngerinnen, daß der Herr sich gürten wird, sie am Tisch Platz nehmen lassen und der Reihe nach bedienen wird (Lk 12,37).

Müssen wir dieses Gleichnis also vielleicht ganz anders lesen? Ist Gott nicht der, der sich in der Geschichte Israels als Gott der Befreiung aus der Knechtschaft erwiesen hat? Und sollte dies nicht Ausgangs- und Angelpunkt der Auslegung sein? Und wurde Gott nicht von Jesus noch einmal eindringlich als Gott des Lebens in Fülle verkündet? Dieses Leben in Fülle zeigt sich aber eben nicht zuletzt darin, daß keiner Knecht oder Sklave eines anderen sein soll und darf. Und dort, wo solche Herrschaftsverhältnisse angetroffen werden, greift Gott machtvoll ein: „Er stürzt die Mächtigen vom Thron und erhöht die Niedrigen", singt schon zu Beginn des Lukasevangeliums ein junges jüdisches Mädchen namens Maria, jubelnd aus ihrer Erfahrung Gottes heraus.

Doch ohnmächtig ist selbst Gott dort, wo die Menschen sich selbst als Sklaven einschätzen und es dann auch sind. Der ganze Weg Israels durch die Wüste ist geprägt von dieser Urversuchung des Menschen.

Sollen wir nicht lieber nach Ägypten zurück? Da waren wir zwar Sklaven, aber die Fleischtöpfe waren wenigstens voll. Und wird es nicht unsere Kräfte übersteigen, das Land, das Gott uns verheißen hat, in Besitz zu nehmen? Kundschafter werden ausgesandt, um das Land und seine

Bewohner in Augenschein zu nehmen. Zitternd kommen sie zurück und erzählen: „Sogar die Riesen haben wir gesehen. Wir kamen uns selbst klein wie Heuschrecken vor – und auch ihnen erschienen wir so" (Num 13,35). Wir kamen uns klein vor – und wir erschienen auch so. In einem einzigen lapidaren Satz wird dieser ganze unheilvolle Mechanismus der falschen Selbsteinschätzung aufgezeigt. „Stärke unseren Glauben", bitten die Jünger, „denn wir sind so klein und Gott ist doch so groß." Jesus weist sie scharf zurück: „Wenn euer Glaube nur so groß wäre wie ein Senfkorn ..." Erst vor kurzem hatte Jesus das Gleichnis vom Senfkorn herangezogen, um den Jüngern und Jüngerinnen deutlich zu machen, was es um das Reich Gottes ist. „Das Reich Gottes ist wie ein Senfkorn, das ein Mann in die Erde steckte; es wuchs und wurde zu einem Baum, und die Vögel des Himmels nisteten in seinen Zweigen" (Lk 13,19). Nichts Außergewöhnliches, nichts „Übernatürliches" macht das Senfkorn. Seine Macht, zu einem Baum zu werden, kommt ihm dann zu, wenn es einfach das ist, was es ist: ein Senfkorn. „Stärke unseren Glauben", bitten die Jünger, doch Jesus zeigt ihnen in einem Gleichnis auf, daß sie einfach das sein sollen, was sie sind: Menschen, und darauf zu vertrauen, daß sie Menschen sind – keine unnützen Sklaven. Denn wenn sie das glaubten, wie sähe dann ihr Gottesbild aus? Wenn sie sich klein und wie Sklaven vorkommen, dann werden sie auch wie Sklaven erscheinen und Gott wird ihnen zu einem tyrannischen Sklavenhalter werden. Macht euch nicht selbst zu Sklaven, ruft Jesus uns zu. Seid das, was ihr von Gott her seid: aufrechte Menschen! Und wenn ihr das seid und daran glaubt, dann werdet ihr auch Verhältnisse und Zustände auf der Welt umwälzen, von denen man dachte, sie müssen immer so sein, weil sie doch schon seit sechshundert Jahren oder mehr bestehen: wie ein Maulbeerbaum.

Eva Schmetterer

Der Glaube, das steht außer Zweifel, ist ein tiefes Geheimnis, weil er nicht berechenbar, nicht machbar, sondern zutiefst geschenkt, verdankt, weil er Gnade ist. Aber Glaube ist nicht ein Geschenk, das mir ein für allemal gegeben ist, sondern auf das ich mich immer wieder neu einlassen muß, indem ich täglich, wie ich vor langer Zeit bei Carlo Caretto gelesen habe, neu den Sprung in den Glauben wagen muß. Da liegt es in der Natur der Dinge, daß Glaube auch krisenanfällig ist, daß er immer wieder einmal von Zweifeln bedrängt wird, auf schwankenden Boden gerät.

„Das hat auch mit Ringen zu tun", schreibt Wilhelm Bruners in seinem Buch „*Wie Jesus glauben lernte*", und fährt fort: „Wer mit Gott ringt – eine lange Nacht –, der wird am Ende gesegnet. Das setzt aber voraus, daß wir uns den Gotteskampf zutrauen. Die Bibel und die Menschen, die hinter ihr stehen, wollen uns dazu ermutigen. Sie wollen uns die Angst vor Gott nehmen, damit Glaube und Liebe wachsen können – und die Hoffnung, bis zum Letzten."

ACHTUNDZWANZIGSTER SONNTAG IM JAHRESKREIS

Bei Ihnen ist es noch dunkel um diese frühe Morgenstunde, und der Tag, der vor Ihnen liegt, kann herbstlich golden sein, Ihnen aber auch schon kalt und grau verhangen entgegenkommen. Bei mir, so ziemlich am südlichsten Zipfel des indischen Subkontinents, in Tamil Nadu, ist der Tag schon fortgeschritten und die Hitze lastend und schwer. Den Geschichten der Lesungen an diesem achtundzwanzigsten Sonntag im Jahreskreis bin ich vermutlich in mehrfacher Hinsicht näher als Sie es sein können, denn was Aussatz ist und was es heißt, ein Aussätziger zu sein, können wir in Europa nur noch schwer verstehen, aber da im Süden Indiens, unter den Dalits, den sogenannten Unberührbaren, gehören Aussatz und seine persönlichen und gesellschaftlichen Folgen immer noch zum Alltag, zum täglichen Straßenbild. Wahrscheinlich werde ich Ihnen zu einem späteren Zeitpunkt mehr davon erzählen können als jetzt, zu dem Zeitpunkt, da ich an meiner Schreibmaschine sitze und diese neuen Erfahrungen mit dem Elend der Aussätzigen noch vor mir liegen.

Aussatz ist eine alte Geißel der Menschheit, und auch in der heutigen alttestamentlichen Lesung aus dem Zweiten Buch der Könige ist diese Frage thematisiert, allerdings in einem heilenden Aspekt. Hier wird von einem syrischen General berichtet, der, vom Aussatz befallen, in seiner Not zum hebräischen Gottesmann Elischa eilt und ihn um Hilfe bittet. Und Elischa gebietet ihm, zum Jordan hinabzusteigen und dort siebenmal unterzutauchen. Obgleich Jahwe ihm fremd ist, vertraut er dem Wort des Propheten, befolgt seinen Rat, wird rein und bekehrt sich zum Gott der Israeliten, von dessen Erbarmen er an seinem eigenen Leib überzeugt worden war.

Diese Heilung und Bekehrung des Fremden, des Andersgläubigen, ist auch gerade im Süden Indiens tägliche Realität seit den Tagen des Apostels Thomas, der dort das Evangelium eingepflanzt hat. Das Christentum hat bis heute einen hohen Stellenwert im Konzert der großen Weltreligionen, eine größere Glaubwürdigkeit und daher auch eine stärkere Anziehungskraft als in anderen Weltgegenden.

Der Fremde, der Andersgläubige, spielt auch in der heutigen Evangelienperikope eine wichtige Rolle, die später der Steyler Missionar P. Jakob Mitterhöfer näher erläutern wird.

EINER VON IHNEN ABER KEHRTE UM, ALS ER SAH, DASS ER GEHEILT WAR, UND ER PRIES GOTT MIT LAUTER STIMME.

Lk 17,11–19

Und es geschah: Auf der Wanderung nach Jerusalem zog er mitten durch Samarien und Galiläa. Und es kamen ihm, als er in ein Dorf einziehen wollte, zehn aussätzige Männer entgegen, die aber von ferne stehen blieben. Und die erhoben ihre Stimmen und sagten: Jesus, Meister! Erbarme dich unser! Und als er sie sah, sprach er zu ihnen: Wandert weiter und zeigt euch den Priestern. Und es geschah: Während sie dahingingen, wurden sie rein. Einer von ihnen aber kam zurück, als er sah, daß er geheilt war – mit gewaltiger Stimme Gott verherrlichend. Und er fiel ihm zu Füßen aufs Gesicht und dankte ihm. Und das war ein Samariter. Jesus aber hob an und sprach: Sind nicht alle zehn rein geworden? Die neun aber – wo sind sie? Hat keiner sich zur Rückkehr gefunden, um Gott zu verherrlichen – außer diesem Stammesfremden? Und zu ihm sprach er: Steh auf, wandere weiter. Dein Glaube hat dich gerettet.
(Übertragung: Fridolin Stier)

P. Jakob Mitterhöfer, der Handwerkersohn aus dem Burgenland, ist einer jener Kirchenmänner, die sich nie gescheut haben, mutig für das Lebensrecht der Ausgebeuteten einzutreten und Gerechtigkeit einzufordern, ob gelegen oder ungelegen. Jetzt ist seine Stimme zwar seltener in der Öffentlichkeit zu hören, aber auch heute findet jeder ein offenes Ohr, der ihn um Hilfe bittet, kann jeder, der irgendwo auf der Welt angegriffen und verfolgt wird – egal, ob es ein Bischof ist, ein Missionar, eine Missionarin oder auch irgendein einfacher Mann, eine mutige Frau, die sich zu weit vorgewagt haben – Pater Jakob wird die Trommel rühren. Mit dieser Grundeinstellung des Engagements für die Nächsten ist er auch an den heutigen Text herangegangen und hat meiner Ansicht nach eine neue Dimension freigelegt.

Ein Schwerpunkt des Lukasevangeliums ist der Weg Jesu nach Jerusalem. Ein anderer ist die Botschaft von der Barmherzigkeit Gottes, die besonders den Armen und an den Rand Gedrängten zuteil wird. Unser Abschnitt handelt von einer solchen Gruppe. Lukas greift eine Episode aus dem Leben Jesu auf und gestaltet daraus eine ausgefeilte theologische Katechese.

Die Katechese könnte die Überschrift tragen:

1. Jesus rettet
Auf dem Weg nach Jerusalem treten zehn aussätzige Männer Jesus entgegen. Sie rufen Jesus mit seinem Namen an: „Jesus, Meister, hab Erbarmen mit uns!" Bei der Verkündigung an Maria am Beginn des Evangeliums taucht der Name „Jesus" das erste Mal auf: „Du sollst ihm den Namen Jesus geben", sagt der Engel zu Maria. Der Name Jesus leitet sich von Jehoshua ab und bedeutet „Jahwe rettet".

Aussätzige sind aufgrund ihrer Krankheit von der menschlichen Gemeinschaft ausgestoßen, und noch schlimmer: ihr Schicksal gilt als Strafe Gottes, deshalb sind sie auch von der religiösen Gemeinschaft ausgestoßen.

Unsere Erzählung verstärkt noch die Marginalisierung, denn die Begegnung mit den Aussätzigen findet in einem exkommunizierten Gebiet statt. Während die Pilger auf dem Weg nach Jerusalem dieses Gebiet vermeiden, „geht Jesus durch das Grenzgebiet von Samaria und Galiläa". Lukas macht durch diese Nuance deutlich, daß Jesus von allen Verrandeten um Rettung angerufen werden kann, wo immer sie auch leben mögen.

2. Jesus und Israel oder die Kirche der Heiden
Der Auftrag Jesu: „Geht! Zeigt euch den Priestern" lenkt den Blick auf Israel und den jüdischen Glauben. Mit dem Wort „Priester" klingt auch der Ort an, wo sie wirken, der Tempel in Jerusalem, das Zentrum des jüdischen Glaubens. Die Priester haben nach dem Buch Levitikus festzustellen, daß die Strafe des Aussatzes aufgehört hat. Ist nicht Jesus selbst nach Jerusalem unterwegs, um die höchsten Autoritäten des jüdischen Glaubens von seiner Sendung zu überzeugen?

Die Erzählung bringt eine Überraschung: „Sie (die zehn Aussätzigen) gingen, und unterwegs wurden sie rein." Wichtig ist die Heilung durch

Jesus, nicht ob die Männer zu den Priestern nach Jerusalem gegangen sind. Einen Geheilten greift Lukas heraus: „Einer von ihnen aber kehrte um, als er sah, daß er geheilt war, und pries Gott mit lauter Stimme, warf sich vor Jesus nieder und dankte ihm." Einer wurde „sehend" und ist umgekehrt. Von den anderen neun wird nicht gesagt, daß sie „sehend" geworden sind, denn Jesus fragt nach ihnen: „Sind nicht alle zehn rein geworden? Wo sind die übrigen neun? Ist denn keiner umgekehrt, um Gott die Ehre zu geben, außer diesem Fremden?"

Dieser Fremde ist umgekehrt und verehrt Jesus, wie der gläubige Jude Gott verehrt. Er hat erkannt, daß ihn Gott durch Jesus gerettet hat. Nun kann seine Heilung vollendet werden: „Steh auf und geh! Dein Glaube hat dir geholfen."

Die junge heidenchristliche Kirche darf in dem „Fremden", der zurückgekehrt ist, sich selbst erkennen. Wie er ist sie „sehend" geworden und hat sich im Glauben Jesus zugewendet. Diese Kirche ist noch klein und vielleicht auch verunsichert. Lukas sichert ihr zu, daß sie auf festem Grund steht, denn ihr Glaube wird von Jesus selbst gelobt.

Hier fällt wieder ein Licht auf Israel. Jesus selbst ist in das Zentrum Israels unterwegs. Die Priester müßten verstehen, was der Name Jesu bedeutet. Wenn aber nicht einmal die Priester die Zeichen verstehen, die Gott durch Jesus wirkt, wie sollen dann die neun Geheilten, das heißt das übrige Israel, „sehend" werden? Und Lukas sagt, daß das Heil den Heiden geschenkt wurde, denn sie sind zum Glauben gekommen. In der Erzählung zeichnet sich auch ab, was Jesus in Jerusalem selbst erwarten wird.

Noch eine Frage, welche die Gemeinde bedrängt, greift Lukas in dem heutigen Evangelium auf: Wie kann die Gemeinde Jesus begegnen und „sehend" werden, wenn Jesus nicht mehr da ist? Die Antwort des Lukas ist:

3. Die Liturgie der Gemeinde
Es geht um die Eucharistie. Wenn wir den Text lesen, fällt auf, daß die Erzählung den Ablauf der Liturgie beschreibt: Am Anfang steht die Anrufung Jesu, es folgen Vergebung und Heilung, Lobpreis und Dank, Verehrung und Sendung. Der griechische Text läßt daran keinen Zweifel. Die Anrufung „hab Erbarmen" heißt im Griechischen „eleäson". Es ist das Kyrie der Messe. Oder „er dankte ihm": im Griechischen ist es „euchariston", wovon unser Wort Eucharistie stammt. Wir übersetzen Eucharistie mit lobpreisendem Dank.

Als Lukas das Evangelium verfaßte, war Jesus nicht mehr leiblich gegenwärtig. Und Jerusalem war schon zerstört. Wenn im Evangelium Jesus die zehn Männer zu den Priestern sendet, wird deutlich, daß nur er der einzige und wahre Priester ist. Er lebt und wirkt in der Gemeinde, in der Eucharistiefeier, wie er dem Geheilten im Evangelium begegnet ist.

4. Die Botschaft an uns

Eine noch so schön gestaltete Eucharistie führt nicht zur Begegnung mit Jesus, wenn die rechte Einstellung fehlt.

Der Geheilte im heutigen Evangelium wird von Lukas als Modell eines Christen hingestellt. Von welchem Aussatz müssen wir geheilt werden? Vielleicht ist es der Egoismus, die Gier in ihren vielen Formen, die Gewalt, die Gleichgültigkeit ... Der Aussatz krassiert auch in der Gesellschaft, welche Ausländer, Fremde, Flüchtlinge, Arme ... marginalisiert, weltweit ungerechte Strukturen schafft. Gehen uns die Augen auf, so daß wir geheilt werden können?

Uns bedrängt heute das Verhältnis neun zu eins, welches das Evangelium beschreibt. Ich denke hier an viele unserer Kirchen, in welchen Eucharistie oft vor leeren Bänken gefeiert wird. Sind nicht alle Christen einmal mit der Botschaft Jesu in Berührung gekommen? Wo sind sie bei der sonntäglichen Eucharistiefeier? Leider haben wir auch aus der Eucharistie ein Gebot gemacht, so daß die sonntägliche Eucharistie als lästige Verpflichtung gesehen wird. Menschen einer Konsumgesellschaft fragen sich auch, was ihnen dort geboten wird ...

Das Heilungswunder des heutigen Evangeliums paßt in unsere Zeit, in welcher die Menschen so intensiv, auch durch die Medien angestachelt, nach Heilung suchen. Die Botschaft des Evangeliums sagt uns dasselbe wie damals, als Jesus den zehn aussätzigen Männern begegnet ist: Heilung ist möglich. Sie geschieht durch die Hinwendung zu Jesus und seiner Botschaft und verlangt Konsequenzen für unser Leben.

Jakob Mitterhöfer

Jesus heilt, so hören wir es immer wieder, indem er sich einem oder mehreren Menschen zuwendet und ihm, ihr oder ihnen die Liebe seines Abba zuströmen läßt. Für Jesus ist Heilung niemals Selbstzweck, er heilt nicht um des Heilens willen, sonst hätte er ja vermutlich mit einem Schlag alle Kranken und Verstörten geheilt. Heilung geschieht dort, wo Glauben ist, ohne Ansehen der Person, der Volkszugehörigkeit, der Religion. Heilung geschieht für glaubende Menschen, um den Vater, um Gott zu bezeugen und beispielhaft auch für andere erfahrbar zu machen. Keiner – auch heute nicht – kann geheilt werden, der nicht an Heilung, der nicht an einen glaubt, der heilen will. Heilung hat demnach etwas mit Vertrauen, mit Glauben zu tun und nicht nur mit der Kunst der Ärzte, den Errungenschaften der medizinischen Technik oder der pharmazeutischen Forschung und Industrie.

NEUNUNDZWANZIGSTER SONNTAG IM JAHRESKREIS

Manchmal ist es augenfälliger als sonst, wie prophetisch die Texte des Alten Testaments sind, prophetisch nicht nur für die Zeit Jesu und die Zeit der ersten Gemeinden, nein, prophetisch bis in unsere Zeit und darüber hinaus. Gerade die Erste Lesung des heutigen neunundzwanzigsten Sonntags im Jahreskreis aus dem siebzehnten Kapitel des Buches Exodus stellt dies einmal mehr unter Beweis. Es geht darin um den Zusammenstoß der den Sinai durchwandernden Israeliten mit einem mächtigen und starken nomadisierenden Stämmeverband auf der kargen Halbinsel zwischen dem Mittelmeer im Norden und dem Roten Meer im Süden. Es geht um Weideplätze und um Wasserstellen.

Als ich im Herbst des Jahres 1994 in Israel und Jordanien war, ging es immer noch und immer wieder um dieses Thema, und ein Gesprächspartner sagte mir: „Selbst wenn der Friedensprozeß für die Menschen dieser Region gewonnen werden sollte, wird es Konflikte geben, denn die Kämpfe und Kriege der Zukunft werden um Wasser geführt werden." Diese Vorhersage gilt aber nicht nur für diese besonders sensible Region, sondern für viele – vielleicht eines Tages für alle – Gebiete der Welt. Die Kriege der Zukunft werden tatsächlich Kriege um natürliche Ressourcen, um bebauaren und noch fruchtbaren Boden und um das Lebenselement Wasser sein.

Wir wären also schon heute gut beraten, in unserer auch in diesem Zusammenhang privilegierten Alpenregion mit ihren reichlich sprudelnden Quellen, Bächen und Flüssen, mit dem Wasser, mit unserem fast überall noch reinen Trinkwasser behutsamer, sparsamer, also verantwortungsbewußter umzugehen. Die Mehrheit der Menschen hat schon heute kaum noch Zugang zu reinem Wasser, was ein Beweis dafür ist, daß die Weltgemeinschaft mit ihrem ressourcenverschlingenden Wirtschafts- und Konsumsystem versagt, wenn es nicht einmal gelingt, die Menschen in unserem „global village", unserem Weltdorf, mit der Grundsubstanz Wasser zu versorgen.

Die Geschichte, die uns das Alte Testament heute über den Zusammenstoß der Hebräer mit den Amalekitern erzählt, hat aber auch noch einen tieferen Hintergrund. Nicht die Kämpfer Josuas allein sind imstande, der Übermacht der Gegner zu widerstehen, sondern nur die von Sonnenaufgang bis Sonnenuntergang zum Gebet erhobenen Hände Mose bringen den Schwächeren den Sieg. Vielleicht sollten auch wir wieder stärker zu der unsichtbaren, aber gewaltigen Kraft des von tiefem Glauben getragenen Gebetes greifen, nicht um unseres eigenen Heiles, sondern um des Überlebens der Menschheit willen.

Um die Kraft und die Stärke einer machtlosen, schwachen Frau in der Auseinandersetzung mit einem erbarmungslosen Richter geht es dann in Fortführung dieser Idee im Evangelium des heutigen Tages.

SONST KOMMT SIE AM ENDE NOCH UND SCHLÄGT MIR INS GESICHT.

Diesen Satz wählte der bekannte Schweizer Kapuziner, Theologe, Schriftsteller und Prediger P. Anton Rotzetter als Motto für seine Homilie über das Evangelium aus dem achtzehnten Kapitel des Lukastextes.

Lk 18,1–8

Er sagte ihnen aber ein Gleichnis dafür, daß es heißt: allezeit beten und nicht erschlaffen. Er sagte: In einer Stadt war ein Richter, der Gott nicht fürchtete und keinen Menschen scheute. Eine Witwe aber war in jener Stadt, und sie lief zu ihm und sagte: Schaffe mir Recht gegen meinen Rechtsgegner. Doch lange Zeit mochte er nicht. Danach aber sprach er zu sich: Auch wenn ich Gott nicht fürchte und keinen Menschen scheue – der Mühe wegen, die diese Witwe mir bereitet, will ich ihr Recht verschaffen, damit sie nicht endlos kommt und mir zu Leibe rückt. Der Herr aber sprach: Hört, was der ungerechte Richter sagt. Gott aber: Er sollte das Recht seiner Auserwählten nicht wahrnehmen – die tags und nachts zu ihm schreien – und nicht langmütig mit ihnen sein? Ich sage euch: Schaffen wird er ihr Recht – gar schnell. Jedoch: Der Menschensohn, wenn er kommt – wird er den Glauben auf der Erde finden?

(Übertragung: Fridolin Stier)

Nein, kriechen müssen wir nicht vor unserem Gott! Wir sind keine Würmer, wie uns ein gewisses Verständnis von Religion beigebracht hat. Frömmigkeit im Sinne Jesu zeigt sich nicht in einem frommen Augenaufschlag, auch nicht in diesem schrecklichen Himmelfahrtsblick, mit dem viele unserer Heiligen dargestellt werden, nicht einmal in brav gefalteten Händen, die gutmeinende, aber falsch geleitete Pfarrer, Katecheten und Eltern immer wieder von den Kindern fordern. Frommsein ist etwas ganz anderes als Bücken und Beugen, etwas anderes als Unterordnung und Bravsein!

Frömmigkeit, wie Jesus sie versteht, kann durchaus die Faust machen, kann unter Umständen aufbegehren und fluchen. Auf jeden Fall zeigt sich die Frömmigkeit Jesu im aufrechten Gang, im geraden Rücken.

Einmal erzählt Jesus eine drastische Geschichte, um uns zu zeigen, wie er unser Verhältnis zu Gott definiert.

Da ist ein Richter, der vergessen hat, wozu er da ist. Vielleicht ist es wieder einmal notwendig, daran zu erinnern, wozu Richter da sind. Sie sind – so meint das Alte und das Neue Testament! – immer, einzig und allein dazu da, um den Schwachen und den Armen zu ihrem Recht zu verhelfen. Die Mächtigen und Reichen können sich ja meist selber wehren, die Schwachen und Armen aber können es nicht. Darum braucht es Richter und Gerichte, die den Ausgleich schaffen. Wenn wir die Aufgabe der Richter so definieren, dann sind wir heute immer noch weit weg von dem, was ein Rechtsstaat eigentlich müßte: sich einsetzen für die Fremden, die Asylanten, die kleinen Leute, die Benachteiligten und Hintergangenen. Die Haare stehen einem zu Berge, wenn man sieht, wie Richter immer wieder vergessen, wozu sie da sind, und daß Arme, wenn überhaupt, erst nach Jahren zu ihrem Recht kommen.

Von einem Richter also, der vergessen hat, wozu er da ist, erzählt Jesus. Dieser Richter ist darüber hinaus auch noch eitel; er tut alles, damit er gesellschaftlich geachtet ist, damit er etwas gilt unter den Reichen und Mächtigen. Das einzige, was sein Verhalten bestimmen kann, ist die Meinung der Leute. Sein Ruf ist eigentlich der einzige Wert, der ihm etwas gilt: da darf nichts geschehen, womit er sein Gesicht verlieren könnte. Wenn da jemand käme, der ihn in aller Öffentlichkeit beschimpfte, der ihn vor andern Leuten sogar ohrfeigte, das wäre das Schlimmste, was ihm passieren könnte.

So nebenbei: Wenn ich mir ausmale, was Jesus von diesem Richter sagt, dann kommen mir jede Menge Politiker in den Sinn, auch viele Bischöfe, Erzbischöfe, Kardinäle ..., Amtsträger jeder Art, die vergessen, wozu sie eigentlich da sind; die nur einen verletzlichen Punkt haben: das Image, das natürlich unangetastet bleiben muß, und wehe, wenn man daran rührt.

Es ist schon ein starkes Stück, wenn Jesus einen solch verruchten und verkommenen Richter, einen so unmenschlichen und selbstgefälligen Amtsträger zum Gleichnis macht. Wir kennen sie zur Genüge, diese egozentrischen Machtmenschen, die nur sich selbst suchen. Aber daß sie nun sogar für Gott dastehen müssen, das ist wirklich ein starkes Stück. Ist Gott vielleicht gar kein Tabu!? Ist er vielleicht nicht so unantastbar, wie man immer sagt? Darf man ihm vielleicht sogar Vorwürfe machen? Ihm fluchen und drohen? Hat er vielleicht doch einen Punkt, wo er verletzlich ist, eine Achillesferse, wo man ihn treffen kann?

Auf jeden Fall erzählt Jesus die Geschichte einer mutigen Frau. Sie ist an sich rechtlos, sie hat ihren Mann verloren, der ihre Rechte wahrnehmen könnte. Der Richter, der sich für die Witwe einsetzen müßte – denn dazu ist er ja da! – tut nichts; er rührt keinen Finger für die arme Frau. Sie aber, sie weiß sich zu wehren. Sie kämpft und stürmt und drängt; sie droht und schimpft und schreit; kurz: sie läßt dem Richter keine Ruhe, der bekommt sogar Angst, daß ihm die Frau in aller Öffentlichkeit eins auswischen könnte und daß er dann mit abgesägten Hosenbeinen dastünde.

Natürlich ist auch diese Frau ein Gleichnis. Aber bevor davon die Rede ist, soll sie als solche zur Geltung kommen. Denn es gibt heute immer noch viele in der Gesellschaft und in der Kirche, die es den Frauen übelnehmen, daß sie um ihre Rechte kämpfen. Sobald ihr Kampf etwas aggressiv wird, ruft man schon „Emanze" oder „Blaustrumpf"! „Wer im Recht ist, muß derb auftreten. Ein höfliches Recht will gar nichts heißen!" sagt Johann Wolfgang von Goethe, und Jesus ist auf der Seite derer, die um ihr Recht kämpfen. Das müssen sich die Männer in der Kirche und in der Gesellschaft schon sagen lassen. Solche Frauen macht er zum Gleichnis. Und zwar gerade in einem positiven Sinne, anders als im Falle des Richters, der ja in vielen Punkten das Gesicht der frauenfeindlichen Männer trägt.

Die aggressive Frau wird zum Gleichnis für den Gläubigen, für alle, die sich im Gebet an Gott wenden und um ihr Recht bitten. Wir müssen uns nicht hinter gefalteten Händen, hinter demütigen Gebärden und hündischem Kriechen und Lecken verstecken. Wir dürfen durchaus auch unter Fluchen und Drängen, leidenschaftlich und aggressiv unsere Forderungen stellen. Gott ist ja sicher auch um seinen guten Namen besorgt, sonst könnten wir nicht im Vaterunser darum bitten, daß er seinen Namen heilige. Das ist die Achillesferse Gottes: sein Name. Wenn sein Name lautet: Ich werde da sein! – dann soll er, bitte, auch da sein! Wo ist seine rettende Gegenwart, wenn eine junge Mutter wegstirbt von ihren vier kleinen Kindern! Wo ist das Recht der Kinder auf eine gute Mutter? Gleicht Gott angesichts solcher Not nicht doch dem ungerechten Richter? Als Christen dürfen wir, meint Jesus, Gott diesen Vorwurf nicht ersparen. Wenn sein Name lautet: Brot vom Himmel! – dann soll er es, bitte, auch sein! Wo aber ist er Brot in den Elendsquartieren und in den Hungersnöten? Wo ist das Recht der Hungernden auf Nahrung? Gleicht Gott angesichts der aufgedunsenen Kinderbäuche und der ausgemergelten Gestalten nicht dem ungerechten und herzlosen Richter, der auf niemanden Rücksicht nimmt? Als Christen dürfen wir, meint Jesus, Gott diesen Vorwurf nicht ersparen. Wenn sein Name lautet: Friedensfürst – dann soll er, bitte, auch Frieden schaffen, wo wir uns in Streit und Krieg verheddern! Wo ist das Lied geblieben, das die Engel bei der Menschwerdung Gottes gesungen haben, wenn die Zerstörung und die Gewalt so ungehemmt ihr Unwesen treiben können, wie wir tagtäglich von ungezählten Orten dieser Welt vernehmen. Wo ist das Recht der Kinder, der Frauen, der Unschuldigen auf ein sicheres, friedliches Leben geblieben? Gleicht Gott angesichts der wütenden Kriege nicht doch dem ungerechten Richter, der sich auf seine gesicherte Position zurückgezogen hat? Als Christen dürfen wir, meint Jesus, Gott diesen Vorwurf nicht ersparen.

Wenn sein Name lautet: Retter der Welt – dann soll er, bitte, unsere geschundene Erde und unseren ausgebeuteten Planeten vor dem Untergang bewahren! Wo ist das Recht des Lebens, der Kreatur geblieben? Gleicht Gott angesichts der drohenden ökologischen Katastrophe nicht doch dem ungerechten Richter, der total vergessen hat, wozu er da ist? Als Christen dürfen wir, meint Jesus, Gott diesen Vorwurf nicht ersparen.

Jesus geht sogar so weit, daß er an dieser Aggressivität das Maß des Glaubens abliest: „Wird der Menschensohn, wenn er kommt, auf der Erde (noch) Glauben vorfinden", fragt Jesus. Glauben zeigt sich nicht an der Bravheit, sondern an der Leidenschaft, mit der wir vor Gott das Recht der Menschen vertreten. Und vielleicht ist das sogar die einzige Möglichkeit Gottes, das Recht der Menschen auf Erden auch durchzusetzen. Er hat ja keine anderen Hände als die unseren. Wer so betet, wird auch entsprechend handeln und im Handeln den Namen Gottes hier auf Erden offenbaren.

Anton Rotzetter

Noch einen Text von P. Anton Rotzetter mit auf den Weg:

Mir schmerzen die Augen
von dem, was ich sehe.
Meine Ohren tun weh
von dem, was ich höre.
Mein Herz blutet
von dem, was ich leide.
Mein Mund verstummt
vor dem, was geschieht.
Gott
Rette die Welt,
und ich bin erlöst.

DREISSIGSTER SONNTAG IM JAHRESKREIS

Unsere gesellschaftlich und kulturell geprägten Vorstellungen von Recht und Gerechtigkeit, wie sie auch in die kirchlichen wie staatlichen Codices einfließen, haben – darauf stoßen wir immer wieder in der Beschäftigung mit der Heiligen Schrift – wenig bis nichts mit der Gerechtigkeit Gottes zu tun, der unser Recht immer übersteigt und in Erbarmen und Liebe auflöst. Das erfahren wir einmal mehr am heutigen dreißigsten Sonntag im Jahreskreis. In der Ersten Lesung aus dem Buch Jesus Sirach, das um 180 v. Chr. in Jerusalem abgefaßt worden sein dürfte, heißt es in aller Eindeutigkeit:

Der Herr ist der Gott des Rechts, bei ihm gibt es keine Begünstigung.

Während in den meisten Gesellschaften die Reichen und Mächtigen und mit ihnen auch die Tempel und Synagogen ebenso wie die Kirchen die Armen eher ausgrenzten und bis heute ausgrenzen, heißt es bei Jesus Sirach weiter:

Er ist nicht parteiisch gegen die Armen, das Flehen des Bedrängten hört er. Er mißachtet nicht das Schreien der Waise und der Witwe, die viel zu klagen hat.

Gott geht es um etwas anderes, Gott geht es um das Herz des Menschen, um den Geist, in dem einer oder eine bittet, betet oder fleht.

Wer Gott wohlgefällig dient, der wird angenommen, und sein Bittruf erreicht die Wolken. Das Flehen des Armen dringt durch die Wolken, es ruht nicht, bis es am Ziel ist. Es weicht nicht, bis Gott eingreift und Recht schafft als gerechter Richter.

Und zum Abschluß des heute zitierten fünfunddreißigsten Kapitels aus Jesus Sirach noch der freudige Aufschrei:

Köstlich ist das Erbarmen des Herrn in der Zeit der Not, wie die Regenwolke in der Zeit der Dürre.

Das Erbarmen Gottes also steht außer Streit, ist über all unser menschliches Tüfteln erhaben. Wie aber wir Menschen uns diesem als sicher und unbestreitbar feststehenden Erbarmen Gottes gegenüber verhalten, wie wir es für uns oder andere einschätzen, darauf kommt es an, wie wir heute aus dem Evangelium erfahren. Da kommen zwei Menschen in den Tempel, um zu beten, der eine unsicher, der andere im Vollgefühl seiner Selbstgerechtigkeit, und sie verlassen diesen Tempel wohl ganz anders als sie dachten.

GOTT, ICH DANKE DIR, DASS ICH NICHT WIE DIE ANDEREN MENSCHEN BIN.

Lk 18,9–14

Er sprach aber auch zu gewissen Leuten, die auf sich selbst vertrauen, daß sie „Gerechte" seien und die übrigen für nichts achten, dieses Gleichnis: Zwei Männer stiegen zum Heiligtum hinauf, um zu beten: der eine ein Pharisäer, der andere ein Zöllner. Der Pharisäer stellte sich auf und also betete er für sich: Gott du, ich sage dir Dank, daß ich nicht bin wie die übrigen Menschen – Räuber, Unrechttäter, Ehebrecher, oder auch wie dieser Zöllner. Ich faste zweimal in der Woche; ich verzehnte alles, was ich erwerbe. Der Zöllner aber stand weit weg und mochte nicht einmal die Augen zum Himmel erheben. Er klopfte vielmehr an seine Brust und sagte: Gott du, versöhne dich mit mir, dem Sünder. Ich sage euch: Dieser stieg gerechtgesprochen zu seinem Haus hinunter, jener nicht. Denn: Jeder, der sich erhöht, wird niedrig gemacht; wer aber sich selbst niedrig macht, wird erhöht werden.

(Übertragung: Fridolin Stier)

Der Mann, der heute dieses Evangelium auslegen wird, ist ein bekannter und beliebter Tiroler Pfarrer, seit 1984 Hirte der als sehr lebendig erachteten Pfarre Allerheiligen, der größten Innsbrucks. Erich Gutheinz ist das, was man ein Kriegskind nennt. Geboren im April des Jahres 1942, in einer sehr dunklen, bedrohten Zeit also. Seine Mittelschulzeit verbrachte er im Paulinum in Schwaz, studierte Theologie in Innsbruck und Rom und begann seine seelsorgliche Arbeit nach der Priesterweihe 1967 als Kooperator in Zirl. Nach einer zweijährigen Ausbildung in Medienarbeit in München kehrte er nach Innsbruck zurück und war dann fünf Jahre lang in der Kirchenzeitung und als Pressereferent der Diözese tätig. Auch als Pfarrer war er in den verschiedensten diözesanen Gremien tätig, bis ihn eine schwere Erkrankung dazu zwang, etwas leiser zu treten. Das scheint allerdings aufgehört zu haben, denn seit Ostern 1995 geht es wieder rund, ist er doch einer der Männer der ersten Stunden im Zuge des Kirchenvolks-Begehrens, das ihm, bei der schlechten personellen Ausstattung dieser Initiativ-Gruppe, viel abverlangt. Aber als ich ihn im Sommer 1995 bei der Pressekonferenz in Wien getroffen habe, machte er mir nicht den Eindruck, als würde ihn das sehr belasten. Er wirkte beschwingt, ja beflügelt – seine optimistische Stimmung sollte durch das Ergebnis durchaus bestätigt werden.

KOMMENTAR

Wenn ich aus dem Evangelium, das am heutigen Sonntag in den katholischen Gottesdiensten verkündet wird – es ist das Beispiel Jesu vom Pharisäer und vom Zöllner, die beide in den Tempel gehen, um zu beten – wenn ich aus diesem Abschnitt den einen Satz herausnähme: „Gott, ich danke dir, daß ich nicht wie die anderen Menschen bin", wäre eigentlich alles in bester Ordnung. Gott dafür zu danken, daß er eine schier unendlich vielfältige Welt erschaffen hat, daß jeder Mensch in seiner Art einmalig und unverwechselbar, also ganz und gar Individuum ist, dagegen wird wohl kein vernünftiger Mensch etwas einwenden können. Im Gegenteil: diese Einmaligkeit des Menschen macht aus der Sicht des christlichen Menschenbildes unter anderem ja auch seine Würde aus. Und allein schon der Gedanke, alle Menschen müßten in ihrem Naturell, im Verhalten, im Denken und in ihrer Einstellung gleich – oder verschärft gesagt: gleichgeschaltet – sein, löst in uns Horrorvorstellungen aus.

Der Anfang des Gebetes des Pharisäers wäre also schon in Ordnung, wenn – ja wenn da nicht der Zusammenhang wäre, in den Jesus in seinem Beispiel diesen Mann mit seinem Gebet stellt. Das auslösende Moment für die scharfe Tonart Jesu wird uns gleich zu Beginn klar gesagt: Da waren Leute, die, so heißt es wörtlich, von ihrer eigenen Gerechtigkeit überzeugt waren und die anderen verachteten. Und plötzlich sind wir mitten in einer Auseinandersetzung, die sich durch das ganze Evangelium zieht und in der wir Jesus von einer ganz anderen Seite als der gewohnten und zu Recht überlieferten kennenlernen. Er, der – und das zieht sich ebenso durch das ganze Evangelium – in nicht zu überbietender Weise mit Liebe, Verständnis, Erbarmen, mit Segnung und Heil all den Menschen entgegengeht, die – aus welchem Grund auch immer – nicht zur Creme der Gesellschaft gehören, die Armen, die Kranken, die Ausgestoßenen, die Aussätzigen, die Kleinen, die Frauen, die Sünder, die Fremden, die Gescheiterten, deren machtvoller und unbeugsamer Anwalt er ist, dieser Jesus zeigt ungewöhnliche Härte, und sagt es in scharfen Worten, wo es um Beurteilung von Heuchelei, Selbstgefälligkeit, Überheblichkeit und bloßer Gesetzesgerechtigkeit geht. Damit bin ich wieder bei dem Wort, das unseren heutigen Text durch und durch prägt: „Einige waren von ihrer Gerechtigkeit überzeugt und verachteten die anderen." Der so schöne vorhin erwähnte Beginn des Pharisäergebetes „Gott, ich danke dir, daß ich nicht wie die anderen Menschen bin" verkehrt sich plötzlich ins Gegenteil, weil der Sinn des Betenden sich nicht auf das Beschenktsein durch Gott richtet, sondern auf überhebliches Selbstvertrauen, auf die Einbildung, selbst und aus eigener Kraft Ursache der Gerechtigkeit zu sein. Und dies widerspricht völlig dem Gerechtigkeitsverständnis und dem Geist Jesu. Denn der hat unermüdlich darauf verwiesen, daß Rettung und Heil einzig und allein aus Vertrauen, Hoffnung auf Gott und aus dem Bemühen, nach seinem Willen zu leben, erwachsen.

Damit sind wir mitten in einem Spannungsfeld, das ungemein aktuell ist. Auch der Pharisäer war überzeugt, nach dem Willen Gottes zu leben und zu handeln. Er stellt es auch fest: „Ich faste zweimal die Woche und gebe dem Tempel den zehnten Teil meines ganzen Einkommens." Das war absolut ehrenwert.

Was also ist es, was ihm – und mir, wenn ich in ähnliches Denken gerate – den heftigen Tadel Jesu einbringt. Ja, nicht nur Tadel, sondern sogar die Aberkennung des Gerechtseins: „Dieser kehrte als Gerechter zurück" – der Zöllner nämlich –, „der andere aber nicht."

Was also ist es? Es ist die Überheblichkeit, sich selbst zum Maß aller Dinge, auch des Glaubens und seiner Verwirklichung, zu machen. Von dieser Versuchung ist auch unsere Kirche – und das sind wir ja alle – nicht verschont. Zu viele Beispiele in Geschichte und Gegenwart geben davon Zeugnis.

Ich befürworte leidenschaftlich, daß ein Mensch seinen Verstand, sein Wissen, seine Kompetenz und seine Möglichkeiten wahrnimmt und entfaltet, daß er all diese Fähigkeiten einbringt in sein Leben, in das Miteinander der Menschen und in sein Engagement – sei es innerhalb oder außerhalb der Kirche. Wenn aber innerhalb der Kirche solches Denken und solcher Einsatz immer weiter wegdriften von dem Wollen und der Intention des Stifters – so wie für den Pharisäer in unserer Geschichte der wahre Wille Gottes nur noch eine leere Worthülse wird, sprich: Erfüllung des Gesetzes um des Buchstabens willen –, dann wird es dunkel. Dann müssen sich Vertreter und Vertreterinnen dieser Kirche auch vom Herrn sagen lassen: Ihr Heuchler! In seiner Rede gegen diese Haltung der Pharisäer kennt Jesus keinen Pardon.

Als einer, der sich Christ nennt, es zumindest in Anfängen sein möchte, richte ich die Frage zuallererst an mich selbst: Wann und wo ist etwas von diesem ersten der beiden Männer am Werk? Natürlich kommt dies auch vor. Dann bete ich zu Gott um die Gnade, nie im Leben den Augenblick zu versäumen, der mir die Chance gibt, auch etwas von dem zweiten Mann, dem von Jesus als gerechtfertigt bezeichneten, in mir zu entdecken: „Gott, sei mir Sünder gnädig!"

Erich Gutheinz

Ja, ja, die Versuchung der Heuchelei ist groß, und keiner ist davon verschont, weil wir uns immer wieder innerlich gerne besser vorkommen als die da, als der da, als die anderen jedenfalls. Das aber soll niemand erfahren, das behalten wird gerne für uns, während wir nach außen klein tun und bescheiden und unsere „Armesündermiene" durch die Welt tragen, vor allem dort, wo wir heilige Räume betreten.

Ein Gebet aus der Ostkirche möchte ich Ihnen noch auf den Weg mitgeben:

Laßt uns nicht beten, ihr Brüder, wie es im Gleichnis der Pharisäer tat. Der Pharisäer, von der Prahlsucht besiegt, und der Zöllner, in Reue gebeugt, traten vor dich hin, den alleinigen Herrn. Jener rühmte sich und erhob sich über den anderen; so wurde er des Guten beraubt. Dieser hingegen verstummte und wurde der Gnade würdig.
Erbarme dich unser! Nimm uns auf in die Zahl der Befreiten! Heiland, hab Erbarmen mit mir! Amen.

ALLERHEILIGEN (1. NOVEMBER)

„An alle in Rom, die von Gott geliebt sind, die berufenen Heiligen: Gnade sei mit euch und Friede von Gott, unserem Vater, und dem Herrn Jesus Christus." Mit diesem Gruß wendet der Apostel Paulus sich an die christliche Gemeinde, die in Rom entstanden ist, nicht nur an einzelne Auserwählte, nein, an alle. Jeder also, der sich bekehrt, sich dem Wort Gottes, der neuen Lehre geöffnet hat, war für Paulus des Namens Heiliger wert.

An einunddreißig Stellen seiner apostolischen Briefe bedient er sich dieses Ausdrucks und beweist damit seine Achtung und seinen Respekt vor den jeweiligen Adressaten, auch wenn er sie sonst oft scharf angreift, ermahnt, maßregelt. Nur zwei kleine Beispiele. Im Brief an die Kolosser schreibt er einleitend: „Paulus, durch den Willen Gottes Apostel Christi Jesu, und der Bruder Timotheus an die heiligen Brüder in Kolossä, die an Christus glauben." Und an Philemon schreibt er: „Ich danke meinem Gott jedesmal, wenn ich in meinen Gebeten an dich denke. Denn ich höre von deinem Glauben an Jesus, den Herrn, und von deiner Liebe zu allen Heiligen." Das ganze, damals noch kleine „Volk Gottes" war also die so oft zitierte „Gemeinschaft der Heiligen".

Dies, wie so vieles andere, änderte sich erst im vierten Jahrhundert, als es erstmals ein „Fest aller heiligen Märtyrer" in der Ostkirche gab. In der westlichen Kirche wurde dann im Jahre 609 bei der Einweihung des Pantheon in Rom ein solches Fest der Märtyrer installiert. Ab diesem Zeitpunkt mußte man also sein Leben um des Glaubens willen verloren haben, um zur Ehre der Altäre, wie es so schön heißt, erhoben zu werden. Heiligkeit war etwas Außerordentliches, Elitäres geworden, und so ist es, selbst angesichts der gegenwärtigen Heiligen- und Seligenschwemme, bis heute geblieben.

Eines aber ist dieses Fest Allerheiligen in erster Linie: ein großes Erntedankfest, ein freudiger, jubelnder Dank für die dreißig-, sechzig- oder hundertfache Ernte, die jene Samenkörner bringen, die auf gutes Erdreich fallen und dort wachsen und gedeihen können. Und so ist der Eröffnungsvers der heutigen katholischen Messe ein Wort der Freude:

„Freut euch alle im Herrn am Fest aller Heiligen; mit uns freuen sich die Engel und loben Gottes Sohn."

In der Ersten Lesung aus der Offenbarung des Johannes werden sie dann auch beschrieben, diese Heiligen Gottes, wie sie da kamen von allen Enden der Erde:

Sie standen in weißen Gewändern vor dem Thron und vor dem Lamm und trugen Palmzweige in den Händen. Sie riefen mit lauter Stimme: Die Rettung kommt von unserem Gott, der auf dem Thron sitzt, und von dem Lamm.

Im Matthäusevangelium erfahren wir noch eine andere Dimension dessen, was heilig genannt werden kann.

Mt 5,1–12a

Als er aber die Scharen sah, stieg er den Berg hinan. Und er setzte sich, und seine Jünger traten zu ihm. Und er öffnete seinen Mund, lehrte sie und sagte:
Selig die aus dem Geiste Armen,
denn ihrer ist das Königtum der Himmel.
Selig die Trauernden,
denn die werden ermutigt werden.
Selig die Sanften,
denn die werden das Land erben.
Selig die nach der Gerechtheit
Hungernden und Dürstenden,
denn die werden satt gemacht.
Selig die sich Erbarmenden,
denn die werden Erbarmen finden.
Selig die im Herzen Reinen,
denn die werden Gott sehen.
Selig die Friedenstifter,
denn die werden Söhne Gottes heißen.
Selig die um der Gerechtheit willen Gejagten,
denn ihrer ist das Königtum der Himmel.
Selig seid ihr, wenn sie euch fluchen und jagen
und betrügerisch allart Böses euch nachsagen um meinetwillen.
Freut euch und jubelt: Denn groß ist euer Lohn in den Himmeln.
So jagte man ja die Propheten, die vor euch gewesen.
(Übertragung: Fridolin Stier)

GLÜCK HABT IHR, IHR ARMEN, DENN FÜR EUCH IST DIE GOTTESHERRSCHAFT DA.

Diesen Vers aus den Seligpreisungen Jesu hat sich der heutige Kommentator als Titel ausgewählt. Franz Schobesberger, in Gmunden am Traunsee geboren, ist heute Pfarrer in Brunnenthal bei Schärding, von allen geschätzt und vor allem von den jungen Menschen geliebt, zu denen er schon immer einen besonderen Zugang hatte. Er ist seit seiner Studienzeit in Linz schwer hörbehindert, was ihn damals daran zweifeln ließ, ob er seiner frühen Berufung auch wirklich würde folgen können. Er hat seine Zweifel mit Bischof Zauner offen besprochen. Der aber meinte: „Na, na, Leute wie dich brauchen wir immer."

Das Arbeiterkind, das nun lernen mußte, mit einer schweren Beeinträchtigung zu leben, hat allerdings vielleicht gerade deswegen andere Sensibilitäten entwickelt, und wie ich erfahre, kann er besser zuhören als die meisten Gesunden. Schobesberger ist im Bereich der charismatischen Erneuerung seit vielen Jahren stark engagiert, aber nicht betriebsblind geworden, sondern sieht auch die Fehlentwicklungen und kritisiert sie offen.

In einem knappen Lebenslauf schreibt Pfarrer Schobesberger unter anderem: „Seelsorglich arbeite ich neben der Pfarreseelsorge viel als Vortragender für Seminare, Kurse, Einzelabende und als geistlicher Begleiter. Mein Ziel ist dabei besonders, daß die Kirche heute wieder mehr zu dem wird, was Jesus seinen Jüngern als Auftrag gegeben hat: umfassend befreiend und heilend zu wirken, um den guten Gott erfahrbar zu machen."

KOMMENTAR

Darf ich Sie heute morgen beglückwünschen? Vielleicht gelingt es, daß Sie hellwach werden, wenn ich Ihnen glaubhaft machen kann, daß Sie vielleicht auch zu denen gehören, die Glück haben. Und ich denke, Sie gehören dazu, vielleicht ohne es zu wissen.

Glück habt ihr, ihr Armen!

Na so was, werden sich die Zuhörer Jesu gedacht haben – und denken wir nicht genauso? Die Armen sollen Glück haben? Die haben doch Pech!

Wenn es uns in den folgenden Minuten geschenkt wird, mit anderen Ohren zu hören und mit anderen Augen zu sehen, als wir gewohnt sind, dann können wir das Glück verstehen, das Jesus gemeint hat.

Die Armut ist grausam und kein Wert an sich, sie muß beseitigt werden. Aber wie?

Indem Gott überall zur Herrschaft kommt, sagt Jesus. Wir könnten in unserer Sprache heute besser sagen: indem Gott überall Einfluß gewinnt. Und das nicht durch Wunder oder durch soziale Revolutionen, sondern durch Menschen, die den wahren Gott verstanden haben und es ihm gleichtun, die einfach anfangen, umfassend zu lieben.

Denn Gott offenbart sich als der Gute und will von den Menschen nichts anderes, keine großen Zeremonien und Opfer, sondern nur das einfache Gutsein.

Gott offenbarte sich Mose als Jahwe, und Jesus zeigte ihn als Abba – und beides heißt nichts anders als: Gott ist für den Menschen da!

Gott hört den Schrei der Armen in Ägypten und er sieht das andauernde Elend zu allen Zeiten. Er vertröstet nicht auf ein besseres Jenseits, sondern wirkt hier und jetzt durch jene, die seine Gesinnung hier und jetzt verwirklichen.

Die Armen jeder Art können so das Glück als erste erfahren, das sich verbreitet, wenn Menschen beginnen, wie der gute Abba zu handeln.

Jesus sagt darum: Gebt i h r ihnen zu essen, teilt euer Brot, heilt die Kranken, tut einfach Gutes, hier und jetzt – und Menschen werden glücklich.

Glück habt ihr, die ihr traurig seid und weint!

Warum? Man ist doch unglücklich, wenn man traurig ist und weint.

Weil ihr damit die von der Gesinnung Gottes Ergriffenen anzieht und erleben dürft, wie Trost schmeckt, meint Jesus.

Es gibt eine frühkindliche Grunderfahrung, die kein Mensch je vergißt: Hilflosigkeit.

Wurde ich in meiner Hilflosigkeit abgelehnt, abgeschoben, verurteilt, war Hilflosigkeit Schande? Dann werden Lebensangst und Besitzergreifen mich unbewußt bestimmen. Oder wirkte sie wie ein Magnet, Zuwendung, Erbarmen, Güte, Liebe anzuziehen? Dann wird hingebende Liebe wachsen können und Loslassen kein Problem sein. Dann wird diese Grunderfahrung des Geliebtseins nicht in sich verschlossen bleiben, sondern ausstrahlen.

So ist es hier wie bei den Armen: Die von Trauer und Tränen Erschöpften werden als erste erleben, wie sie durch Menschen, die ganz unter dem Einfluß des liebenden Gottes stehen, Trost erhalten. Wirklich, Glück haben sie!

Glück habt ihr Gewaltlosen, das Land wird euch gehören!

Welch eine Utopie, Länder wurden immer noch erobert, nicht von Gewaltlosen, sondern von Gewalttätern. Das wird wohl auch so bleiben. Damals gab es genug Leute, auch unter den Jüngern Jesu, die meinten, man müsse mit Gewalt Israel von der Römerherrschaft befreien. Jesus sah voraus, wohin dies führen werde – in die totale Zerstörung. Jesus kam von einem Gott, der ausnahmslos alle Menschen liebt, auch die verhaßten Römer, der sie nicht vernichten, sondern ebenso retten will wie sein Volk Israel. Rettung gibt es aber nur durch gewaltlose Liebe.

Ist es in Israel nicht heute noch dasselbe Problem?

Bei meinem letzten Israelbesuch sagte uns unser israelischer Begleiter ganz im Sinne Jesu: „Die Zukunft Israels und der Araber wird eine gemeinsame sein oder es gibt keine Zukunft."

Glück haben die, die das verstanden haben und es praktizieren! Und dies nicht nur in Israel, auch hier und jetzt in der eigenen Familie, mit den Nachbarn usw.

Glück habt ihr, die ihr Hunger und Durst nach der Gerechtigkeit leidet!

Man ist doch nicht glücklich, wenn man unter dem Wahnsinn des immer weiter fortschreitenden Unrechts in der Welt leidet!

Doch, sagt Jesus, denn der Anfang aller Änderung ist die Sehnsucht. Erst recht, wenn man die größere Gerechtigkeit verstanden hat, die erst dort anfängt, wo das Recht aufhört.

Darum meine ich, Glück haben auch Sie, wenn Ihnen diese Sehnsucht keine Ruhe mehr läßt. Nicht abzusehen, wieviel Gutes damit durch Sie noch geschehen wird!

Glück habt ihr, die ihr euch anderer erbarmt!

Zahlt man da nicht unentwegt drauf? Kommt mit lauter Erbarmen nicht das Chaos?

Das ist nicht die Sorge Jesu. Aber es kommt für jeden darauf an, Geborgenheit zu finden, angenommen zu werden, nicht der Verurteilung, sondern der Versöhnung zu begegnen. Vielleicht gehört es auch zu Ihren beglückendsten Erinnerungen, wenn Sie sich eines Menschen erbarmt haben, der an Ihnen schuldig geworden ist. Haben Sie dieses Glück der Befreiung, des Wiederauflebens, der neuen Beziehung schon verkosten dürfen? Wenn nein, dann wagen Sie den Schritt des Erbarmens so bald wie möglich!

Glück habt ihr, deren Herz lauter und deren Auge hell ist, Gott werdet ihr schauen!

Im Himmel? – Nein, hier und jetzt!

Da erzählte Jesus die schöne Geschichte vom barmherzigen Samaritan, dessen helles Auge sofort sah und dessen lauteres Herz spontan reagierte. „Mach es ebenso!" sagte Jesus zum Gottesgelehrten, der ihn gefragt hatte.

Wenn wir in wacher Bewußtheit und mit lauterem Herzen unterwegs sind, werden wir allenthalben den verborgenen Gott anwesend erleben und sein Wirken wahrnehmen. Ein Glück, so etwas – oder nicht?

Glück habt ihr, als Friedensstifter seid ihr Gottes Söhne und Töchter!

Da gehört ihr zu seiner Familie, denn der Vater ist aller Menschen Vater, und wie freut er sich, wenn seine Kinder sich vertragen und lieb haben. Niemand soll vernichtet, sondern alle sollen frei und heil werden! Das ist zwar eine harte Arbeit, und nicht wenige haben dabei sogar ihr Leben verloren. Die umgesetzte Theologie der Befriedung durch Befreiung und Versöhnung ist alles andere als ein Honiglecken.

Darf ich Ihnen aber verraten, daß jene Briefe zu den beglückendsten gehörten, in denen mir berichtet wurde, daß meine Ermutigung zu Vergebung und Versöhnung in eine Familie Frieden gebracht hatte? Ich wünsche Ihnen dieses Glück und ermutige Sie, mit Klugheit und Courage Frieden zu stiften.

Glück habt ihr, die ihr im Namen der Gerechtigkeit verfolgt werdet!

Ja, werden denn Übeltäter nicht zu Recht verfolgt? Ist das ein Glück?

Jesus meint hier nicht jene, die wegen ihrer eigenen Gerechtigkeit unschuldig verfolgt werden, sondern jene, die mit dem Recht in Konflikt gekommen sind.

Denken Sie bitte an das bereits Überlegte, dann wissen Sie sofort, warum diese Glück haben. Nicht? Sie haben Glück wie die Armen, Traurigen usw. Von Gottes Gesinnung Ergriffene werden sich nämlich spontan ihnen zuwenden, weil sie letztlich Arme sind. So werden sie den guten Gott erfahren, der nicht den Untergang des Sünders will, sondern sein Leben.

Haben Sie vielleicht das Glück selbst schon erlebt, wenn Sie mit dem Recht in Konflikt gekommen sind, und es hat Ihnen spontan jemand geholfen, einfach selbstverständlich, ohne etwas davon zu haben außer eigene Scherereien? War das nicht eine Glückserfahrung?

Glück habt schließlich ihr alle, die ihr wegen dieses einfachen Menschen, so nannte sich Jesus selbst, exkommuniziert werdet!

Ja, kann man denn da noch lachen und tanzen? Ist man nicht als Abgestempelter erledigt? Schaut nicht auf den Vordergrund, meint Jesus, sondern auf den Hintergrund!

Ist es nicht Grund zum Glücklichsein, zu wissen, daß kein Mensch euch aus der Gemeinschaft mit dem Abba exkommunizieren kann? Ist das nicht ein Glück, daß der Abba immer das letzte Wort haben wird, auch wenn euch andere noch so verdammen?

Laßt euch doch nicht verunsichern, der Abba steht immer zu euch – was wollt ihr noch?

Vielleicht war es mir möglich, Ihnen etwas von allen Heiligen nahezubringen.

Allen Heiligen, fragen Sie sich?

Natürlich, von denen haben wir ständig gesprochen! Das sind doch all diejenigen, die dieses Glück erlebt haben, sei es als Schenkende, weil sie von Gott ergriffen waren, sei es als Beschenkte, weil sie so dem lebendigen Gott begegneten.

Franz Schobesberger

Ein Text zum heutigen Fest Allerheiligen von P. Anton Rotzetter:

Sieben Sterne
in der Hand Gottes
die Engel im Himmel
und ihre Gemeinden auf Erden!
Wer könnte
die sieben Sterne entreißen
der Hand des lebendigen Gottes.

EINUNDDREISSIGSTER SONNTAG IM JAHRESKREIS

Das Sündenbewußtsein sei ausgeronnen in unserer Zeit, so hört man immer wieder, und das stimmt schon irgendwie. Wir neigen dazu, unser Verschulden, unsere Sünden wegzupsychologisieren, andere dafür verantwortlich zu machen. Besonders beliebt als Sündenböcke sind heute die Eltern, die auf jeden Fall irgend etwas falsch gemacht haben, und daher neige, so meint man, das erwachsen gewordene Kind eben zu diesem oder jenem Fehlverhalten, dieser oder jener Schwäche, die es der Versuchung leicht macht. Auch die Schule muß da oft herhalten, die Klosterschule, das Internat vorneweg. Da ist überall etwas dran, aber eben nicht alles. Wir sündigen schon selber, wir laden schon selber Schuld auf uns, und das Abschieben und Verdrängen führt zu gar nichts, da werden Sünden und Schuld nur verleitet, krebsartig zu wuchern, zuerst die Seele und dann auch den Körper krank zu machen.

Aber irgendwie ist auch das zu verstehen und geht nicht nur zu Lasten der allgemeinen Psychologisierung unseres Lebens. Es ist die Gegenbewegung zur strikten Beichtstuhlpraxis früherer Jahrzehnte, zur rigiden Schuldzuweisung und zu den massiven Drohgebärden kirchlicher Amtsträger.

Wir sollten uns auf dem Weg vom Ich zum Selbst ausklinken aus diesen Pendelbewegungen und durch unsere Tiefendimensionen hindurch mit klarem Blick auf den schauen, der uns bedingungslos liebt, auf den Vater des Erbarmens, auf den Sohn, den es sein Leben lang an die Seite der Sünder zog, und auf den Geist, der der Atem des Lebens ist und das Feuer der Liebe.

Auf diesen Gott zielt die Lesung aus dem Buch der Weisheit, in der es unter anderem heißt:

> *Du hast mit allen Erbarmen, weil du alles vermagst, und siehst über die Sünden der Menschen hinweg, damit sie sich bekehren. Du liebst alles, was ist, und verabscheust nichts von allem, was du gemacht hast; so hättest du es nicht geschaffen.*

Das ist er, unser Gott, wie ihn die Verfasser der Weisheitsbücher beschrieben und wohl auch erfahren haben. Ihm können wir es also ruhig überlassen, mit den Sündern dieser Welt umzugehen. Wir brauchen nicht zu rechten und zu richten, den Nächsten zu lieben, würde genügen.

HEUTE MUSS ICH BEI DIR GAST SEIN.

„Liebe deinen Nächsten, denn er ist wie du" ist ein inzwischen bekanntes Wort. Und wenn ich weiß, wie ich mit meiner Sünde, meiner Schuld umgehe, darf ich annehmen, daß auch der Sünder neben mir von Gott in die Tiefe geführt wird, wo er anfangen kann, mit seiner Schuld umzugehen.

Diese Grunderfahrung steht hinter dem Evangelium des heutigen einunddreißigsten Sonntags.

Lk 19,1–10

Und nach Jericho gekommen, wollte er hindurchziehen. Und da! Es war ein Mann, mit Namen Zachäus gerufen. Und der war ein Oberzöllner, und er war reich. Und er suchte zu sehen, wer Jesus ist, doch er konnte es nicht der Leute wegen; denn er war klein von Wuchs. Und so lief er nach vorn voraus und stieg auf einen Maulbeerbaum, um ihn zu sehen; denn dort sollte er hindurchziehen. Und wie Jesus an den Ort kam, blickte er auf und sprach zu ihm: Zachäus, schnell steig herab. Denn heute muß ich in deinem Hause bleiben. Und schnell stieg er herab und nahm ihn mit Freuden auf. Und die es sahen, nörgelten alle und sagten: Zu einem sündigen Mann ist er gegangen, um einzukehren. Zachäus aber stellte sich hin und sprach zum Herrn: Da! Die Hälfte von meinem Hab und Gut, Herr, gebe ich den Armen. Und wenn ich jemand ausgebeutet habe, gebe ich es vierfach zurück. Sprach Jesus zu ihm: Heute ist Rettung diesem Haus widerfahren, weil auch der ein Sohn Abrahams ist. Denn der Menschensohn ist gekommen, zu suchen und zu retten das Verlorene.

(Übertragung: Fridolin Stier)

Freuen wir uns über diese Frohbotschaft, daß liebende Zuwendung wohl eher zur Umkehr und zum Heilwerden führen kann als Vorwürfe, Schelte oder gar verbale oder tätliche Gewalt. An einem Mann in Jericho wirkt Jesus dieses Zeichen, über das sich nun P. Anton Rotzetter seine Gedanken macht und sie in kräftige Sprachbilder gießt.

Ohne Zweifel gibt es viele verruchte Männer und Frauen, Menschen, mit denen wir nichts zu tun haben wollen, die wir wie Aussätzige behandeln und deren Namen wir am liebsten vergessen möchten. Am schlimmsten sind die Handlanger des Bösen, Männer oder Frauen, die sich einspannen ließen für das böse Spiel, das man mit uns trieb. Es brauchen nicht unbedingt die unzähligen Stasi-Mitarbeiter sein, denen man heute in Deutschland gegenübersteht. Auch sonst gibt es überall – auch in unserem Alltag! – genügend Kollaborateure, die das Spiel des Bösen mitspielt haben, und deren Namen wir ausgespien und die wir ins Abseits gedrängt haben.

In diesem Zusammenhang ist mir eine Geschichte unter die Augen geraten, die mir zu denken gibt. Sergei Adamowitsch Kowaljow, der heutige Vorsitzende der Menschenrechtskommission Rußlands, hatte bekanntlich jahrelang in kommunistischen Gefängnissen zu leiden. Oft wurde er vom Lagerkommandanten Rak mißhandelt und geschunden. Doch eigenartig ist, wie Kowaljow mit diesem Mann umgeht. Kowaljow sagt: „Wenn ich an die religiöse Maxime glaube, daß nur das Letzte Gericht uns richten kann, woher soll ich dann wissen, daß der Hauptmann Rak schlechter ist als ich?" Wie anders sähe unsere Welt aus, wenn wir so dächten wie der russische Menschenrechtsverteidiger: Wenn es ein Letztes Gericht gibt, dann müssen Sie und ich ablassen von jedem Urteil. Das Letzte Gericht könnte es an den Tag bringen, daß ich schlechter bin als die Kollaborateure des Bösen!

Kowaljow fährt dann fort: „Jeder von uns bekommt eine gewisse Menge Gut und Böse mit auf den Lebensweg, und dafür dürfen wir den Menschen weder verurteilen noch loben. Sein einziges Verdienst ist, wie er mit diesen Geschenken in freier Entscheidung umgeht. Angenommen, der Hauptmann Rak hat sehr viel Böses in die Wiege gelegt bekommen, es jedoch während seines Lebens vermindert, und ich, der so viel Gutes erhalten habe, habe es vergeudet und mein Böses vergrößert. In diesem Fall bin ich schlechter als der bösartige und dumme Rak, auch wenn ich, Ehrenwort, bessere Taten als er vorzuweisen habe." Auch das ist bedenkenswert: Welche Startbedingungen hat der Handlanger des Bösen gehabt? Und welche habe ich gehabt? Möglicherweise hat der Böse viel mehr an sich gearbeitet als ich, der ich mich für so viel besser halte.

Und so fährt Kowaljow fort: „Ich will damit sagen: Wer bin ich schon, daß ich mir anmaßen könnte, über andere zu urteilen? Wir wissen doch kaum etwas voneinander, und im menschlichen Schicksal ist alles von Bedeutung.“ Wie gesagt, diese Geschichte gefällt mir, weil sie uns dazu bringen kann, das Urteil über andere, vor allem auch über jene, mit denen wir nichts zu tun haben wollen, Gott zu überlassen. Gott ist Richter – und keiner sonst!

Noch besser aber als Kowaljows Auffassung gefällt mir die Geschichte, welche das Lukasevangelium erzählt. Sie begnügt sich nicht einfach damit, das Urteil Gott zu überlassen. Sie greift vielmehr verändernd und wandelnd in die Geschichte ein.

Da ist Zachäus, der Zollpächter, wirklich ein Politverbrecher, eine Art Stasi-Mitarbeiter, ein Mann im Dienste der Besatzungsmacht, ein Ausbeuter und Blutsauger, wie er im Büchlein steht, ein verachteter Handlanger des Bösen. Niemand will mit ihm reden, keiner nennt ihn mit Namen; völlig beziehungslos lebt er draußen, ein Ausgestoßener, der an keinem Gottesdienst und an keinem Fest mehr teilnehmen darf. Zudem ist er klein, vielleicht ein Hinweis darauf, warum er anfällig war, von den Römern als Ausbeuter und Blutsauger benützt zu werden. Was wissen wir schon vom andern? fragte Kowaljow. Wenn jemand wegen seiner Körpergröße verachtet wird, wenn er sich deswegen als minderwertig erfährt, ergreift er dann nicht die erstbeste Möglichkeit, um sich zu profilieren, zu kompensieren, mit anderen Worten: groß zu sein, mächtig, und, wenn nicht geachtet, so doch wenigstens gefürchtet zu sein? Wissen wir wirklich, warum einer böse geworden ist? Sind wir vielleicht nicht sogar selber schuld daran?

Wie immer diese Frage zu beantworten ist, Jesus durchbricht die Mauern, die sich zwischen Zachäus und seinen Volksgenossen aufgerichtet haben. Er sieht ihn, er nimmt ihn wahr – droben auf dem Baum und in seiner innersten Sehnsucht. Jesus sieht tiefer, und mit ihm sollten auch wir die Oberfläche durchstoßen und in die Abgründe hineinschauen. Mehr noch, Jesus ruft ihn beim Namen, er läßt ihn gelten, läßt ihn wieder existieren, das heißt: Jesus läßt ihn aus der Namenlosigkeit heraustreten. Er meint ihn, Zachäus, keinen anderen, sondern ihn, den Verachteten – und mit Jesus sollten auch wir die Namen wieder füllen mit Zuwendung und Liebe. Jesus holt ihn zurück aus der Sonderexistenz droben auf dem Baum und außerhalb der Volksgemeinschaft. Er ißt mit ihm, er trinkt mit ihm, er spricht mit ihm, er lebt mit ihm. Jesus hebt alle Exkommunikation auf! Er will, daß er nicht mehr draußen steht, nicht mehr einsam ist, nicht mehr beziehungslos danebensteht. Und daran ist abzulesen, ob wir wirklich Christen sind, ob wir fähig sind, die vielen unausgesprochenen und wirklichen Exkommunikationen aufzuheben. Die Menschen am Rande müssen in die Mitte zurückgeholt werden! Was hat die Kirche denn verstanden, wenn sie sogar selbst immer wieder exkommuniziert und ausschließt? Nichts, gar nichts hat sie verstanden! Jesus holt die Ausgeschlossenen und Ausgestoßenen zurück. Und nur wenn die Kirche es ihm gleichtut, ist sie erkennbar die Kirche Jesu Christi!

Wir dürfen aber nicht einfach bei diesem Postulat stehenbleiben. Die Geschichte, die das Evangelium erzählt, ist ja gar noch nicht zu Ende. Sie enthält ein Happy-End: Zachäus wandelt sich, er wird ein guter Mensch. Aus dem Handlanger des Bösen wird ein Mitspieler des Guten. Er wendet sich seinen Opfern zu und macht mehr als wieder gut, was er ihnen Böses angetan hat: Er gibt ihnen das Vierfache zurück. Und dann wendet er sich den Armen zu und macht mit ihnen „Halbe-halbe". Zachäus wird ein echter Jünger Jesu, und viele vermuten sogar, daß er mit dem Evangelisten Matthäus identisch ist.

Wie immer: Wir haben weit mehr in der Hand als das, was der Menschenrechtler Kowaljow erzählt. Und Kowaljow ist ja wahrlich schon bewunderungswürdig! Wir brauchen nicht darauf zu warten, bis der Sankt-Nimmerleins-Tag, das Letzte Gericht, kommt und die wahren Verhältnisse zwischen Gut und Böse herausstellt. Wir können jetzt schon etwas verändern: Wir können uns zuwenden, wir können integrieren, wir können Ausgestoßene zurückholen, wir können unsere Beziehungsfähigkeit ausloten. Die liebende Zuwendung verändert das Antlitz der Erde – und zwar hier und jetzt! Heute, nicht erst morgen, heute soll der Böse Heil erfahren. Auch er ist ein Sohn Abrahams.

Anton Rotzetter

Salz werden, Licht sein, die Liebe zum Leuchten bringen, damit sie den anderen strahlt, den Nächsten und Fernsten, den Brüdern und Schwestern – so und nur so werden wir in Gottes Namen das Antlitz der Erde verändern. Möglich wär's.

ZWEIUNDDREISSIGSTER SONNTAG IM JAHRESKREIS

Die Frage, was sein sein, wie es sein wird und ob überhaupt etwas sein wird, wenn der Tod Ernst macht mit dem Leben eines Menschen, das ist eine der tiefsten, existenziellsten Fragen der Menschheit. Es ist schwer, sich vorzustellen, daß mit dem Tod überhaupt alles aus ist, daß unser Wesen endgültig endet und nichts bleibt außer dem bißchen Biomasse, das da in die Erde gesenkt oder verbrannt wird, je nach den Riten der Völker. Ebenso schwer ist es aber, sich vorzustellen, wie es mit einem Leben nach dem Tode sein wird, was wir dann sein werden. Und selbst jene, die sich an der Idee der Wiedergeburt festmachen, sind sich unsicher. Erst vor kurzem sagte mir die bekannte, aus Berlin stammende buddhistische Nonne, die Ehrwürdige Ayya Khemma, auf eine diesbezügliche Frage: „Man sollte das nicht so eng sehen, wie viele das tun, daß einfach ihre Seele sich einen neuen Leib sucht und hineinschlüpft, um wieder und wieder von vorne zu beginnen. Unser Wesen bleibt, und Spuren, Teile dieses Wesens können dann wieder einmal aufstrahlen im Leben."

Dann, jedenfalls, wenn es für unser menschliches Begreifen nicht mehr erkennbar ist, werden wir es wissen, und bis dahin sollten wir es voll Vertrauen annehmen, daß unser Gott ein Gott des Lebens ist und uns nur verwandeln, aber nicht im Tod belassen wird.

ER IST KEIN GOTT DER TOTEN, SONDERN DER LEBENDEN.

Und so erscheint es mir sicher, daß wir das Leben haben werden, das Leben in Fülle, auch wenn uns der Durchgang, der Übergang nicht erspart bleiben wird. Und das ist gut so, denn die Vorstellung, daß das Leben, so wie es ist, immer und immer weitergeht, ins Unendliche verlängert wird, das ist zumindest für mich eine reale Vorstellung der Hölle. Das war in etwa auch die Vorstellung einer politisch-religiösen Gruppierung zur Zeit Jesu. Die Sadduzäer, wie sie sich nannten, meinten, das Leben der kommenden Welt wäre nur eine Verlängerung des gegenwärtigen. An Jesus aber wandten sie sich mit einer Frage nach der Auferstehung der Toten, nicht, um eine Antwort von ihm zu bekommen, sondern um ihn vor aller Welt lächerlich zu machen.

Es kamen einige der Sadduzäer, die ja bestreiten, daß es eine Auferstehung gibt, und sie fragten ihn und sagten: Lehrer, Mose hat uns vorgeschrieben: Wenn einem der Bruder stirbt – der beweibt, aber kinderlos ist – so nehme dessen Bruder die Frau und lasse einen Sproß seinem Bruder erstehen. Nun waren da sieben Brüder: Der erste nahm eine Frau und starb kinderlos. Und der zweite, auch der dritte nahm sie. Und in gleicher Weise ließen alle sieben keine Kinder zurück und starben. Schließlich starb auch die Frau. Die Frau nun – wessen Frau wird sie bei der Auferstehung? Es hatten sie ja die Sieben zur Frau. Da sprach Jesus zu ihnen: Die Söhne dieser Weltzeit heiraten und werden geheiratet; die aber für wert befunden wurden, jene Weltzeit und die Auferstehung von den Toten zu erlangen, heiraten nicht und werden nicht geheiratet. Sie können ja auch nicht mehr sterben; denn engelgleich sind sie; und als Söhne Gottes: der Auferstehung Söhne. Daß aber auferweckt werden die Toten, hat auch Mose beim Dornbusch angedeutet, da er sagt: Der Herr ist der Gott Abrahams und Gott Isaaks und Gott Jakobs. Er ist aber kein Gott von Toten, sondern von Lebenden; denn alle leben ihm.

(Übertragung: Fridolin Stier)

Der deutsche Jesuit P. Martin Maier ist schon einige Male in der Sendereihe „Erfüllte Zeit" zu Wort gekommen, einmal, als er nach sechs Lehr- und Arbeitsjahren aus El Salvador zurückkehrte, dann nach einem halbjährigen Studienaufenthalt in einem Jesuitenkolleg in Indien, und zuletzt von der Generalkongregation der Jesuiten in Rom. Inzwischen hat der wanderlustige Pater eine gewisse stabilitas loci wiedergewonnen und arbeitet für die Jesuiten-Zeitschrift „Stimmen der Zeit" in München.

KOMMENTAR

Eine europäische Wertestudie aus dem Jahr 1990 ergab, daß in Österreich 45 Prozent der Bevölkerung an ein Leben nach dem Tod glauben. 40 Prozent glauben an den Himmel, aber nur 18 Prozent an die Hölle. Für 41 Prozent der befragten Österreicher und Österreicherinnen gibt es eine Auferstehung nach dem Tod, 24 Prozent halten es mit dem

Glauben an eine Wiedergeburt. Diese für mich überraschend hohen Zahlen lassen einige Überlegungen zum Leben nach dem Tod gar nicht so aus der Welt erscheinen. Diese Frage steht ja in unserem heutigen Evangelientext zur Debatte.

Doch bevor wir dem nachgehen, sei zuerst zugegeben, daß in der kirchlichen Verkündigung mit der Vertröstung auf das Jenseits und das ewige Leben auch schon viel Schindluder getrieben worden ist. Zu Recht haben Religionskritiker wie Karl Marx darauf hingewiesen, daß eine solche Vertröstung leicht zum Opium werden kann; man stellt damit das Volk ruhig und zementiert ungerechte soziale Verhältnisse.

Hauptinhalt der Predigt und des Tuns Jesu war ja auch nicht das Jenseits. Er stand mit beiden Beinen in der Wirklichkeit dieser Welt und zog sich nicht wie etwa die Sekte der Essener in die Wüste zurück, um dort auf das Hereinbrechen des Weltendes zu warten. Sein Glaube an den Vater-Gott, in dem auch die Toten geborgen sind, war für ihn die Grundlage, das Kommen des Reiches Gottes in dieser Welt zu verkünden. So meine ich, daß ein richtig verstandener Glaube an ein ewiges Leben im Jenseits eigentlich erst frei dafür macht, sich für eine Veränderung und Vermenschlichung unserer diesseitigen Welt einzusetzen.

Nicht von allen geteilt wurde der Glaube an eine Auferstehung der Toten schon zur Zeit Jesu. Zu diesen Zweiflern gehörte die religiöse Partei der Sadduzäer, die nur die fünf Bücher Mose als Heilige Schrift akzeptierten. In diesen Büchern meinten sie keine Hinweise auf eine Auferstehung der Toten zu finden. So konstruieren die Sadduzäer einen besonders komplizierten Fall, mit dem sie beweisen wollen, daß der Glaube an eine Auferstehung überhaupt sinnlos ist. Doch Jesus widerlegt sie sozusagen mit ihren eigenen Waffen, indem er nachweist, daß sich Gott dem Mose schon im brennenden Dornbusch als ein Gott offenbart, für den auch die Toten lebendig sind.

Mich erinnert dieser Satz an eine der schönsten Beschreibungen Gottes durch Bartolomé de Las Casas, den großen Verteidiger der lateinamerikanischen Indios. Nach seiner Bekehrung vom Eroberer zum Apostel der Indios erkannte er Gott als denjenigen, „der sich am lebendigsten an den Kleinsten erinnert". Auch die Eroberung Lateinamerikas wurde ja in einer verhängnisvollen Jenseitsideologie damit gerechtfertigt, daß man den heidnischen Indios das Evangelium und die Taufe bringen müsse, um so ihre Seelen vor der Hölle zu retten. Las Casas argumentierte dagegen mit der für seine Epoche sehr kühnen Aussage: „Besser ein ungetaufter Indio, der lebt, als ein getaufter Indio, der umgebracht wird." Zu

Recht sieht die Theologie der Befreiung in Bartolomé de Las Casas ihren frühesten Vorläufer in Lateinamerika.

Mich beschäftigt noch ein anderer Aspekt im heutigen Evangelium. Man könnte meinen, daß Jesus in seiner Antwort an die Sadduzäer die Ehe und überhaupt die Liebe zwischen Mann und Frau relativiert. Doch wenn Jesus tatsächlich relativierend sagt „Nur in dieser Welt heiraten die Menschen", so meint er damit die Ehe im engeren Sinn als eine gesetzliche Institution, eben im Sinn der Sadduzäer. Damit wertet er die Ehe nicht herab, sondern bringt zum Ausdruck, daß wir im ewigen Leben so zu lieben fähig sein werden, daß es der Institution der Ehe als einem geschützten und bevorzugten Raum der Liebe nicht mehr bedarf.

Ein Fehler der Sadduzäer besteht darin, daß sie das ewige Leben als eine bloße Fortsetzung dieses Lebens verstehen. Doch Jesus weist darauf hin, daß im Übergang ins ewige Leben eine geheimnisvolle Verwandlung geschieht: Die Menschen werden den Engeln gleich und zu Söhnen und Töchtern Gottes. Vieles von der Wirklichkeit, wie wir sie jetzt kennen, wird nicht bleiben. So werden wir nicht in derselben Leiblichkeit einfach weiterexistieren. Unser vergänglicher Leib wird zur Unvergänglichkeit verwandelt werden. Ähnlich wird die Zeit nicht bleiben, sondern in die Ewigkeit aufgehoben werden. Richtig vorstellen können wir uns das nicht. Deshalb spricht Paulus auch im Zusammenhang mit der Auferstehung von einem mysterion, einem Geheimnis. Doch es kann dabei nicht um einen absoluten Bruch zwischen zwei Welten gehen. Irgendeine Ähnlichkeit muß bleiben. Es muß eine Brücke zwischen den Welten geben. Unsere Identität als Person wird auch im ewigen Leben bewahrt bleiben.

Was ist nun dieses, das über die Zeit hinaus auch in die Ewigkeit hineinreicht? Was ist es, das bleibt? Ich meine, daß die Sadduzäer mit ihrem Beispiel ungewollt auch die Richtung für eine Antwort auf diese Fragen weisen. Die Brücke zwischen Zeit und Ewigkeit ist die Liebe. Wo Menschen einander echt und tief lieben, reichen sie schon in die Ewigkeit hinein. Für die Liebenden gibt es keine Zeit. Eine gute Freundin schrieb mir vor kurzem in einem Brief: „Manchmal stelle ich mir vor, daß wir in der Ewigkeit damit beschäftigt sein werden, alle Menschen, die es gibt und gab und geben wird, so zu entdecken, zu erkennen, zu lieben, wie Gott das tut, der sie in Liebe erfunden hat, so wie uns das jetzt schon ab und zu mit einem Menschen widerfährt." Die Liebe vermag die Ewigkeit schon in unsere Zeit zu verschieben. Martin Buber hat diese Erfahrung wunderbar poetisch beschrieben: „Wenn ein Mann mit seiner Frau innig beisammen ist, sind sie von der Sehnsucht der ewigen Hügel umweht."

Martin Maier

Es ist verständlich, daß in dieser dunkleren Zeit des Jahres, da die Nächte immer tiefer und länger werden und die Tage kurz und flüchtig erscheinen, die Gedanken vom Sterben der Natur auf unseren eigenen Tod hinlenken. Ich finde es sogar gut, ja notwendig, das auch zuzulassen, das hat nichts mit Depression zu tun und ist kein Grund zu Traurigkeiten. Zu Depressionen führt eher das andere, das ständige Verdrängen unserer Endlichkeit, das Wegschieben und Zudecken des Todes, der ja Teil unseres Lebens ist, ein ganz wesentlicher Teil des Lebens sogar. Er kann aber nur dann ein guter Teil des Lebens sein, wenn wir ihn schon im Leben mittragen, mitten in den hellen, sonnigen Tagen.

P. Anton Rotzetter schrieb diesen Text, den ich Ihnen weitergeben möchte zum eigenen Nachsinnen:

Mitten im Leben der unausweichliche Tod.
Mitten in der Kraft das sichere Ende.
Mitten in der Freude die unerbittliche Grenze.
Mitten in der Arbeit die drängende Zeit.
Gott
laß mich der Wahrheit meines Lebens begegnen.

DREIUNDDREISSIGSTER SONNTAG IM JAHRESKREIS

Am Ende des Kirchenjahres, das mit dem heutigen dreiunddreißigsten und damit letzten Sonntag im Jahreskreis ganz nahe gerückt ist, verweist uns die Kirche auf den Tag des Herrn, auf den Tag seiner offenbaren Ankunft, die uns als Ende der Weltzeit verkündet wird. Es ist der Tag der Rechenschaft, der Tag, der uns schon im Alten Testament, im Buch Maleachi, als ein Tag genannt wird, der „brennt wie ein Ofen", in dem die Überheblichen und die Frevler wie Spreu ausgesondert und verbrannt werden. „Für euch aber", heißt es weiter, „die ihr meinen Namen fürchtet, wird die Sonne der Gerechtigkeit aufgehen, und ihre Flügel bringen Heilung." Gott also wird uns einmal mehr als Richter und als Retter beschrieben, und die Entscheidung, ob er uns so oder so begegnen wird, liegt ganz bei uns selber, auch das wird uns klargemacht.

Die Zeit, da Jesus in Galiläa gelehrt hat, in Jerusalem getötet wurde und am dritten Tage auferstanden ist, wurde von den frommen Juden, aber auch von den Jüngern Christi ganz allgemein als Endzeit verstanden. „Kehrt um, denn das Reich Gottes ist nahe", verkündete Johannes, und auch Jesus griff diese mahnenden Worte immer wieder auf. Und als Jesus dann zu seinem Vater heimgekehrt war, meinten alle, nun könne es überhaupt nicht mehr lange dauern. Sie glaubten, daß es noch in ihrer Lebenszeit geschehen würde. Diese Naherwartung des Weltenendes barg für viele auch eine Gefahr in sich, die Gefahr nämlich, das Leben, den Alltag gering zu achten und nur noch wie gebannt in das Dunkel der Zukunft zu schauen. Da war es vor allem Paulus, der sie immer wieder ermahnte, der ihnen immer wieder einhämmerte, daß jeder Tag sein Recht habe, daß jeder Augenblick des Lebens voll verantwortlich gelebt werden wolle und daß nicht irgendwann am Ende der Welt die große Entscheidung falle, sondern jetzt und hier und heute. Wie damals gilt dies auch heute, denn der Herr kommt wie ein Dieb in der Nacht, und niemand weiß den Tag und die Stunde. Wachsam gilt es zu sein. Die Zeichen der Zeit gilt es zu erkennen, und jederzeit gilt es bereit zu sein.

VOR ALLEM ABER WERDEN SIE HAND AN EUCH LEGEN UND EUCH JAGEN UND AUSLIEFERN.

Der Südtiroler P. Ewald Volgger, Leiter des Besinnungszentrums des Deutschen Ordens im Weggensteiner Turm in Bozen, wird das heutige Evangelium nach Lukas, diese Endzeitapotheose, für uns auslegen. P. Ewald Volgger ist Professor für Liturgie an der Theologischen Fakultät der Diözese Brixen, hat also in seinem Leben sowohl die wissenschaftliche wie die spirituelle Dimension zum Blühen gebracht. „Richtet euch auf und erhebt euer Haupt, denn eure Erlösung ist nahe. Halleluja!" Mit diesem Hoffnungsruf bereitet uns die katholische Liturgie heute auf das in überwiegend dunklen Farben gehaltene Evangelium vor.

Lk 21,5–19

Und als einige vom Heiligtum redeten, wie es mit schönen Steinen und Weihegeschenken geschmückt sei, sprach er: Was ihr da schaut: Es werden Tage kommen, an denen nicht Stein auf Stein gelassen wird – keiner, der nicht wird heruntergerissen.

Sie aber fragten ihn und sagten: Lehrer, wann also wird das geschehen? Und was ist das Zeichen, wann das geschehen wird? Er aber sprach: Blickt um euch, laßt euch nicht in die Irre führen. Denn viele werden unter meinem Namen kommen und sagen: Ich bin es! Und: Die Zeit ist genaht! Lauft ihnen nicht nach.

Wenn ihr aber von Kriegen und Krawallen hört, laßt euch nicht einschüchtern. Denn dies muß zuerst geschehen – aber nicht sogleich ist das Ende. Dann sagte er zu ihnen: Erheben wird sich Volksgemeinschaft gegen Volksgemeinschaft und Königtum gegen Königtum. Gewaltige Erdbeben wird es geben und von Ort zu Ort Seuchen und Hungersnöte, und Fürchterliches wird es geben und vom Himmel her gewaltige Zeichen.

Vor all dem aber werden sie Hand an euch legen und euch jagen, ausliefern an die Synagogen und Kerker, schleppen zu Königen und Statthaltern – um meines Namens willen. Gereichen wird es euch zum Zeugnis. Stellt also eure Herzen darauf ein, für eure Verteidigung nicht vorzusorgen. Denn ich selber werde euch Mund und Weisheit geben, der all eure Widersacher nicht werden widerstehen oder widersprechen können. Ausgeliefert werdet ihr sogar von Eltern und Brüdern und Stammesgenossen und Freunden. Und manchen von euch werden sie den Tod antun. Und ihr werdet gehaßt sein von allen um meines Namens willen. Und doch

wird nicht ein Haar von eurem Kopf verlorengehen. In eurem Aus-
harren werdet ihr euer Leben gewinnen.

(Übertragung: Fridolin Stier)

KOMMENTAR

Wort Gottes, das beängstigend ist und zugleich Kraft und Hoffnung
schenkt. In dieser Spannung höre ich die Worte Jesu, wie sie Lukas überliefert. Wohin aber mit der Angst, die aufkommt bei einer solchen Warnung; wieviel Trost und Zuversicht vermögen Jesu Worte uns
zu geben?

Lukas schrieb sein Evangelium und die Apostelgeschichte etwa zwischen 85 und 90 im Süden Griechenlands. Im Jahre 64 hat es die erste
große Christenverfolgung gegeben; sechs Jahre später eroberte der römische Kaiser Jerusalem und ließ den Tempel, das Symbol des Glaubens
und den Ort der besonderen Gegenwart Gottes, zerstören. Die Jünger
Jesu und die jüdischen Autoritäten wurden von den römischen Machtha-
bern verfolgt.

Im Blick auf das zerstörte Jerusalem erlebt Lukas, wie er und alle Christen der Verfolgung ausgesetzt sind, und er erinnert sich an den Ausspruch Jesu: „Es werden Tage kommen, an denen nicht Stein auf Stein
gelassen wird." Das ist eine Mahnung; die Verwirklichung der Botschaft
Jesu und die Gestaltung des Glaubens nicht zu stark an Äußerlichkeiten,
an Bauten und Institutionen zu hängen, denn Bauten und menschliches
Machwerk sind vergänglich. Gleichzeitig sagt Jesus voraus, daß sich die
Völker gegeneinander erheben werden, daß es Naturkatastrophen geben
wird, Seuchen und Hungersnöte. Und das Schlimmste: Man wird den
Christen nach dem Leben trachten, sie jagen, ausliefern und sie vor die
Machthaber schleppen.

Ist uns bewußt, daß wir unseren Glauben leben, weil die Apostel und
Jünger in dieser drastischen Verfolgungssituation sich nicht beirren haben lassen? Eine endlose Kette der urchristlichen Märtyrer wäre hier an-
zuführen. Sie wurden hingerichtet, weil sie eine Botschaft der Liebe und
des Friedens, der Solidarität und des Machtverzichts weitergaben, die ihr
Herz berührt und erfaßt hat in einer Weise, daß sie nicht mehr schweigen konnten. Eine Botschaft und ein Leben, die zum Anstoß wurden für
Mächtige und Andersdenkende, die mit Gewalt und Machtmißbrauch die

Menschen unterdrücken, sie versklaven und knechten und der Freiheit berauben. Das geschieht im Politischen wie im Religiösen.

Die trostvolle Botschaft Jesu nun besteht darin, daß er allen Christen, die um ihres Glaubens willen verfolgt werden, sagen will, daß sie in ihrem Bekenntnis feststehen und geduldig ausharren mögen, weil sie in jeder noch so schweren Situation mit dem Beistand des Geistes Gottes rechnen dürfen. Wenn Christus in uns west und durch uns lebt in Form einer Herzensverbundenheit, dann besteht Hoffnung, durch die Kraft der Beziehung Situationen der Verfolgung und des Infragegestelltwerdens zu bestehen.

In wahrhaft staunenswerter Weise haben Christen quer durch die Jahrhunderte diese Kraft der Beziehung erfahren. Märtyrer wie Thomas Morus, Johannes Nepomuk, Maximilian Kolbe, Dietrich Bonhöffer, die ermordeten Jesuiten von Nicaragua und viele andere sind Zeugen dafür, wie sehr Christus in den Herzen der Menschen wirkt, wie die Flamme des Geistes brennt, wenn Glaube und Menschlichkeit und die wahren Werte des Lebens bedroht sind. Gleichzeitig aber wird uns erschreckend bewußt, wie brutal Menschen miteinander umgehen.

So paradox es klingen mag: Kein Martertod wird umsonst gestorben. Die Zeugniskraft einer Lebenshingabe um des Glaubens willen, die mit dem Tod Jesu begonnen hat, bleibt bestehen. Die physische Hinrichtung eines Menschen ist ein Leichtes; der Geist, das Wesen des Menschen, aber läßt sich nicht hinrichten: er bleibt lebendig in Gott geborgen, denn durch den Tod – wie auch immer – werden wir in die endgültige Liebesgemeinschaft mit Gott geführt. Das Blutzeugnis wirkt weiter als Kraft und Ermutigung, zugleich Herausforderung zum eigenen Zeugnis. So wächst in mir, trotz ängstlicher Gedanken, die Dankbarkeit für alle Zeugen des Glaubens.

Meine Gedanken gehen dabei zu Menschen, denen ich selbst begegnet bin. Ich sehe immer noch die Augen eines jungen Mannes aus Kasachstan vor mir, der mir von den Verfolgungen und Schikanen erzählte, weil er den Glauben lebte, den er von der Großmutter gelernt hatte. Ich denke an einen Flüchtling aus Rumänien, den ich im Wald in einem kleinen Zelt angetroffen habe, weil er flüchten mußte vor den Schergen des Staates. Ich denke an die Christen in China oder in Südamerika, die immer wieder um ihr Leben bangen, weil sie sich im Namen Gottes für Gerechtigkeit und Menschlichkeit einsetzen. Wem verübelt man unter solchen Umständen eine überzeugte Theologie der Befreiung? Sie wollen es nicht einfach zur Kenntnis nehmen, daß in den Folterzellen die Würde des Menschen im wahrsten Sinne des Wortes mit Füßen getreten wird; sie schreien auf gegen den Reichtum weniger, um die Armut und die Not vieler zu lindern. Es schmerzt mich aber auch, daß es in Europa Christen gibt, die sich gegenseitig den Kampf ansagen und morden.

Weiters denke ich an die Christen unter uns, die in ganz subtiler Weise in ihrem Glauben unterdrückt und in Frage gestellt werden. Oft genug ist es der eigene Ehepartner, der Vater oder die Mutter, der Bruder oder der Freund, der sich über die Ergriffenheit oder die Sehnsucht nach Kraft im Glauben lustig macht oder der Mitarbeiter am Arbeitsplatz, der sich über eine Glaubensbekundung höhnisch äußert. Dabei tragen doch die meisten Menschen die Sehnsucht nach Angenommensein, nach Frieden und Gerechtigkeit, nach Geborgenheit und Wertschätzung in sich. Dennoch werden diese Grundwerte, die Gott in den Menschen hineingelegt hat, damit sie sich für den Menschen entfalten, oft genug vergessen, mißachtet und ins Gegenteil verkehrt.

Die Verheißung Jesu gilt: „In eurem Ausharren werdet ihr das Leben gewinnen." Und dann seid ihr selig zu preisen.

Was ich mir und uns allen im Gebet wünsche: Daß uns der Herr Kraft gebe, wenn es einmal nötig sein wird, und uns die Angst nehme, die uns lähmen könnte, zu ihm zu stehen.

Ewald Volgger

In dem Dokument „Über die Kirche und die Welt von heute" hat das Zweite Vatikanische Konzil auch zu der von Lukas beschriebenen Endzeiterwartung Stellung genommen. Wörtlich heißt es da: „Den Zeitpunkt der Vollendung der Erde und der neuen Menschheit kennen wir nicht. Auch die Art und Weise, wie das Universum umgestaltet werden soll, wissen wir nicht. Die Wahrheit aber verfehlen jene Christen, die meinen, sie könnten ihre irdischen Pflichten vernachlässigen, weil wir hier ja keine bleibende Stätte haben. Sie verkennen, daß sie durch den Glauben erst recht aufgerufen sind, ihre Pflicht zu erfüllen. Ein Christ, der seine irdischen Pflichten vernachlässigt, versäumt seine Verantwortung gegenüber dem Nächsten, seine Mitverantwortung für die Welt und verletzt damit das Gebot der Gottesliebe und bringt sein ewiges Heil in Gefahr."

Natürlich sollen wir lernen, „Vorübergehende" zu werden, unser Ego und alles Haben loszulassen, leichtfüßig durch unsere Lebenszeit zu gehen, aber die Verantwortung für den Nächsten, für alle und alles, die bleibt und sollte uns von Tag zu Tag wichtiger werden, denn sie ist Gottesdienst.

CHRISTKÖNIG

Und wieder sind wir gemeinsam an das Ende eines Kirchenjahres gekommen. Anders als in anderen religiösen Traditionen, in denen das
Göttliche meist kosmisch definiert wird, wird in der jüdisch-christlichen
Tradition Gott mit weltlichen Herrschaftsinsignien ausgestattet, wird er
zum eigentlichen König der Welt, zum König seines Volkes. Jahwe hat
seinem Volk, das er aus dem Sklavenhaus befreit hat, zwar die Einset-
zung eines Königs erlaubt, aber er selbst ist und bleibt der König Israels,
ihm sind die weltlichen Mächte verantwortlich. Auch in der Person Jesu
bleibt er König, läßt er den Anbruch seines Reiches, eines Reiches des
Friedens und der Versöhnung verkünden. Der Engel sagt es schon Maria
zu, daß das Kind, das sie durch die Kraft des Geistes empfangen soll,
groß sein und Sohn des Höchsten genannt werden wird: „Gott, der Herr,
wird ihm den Thron seines Vaters David geben. Er wird über das Haus
Jakob in Ewigkeit herrschen, und seiner Herrschaft wird kein Ende sein."
Später allerdings werden diese großen Worte scheinbar durch das Kreuz
Lügen gestraft, aber auch da, bis hinauf aufs Kreuz, bleibt er der König
der Juden – wenn es auch nur noch Spott ist und Hohn.

Da sind sie wieder, all die bekannten Bilder, die römischen Soldaten,
die ihn durch das Burgtor stießen, die ihm lachend und höhnend einen
Kranz aus Dornen als Krone aufs Haupt setzten, ihm einen Bambusstock
als Zepter in die Hand drückten und begannen, um ihn herumzutanzen,
unter Spottworten das Knie vor ihm zu beugen und ihn anzuspucken.
Bei Raymund Schwager lese ich zu dieser Szene: „Als die Soldaten zur
Geißel griffen, erschienen sie ihm unter seinen Schmerzen wie ein gewaltiges Meer, das von Gog und Magog, von allen vier Enden der Welt
heranzog. Das Böse traf ihn mit voller Wucht in seinem Leib, und die
Anklage auf Gotteslästerung machte ihn für Israel und inmitten der Völker zum Fluch. Seine Seele erbebte, wie Bäume im Wald zittern, und das
Herz drehte sich in seinem Leibe." Und irgendwann, viele Stunden später, fiel aus all dem Geschrei und Gekreische, das ihn umtobte, ein neuer, ein ganz anderer Satz: „Jesus, gedenke meiner, wenn du in dein Königtum heimkommst." Labsal für seine zerfetzte Seele, und er sagte:

NOCH HEUTE WIRST DU BEI MIR IM PARADIESE SEIN.

Und das Volk stand da und schaute zu. Die Nase rümpften aber auch die Anführer und sagten: Andere hat er gerettet, rette er doch sich selber, wenn er der ist – der Messias Gottes, der Auserwählte. Es verhöhnten ihn aber auch die Soldaten, indem sie herantraten, ihm Essigwein brachten. Und sie sagten: Wenn du der König der Juden bist, so rette dich selbst! Es war da auch eine Aufschrift über ihm: Der König der Juden ist er. Einer der gehenkten Übeltäter aber lästerte ihn und sagte: Bist nicht du der Messias? Rette dich und uns! Da hob an der andere, herrschte ihn an und sagte: Nicht einmal Gott fürchtest du, da du doch unter demselben Richtspruch bist. Und zwar wir gerechterweise. Denn: Was unser Machwerk wert ist, empfangen wir – der aber hat nichts Unrechtes gemacht. Und er sagte: Jesus, gedenke meiner, wenn du in dein Königtum kommst. Und er sprach zu ihm: Wahr ist's, dir sage ich: Noch heute wirst du mit mir im Paradiese sein.

(Übertragung: Fridolin Stier)

Ein zweiter Beitrag aus dem Weggensteiner Turm in Bozen ist bei mir eingetroffen. Sr. Reinhilde Platter, die Seele in diesem Haus der Besinnung und Begegnung des Deutschen Ordens, hat sich das Evangelium zum Christkönigs-Sonntag ausgewählt. Ihre Gedanken sind vom Strahlen ihrer liebevollen und warmen Persönlichkeit getragen.

KOMMENTAR

Wenn das Fest Christkönig ansteht, muß ich an eine Begegnung denken: An einem Morgen früh klingelte es an der Haustür im Turm, in dem ich wohne. Ein Student wollte schnell vorbeischauen, um mit mir sein Glücklichsein zu teilen. Daß er sich sehr glücklich fühlte, war ihm ins Gesicht geschrieben. „Ich kann wieder glauben – ich habe Gott in Jesus gefunden", strahlte er mir entgegen. Eine ungemeine Liebeskraft umgebe und erfülle ihn, sie sei plötzlich über ihn gekommen und habe ihn verwandelt. Ich spürte die Kraft, die aus seinem Umfaßtsein von der Liebe Jesu wie Funken auf mich übersprang. Das Wort Gottes, was konnte es ihm bisher schon bedeuten im Vergleich zu seinen Wünschen und Träumen. Nun aber ist es für ihn lebenswichtig geworden. Im Studium und im Beruf setzt der junge Mann neue Akzente. Die Begegnung mit dem Herrn hat sein Leben völlig umgekrempelt.

Wenn Jesus als König wirkt, dann ist es dieses Berührtwerden von ihm, das wir meinen. Jesus in meinem Leben als König erfahren, heißt mich in eine Beziehung mit ihm zu begeben, die mich umfaßt und verwandelt, die mich prägt und hält. Denn Jesus hat immer noch die Herrschaft über alles Geschaffene, über den Menschen und seine Geschichte und vor allem über sein Herz. Er ist die zentrale Figur von Mensch und Kosmos. Er ist das Wort, das auch heute in mir Fleisch werden will; er entscheidet, wer mit ihm zum Vater geht; Er verfügt über den Zugang zur Vollendung.

Wer ist dieser Heilskönig, der für uns in den Tod ging?

Er hängt zwischen zwei Verbrechern am Kreuz. Angenagelt ist Jesus, um dort zu sterben. Wie ein Refrain klingt es ihm von allen Seiten entgegen: Du willst der König der Juden sein? Zeige, was du kannst. Rette dich selbst.

Die Schmach Jesu am Kreuz wird zum Zeichen der Versöhnung, der Hingabe und der Liebe für die Menschen aller Zeiten.

Das Kreuz setzt ein großes Fragezeichen hinter alles bisherige Wirken Jesu. Menschen, die er von Krankheiten geheilt hat, und auch seine Jünger mögen mit der Frage gerungen haben: Warum zeigt Jesus seine Größe nicht durch ein letztes durchschlagendes Wunder? Oder wollten die geistig-geistlich Blinden das Wunder am Kreuz nicht wahrhaben?

Einer, der mit ihm gekreuzigt war, durchbricht den Chor der Lästerer. Er flucht nicht. Er schimpft nicht. Er ist betroffen. Er steht zu seiner Schuld und nimmt den Kreuzestod als gerechte Strafe an. Er glaubt, daß Jesus für ihn Bedeutung hat, und spürt die Kraft seines Wortes. So bittet er als erbärmlicher Verbrecher: Jesus, gedenke meiner, wenn du in dein Königtum kommst.

An der Schwelle seines Lebens spürt der Schächer wohl die Kraft der Auferstehung, die Kraft einer nimmer endenwollenden Zuwendung. Deshalb bittet er, ihn nicht zu vergessen, etwas für ihn zu tun. Er anerkennt Jesus als Retter.

Zu dem Spott, der ihm entgegenschlägt, sagt Jesus kein Wort. Aber dem Verbrecher, der sich gläubig zu ihm bekennt, sagt er: „Wahr ist's, dir sage ich: Noch heute wirst du bei mir im Paradiese sein."

Jesus wird ihn nicht nur nicht vergessen, er schenkt ihm seine volle Liebeszuwendung und verspricht ihm die ewige vollendete Gemeinschaft mit Gott. Es erfüllt sich das Psalmenwort: „Groß über den Himmel hinaus ist deine Barmherzigkeit" (Ps 107,5) und „Der Barmherzigkeit des Herrn ist die Erde voll" (Ps 38,5). „Das höchste Werk, das Gott je gewirkt hat, ist die Barmherzigkeit gegenüber allen Geschöpfen", sagt Meister Eckhart.

Jesus stellt dem Schächer keine Bedingungen. Er entbindet und erlöst ihn bedingungslos von seinem schuldbeladenen Leben, ohne „Du sollst" und „Du mußt". Nein, Jesus sagt: „... Noch heute wirst du bei mir im Paradiese sein."

Schon in seinem irdischen Wirken hat Jesus Sünden vergeben. Immer wieder sind Menschen voll Vertrauen zu Jesus gekommen und haben bei ihm Hilfe und Heil erfahren. Ihnen hat Jesus gesagt: „Dein Glaube hat dich gerettet." Es waren Menschen vom Rande her, wie die Sünderin und wie Zachäus, denen er den Liebeserweis Gottes zugesagt hat. Am Kreuz findet das Wirken Jesu seinen Höhepunkt. Es wird wahr, was bei Johannes steht: „Wenn ich am Kreuz erhöht bin, werde ich alle an mich ziehen" (12,32). Wenn Jesus die Wandlungsworte über ein Leben spricht, werden selbst die Sünden und die abscheulichsten Gemeinheiten eines Verbrecherlebens begnadigt und verwandelt. „Er begehrt tausendmal mehr nach dir als du nach ihm" (Eckhart).

Jesus liebt nicht mühelos, er geht ans Kreuz. Und so hat er die Liebeszuwendung, die Barmherzigkeit und Zärtlichkeit des Vaters für uns Menschen erfahrbar gemacht.

Mit einem Gebet von Martin Gutl möchte ich schließen:

Laß mich fallen in deine Hände!
Sie sind weit wie das Meer,
weit wie das All!
Deine Hände sind mein Zuhause.
Ein Daheim, das die Mauern
nicht kennt.
Niemand kann mich verstoßen
aus der Heimat deiner Hände.

Reinhilde Platter

In seinem Roman „*Der Großinquisitor*" schreibt Dostojewski: „Hättest du Krone und Schwert angenommen, so hätten sich dir alle freudig unterworfen. In einer einzigen Hand wäre die Herrschaft über die Leiber und Seelen vereint und das Reich des Friedens wäre angebrochen. Du hast es versäumt. Du stiegst nicht herab vom Kreuz, als man dir mit Spott und

Hohn zurief: Steig herab vom Kreuz, und wir werden glauben, daß du Gottes Sohn bist. Du stiegst nicht herab, weil du die Menschen nicht durch ein Wunder zu Sklaven machen wolltest, weil dich nach freier und nicht nach einer durch Wunder erzwungenen Liebe verlangte." Jesus hat auf diesen Vorwurf auch bei Dostojewski nicht geantwortet. Der große russische Dichter hat seine Antwort seinem Buch „*Die Brüder Karamasow*" vorangestellt, wenn er Jesus zitiert: „Wahrhaftig, ich sage euch: Wenn das Weizenkorn nicht in die Erde fällt und stirbt, bleibt es allein. Wenn es aber stirbt, bringt es reiche Frucht."

Diese „Frohe Botschaft" am Ende des Kirchenjahres möge ein Versprechen auf Zukunft sein, ein solides Fundament für das „Prinzip Hoffnung", das uns allen so not tut.

Die Autoren und Autorinnen

Dolores **Bauer**,
geboren 1934 in St. Wolfgang, O.Ö., Studierte Theaterwissenschaften und Romanistik an der Universität Wien. Schon während ihrer Studienzeit war sie journalistisch tätig (u.a. *Die Furche, Offenes Wort, Kurier, Wochenpresse, Neues Österreich*). Von 1962 bis 1966 leitete sie den *Bühnenverlag Fritz Molden*. Seit 1968 ist sie für den Österreichischen Rundfunk tätig, zuerst in der Abteilung *Aktueller Dienst*, seit 1989 in der Abteilung *Religion*. Zwischenzeitlich (1986–1989) war sie Stadträtin und Abgeordnete in Wien. Dolores Bauer ist Mutter von drei Kindern (neun Enkelkinder) und lebt in Wien. Sie wurde für ihre Veröffentlichungen mit zahlreichen Preisen ausgezeichnet, u.a.: Staatspreis für journalistische Leistung im Sinne der Jugend, UNDA-Preis international und europäisch, Henz-Ehrenring, Papst-Leo-Preis.

o. Univ.-Prof. Dr. Gottfried **Bachl**,   86, 91, 95, 250
geboren 1932 in Linz. 1953 Matura, 1963 Promotion, 1970-83 Professor für Dogmatik an der Katholisch-Theologischen Hochschule in Linz, seit 1983 o. Prof. für Dogmatik an der Universität Salzburg.
Veröffentlichungen (Auswahl): *Über den Tod und das Leben danach*, 1980; *Der benedeite Engel*, 1987; *Der beschädigte Eros*, 1989; *Gottesbeschreibung*, 1990; *Der schwierige Jesus*, 1994.

Fery **Berger**,   260
geboren 1961 in Anger, Stmk. Studium der Theologie in Graz. Längerer Studienaufenthalt in Indien. Verheiratet, drei Kinder. Seit neun Jahren in pastoraler Arbeit der Diözese Graz-Seckau. Mitinitiator der Weizer Pfingsttreffen und der Weizer Pfingstvision. Überzeugt und Zeuge von starkem Aufbruch in der katholischen Kirche.

Mag. Franz **Bierbaumer**,   80, 172, 217
geboren 1963 in Tulln, N.Ö., aufgewachsen in Engelmannsbrunn bei Kirchberg am Wagram. 1981 Matura in Hollabrunn. Ab 1981 Studium der Theologie in Wien und Innsbruck. 1987 Sponsion in Innsbruck. 1990 Priesterweihe in Wien/St. Stephan. 1990-94 Kaplan in Perchtoldsdorf. 1994-95 Kaplan in Jedlesee, Wien XXI. Seit 1. 9. 1995 Kaplan in St. Leopold, Wien II, und Seelsorger der Feuerwehr der Stadt Wien.

Univ.-Prof. DDr. Eugen **Biser**,   159, 163, 168
Jahrgang 1918, durch den Krieg unterbrochenes Theologiestudium, langjährige Tätigkeit als Religionslehrer, 1956 Dr. theol., 1961 Dr. phil., 1965 Habilitation, dann Professor für Fundamentaltheologie in Passau, Bochum und Würzburg, 1974-86 Inhaber des Guardini-Lehrstuhls in München, seit 1987 Leiter des dortigen Seniorenstudiums und Dekan der Klasse VIII der Europäischen Akademie Salzburg, korresp. Mitglied der Heidelberger Akademie der Wissenschaften, Verfasser zahlreicher Werke zu Themen der Glaubenstheorie und Religionsphilosophie.

P. Henri **Boulad** SJ,   198
geboren in Alexandria, Ägypten. Studierte Theologie im Libanon, Philosophie in Frank-

reich und Psychologie in den USA. Seit 1967 umfangreiches apostolisches Wirken innerhalb und außerhalb Ägyptens. Von 1985 bis 1995 Leiter der CARITAS-Ägypten, seit 1991 von Nordafrika und dem Mittleren Osten sowie Vizepräsident der Welt-CARITAS. Seit einigen Jahren werden seine Vorträge auf internationaler Ebene (zehn Sprachen) in Buchform herausgegeben. Jährliche Vortragsreisen in Europa und Sendungen im ORF.

o. Univ.-Prof. P. DDr. Georg **Braulik** OSB, 24, 30, 227, 233
geboren 1941 in Wien. 1959 Eintritt in die Benediktinerabtei zu den Schotten in Wien. Studium der Katholischen Theologie 1960-65 an der Universität Wien (Dr. theol. 1967), der Bibelwissenschaft am Päpstlichen Bibelinstitut in Rom (Dr. in re biblica 1973). Habilitation 1975 in Wien, ao. Univ.-Prof. 1976-89, o. Prof. für Alttestamentliche Bibelwissenschaft an der Kath.-Theol. Fakultät der Universität Wien ab 1989. Gastprofessuren in Jerusalem und der Slowakei. Publikationen: 17 Monographien, vorwiegend aus dem bibelwissenschaftlichen Bereich (Deuteronomium, Psalmen); rund 100 unselbständige Beiträge. Übersetzungen ins Amerikanische, Italienische u.a.m.

Sr. Christa-Teresa **Eisler** OP, 153
geboren 1934 in Berlin. Mitglied der Kongregation der Dominikanerinnen von Bethanien, im Kloster Nestelbach bei Graz.

Rupert Walter **Federsel**, 59
geboren 1939 in Schwaming/Christkindl bei Steyr, O.Ö. Nach der Pflichtschule erlernte er das Tischlerhandwerk und schloß es mit der Meisterprüfung ab. 1960-61 arbeitete er in der Schweiz. 1962-67 Mittelschule und Matura in Horn, N.Ö. Dann folgten Studien der Theologie und der Philosophie in Linz und an der Universität Regensburg. 1984-87 als Missionar in Zimbabwe. Federsel lebt und arbeitet heute als Priester und Lebensberater in freier Praxis in Steyr, O.Ö. Bisherige Bücher: Federsel/Daucher, *Sie können die Sonne nicht verhaften;* Federsel/Daucher, *...fliege, bunter Schmetterling;* Federsel/Daucher, *Freiheit im Blut.*

Abt Prof. Mag. Maximilian **Fürnsinn**, 278
geboren 1940 in Herzogenburg, N.Ö. Fleischhauerlehre und Gesellenzeit; 1965 Eintritt in das Augustiner-Chorherrenstift Herzogenburg, 1972 Priesterweihe, Kaplan in Herzogenburg; 1979 Propst des Stiftes Herzogenburg.

Erich **Gutheinz**,
geboren 1942 in Tannheim, Tirol, 1960 am Paulinum in Schwaz maturiert; Theologiestudium in Innsbruck und Rom, Priesterweihe 1967; bis 1977 Kooperator in Zirl bei Innsbruck, dann sieben Jahre tätig in der Medienarbeit der Diözese Innsbruck (Kirchenzeitung, Pressereferat), seit 1984 Pfarrer in Innsbruck/Allerheiligen.

Prof. Dr. Philipp **Harnoncourt**, 183
geboren 1931 in Berlin. 1949-54 Theologiestudium in Graz und München; 1954 Priesterweihe; Kaplan, Jugendseelsorger, Pfarrer, verschiedene Seelsorge-Aufgaben für Jugendgruppen, Katholisches Bildungswerk, Katholischer Akademikerverband usw. 1963 Promotion zum Dr. theol. an der Universität Graz, 1963-72 Professor und Vorstand der Abteilung Kirchenmusik an der Musikhochschule Graz; 1972 Erlangung der venia legendi (Habilitation) für Liturgiewissenschaft; seit 1961 Vorsitzender der Diöze-

sankommission für Liturgie und deren Sektionen für Kirchenmusik und christlicher Kunst im Bistum Graz-Seckau und Mitglied der Liturgiekommission der Österreichischen Bischofskonferenz; Mitglied u.a. des Vorstandes der Ökumenischen Stiftung Pro Oriente in Wien. Lebt in Graz.

Dr. Martha **Heitzer**, 244
geboren 1947 in Innsbruck, verheiratet, drei Kinder. Studium: Pädagogik/Psychologie; seit 1985 Religionspädagogin an der Theol. Fakultät der Universität Innsbruck.

P. Mag. Franz **Helm** SVD, 48
geboren 1960 in Ybbsitz, N.Ö. 1979 Eintritt bei den Steyler Missionaren in St. Gabriel, Mödling bei Wien. Studium an der Theologischen Hochschule St. Gabriel. 1987 Priesterweihe. 1987-93 Aufenthalt in Brasilien für Pastoralarbeit (Aufbau und Begleitung von Basisgemeinden, Bibelarbeit, Jugendpastoral) und Studium der Missionswissenschaft an der Theol. Fakultät „Nossa Senhora da Assunção" in São Paulo. Seit Januar 1994 Generalsekretär von MISSIO – Päpstliche Missionswerke in Österreich.

Bischof Dr. Kurt **Koch**, 124
geboren 1950, Professor für Dogmatik und Liturgiewissenschaft an der Theologischen Fakultät der Hochschule Luzern. Zuletzt Dekan der Theologischen Fakultät und Rektor der Hochschule Luzern. Seit Februar 1996 Bischof von Basel.

Bischof Erwin **Kräutler**, 53
geboren 1939 in Koblach, Vorarlberg. 1958 Eintritt in die Kongregation der Missionare vom Kostbaren Blut. 1959-65 Studium der Philosophie und Theologie in Salzburg; 1965 Priesterweihe in Salzburg. 1965 Ausreise nach Brasilien in die Prälatur Xingu, im Amazonasgebiet. 1980 zum Bischof der Prälatur Xingu ernannt, Bischofsweihe 1981. Von 1983 bis 1991 Präsident des Indianermissionsrates der Brasilianischen Bischofskonferenz.

Weihbischof Florian **Kuntner**, 204, 214
geboren 1933 in Sellhof, Kirchberg/Wechsel, N.Ö., 1952 Matura am Gymnasium Hollabrunn, Eintritt ins Priesterseminar, Studium an der Theologischen Fakultät der Universität Wien, 1957 Priesterweihe im Dom zu St. Stephan, anschließend Kaplanstätigkeit in Gerasdorf, Wien-Atzgersdorf und Puchberg am Schneeberg, 1962-71 Pfarrer in Piesting, 1971-87 Propstpfarrer der Dompfarre Wr. Neustadt. 1969 Ernennung zum Bischofsvikar für das Vikariat Unter dem Wienerwald, 1977 Ernennung zum Weihbischof der Erzdiözese Wien durch Papst Paul VI. und Bischofsweihe im Dom zu St. Stephan. 1985 Domkapitular von St. Stephan, 1987 Ernennung zum Bischofsvikar für Mission und Entwicklungshilfe in der Erzdiözese Wien. Innerhalb der Österr. Bischofskonferenz zuständig für die Anliegen der Weltkirche, die kirchlichen Erneuerungsbewegungen und die Sorge um Frieden, Menschenrechte und soziale Gerechtigkeit. Gestorben am 30. März 1994 in Wien.

Dr. Hildegard **Lorenz**, 64
geboren 1933 in Kaisers, Tirol. 1954 nach Innsbruck als Hausgehilfin; ab 1956 Ausbildung als Volksschullehrerin, dann dreijährige Unterrichtspraxis. 1964 Eintritt in die Gemeinschaft der Frohbotschaft in Batschuns, Vorarlberg; Studium der Theologie und Journalistik in Innsbruck; viele Jahre in der Katholischen Erwachsenenbildung tätig;

seit 1979 Professorin für Religionspädagogik an der Pädagogischen Akademie des Bundes in Vorarlberg; Mitglied des Redaktionsteams *Wort auf dem Weg* (Welt in Christus) mit dem Schwerpunkt „Biblische Alltagsspiritualität"; Gründung und Leitung der Batschunser Bibelschule. Seit 1988 Leiterin des Werkes der Frohbotschaft Batschuns.

P. Dr. Martin **Maier** SJ,   148
geboren 1960 in Meßkirch, Süddeutschland. 1979 Eintritt in den Jesuitenorden. Studien der Philosophie, Theologie und Musik in München, Paris, Innsbruck und San Salvador. Promotion (Dr. theol.), Dissertation über die lateinamerikanische Theologie der Befreiung. Von 1989 bis 1991 Pfarrer in einer Landgemeinde in El Salvador. Veröffentlichungen vor allem über Lateinamerika und die Theologie der Befreiung. Seit 1995 Redakteur der Zeitschrift *Stimmen der Zeit* in München.

Franz **Merschl**,   223
geboren 1930 in Wien-Kagran. Seine Eltern waren Erwerbsgärtner. Ministrant während der ganzen Kriegszeit. Danach in der Pfarrjugend. 1949 Matura am Bundesgymnasium Wien II (Zirkusgasse) und Eintritt ins Priesterseminar. 1954 von Kardinal Theodor Innitzer zum Priester geweiht und bis 1974 zuerst Kaplan, dann – nach kurzer Unterbrechung – Pfarrer in Kirchschlag in der Buckligen Welt. Dort auch ab 1962 Gesamtverantwortlicher für die Passionsspiele. Seit 1974 Pfarrer in Altsimmering, Wien XI. Durch viele Jahre auch einer der Sprecher in „Christ in der Zeit". Seit 1981 Dechant des Dekanates Simmering und im letzten Priesterrat geschäftsf. Vorsitzender.

P. Dr. Jakob **Mitterhöfer** SVD,   36, 130
geboren 1936 in Forchtenstein, Burgenland. Theologiestudium in St. Gabriel und Rom; 1966-94 Generalsekretär der Päpstlichen Missionswerke in Österreich; Lehrtätigkeit an der Theologischen Hochschule St. Gabriel: Dogmatik und Kontextuelle Theologie (Theologien der jungen Kirchen), Lehrauftrag an der Universität Wien (Kontextuelle Theologie), seit 1995 Mitarbeit am religionstheologischen Institut der Theologischen Hochschule St. Gabriel und Dekan ebendort.

Sr. Reinhilde **Platter** OT,   100
Deutschordensschwester, geboren 1936, Mittelschullehrerin, ab 1971 Leiterin eines Wohnheimes für Oberschülerinnen. Seit 1991 Gesprächsseelsorge, Meditation und geistliche Begleitung im Turm der Deutschhaus Landkommende Weggenstein in Bozen.

Mag. Veronika **Prüller-Jagenteufel**,   189
geboren 1965 in St. Pölten. Verheiratet. Studium der katholischen Theologie in Wien und Tübingen; seit Februar 1992 Assistentin am Institut für Pastoraltheologie an der Universität Wien; freiberufliche Tätigkeit in der Erwachsenenbildung, mit Vorliebe mit Frauen. Arbeitsschwerpunkte: Themen rund um Frauen und Kirche, feministische Theologie sowie Theologie und Kirchenpraxis in der Dritten Welt, insbesondere auf den Philippinen; Arbeit an einer Dissertation zur Geschichte der beruflichen Tätigkeit von Frauen in der Seelsorge.
Veröffentlichung: *Wir Frauen sind Kirche – Worauf warten wir noch? Feministische Kirchenträume*, Wien 1992.

Mag. Dr. Severin **Renoldner**,
geboren 1959 in Linz. 1978 Matura am Humanistischen Gymnasium in Linz, 1978-83 Studium der Theologie (Mag. theol. 1983). Gründung und Mitarbeit bei der Alternativen Liste Österreich (ALÖ) 1982/83 und der „Grünen Alternative" (1986). 1984 Universitätsassistent an der Theol. Fakultät der Universität Innsbruck (Moraltheologie/Gesellschaftslehre), Dissertation über Gandhi – Promotion 1988 (Dr. theol.). 1991-95 Abgeordneter zum Nationalrat. Heirat 1995. Mehrere Publikationen, Gandhi-Dissertation *(Widerstand aus Liebe)* sowie *Demokratie braucht Widerstand*, Linz 1991, als eigenständige Bücher.

P. Alois **Riedlsperger** SJ,
geboren 1945 in Salzburg, lebt in Wien. Nach Studien der Philosophie in München, der Sozial- und Wirtschaftswissenschaften in Linz und der Theologie in Innsbruck Mitarbeiter der Katholischen Sozialakademie Österreichs, seit 1983 deren Direktor. Arbeitsschwerpunkte: Sozialethik, theologisch-politische Erwachsenenbildung. 1995 Provinzial der österreichischen Jesuiten.

P. Dr. Joop **Roeland** OSA,
geboren 1931 in Haarlem, Niederlande. Studium der Theologie, Philosophie, Germanistik. Ab 1970 Hochschulseelsorger (Katholische Hochschulgemeinde Wien), Geistl. Ass. der Kath. Hochschuljugend. Heute: Rektor der Ruprechtskirche Wien, Geistl. Ass. des Katholischen Akademikerverbandes Wien und des Literarischen Forums der Katholischen Aktion. Mehrere Veröffentlichungen, u.a.: *Nach dem Regen grünes Gras; Die Stimme eines dünnen Schweigens*, Feldkirch (Die Quelle) 1992.

Mag. Karl **Rottenschlager**,
geboren 1946 in Steyr, O.Ö. Studium der Theologie in St. Pölten, Absolvierung der Akademie für Sozialarbeit in Wien. 1971-73 Sozialarbeiter am Jugendamt Wien, anschließend neun Jahre beim Sozialdienst der Strafvollzugsanstalt Stein tätig. Seit 1982 Leiter der Emmausgemeinschaft St. Pölten. Publikationen: *Das Ende der Strafanstalt. Menschenrechte auch für Kriminelle?* (1982); *Emmaus. Oase in einer Gesellschaft mit beschränkter Hoffnung* (4. Auflage 1995); *Gewalt endet, wo Liebe beginnt. Ausgestoßene in heilender Gemeinschaft* (1994).

P. Dr. Anton **Rotzetter** OFMCap,
geboren 1939 in Basel. Seit über 30 Jahren Kapuziner, Dr. theol., Dozent für franziskanische und allgemeinchristliche Spiritualität, zuerst in Solothurn, dann bis 1988 Leiter des Instituts für Spiritualität an der Hochschule der OFM und OFMCap in Münster, lebt heute in Altdorf, Schweiz. Verfasser zahlreicher Bücher und Artikel. Aufenthalte in den Elendsquartieren von Rio de Janeiro und in Tanzania, die sein Denken und Fühlen veränderten.

Dr. Eva **Schmetterer**,
geboren 1955 in Wien. Studium der katholischen Theologie und Mathematik; Assistentin am Institut für Dogmatische Theologie und Dogmengeschichte; seit 1994 im Referat für soziale und politische Erwachsenenbildung der Diözese Linz beschäftigt. Mitglied am Säkularinstitut „Werk der Frohbotschaft Batschuns". Lebt in Wien.

Franz **Schobesberger,**   318
geboren 1935 in Gmunden, O.Ö.; Arbeiterfamilie; Gymnasium in Kremsmünster, Prie-
sterseminar in Linz, Priesterweihe 1960; 1960-63 Kaplan in Doppl/Leonding, 1963-75
Kaplan in Schärding, seit 1975 Pfarrer in Brunnenthal. Neben der Tätigkeit als Pfarrer
Vorträge, Kurse, Seminare, viele persönliche Gespräche und Korrespondenz;
Bemühen um eine Erneuerung der Kirche und der Gesellschaft auf der Grundlage des
Evangeliums und Lebensbeispiels Jesu.

Dr. Wolfgang **Schwarz,**   40
geboren 1951 in Wien, Priesterweihe 1977. Nach Jahren als Kaplan in Mödling, N.Ö.,
als Studentenseelsorger für die LaientheologInnen und als Pfarrer in Wien-Mauer sowie als Assistent für neutestamentliche Bibelwissenschaften an der Kath. Theol. Fakultät der Universität Wien, Erwachsenenbildung und Medienarbeit, seit 1987 als Rektor
des Österr. Hospizes zur Hl. Familie in Jerusalem tätig. In dieser Funktion führt er mit
Gruppen bibelpastorale Seminare im Hl. Land durch.

P. Mag. Dr. Georg **Sporschill** SJ,   239
geboren 1946 in Feldkirch, Vorarlberg. Studium der Theologie und Erziehungswissen-
schaft/Psychologie in Innsbruck und Paris (Mag. theol., Dr. phil.), Assistent an der
Theologischen Fakultät in Innsbruck, Referent für Erwachsenenbildung in der Erzdiözese München und dann im Amt der Vorarlberger Landesregierung. 1976 Eintritt in
den Jesuitenorden, in der Jugend- und Sozialarbeit tätig, Gründung mehrerer Einrichtungen für Obdachlose in Wien, 1979-89 Redakteur der Zeitschrift „Entschluß", Veröffentlichungen vor allem zu Jugendfragen, Bibelschule und Sozialarbeit. Seit 1991 im
Einsatz für Straßenkinder in Rumänien. 1993 Bruno-Kreisky-Preis für Menschenrechte,
1994 Kardinal-König-Preis, Toni-Ruß-Preis.

Diözesanbischof Dr. Reinhold **Stecher,**   137
geboren 1931 in Innsbruck, 1939 Matura am Humanistischen Gymnasium in Innsbruck,
Reichsarbeitsdienst, anschließend Theologiestudium mit Unterbrechungen während der
NS-Zeit, 1941 im Zusammenhang mit einer Protestwallfahrt für zwei Monate Gestapo-
haft, nur knapp dem Konzentrationslager entgangen. Anschließend zum Militär. 1947
Priesterweihe in Innsbruck, 1951 Promotion zum Doktor der Theologie, 1956-81 Reli-
gionsprofessor an der Lehrerbildungsanstalt Innsbruck, ab 1968 Professor für Religionspädagogik an der Pädagogischen Akademie des Bundes, gleichzeitig seelsorgerische
Tätigkeiten und verschiedene Lehraufträge, u.a. mehrere Jahre Dozent für Fundamen-
taltheologie beim Theologischen Fernkurs Österreichs. 1980 Ernennung zum 2. Diözesanbischof von Innsbruck durch Papst Johannes Paul II., 1981 Bischofsweihe im Dom
St. Jakob. In der Österr. Bischofkonferenz ist Bischof Stecher Referatsbischof für die
Caritas und die Frauen in der Kirche. Vertreter der Österr. Bischofkonferenz in der
Glaubenskommission der Deutschen Bischofkonferenz. Zahlreiche Ehrungen.

Abt Otto **Strohmaier** OSB,   284, 290
geboren 1937 in Halltal bei Mariazell. Besuch des Gymnasiums in der Benediktinerabtei Seitenstetten, 1957 Eintritt in die Benediktinerabtei St. Lambrecht, Theologiestudium an der internationalen Benediktineruniversität in St. Anselmo in Rom. Feierliche
Profeß 1961, zum Priester geweiht 1963. Im Kloster tätig als Novizenmeister, Kaplan
und Prior. Spezielle Tätigkeiten als Leiter von Exerzitien, Einkehrtagen und Ikonen-
malkursen. 1982 zum Abt von St. Lambrecht geweiht.

P. Dr. Gottfried **Vanoni** SVD, 9, 15
geboren 1948 in Bad Ragaz, Schweiz, schloß sich der Missionsgesellschaft des Göttlichen Wortes (SVD) an und studierte Philosophie und Theologie an der Hochschule St. Gabriel sowie alttestamentliche Bibelwissenschaft und Semitistik an der Universität München. Professor für Altes Testament und Kirchenmusik an der Hochschule St. Gabriel, Mödling; 1986-95 Dekan. Seit 1991 Gastprofessor an der Kath.-Theolog. Fakultät der Universität Wien.

P. Mag. Dr. Ewald **Volgger** OT, 104
Deutschordenspriester, geboren 1961; Grundschullehrer, dann Studium der Theologie in Brixen und Wien, Studentenseelsorge, wiss. Assistent und Lehrbeauftragter am Institut für Liturgiewissenschaft der Universität Wien, seit 1994 Professor für Liturgiewissenschaft an der Phil.-Theol. Hochschule Brixen; in der Erwachsenenbildung tätig.

P. Clemens **Wehrle** OP, 119
geboren 1940 in Gutach, BRD. Mitglied des Dominikanerordens; Studium an der ordenseigenen Hochschule zu Walberberg bei Köln und in Wien; Priesterweihe 1968; pastorale Tätigkeiten in Wien und München, heute vor allem in der geistlichen Begleitung und Exerzitienarbeit tätig.

P. Ulrich (Alfred) **Zankanella** OFM, 143
geboren 1943 in Schwarzach, Salzburg. 1962 Eintritt in den Franziskanerorden; Theologiestudium in München; 1968 Priesterweihe, dann Kaplan, Internatsleiter; 1976 Stellv. Geschäftsführer der Missionszentrale der Franziskaner in Bonn (Öffentlichkeitsarbeit, Projektbetreuung für Projekte in jungen Kirchen); 1980/81 Pfarrer und Ordensaufgaben in Sri Lanka; 1984 Provinzial der Österreichischen Franziskanerprovinz; 1990 Ausbildungsaufgaben, Predigten, Exerzitien, Arbeit in Rundfunk und Fernsehen; 1995 Leiter des Hilfswerkes Franziskaner für Mittel-/Osteuropa.

Univ.-Prof. DDr. Paul Michael **Zulehner**, 266
geboren 1939 in Wien, Studien der Philosophie, der katholischen Theologie und der Religionssoziologie in Innsbruck, Wien, Konstanz und München, Priesterweihe 1964, Lehrtätigkeit in Bamberg, Passau (1974-84), Bonn, Salzburg und seit 1984 auf dem Lehrstuhl für Pastoraltheologie und Kerygmatik in Wien. Zahlreiche Publikationen, u.a. *Wider die Resignation in der Kirche. Aufruf zu kritischer Loyalität*, Wien 1989; Vierbändige Pastoraltheologie, Düsseldorf 1989, 1990; als Herausgeber: *Kirchenvolksbegehren. Kirche auf Reformkurs*, Düsseldorf 1995.

Quellennachweis

Biser, Eugen, *Salzburger Nachrichten*, 11. 3. 95
Boulad, Henri, *Gottes Söhne, Gottes Töchter*, Edition Tau, Bad Sauerbrunn 1992
Bruners, Wilhelm, *Wie Jesus glauben lernte*, Christophorus-Verlag, Freiburg 1988
Bruners, Wilhelm, *Und die Toten laufen frei herum*, Patmos, Düsseldorf 1994
Gaillot, Jacques, *Was für mich zählt, ist der Mensch*, Herder, Freiburg 1990
Koch, Kurt, *Aufbruch statt Resignation*, Benziger, Zürich 1990
Koch, Kurt, *Das Credo der Christen*, Herder, Freiburg 1993
Kuntner, Florian, *Die Saat geht auf*, Erzbischöflicher Pressedienst, Wien (Hg. Lucia Nowak)
Lapide, Pinchas, *Bergpredigt – Utopie oder Programm?*, Matthias-Grünewald-Verlag, Mainz 1982
Rottenschlager, Karl (Hg.), *Gewalt endet, wo Liebe beginnt*, Niederösterreichisches Pressehaus, St. Pölten 1994
Rotzetter, Anton, *Gott, der mir Leben schafft*, Herder, Freiburg 1994
Schwager, Raymund, *Dem Netz des Jägers entronnen*, Kösel, München 1991
Steindl-Rast, David, *Fülle und Nichts*, Goldmann, 2. Auflage, München 1985

Copyrightvermerke

Wilhelm Bruners: *Emmausjünger; Ölberg,* aus: *Und die Toten laufen frei herum. Ein Begleiter durch die österliche Zeit,* Patmos Verlag, Düsseldorf 1994, Seite 48, 96-97.

Wilhelm Bruners: *Wie Jesus glauben lernte* (Teilabdruck), Christophorus-Verlag, Freiburg, 3. Auflage 1990.

Josef Ernst: *Das Evangelium nach Lukas,* Verlag Friedrich Pustet, Regensburg 1976.

Helmut Gollwitzer: *Krummes Holz und aufrechter Gang,* aus: *Ich frage nach dem Sinn des Lebens,* © Chr. Kaiser/Gütersloher Verlagshaus, Gütersloh, 8. Auflage 1994.

Martin Gutl: *Laß mich fallen in Deine Hände,* aus: *Ich falle in Deine Hände,* Verlag Styria, Graz, 3. Auflage 1986.

Kurt Koch: *Aufbruch statt Resignation,* Benziger Verlag, Zürich 1990.
Kurt Koch: *Das Credo der Christen,* Verlag Herder, Freiburg 1993.

Florian Kuntner: *Beziehungen; Arbeit für das Reich Gottes,* aus: *Die Saat geht auf. Predigten zum Lesejahr C,* zusammengestellt v. Lucia Nowak, Vervielfältigungsdienst der Erzdiözese Wien.

Pinchas Lapide: *Die Bergpredigt – Utopie oder Programm?,* Matthias-Grünewald-Verlag, Mainz, 8. Auflage 1992.

Rainer Maria Rilke: *Advent,* aus:
Rainer Maria Rilke: Sämtliche Werke. © Insel Verlag, Frankfurt am Main 1955.

Karl Rottenschlager (Hg.): *Gewalt endet, wo Liebe beginnt,* Niederösterreichisches Pressehaus, St. Pölten 1994.

Anton Rotzetter: *Gott, der mir Leben schafft,* Verlag Herder, Freiburg 1994.
Anton Rotzetter: *Gott, der mich atmen läßt,* Herderbücherei Band 8832. Verlag Herder, Freiburg 1994.

Josef Schmid: *Das Evangelium nach Lukas,* Verlag Friedrich Pustet, Regensburg 1976.

Raymund Schwager: *Dem Netz des Jägers entronnen,* Kösel Verlag, München 1991.

David Steindl-Rast: *Fülle und Nichts,* Wilhelm Goldmann Verlag, München 1988.